Eva Höll-Stüber

HAUSWIRTSCHAFT

nach Lernfeldern

ERNÄHREN UND VERPFLEGEN

Herausgeberin: Dorothea Simpfendörfer

3. Auflage

Dr. Felix Büchner · Handwerk und Technik

ISBN 3-582-04202-2

Verlag Handwerk und Technik GmbH,
Lademannbogen 135, 22339 Hamburg;
Postfach 63 05 00, 22331 Hamburg – 2005

Internet: www.handwerk-technik.de
E-mail: info@handwerk-technik.de

Umschlaggestaltung: tiff.any GmbH, Berlin
Layout, Satz und Lithos: tiff.any GmbH, Berlin
Illustrationen: Scott Krausen, Düsseldorf, Design Thing, Berlin
Druck und Bindung: Druckhaus Altenburg

VORWORT

Die Neuordnung der Berufsausbildung zur Hauswirtschafterin/zum Hauswirtschafter erfordert neue Unterrichtswerke.

Die vier Themenbände sind als Gesamtwerk, aber selbstverständlich auch einzeln einsetzbar.

Folgende inhaltliche Schwerpunkte der Ausbildung sind von besonderer Wichtigkeit und werden durchgängig in allen Bänden berücksichtigt:

- **Hauswirtschaftliche Leistungen** aus den Bereichen der Versorgung, Betreuung und Vermarktung werden gleichberechtigt nebeneinander in unterschiedlichen Einsatzgebieten erbracht.
- **Hauswirtschaftliches Handeln** erfolgt in personenbezogenen Dienstleistungen und nicht durch verrichtungsorientierte Tätigkeiten oder durch schematisierte Produktionsabläufe.
- Das **Qualitätsbewusstsein** für die erbrachten Leistungen muss entwickelt werden.
- Alle hauswirtschaftlichen Leistungen sind in **gesellschaftspolitische Prozesse** eingebunden, wie nachhaltiges Wirtschaften entsprechend der Agenda 21, Gesundheitsförderung und Umsetzung und Beachtung vieler gesetzlicher Vorgaben.

Die methodisch-didaktische Konzeption des Unterrichtswerkes berücksichtigt den derzeitigen Stand der Fachdiskussion. Es orientiert sich an den Vorgaben des KMK-Planes und hat die darin konzipierten Lernfelder übernommen, so wird es den Lernenden ermöglicht, sich die notwendigen Kompetenzen nach dem Prinzip der vollständigen Handlung anzueignen. Unterstützt wird dies durch das Layout der einzelnen Bände. In der Hauptspalte findet sich das jeweilige Kernwissen, handlungsorientiert ausgewählt und sachlogisch dargestellt. In der Randspalte sind notwendige fächerübergreifende Aspekte als vernetzende Elemente hervorgehoben. Übersichten, Grafiken und Abbildungen dienen darüber hinaus der Veranschaulichung. Sachwortverzeichnis, Glossar und eine Übersicht über die Standardabläufe helfen beim eigenständigen Lernen. Zur Verbesserung der Übersicht und möglichen Systematisierung der Randspalteninhalte werden folgende Symbole verwandt:

Sachverhalte, die im Umgang mit anderen Menschen, Gegenständen und Lebensmitteln das **Hygienebewusstsein** sensibilisieren sollen.

Hinweise zur **Arbeitssicherheit,** die den Blick dafür schärfen, wo bei hauswirtschaftlichen Tätigkeiten Unfallgefahren bestehen und wie Arbeitsunfällen vorgebeugt werden kann.

Die Gestaltung der Arbeitsabläufe im Sinne der **Ergonomie,** deren Ausführung professionelle Kenntnisse und einen bewussten Einsatz der Kräfte erfordern.

Umweltschutzaspekte (Ökologie), die in allen Bereichen immer wieder ins Bewusstsein gerückt werden müssen.

Wirtschaftliche Gegebenheiten (Ökonomie), die viele Entscheidungen in der Hauswirtschaft beeinflussen und deshalb nie außer Acht gelassen werden dürfen.

Gesetze und Verordnungen, um die Verbindlichkeit bestimmter Anforderungen zu unterstreichen.

Versuche und Experimente unterstützen die theoretischen Sachverhalte.

Kriterien für die Qualität bei der Speisenherstellung:
- Nährwert
- Genusswert
- Hygiene
- ansprechendes Aussehen
- Service

Kurze **Übersichten** am Beginn eines Themas, die den Einstieg erleichtern oder den Bezug zur beruflichen Realität verdeutlichen.

Projektideen für jedes Lernfeld geben Anregungen zur Beschreibung von Lernsituationen und unterstützen die Handlungsorientierung. Zur Ergebnissicherung finden Sie innerhalb der Kapitel zusätzliche Arbeitsaufträge, Kalkulationsaufgaben, Wiederholungsfragen und anwendungsbezogene Aufgaben.

Projektaufgaben und Lernsituationen stellen in der Randspalte ein zusätzliches Angebot an Aufgaben dar.

Handlungsorientierte praxisbezogene **Versuche** und **Projekte** sowie Aufgaben zum Verständnis oder mit Anwendungsbezügen zu der persönlichen Ausbildung ermöglichen ein weitgehend selbstständiges Lernen und Arbeiten der Auszubildenden mit dem Lehrbuch. Rezepturen für ausgewählte Gerichte ergänzen die Theorie und veranschaulichen durch klare Beschreibung und Bebilderung die jeweiligen Arbeitsabläufe. Die Rezepte sind, wenn nicht anders angegeben, für jeweils 10 Personen berechnet. Ein Rezeptverzeichnis im Anhang gibt dem Leser einen schnellen Überblick über die Rezeptauswahl.

Eine weitere Rezeptauswahl bietet das »Koch- und Backbuch« – Vielfalt durch Variationen von S. Gerchow und K. Steffens HT 4345.

Dank gilt an dieser Stelle Frau Anke Elger-Miehe, die aus ihrem Werk HT 4391 »Die neue Schule der Nahrungszubereitung« Fotos zur Verfügung gestellt hat.

Eva Höll-Stüber

GELEITWORT

Wert und Bedeutung hauswirtschaftlicher Dienstleistungen wurden mit der Verordnung der Ausbildung zum Hauswirtschafter/zur Hauswirtschafterin vom 1. 8. 1999 neu definiert. Mit der Schulbuchreihe »Hauswirtschaft« des Verlages Handwerk und Technik gibt es jetzt eine wichtige Grundlage, um diese Neuausrichtung in der Ausbildung angehender Hauswirtschafter und Hauswirtschafterinnen zu vermitteln.

Auf den ersten Blick sind hauswirtschaftliche Dienstleistungen etwas ganz Alltägliches und Selbstverständliches. Doch hinter dieser unauffälligen Passgenauigkeit steckt hohe Professionalität. Damit Menschen sich wohl fühlen und gut versorgt wissen, ist eine hauswirtschaftliche Dienstleistung erforderlich, die exakt auf ihre Wünsche und Erfordernisse abgestimmt ist. So leistet die Hauswirtschaft einen wichtigen Beitrag zur grundständigen Versorgung des Menschen. Sie gestaltet und strukturiert den Alltag und erbringt dabei einen unverzichtbaren Beitrag zum Wohlbefinden und zur Gesunderhaltung. Als tragendes Element ist sie im tagtäglichen Miteinander nicht wegzudenken.

Hauswirtschafter und Hauswirtschafterinnen sind als Fachkräfte dafür zuständig, dass Wünsche und Bedürfnisse befriedigt werden und dabei fachliche Erfordernisse Berücksichtigung finden. Für dieses anspruchsvolle Handlungsleitbild werden in der schulischen und/oder betrieblichen Ausbildung die Kompetenzen vermittelt, die im später zu wählenden beruflichen Einsatzfeld zum Tragen kommen sollen. Die Palette hauswirtschaftlicher Einsatzfelder ist breit angelegt: So bunt und vielfältig menschliches Leben sich gestaltet, präsentieren sich auch die Tätigkeitsfelder in der Hauswirtschaft. Wie kaum in einem anderen Berufsfeld besteht in der Hauswirtschaft die Möglichkeit, sich entsprechend seinen Fähigkeiten und Neigungen zu entscheiden.

Damit standen die Autorinnen des Verlages Handwerk und Technik, der sich seit Jahrzehnten in dankenswerter Intensität und sehr erfolgreich mit der Hauswirtschaft befasst, vor einer großen Herausforderung. Vom privaten Haushalt über soziale Einrichtungen bis hin zu den spezialisierten hauswirtschaftlichen Dienstleistungsangeboten im ländlichen Raum war allen Einsatzfeldern Rechnung zu tragen. Mit dieser Schulbuchreihe schlagen sie als Erste den Bogen, um hauswirtschaftliche Versorgungsleistungen mit hauswirtschaftlichen Betreuungsleistungen zu verbinden. Sie haben die Idee der personenorientierten hauswirtschaftlichen Dienstleistung herausgearbeitet und für die Ausbildung umgesetzt. Damit nimmt diese Schulbuchreihe eine exponierte Stellung in der Reihe der hauswirtschaftlichen Veröffentlichungen ein.

Ich wünsche all jenen, die mit diesen Büchern arbeiten, dass angesichts der vielfältigen Fachinhalte, die für Schüler und Lehrkräfte hier sehr gut aufgearbeitet wurden, ein Funke überspringt und damit nicht nur Interesse, sondern auch Freude an hauswirtschaftlichem Handeln geweckt wird.

Martina Feulner

Vorsitzende der Bundesarbeitsgemeinschaft Hauswirtschaft in der Deutschen Gesellschaft für Hauswirtschaft e. V., Aachen

INHALT

1	**Speisen und Getränke herstellen und servieren**	**1**
1.1	**Hygiene beim Umgang mit Lebensmitteln**	**2**
1.1.1	Lebensbedingungen der Mikroorganismen	3
1.1.2	Lebensmittelverderb durch Mikroorganismen	6
1.1.3	Hygienemaßnahmen	10
1.1.4	Rechtsvorschriften sichern die Lebensmittelqualität	13
1.1.5	Abfallentsorgung	15
1.2	**Arbeitssicherheit**	**16**
1.2.1	Unfallverhütung	17
1.2.2	Erste Hilfe	18
1.2.3	Gesetzliche Unfallversicherung	19
1.3	**Herstellung von Speisen und Getränken**	**20**
1.3.1	Elektro-, Gasherde und Gargeräte	21
1.3.2	Kühl- und Gefriergeräte	33
1.3.3	Spezialgeräte und Kleingeräte	38
1.3.4	Techniken der Nahrungszubereitung	40
1.4	**Lebensmittelinhaltsstoffe und ihre Eigenschaften**	**53**
1.4.1	Kohlenhydrate	54
1.4.2	Fette	62
1.4.3	Eiweiß	68
1.4.4	Ballaststoffe	74
1.4.5	Sekundäre Pflanzenstoffe	76
1.4.6	Vitamine	78
1.4.7	Mineralstoffe	83
1.4.8	Wasser	87
1.4.9	Zusatzstoffe	90
1.5	**Lebensmittelqualität**	**98**
1.5.1	Qualitative Beurteilung von Lebensmitteln	98
1.5.2	Einflussfaktoren auf die Lebensmittelqualität	99
1.5.3	Novel Food	100
1.5.4	Functional Food	101
1.5.5	Convenience-Produkte	103
1.6	**Lebensmittelauswahl und Speisenangebote**	**106**
1.6.1	Mahlzeitengestaltung	106
1.6.2	Frühstück – Pausenfrühstück	107
1.6.3	Mittagessen	109
1.6.4	Abendessen	110
1.6.5	Zusammenstellen von Gerichten und Menüs	110
2	**Personen verpflegen**	**112**
2.1	**Ernährung und Gesundheit**	**113**
2.1.1	Verdauung und Stoffwechsel	115
2.1.2	Hunger und Sättigung	117
2.1.3	Ernährungsgewohnheiten	118
2.2	**Nährstoff- und Energiebedarf**	**119**
2.2.1	Ernährungskreis	119
2.2.2	Energiebedarf	120
2.2.3	Nährstoffbedarf	122
2.3	**Ernährung in verschiedenen Lebensphasen**	**125**
2.3.1	Ernährung des Säuglings	125
2.3.2	Ernährung in der Schwangerschaft und Stillzeit	128
2.3.3	Ernährung von Kindern und Jugendlichen	131
2.3.4	Ernährung des älteren Menschen	134

2.4	**Kostformen**	**137**
2.4.1	Vollkost	137
2.4.2	Vegetarische Kost	140
2.4.3	Vollwerternährung	142
2.4.4	Sonstige alternative Kostformen (Überblick)	144
2.5	**Ernährungsabhängige Erkrankungen – Diäten und Sonderkostformen**	**145**
2.5.1	Übergewicht	145
2.5.2	Diabetes mellitus (Zuckerkrankheit)	149
2.5.3	Bluthochdruck (Hypertonie)	152
2.5.4	Fettstoffwechselstörungen	154
2.5.5	Gicht (Hyperurikämie)	157
2.5.6	Magen- und Darmbeschwerden	159
2.5.7	Leber- und Galleerkrankungen	165
2.6	**Arbeitsorganisation in der Verpflegung**	**166**
2.6.1	Planung und Durchführung von Arbeitsabläufen	167
2.6.2	Funktionsbereiche in der Küche	169
2.6.3	Qualitätssicherung bei der Speisenherstellung	172
2.6.4	Speisenverteilsysteme	173
2.6.5	Ausgabesysteme	175
2.6.6	Preisvergleich beim Einkauf, Planung des Materialeinsatzes, Berechnung von Rezepturen, Kostenkalkulation	179
3	**Personen zu unterschiedlichen Anlässen versorgen**	**184**
3.1	**Ausgewählte Menüs herstellen**	185
3.1.1	Menüplanung	186
3.1.2	Menüregeln	188
3.1.3	Ausgewählte Speisen herstellen	190
3.2	**Servieren ausgewählter Menüs**	222
3.2.1	Tafelformen	222
3.2.2	Das Eindecken des Tisches	223
3.2.3	Tischdekoration	230
3.2.4	Servieren von Speisen und Getränken	232
3.2.5	Abdecken des Tisches	234
3.3	**Getränke und Getränkeservice**	235
3.4	**Kalte und warme Buffets**	243
3.4.1	Aufbau des Buffets	243
3.4.2	Buffetarten	245
3.4.3	Gesprächsführung bei der Bestellung von Buffets und anderen Sonderveranstaltungen	250
3.5	**Aktionen planen und organisieren**	251
3.6	**Regionale Gerichte**	253

Anhang:

Entsorgungsplan/Küche	254
Hinweise zur Kostplanberechnung	255
Bildquellenverzeichnis	256
Literaturverzeichnis	257
Nährwerttabelle	259
Sachwortverzeichnis	263
Übersicht über Standardabläufe	268
Rezeptverzeichnis	268

Hinweis zum methodischen Vorgehen bei Projekten

In den Vorbemerkungen des Rahmenlehrplanes für den Ausbildungsberuf Hauswirtschafter/Hauswirtschafterin wird selbstständiges Planen, Durchführen und Beurteilen als übergreifendes Ziel aufgeführt. Um dies erreichen zu können, sind methodische Hilfen für eine handlungsorientierte Vorgehensweise notwendig. Das Projektlernen ist eine Methode, das Lernen mit »Kopf, Herz und Hand« zu unterstützen, immer mit dem Ziel, eine Aufgabe selbstständig zu lösen. Projektlernen bedeutet ein ganzheitliches Lernen unter Weiterentwicklung der Kompetenzen. Im Folgenden wird das Grundmodell des Lernens und Arbeitens in Projekten aufgeführt.
Dieses besteht aus sieben Handlungsschritten.

Die sieben Handlungsschritte sind:	
1. Initiativen zum Projektthema einbringen	■ z. B. aus den betrieblichen oder unterrichtlichen Belangen oder Aufgabenstellungen
2. Thema formulieren	■ Ideen sammeln und strukturieren ■ Interessenschwerpunkte konkretisieren ■ Thema formulieren
3. Projekt- (Teil-)gruppen bilden	■ Thema oder Interessenschwerpunkt wählen ■ Absichten und Fähigkeiten bekannt geben und in einem Projektvertrag festhalten ■ Regeln zur Zusammenarbeit vereinbaren – soziale Organisation
4. Arbeitspläne entwerfen	■ unterschiedliche Pläne (Gruppen-, Einzel-, Teil-, Zeit-, Arbeitspläne) erstellen und mit den anderen Gruppen im Rahmen einer Projektkonferenz besprechen
5. Realisieren der Arbeitspläne	■ Pläne umsetzen ■ praktische Durchführung
6. Veröffentlichen der Arbeitsergebnisse	■ Präsentation der Ergebnisse ■ evtl. Mitmach-Präsentation
7. Auswerten der Projekterfahrungen und -ergebnisse	■ Reflexion

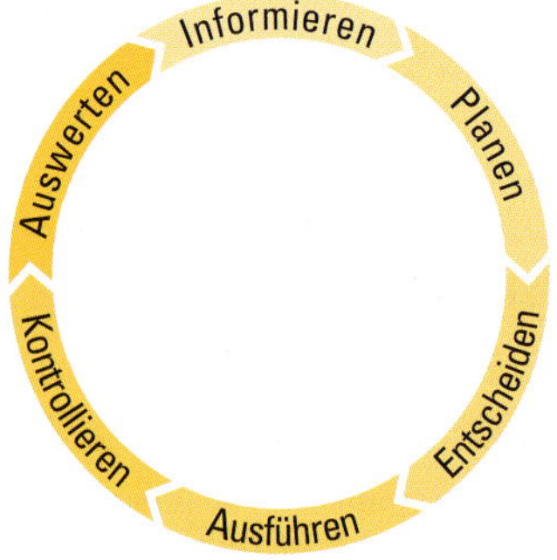

Jeder Handlungsschritt fordert das Auffinden von Lösungswegen und ist offen und vorher nicht bestimmbar. Wege entwickeln sich aus dem vorherigen Schritt oder mehreren Handlungsschritten, wobei auch jeder öfter bearbeitet werden kann. Die Reihenfolge ist also nicht verpflichtend einzuhalten.

Die Methode des Projektlernens entspricht in vielen Phasen dem Modell der vollständigen Handlung.

1 SPEISEN UND GETRÄNKE HERSTELLEN UND SERVIEREN

Essen und Trinken sind für den Menschen lebensnotwendig und ermöglichen Lebensgenuss und Wohlfühlen. Bei gemeinsamen Mahlzeiten in angenehmer Atmosphäre wird Stress abgebaut und soziale Kontakte werden geknüpft.
Lebensmittel können in rohem oder verarbeitetem Zustand verzehrt werden. Die Lagerung und die Verarbeitung zu verzehrfertigen Speisen führen zu Veränderungen der Inhaltsstoffe, die häufig unerwünscht sind (z. B. Verlust von Vitaminen und Mineralstoffen). Je nach Führung der technologischen Prozesse können diese Qualitätsverluste eingeschränkt werden.
Ziel der Lebensmittelverarbeitung ist die Herstellung qualitativ hochwertiger Speisen, die den Essensteilnehmern in einem abwechslungsreichen, in Aussehen und Geschmack ansprechenden und preiswerten Speisenangebot zur Verfügung gestellt werden. Die Speisenherstellung ist eine personenbezogene Leistung. Die ernährungsphysiologische Zusammensetzung, Auswahl und Service der Speisen müssen sich an den Wünschen und physiologischen Bedürfnissen der Essensteilnehmer orientieren.
Die Herstellung von Speisen und Getränken erfordert den Einsatz verschiedener Arbeitsgeräte und Maschinen. Der Einsatz an Betriebsmitteln und Personen muss betriebswirtschaftlich und arbeitsorganisatorisch überlegt auf den jeweiligen Bedarf der Küche abgestimmt werden.
Arbeitssicherheit, Hygiene und Umweltschutz in Einrichtungen der Gemeinschaftsverpflegung werden durch verschiedene Gesetze und Verordnungen geregelt.

Projektideen für dieses Lernfeld:

- Erstellen Sie ein geeignetes Konzept, das die Abfallentsorgung in Ihrem Betrieb / in Ihrer Schule ermöglicht.
- Analysieren Sie die Organisation der Verpflegung in einem Krankenhaus / einer Kindertagesstätte / Ihrer Schule / Ihrem Betrieb im Hinblick auf die vorhandenen Hygienemaßnahmen – Personalhygiene, Produkthygiene und Betriebshygiene.
- Ermitteln Sie in Ihrem Betrieb mögliche vorhandene Unfallgefahren und praktizierte Bestimmungen zur Arbeitssicherheit. Erstellen Sie danach ein »Sicherheitsblatt«, das über häufige Unfallgefahren und zugehörige Sicherheitsmaßnahmen informiert.
- Machen Sie eine Zusammenstellung über die Ausstattung an Maschinen und Geräten im Küchenbereich Ihres Betriebes. Überprüfen Sie die vorhandenen Geräte im Hinblick auf den Bedarf.
- Sie sollen für eine Ausbilderinnen-Tagung in Ihrer Schule 25 Mittagessen servierfertig herstellen (Rezeptauswahl, Gerätebedarf, Arbeitsorganisation, Zeitplan, Service).
- Sie sollen für die Schulcafeteria die Speisenherstellung koordinieren.

> **Salmonellentod im Altenheim**
> *Lübeck (dpa)*
> Alle Heiminsassen und das Personal eines Altenheims mussten sich ärztlich untersuchen lassen, nachdem zwei Bewohner, die Salmonellen ausschieden, gestorben waren. Wie das Gesundheitsamt mitteilte, ist einer der Todesfälle mit Sicherheit auf die Salmonellenerkrankung zurückzuführen. Bei den Untersuchungen in dem Altenheim wurden in der Küche zwei Beschäftigte als Salmonellenausscheider ermittelt. Ob die Salmonellen durch sie oder über bereits infizierte Lebensmittel in das Heim gelangten, ist nach Angaben der Behörden nicht mehr festzustellen. *(Hannoversche Allgemeine 17.7.01)*

Ziele der Lebensmittelhygiene:
- *Besiedlung mit Mikroorganismen vermeiden*
- *Vermehrung von Mikroorganismen im Lebensmittel einschränken*
- *Risikogruppen (LMHV): Fleisch, Hackfleisch, Eier und Eiprodukte, Speiseeis*

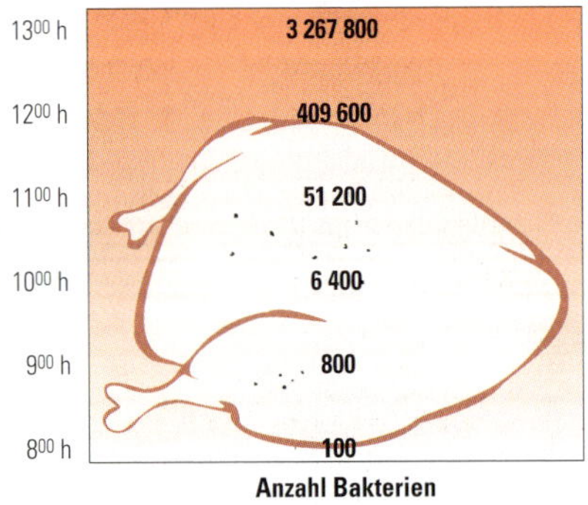

1.1 HYGIENE BEIM UMGANG MIT LEBENSMITTELN

Lebensmittel sollen möglichst frisch, ernährungsphysiologisch hochwertig und gesundheitlich unbedenklich sein, um die Leistungsfähigkeit und die Gesundheit der zu versorgenden Personengruppe zu gewährleisten.

> Die **Lebensmittelhygiene** umfasst alle Maßnahmen, die bei der Herstellung, Lagerung und dem Vertrieb von Lebensmitteln eine einwandfreie Beschaffenheit der Lebensmittel gewährleisten, um eine gesundheitliche Gefährdung des Verbrauchers zu verhindern.

Gesetze und staatliche Behörden, wie Lebensmitteluntersuchungsamt oder Staatliches Veterinäramt, ermöglichen den **Verbraucherschutz**.

Die meisten Lebensmittel sind empfindlich gegenüber äußeren Einflüssen, wie **Feuchtigkeit**, **Wärme**, **Licht** und **Sauerstoff**, und verändern sich durch physikalische, chemische und biologische (mikrobielle) Einwirkungen.

- **Physikalische Veränderungen**
werden durch Einwirkungen von Feuchtigkeit und Temperatur ausgelöst. Die Lebensmittel können schrumpfen, welken oder austrocknen. Bei Temperaturen unter dem Gefrierpunkt werden die Zellwände zerstört.

- **Chemische Veränderungen**
werden durch Enzyme hervorgerufen. Sie beeinflussen Geruch, Geschmack und Farbe der Lebensmittel und führen zu Qualitätseinbußen oder zum Verderb der Lebensmittel. Chemische Giftstoffe und andere Schadstoffe können ebenfalls in Lebensmittel gelangen und die Gesundheit gefährden.

- **Biologische Veränderungen**
werden durch Mikroorganismen (Kleinlebewesen) bewirkt, die sich bei günstigen Bedingungen im Lebensmittel vermehren. Sie können zu Fäulnis, Schimmeln, Ranzigwerden, Gärung und Säuerung führen.
Nicht immer riecht oder sieht man, dass das Lebensmittel verdorben ist. Erkrankungen und gefährliche **Lebensmittelvergiftungen** können dadurch ausgelöst werden.
Mikroorganismen in den Lebensmitteln, wie z. B. Bakterien oder Schimmelpilze, können bei Personen, die diese Lebensmittel verzehren, **Lebensmittelinfektionen** verursachen (s. S. 10).

Bereiche der Lebensmittelhygiene:

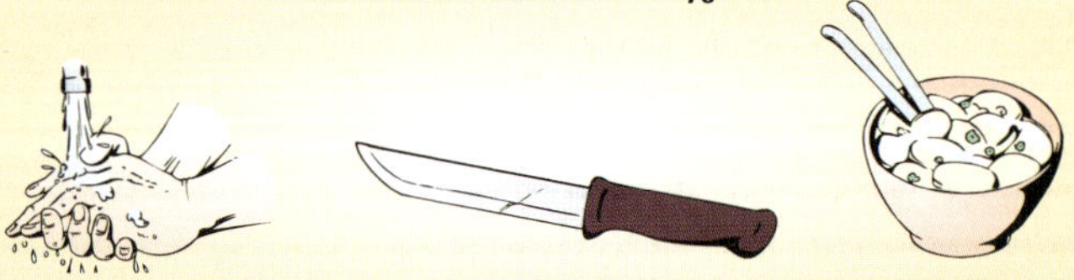

persönliche Hygiene | Betriebshygiene | Produkthygiene

1.1.1 LEBENSBEDINGUNGEN DER MIKROORGANISMEN

Mikroorganismen sind in der Natur weit verbreitet. Günstige Lebensbedingungen beim Transport, bei der Lagerung und Zubereitung der Lebensmittel beschleunigen ihre Vermehrung.
Wer den Lebensmittelverderb verhindern will, muss die Lebens- und Wachstumsbedingungen der beteiligten Mikroorganismen kennen.

Um den Lebensmittelverderb zu verhindern, müssen Lebensmittel
- **vor Verunreinigungen bewahrt werden,**
- **vor Infektionen mit Mikroorganismen geschützt werden und**
- **die Lebensbedingungen für die Mikroorganismen eingeschränkt werden.**

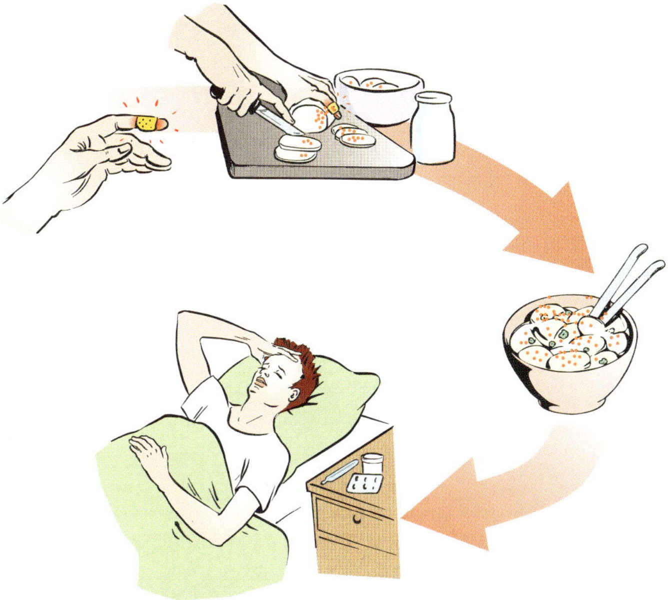

Entstehungsmöglichkeit einer Lebensmittelvergiftung

Lebensbedingungen der Mikroorganismen

Nahrung
Hefen: Kohlenhydrate (Mono-, Disaccharide)
Fäulniserreger, Salmonellen: Eiweiß
Schimmelpilze, Bakterien: Fette, Eiweiß, Kohlenhydrate

frei verfügbares Wasser (a_w-Wert) (s. S. 4, 88)

günstige **Wachstumstemperatur** allgemein bei 25 °C

pH-Wert
pH > 7: Darmbakterien, Fäulniserreger
pH < 7: Hefen, Schimmelpilze, Milchsäurebakterien

Sauerstoff
aerob: Bazillen, Schimmelpilze
fakultativ anaerob: Hefen, Eiter-, Fäulniserreger
anaerob: Hefen

Haltbarmachung von Lebensmitteln
- Sie verhindert die Vermehrung von Mikroorganismen durch Veränderung der Lebensbedingungen.
- Sie tötet die Mikroorganismen ab.

Verfahren der Haltbarmachung:
- Hitzebehandlung
- Kältebehandlung
- Wasserentzug
- Änderung des pH-Wertes
- Ausschluss von Sauerstoff
- Konservierungsstoffzugabe

Fleisch-, Wurst- und Gemüsekonserven, die Bombagen gebildet haben, können Clostridium botulinum enthalten. Das Bakterium produziert ein Nervengift, das zum Tod durch Atemlähmung führt.

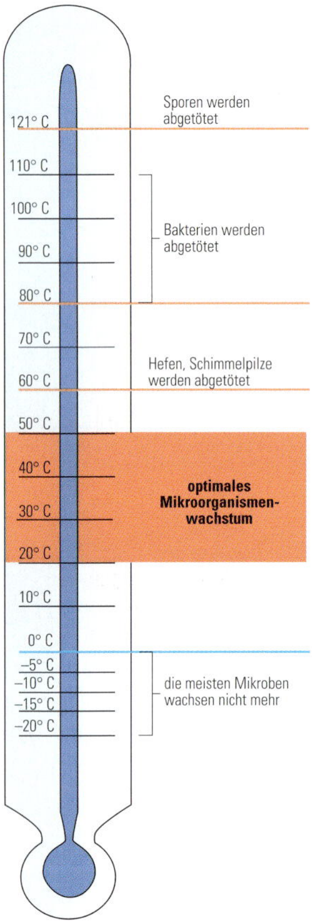

Einfluss der Temperatur auf die Mikroorganismen

Nahrung

Lebensmittel bieten einen guten Nährboden, weil sie aus organischen Stoffen (Eiweiß, Kohlenhydrate, Fett) bestehen. Die meisten Mikroorganismen können nur ganz bestimmte **Nährstoffe** verwerten. So ernähren sich **Hefen** überwiegend von Kohlenhydraten und wachsen daher insbesondere auf süßen Früchten, Fruchtsäften, Kompotten und Desserts. **Fäulniserreger** und Salmonellen bevorzugen eiweißreiche Lebensmittel, wie z. B. Fleisch, Wurst, Fisch, Eier, Milch und Käse. Schimmelpilze und **Bakterien** können Kohlenhydrate, Eiweiße und Fette verwerten.

Wasser

Mikroorganismen brauchen Wasser als Lösungs- und Transportmittel ihrer Nährstoffe sowie als Baustoff. Dabei steht ihnen nicht der Gesamtwassergehalt eines Lebensmittels zur Verfügung, sondern nur das **frei verfügbare Wasser** (s. S. 88). Dieser Wasseranteil wird auch **aktives Wasser** genannt und als **a_w-Wert** gemessen. Bakterien wachsen bevorzugt auf wasserreichen Lebensmitteln (a_w-Wert 0,91), Hefen auch auf halbfeuchten Lebensmitteln (a_w-Wert 0,88/0,6), Schimmelpilzarten gedeihen ebenso auf trockenen Lebensmitteln (a_w-Wert 0,5). Unterhalb von a_w 0,6 findet kein Wachstum mehr statt. Bei der Lagerung von Lebensmitteln ist zu beachten, dass der Gehalt an frei verfügbarem Wasser auch von der **relativen Luftfeuchtigkeit** der Umgebung abhängig ist. Bei trockener Luft ist die Lebensmitteloberfläche arm an Feuchtigkeit, die Mikroorganismen können sich zwar ansiedeln, aber nicht vermehren.

Temperatur

Jede Mikroorganismenart hat bestimmte Temperaturansprüche, vgl. Abbildung. Allgemein vermehren sich Mikroorganismen umso weniger, je niedriger die Temperatur ist. Es gibt aber auch **Kälte liebende Mikroorganismen**, die noch bei niedrigen Temperaturen im Kühlschrank oder Kühlhaus lebensfähig sind. Der Temperaturbereich **zwischen 20 und 50 °C** gilt als kritischer Bereich für die Verarbeitung und Lagerung von Lebensmitteln, da sich hier viele gesundheitsschädliche Mikroorganismen besonders stark vermehren. Die meisten Bakterien, Hefen und Pilze werden bei Temperaturen über 80 °C abgetötet. Im Haushalt problematisch sind **hitzetolerante Mikroorganismen**, die erst bei Temperaturen oberhalb von 100 °C abgetötet werden. So sind die Sporen von Clostridium botulinum bis 120 °C lebensfähig und werden erst durch 1-minütiges Erhitzen über 121 °C abgetötet.

pH-Wert

Die verschiedenen Mikroorganismenarten wachsen und vermehren sich jeweils bei einem bestimmten pH-Wert-Bereich. Man unterscheidet **saure** (unter pH 7), **alkalische** (über pH 7) und **neutrale** (pH 7) Umgebung.

pH-Werte verschiedener Lebensmittel/ Reinigungsmittel

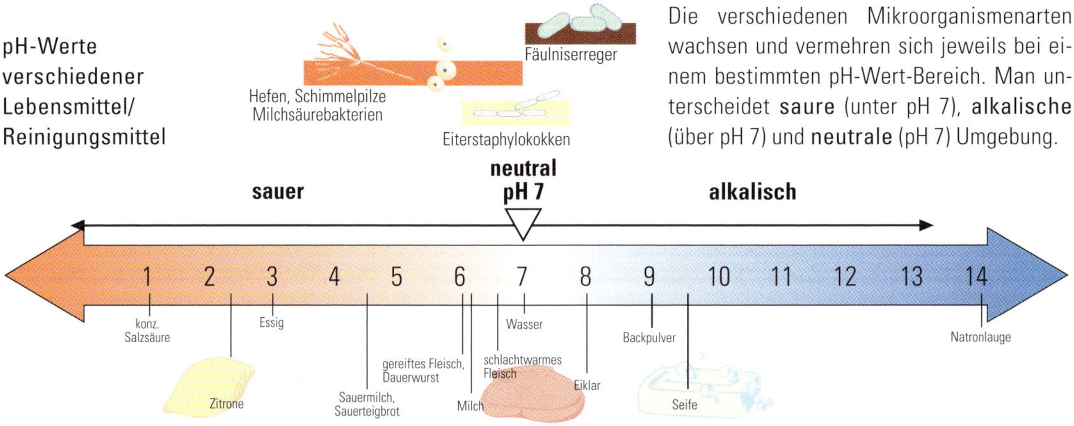

Schimmelpilze und Hefen bevorzugen neutrale bis schwach saure Lebensmittel, die meisten Bakterien wachsen bei einem neutralen bis schwach alkalischen/sauren pH-Bereich. Bei der Herstellung von Sauermilchprodukten, Sauerkraut, Dauerwurst und Pökelschinken verhindert der bei der »Reifung« sinkende pH-Wert die Vermehrung von Hefen und Fäulniserregern. Die Haltbarkeit der Lebensmittel wird dadurch verlängert.

Sauerstoff

Einige Mikroorganismen benötigen zum Leben Sauerstoff. Diese so genannten **obligaten Aerobier** können ihre Nährstoffe nur mithilfe von Sauerstoff abbauen und Energie gewinnen. Andere, die **obligaten Anaerobier**, vermehren sich ganz ohne Sauerstoff oder wachsen wie die **fakultativen Anaerobier** sowohl in Sauerstoff als auch in sauerstofffreier Umgebung.

pH-Wert-Messung

Der pH-Wert kann mithilfe von Indikatorpapier oder mit einem pH-Meter gemessen werden.

a) Bestimmen Sie den pH-Wert von: Joghurt, Mischbrot, Milch, Schweinefleisch, abgehangenem Rindfleisch, Zitrone, Apfel.

b) Ermitteln Sie mit der Tabelle auf S. 4, welche Mikroorganismen auf diesen Lebensmitteln wachsen und zu einem Verderb führen können.

Hygiene bei der Lebensmittelverarbeitung vermeidet Lebensmittelinfektionen

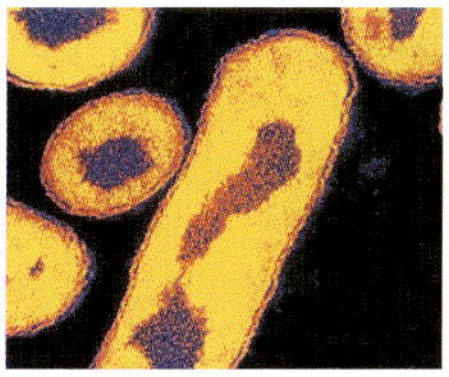

- Fleisch gründlich durchgaren. Anbraten oder Ankochen verhütet nicht das Bakterienwachstum im Inneren.
- Leicht verderbliche Lebensmittel (mit einem hohen Wasser- oder Eiweißgehalt) erst kurz vor den Mahlzeiten zubereiten. Diese Lebensmittel sowie die aus ihnen zubereiteten Speisen sollten bei Temperaturen zwischen 2 °C und 4 °C aufbewahrt werden.
- Bei längeren Einkaufswegen in der warmen Jahreszeit Fleisch, Fisch, alle zubereiteten Salate und Gefrierkost in Kühltaschen transportieren.
- Fleisch, das kalt verzehrt oder zu Salaten, Pasteten oder Sülzen weiterverarbeitet werden soll, besonders gründlich durcherhitzen.
- Hackfleisch noch am Tag der Herstellung verbrauchen.
- Fertige Speisen nicht warm halten, sondern sofort kühlen und später vor dem Verzehr erneut kurz durchkochen.
- Das Schimmeln von gefährdeten Lebensmitteln (Backwaren, Obst, Marmelade, Nüsse) durch Kühllagerung in trockenen Behältnissen vermeiden. Brotbehältnisse regelmäßig mit Essigwasser reinigen.

Einfluss des Sauerstoffgehaltes auf das Mikroorganismenwachstum

AUFGABEN

1. *Nennen Sie die Ziele der Lebensmittelhygiene.*
2. *Welche Bedeutung haben die Lebensbedingungen der Mikroorganismen für ihre Vermehrung? Untermauern Sie Ihre Antwort durch Beispiele.*
3. *Muss Hackfleisch noch am Tag der Herstellung verarbeitet werden? Erläutern Sie anhand der Hackfleischverordnung.*
4. *Begründen Sie, warum Fleisch, Fisch, Eier und Milch besonders durch Verderb gefährdet sind.*
5. *Wie wirkt sich der Temperaturanstieg auf das Bakterienwachstum im Fleisch aus?*

Temperaturabhängigkeit

Beimpfen Sie 3 Agar-Agar-Nährböden mit je 2 Tropfen Fleischsaft. Bewahren Sie die Nährböden jeweils
a) 3 Tage im Kühlschrank,
b) 3 Tage im Gefrierschrank,
c) 3 Tage bei 20 °C auf.
Betrachten Sie die Nährböden und zählen Sie auf jeder Platte die Kolonien aus. Beurteilen Sie die Ergebnisse.

Einige Bakterienarten:

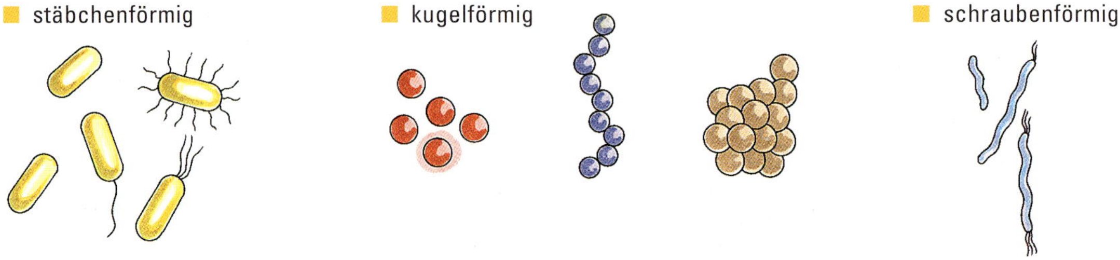

1.1.2 LEBENSMITTELVERDERB DURCH MIKROORGANISMEN

Infektionskette einer Salmonelleninfektion beim Menschen

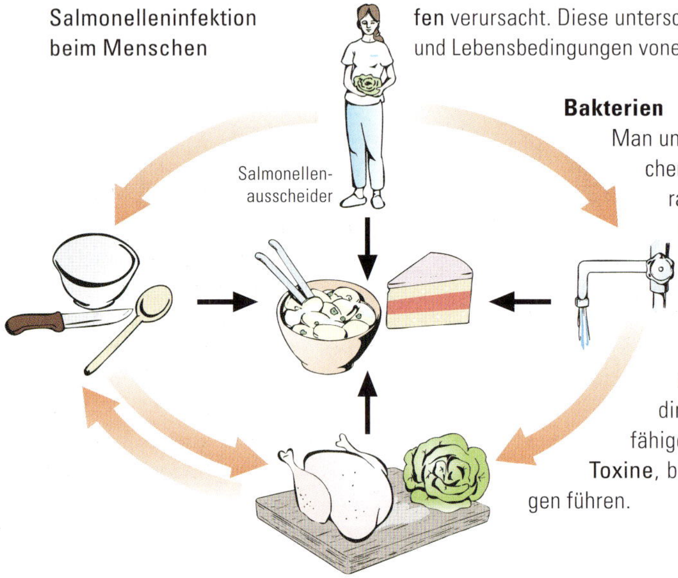

Der Verderb von Lebensmitteln wird durch **Bakterien, Schimmelpilze** und **Hefen** verursacht. Diese unterscheiden sich durch Aussehen, Art der Vermehrung und Lebensbedingungen voneinander.

Bakterien

Man unterscheidet die kugelförmigen **Kokken**, die stäbchenförmigen **Bakterien** und **Bazillen** sowie die spiralförmigen **Spirillen**. Bazillen können bei ungünstigen Lebensbedingungen eine Überlebensform, die **Spore**, ausbilden. Sporen können sich nicht vermehren, sind aber widerstandsfähig gegenüber Hitze, Kälte, Trockenheit, Säuren und Desinfektionsmitteln. Manche Sporenarten vertragen mehrstündiges Kochen. Bei günstigen Lebensbedingungen bilden die Sporen wieder vermehrungsfähige Bazillen. Manche Bakterien können Giftstoffe, **Toxine**, bilden, die zu gefährlichen Lebensmittelvergiftungen führen.

Häufigkeit von meldepflichtigen Erkrankungen in der Bundesrepublik Deutschland

Jahr	Salmonellose	übrige Formen	Typhus abdominalis	Paratyphus A, B, C	Shigellenruhr	Meningokokken-Meningitis	übrige Formen	Diphtherie	Poliomyelitis	Hepatitis A	Hepatitis B	nicht bestimmbare u. übrige Formen
1991	135366	42020	224	122	2074	810	3584	2	3	6587	5081	1370
1992	195378	51191	213	120	2339	818	3413	1	2	6990	5987	2188
1993	140435	58328	197	91	1959	786	2214	9	–	5839	5497	2498
1994	132858	64451	172	119	2320	705	3897	8	–	5488	5166	3163
1995	115649	75184	182	105	1878	651	2216	4	3	6608	6146	4268
1996	109794	95403	141	78	1526	687	2352	3	1	4905	8014	5255
1997	106277	106350	75	59	1978	814	3701	3	–	4614	6085	6278
1998	98352	114824	78	61	1642	732	2774	1	–	3869	5185	6157
1999	85345	111047	111	88	1610	740	2911	1	–	3137	4565	6009

Bakterien als Lebensmittelvergifter

Salmonellen

meldepflichtig!

Darmbakterien kommen bei Schlachttieren, Geflügel und Eiern vor, ebenso im Darm von erkrankten Menschen
bestes Wachstum bei 20 bis 40 °C
werden bei Temperaturen über 70 °C abgetötet

Symptome:	Übelkeit, Durchfall, Kopfschmerzen, Fieber
Inkubationszeit:	12 bis 36 Stunden
Übertragung:	durch infizierte Lebensmittel, erkrankte Personen, Küchengeräte, Handtücher
Besondere Gefahr:	warm gehaltene Speisen
Lebensmittel:	Fleisch, Hackfleisch (!), Geflügel (!), Eier, Milch und daraus hergestellte Speisen

Botulinus-Bazillen

meldepflichtig!

Sporen bildendes Bakterium, wächst nur unter Sauerstoffabschluss
bestes Wachstum bei 25 bis 37 °C, unter 10 °C wird das Wachstum eingestellt
werden bei 121 °C nach 20 Minuten mit der Spore getötet, produzieren ein Nervengift, das bei 30-minütigem Erhitzen auf 80 °C zerstört wird

Symptome:	Benommenheit, Schluck-, Atembeschwerden, Tod durch Atemlähmung
Inkubationszeit:	meist 12 bis 36 Stunden
Lebensmittel:	Fleisch-, Wurst-, Gemüsekonserven (Vorsicht bei offenen Gläsern und Dosen mit Bombagen)

Staphylokokken

Bakterium in eiternden Wunden
optimales Wachstum bei 20 bis 37 °C, unter 6 °C wird das Wachstum eingestellt
werden bei 80 °C abgetötet, produzieren ein Gift, das bei 100 °C nach 60 Minuten unwirksam wird

Symptome:	Übelkeit, Erbrechen, Durchfall, Kollaps
Inkubationszeit:	2 bis 6 Stunden
Übertragung:	aus eitrigen Wunden, durch Schnupfen und Niesen, über Werkzeug und Handtücher
Lebensmittel:	Milch, Milchprodukte, Fisch, Fischprodukte, Speiseeis/Eiscreme, Cremes, Wurst-, Eier- und Kartoffelsalat, Wurst, Fleischerzeugnisse, Aspik

60 Personen nach Festschmaus krank

60 Personen mussten wenige Stunden nach einer Betriebsfeier mit Durchfall, Übelkeit und Kreislaufkollaps den Arzt aufsuchen. Wie das Gesundheitsamt mitteilte, wiesen der angebotene Kartoffel- und Fleischsalat einen hohen Gehalt an Staphylokokken auf. Die Infektion wurde durch die Küchenkraft verursacht, die die Salate am Vortag zubereitet hatte. Sie war seit einigen Tagen an einem Schnupfen erkrankt. Die Salate waren in einem kühlen Raum bei 12 °C gelagert worden.
(OZ im Sommer 2000)

Versuch 1: Gärung

Füllen Sie jeweils 40 g Apfelkompott in zwei 100-ml-Bechergläser und lassen Sie die Gläser 3 Stunden offen stehen. Decken Sie die Gläser ab, lassen Sie sie
a) 3 Tage im Kühlschrank,
b) 3 Tage bei Zimmertemperatur stehen.
Betrachten Sie die Proben. Was stellen Sie fest?

Versuch 2: Säuern

Füllen Sie jeweils 40 ml frische Rohmilch in zwei Reagenzgläser. Prüfen Sie mit Indikatorpapier den pH-Wert. Lassen Sie eine Probe 3 Tage
a) im Kühlschrank,
b) bei Zimmertemperatur stehen.
Prüfen Sie nochmals den pH-Wert der Proben. Riechen Sie an den Proben und beurteilen Sie die Konsistenz der Milch. Protokollieren und begründen Sie Ihre Ergebnisse.

Versuch 3: Faulen

Geben Sie 20 g Hackfleisch in ein Reagenzglas mit etwas Wasser und lassen Sie die Probe 4 Tage bei Zimmertemperatur stehen. Betrachten Sie die Probe, riechen Sie daran. Streichen Sie einen Tropfen der Flüssigkeit auf einem Objektträger aus und mikroskopieren Sie bei 800-facher Vergrößerung. Protokollieren und erklären Sie Ihre Ergebnisse.

Lebensmittelverderb	betroffene Lebensmittel	Bakterien	Lebensmittel-veränderungen
Faulen	Fleisch, Fisch, Milch, Eier, Obst, Gemüse, Kartoffeln	Eubakterien	Verfärbung, schmierige Oberfläche, weiche, matschige Konsistenz, Fäulnisgeruch (faule Eier)
Säuern	Milch, Sahne, Leberwurst, Brühwurst, Rohwurst	Milchsäurebakterien	saurer Geschmack, Milcheiweiß gerinnt, graues Aussehen bei Wurst
Ranzigwerden	Butter, Margarine, fetthaltige Cremes	Eubakterien	ranziger Geruch und Geschmack, Farbveränderungen

Bakterien verderben Lebensmittel auf vielfältige Weise. Meist verändern sie dabei Aussehen, Konsistenz, Geruch und Geschmack der Lebensmittel, sodass man vor dem Verzehr gewarnt wird.
Neben den unerwünschten Bakterien gibt es **nützliche Bakterien**, die bei der Verarbeitung von Lebensmitteln verwendet werden. So werden bei der Herstellung von Joghurt und Dickmilch **Milchsäurebakterien** eingesetzt. Diese spalten den Milchzucker zu Milchsäure, die das Milcheiweiß gerinnen lässt, die Milch wird dick. Milchsäurebakterien bewirken auch die erwünschte Säuerung des Sauerkrauts.

Hefen

Hefen sind einzellige Pilze. In der Natur kommen sie als **wilde Hefen** vor. Über die Luft gelangen sie in Fruchtsäfte, Kompotte oder Konfitüren. Diese gären nach wenigen Tagen. In der Lebensmittelverarbeitung setzt man **Reinzuchthefen** ein, z.B. Backhefe, Bierhefe und Weinhefe. Hefen benötigen für ihr Wachstum Zucker, den sie **vergären**, d.h. in Alkohol und Kohlenstoffdioxid abbauen.

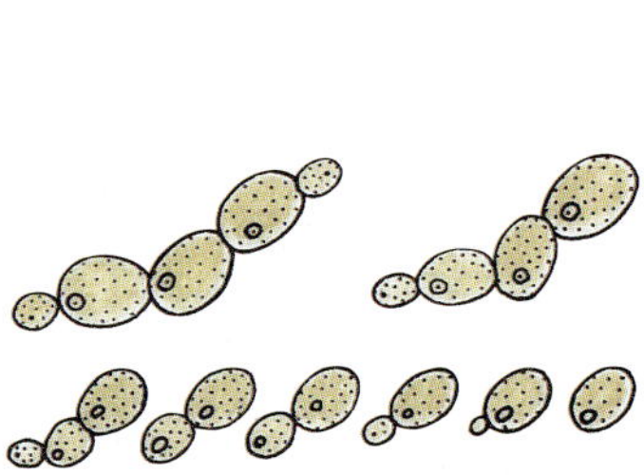

Hefen vermehren sich durch Sprossung

Die Hefe baut in Anwesenheit von Sauerstoff die Zuckerstoffe zu Kohlenstoffdioxid[1)] und Wasser ab (Hefeatmung).
Ohne Sauerstoff erfolgt eine Hefegärung, bei der Alkohol und Kohlendioxid gebildet werden.

1) Kohlenstoffdioxid wird im weiteren Text auch Kohlendioxid genannt

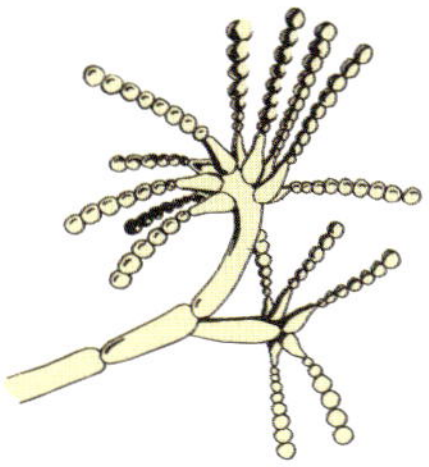

Pinselschimmel

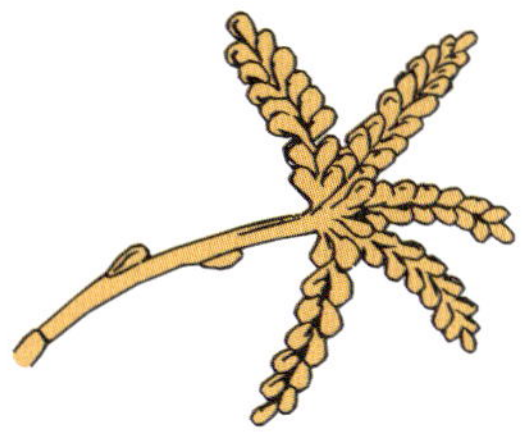

Gießkannenschimmel

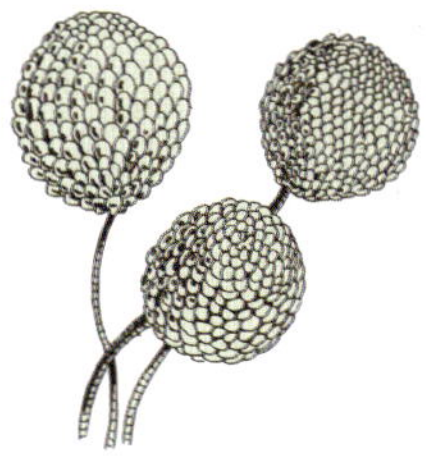

Köpfchenschimmel

Schimmelpilze

Schimmelpilze wachsen sogar auf Lebensmitteln mit niedrigem a_w-Wert, z. B. Brotkrusten, Dauerwurst und rohem Schinken. Sie entziehen dabei der umgebenden Luft die lebensnotwendige Feuchtigkeit – Schimmelpilzbildung lässt sich daher weitgehend durch Trockenlagerung vermeiden. Schimmelpilze benötigen zum Leben Sauerstoff. In Folien luftdicht verpackte oder in Dosen konservierte Lebensmittel können deshalb nicht verschimmeln. Essigsäure (kommt natürlicherweise im Roggenbrot vor) und der Konservierungsstoff Propionsäure verhindern das Schimmeln. Schimmelpilze bilden ein Fadengeflecht, **Myzel**, welches unsichtbar meist tief in das Lebensmittel hineinwächst. Bei der Zersetzung der Lebensmittel entstehen Stoffwechselprodukte, die den Geruch und Geschmack des Lebensmittels unangenehm verändern können oder als **Lebensmittelgifte**, so genannte **Mykotoxine**, eine große Gefahr bilden. Am bekanntesten ist das Krebs fördernde **Aflatoxin**, das von dem Gießkannenschimmel gebildet wird, der z. B. auf Nüssen, aber auch im Brot vorkommt. Die Vermehrung der Schimmelpilze erfolgt durch Sporen. Nach der Form der Sporenträger unterscheidet man **Gießkannenschimmel, Pinselschimmel und Köpfchenschimmel**.

Schimmelpilze können auch nützlich sein!

In der Lebensmittelproduktion von Käse (z. B. Roquefort, Camembert) und Rohwurst werden so genannte Kulturschimmel eingesetzt, die den typischen Geschmack hervorrufen.

Blauschimmelkäse (Roquefort)

AUFGABEN

1. *Erstellen Sie Regeln zur Lagerung von Lebensmitteln, um Lebensmittelvergiftungen zu vermeiden.*
2. *Welche Hygienemaßnahmen sind in der Küche bei der Verarbeitung von Fleisch zu beachten?*
3. *Die Folienverpackung von gekochtem Schinken ist aufgebläht. Der Schinken sieht nicht verdorben aus und riecht normal. Würden Sie den Schinken in der Küche verarbeiten? (Begründung!)*
4. *Begründen Sie, warum Hackfleisch besonders leicht verdirbt.*
5. *Stellen Sie Regeln zur Vermeidung einer Staphylokokkeninfektion auf.*
6. *Stellen Sie die Übertragungswege für Salmonellen dar.*

Der richtige Umgang mit verschimmelten Lebensmitteln

- *Brot nicht verzehren! (Aflatoxin!)*
- *Bei Konfitüren mit einem Zuckergehalt > 60 % den Schimmel großzügig entfernen, sie dürfen verzehrt werden!*
- *Käse, Fruchtsäfte oder Kompotte nicht verzehren!*
- *Erdnüsse, Nüsse, Nusserzeugnisse nicht verzehren! (Aflatoxin!)*

1.1.3 HYGIENEMASSNAHMEN

Ein Hygieneplan gibt Hinweise zur Reinigung des Betriebes

Die gesetzlichen Grundlagen für alle Hygienemaßnahmen sind u. a.:

- *EU-Richtlinien 93 EWG*
- *Lebensmittel-Hygieneverordnung (LMHV)*
- *Infektionsschutzgesetz*
- *Lebensmittel- und Bedarfsgegenständegesetz (LMBG)*

Die Einhaltung der gesetzlichen Vorschriften wird durch Behörden kontrolliert, z. B.:

- *Staatliche Ämter für Lebensmittelüberwachung, Tierschutz, Veterinärwesen*
- *Staatliche Medizinal-, Veterinär- und Lebensmitteluntersuchungsämter*
- *Gewerbeaufsichtsämter*

Lebensmittel sind ein idealer Nährboden für Mikroorganismen und können mit Rückständen und Schadstoffen belastet sein, die die Gesundheit gefährden. Strenge Hygienevorschriften kontrollieren daher die Produktion, Lagerung, Verarbeitung und Zubereitung der Nahrungsmittel zum Schutze des Verbrauchers. Große Verpflegungseinrichtungen müssen besonders auf Hygiene im Umgang mit Lebensmitteln achten.

Die gesundheitsgefährdenden Risiken können unterschiedlich sein:

- biologisch – durch Mikroorganismen (Rohware/Personal/Betrieb)
- chemisch – durch Rückstände (Rohware/Reinigungsmittel)
- physikalisch – durch vorhandene Fremdkörper

Nach der **Lebensmittel-Hygieneverordnung** (LMHV) ist jeder Betrieb, der Lebensmittel herstellt, verarbeitet oder in Verkehr bringt, verpflichtet, im Prozessablauf die für die Lebensmittelsicherheit kritischen Arbeitsstufen zu ermitteln, konsequent zu überwachen und zu dokumentieren sowie angemessene Sicherheitsmaßnahmen festzulegen. Die meisten betriebshygienischen Kontrollen werden nach dem **HACCP-Konzept** durchgeführt.

HACCP bedeutet: »Steuerung der kritischen Arbeitsstufen«

Hazard = Gesundheitsgefahr/Risiko
Analysis = Analyse der Gefahr
Critical = kritische Punkte ermitteln
Control = Steuerung
Point = Abschnitt im Verfahren

Die Kontrolle kann durch Checklisten erfolgen, z. B.:

- Wareneingang: Temperaturen der gekühlten Lebensmittel, Mindesthaltbarkeitsdatum
- Lagerhaltung: sachgemäße Lagerung, reine/unreine Seite, Temperaturregelung etc.

Nach § 4 der LMHV sind folgende Maßnahmen vorgesehen:

1. Analyse der Gefahren im Produktionsablauf
2. Identifizierung der kritischen Kontrollpunkte/Risiken
3. Festlegung der kritischen Grenzwerte
4. Festschreibung und Durchführung wirksamer Prüf- und Sicherheitsmaßnahmen
5. Dokumentation der kritischen Punkte
6. Regelmäßige Kontrolle der eingeleiteten Maßnahmen
7. Fortbildung der Mitarbeiter

Hygiene in der Großküche durch regelmäßige Reinigung

Die Betriebshygiene

Ausstattung und Arbeitsmittel in Verpflegungseinrichtungen und im Großhaushalt müssen hygienischen Anforderungen entsprechen. So müssen die Betriebsräume genügend hoch, ausreichend hell, trocken sowie be- und entlüftbar sein. Sie dürfen keinen direkten Zugang zu den Toiletten oder Waschräumen haben. Die erforderlichen Reinigungs- und Desinfektionsgeräte müssen zur Verfügung stehen und eine regelmäßige gründliche Reinigung und Desinfektion müssen sichergestellt werden. Sanitäre Einrichtungen mit einer festgelegten

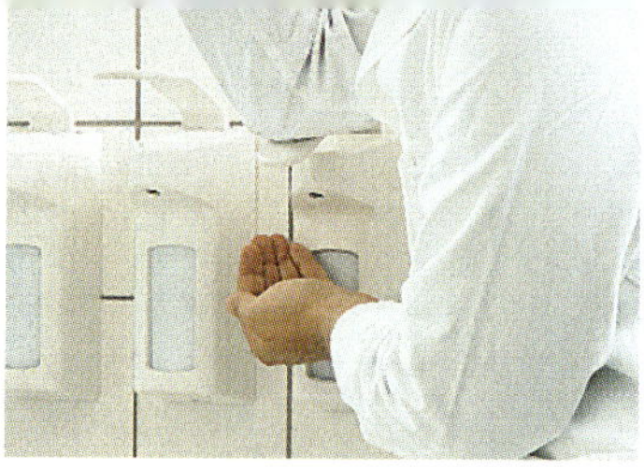

Verhinderung der Keimübertragung

Ausstattung müssen vorhanden sein. Auf eine regelmäßige Schädlingsbekämpfung muss geachtet werden. Bereits bei der Planung und Einrichtung der Ausstattung müssen hygienische Aspekte berücksichtigt werden:

Ausstattung der Funktionsräume

- fugenlose Übergänge von einem Raum zum anderen
- Fußböden massiv, wasserundurchlässig und leicht zu reinigen
- Gitter und Filter zum Fernhalten von Insekten und Staub
- gut belüftete und beleuchtete Räume
- räumliche Trennung von reinen und unreinen Bereichen
- abgerundete Übergänge, sog. Hohlkehlen, von der Wand zum Fußboden
- Wände bis auf 2 m Höhe hell, glatt, abwaschbar gestrichen oder mit Wandfliesen ausgestattet
- geruchssichere Ablaufmöglichkeiten für Flüssigkeiten
- Toiletten mit fließend kaltem und warmem Wasser, Seifenspender, Papierhandtüchern und Desinfektionsmöglichkeiten

Ausstattung der Arbeitsgeräte und Einrichtungen

- glatte Oberflächen an Möbeln und Arbeitsplatten aus korrosionsbeständigem Material
- getrennte Arbeitsplätze zur Vorbereitung von Geflügel, Gemüse und Salaten (rein und unrein) oder Zwischenreinigung bei der Verarbeitung der einzelnen Lebensmittel
- Verwendung unterschiedlich farbiger Reinigungstücher für verschiedene Einsatzbereiche
  vgl. Band 1 dieser Fachbuchreihe, HT 4201

Persönliche Hygiene

Persönliche Hygiene bezieht sich auf
1. die Körperhygiene der Beschäftigten,
2. die Hygiene der Arbeitskleidung,
3. sauberes Arbeiten.

Mikroben können sich auf der warmen Haut rasch vermehren. Beim Schwitzen wachsen sie in dem feuchten Milieu besonders gut. Keimüberträger sind häufig die Hände. In den Betrieben sind daher gesonderte Handwaschbecken vorgeschrieben. Seifenspender mit Flüssigseife und Einmalhandtücher aus Papier verhindern wirksam eine Keimübertragung. Die üblichen Stoffhandtücher sind zum Abtrocknen ungeeignet, da sich Keime in dem feuchten Milieu schnell vermehren und übertragen werden können. Verschmutzte Schürzen und Kittel enthalten bis zu 15 Millionen Keime – die Gefahr der Keimübertragung auf Lebensmittel ist sehr groß. Daher muss die Arbeitskleidung täglich gewechselt werden; die Materialien sollen hell und kochfest sein. Auch Haare sind starke Keimträger, regelmäßige Haarpflege und das Tragen einer Kopfbedeckung sind erforderlich.

- *Das Rauchen ist in Räumen, in denen Lebensmittel hergestellt, gelagert oder in den Verkehr gebracht werden, verboten!*
- *Beim Arbeiten entstandene Verunreinigungen sofort beseitigen!*
- *Reinigungsmittel nach Anweisung verwenden!*
- *Laufzeit und Reinigungsintervalle von Spülmaschinen nicht manipulieren!*
- *Tiere dürfen sich in Räumen, in denen Lebensmittel verarbeitet oder verkauft werden, nicht aufhalten!*
- *Bedarfsgegenstände, die mit Lebensmitteln in Berührung kommen, müssen aus hygienisch geeigneten Materialien hergestellt sein: Keramik, rostfreier Stahl, Kunststoff, Aluminium.*

Reinigung und Desinfektion in der Küche

Zur Reinigung darf nur Trinkwasser verwendet werden!
Nach jeder Reinigung mit Reinigungsmitteln muss mit Trinkwasser nachgespült werden!

Desinfektion ist erforderlich

- *in Großküchen, wenn Arbeitsflächen oder -geräte mit rohem Geflügel oder Fleisch Kontakt hatten,*
- *in Sanitärräumen in Alten- und Pflegeheimen und Krankenhäusern,*
- *im Krankenhaus,*
- *beim Auftreten meldepflichtiger Krankheiten nach dem Bundesinfektionsschutzgesetz § 10 c.*

Beimpfter Nährboden

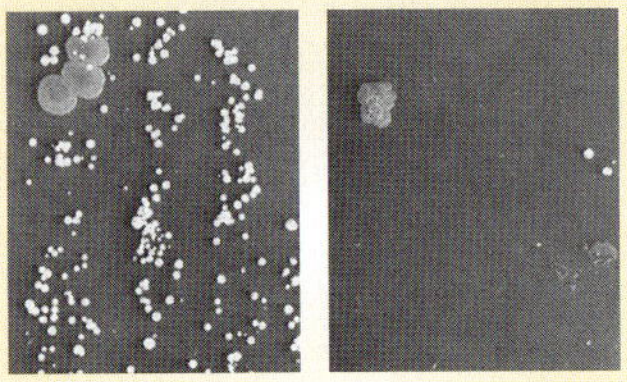

Hand mit Wasser gewaschen — Hand mit Wasser und Desinfektionsmittel gewaschen

Wichtige Anforderungen bei der persönlichen Hygiene:

- saubere und zweckmäßige Kleidung und Kopfbedeckung
- regelmäßige Körper- und Haarpflege
- längere Haare zusammenbinden
- sorgfältige Handpflege (kurze, unlackierte, saubere Fingernägel)
- gründliche Reinigung der Hände (auch Unterarme) vor Arbeitsbeginn und nach jedem Toilettenbesuch
- Fingerringe, Uhren oder Armschmuck vor der Arbeit ablegen
- Wunden an Händen oder Armen mit wasserundurchlässigem Verband versehen, Fingerlinge über dem Verband tragen
- beim Husten, Niesen, Naseputzen sich von den Lebensmitteln abwenden
- direkten Handkontakt mit den fertigen Speisen vermeiden
- regelmäßige ärztliche Untersuchung

Produkthygiene

Die Lebensmittel sollten beim Einkauf oder Wareneingang auf eine intakte Verpackung und ein frisches Aussehen sowie einen einwandfreien Geruch und Geschmack überprüft werden. Um die Qualität zu erhalten, müssen die Lebensmittel richtig (in Bezug auf Temperatur, Luftfeuchtigkeit, Lagerdauer, Trennung rein – unrein) gelagert werden. Bei tiefgefrorenem Geflügel oder Fleisch wird die Verpackung vor dem Auftauen entfernt. Die Auftauflüssigkeit sollte sofort weggegossen werden, damit andere Lebensmittel nicht mit ihr in Kontakt kommen (Salmonellen!). Geflügel und Fleisch müssen gut durchgegart werden.

Um eine Vermehrung der Mikroorganismen zu vermeiden, sollten die Lebensmittel zügig verarbeitet und sofort nach der Herstellung verzehrt werden, s. S. 173 ff. Lebensmittelabfälle oder verdorbene Lebensmittel sind in den entsprechenden Abfallbehältnissen zu entsorgen. Diese sollten täglich geleert und gründlich gereinigt werden.

Das Infektionsschutzgesetz bestimmt, dass Personen, die

- *an Trichinose, Tuberkulose, Scharlach oder Hautkrankheiten erkrankt sind,*
- *an Typhus, Paratyphus, Virushepatitis oder übertragbaren Darmerkrankungen erkrankt sind oder ein solcher Verdacht besteht,*
- *Ausscheider von Salmonellen sind,*

nicht in Lebensmittel verarbeitenden Betrieben beschäftigt sein dürfen!

Alle Mitarbeiter in Lebensmittel verarbeitenden Betrieben benötigen eine Bescheinigung über die erfolgreiche Teilnahme an einer Belehrung über die Krankheiten, die ein Tätigkeitsverbot nach sich ziehen. Jeder Mitarbeiter muss persönlich erklären, dass keine derartigen Hinderungsgründe bekannt sind.

Hygienegrundsätze:

- Lebensmittel auf ihre einwandfreie Beschaffenheit überprüfen
- gereinigte oder gegarte Lebensmittel nicht zusammen mit ungesäuberten Lebensmitteln lagern
- bei tiefgefrorenem Fleisch, Wild und Geflügel vor dem Auftauen die Verpackung entfernen
- die Auftauflüssigkeit von Fleisch, insbesondere von Geflügel, sofort entsorgen; alle Arbeitsgeräte, die damit in Berührung gekommen sind, sofort gründlich reinigen (Salmonellengefahr!)
- rohe und gegarte Lebensmittel nicht mit denselben Geräten bearbeiten, ohne diese zwischendurch gründlich zu reinigen
- verzehrfertige Lebensmittel nicht mit den Händen berühren und in hygienisch geeigneten Speiseausgaben den Essensteilnehmern anbieten

Die Hackfleischverordnung regelt die Herstellung und Verarbeitung von Hackfleisch und Erzeugnissen aus zerkleinertem Fleisch.
Hackfleischerzeugnisse dürfen nur zur Abgabe als verzehrfertige Speisen hergestellt werden. Hierzu zählen z.B. Fleischspieße, geschnetzeltes Fleisch, Frikadellen, Tatar. Die zur Herstellung verwendeten Geräte müssen täglich mindestens mittags und abends gründlich gereinigt und bei Verwendung von Reinigungsmitteln mit klarem Wasser nachgespült werden. Hackfleisch muss am Tag der Herstellung gegart werden.

Bestimmungen der Hackfleischverordnung

Hackfleischerzeugnisse
- *gestückeltes Fleisch an Spießen, gesteakte Fleischstücke, geschnetzeltes Fleisch, Klöße, Klopse, Frikadellen, Hackfleisch*

Bestimmungen
- *Hackfleisch darf nur aus rohem Skelettmuskelfleisch (kein gegartes Fleisch und keine Innereien) hergestellt werden.*
- *Maximal zulässiger Fettgehalt von Hackfleisch: Rinderhack 20%, Schweinehack 35%, Mischungen 30%, Schabefleisch (Tatar) 6%.*
- *Hackfleisch muss am Tag der Herstellung gegart werden.*
- *Keine Zutaten außer Salz, Zwiebeln und Würzmittel.*

AUFGABEN

1. *Eine Mitarbeiterin einer Großküche leidet seit mehreren Tagen an Durchfall. Trotzdem geht sie zur Arbeit, da viele Aufträge für kalte und warme Buffets erledigt werden müssen. Beurteilen Sie ihr Verhalten.*
2. *Monika behauptet: »Salmonellenerkrankungen kann man nur verhindern, wenn Arbeitsflächen und -geräte mehrmals täglich gründlich desinfiziert werden!« Margit ist anderer Meinung: »Es genügt, wenn die Mitarbeiter gesund sind, ihre Hände öfter waschen und die Arbeitsflächen mit Reinigungsmitteln gesäubert werden!«*
   Nehmen Sie zu den Äußerungen Stellung!
3. *Welche Maßnahmen zur Produkthygiene werden in Ihrem Betrieb durchgeführt?*
4. *Zählen Sie die Grundsätze des HACCP-Konzeptes auf.*
5. *Welche Maßnahmen zur Hygiene- und Qualitätssicherung werden in Ihrem Betrieb getroffen?*
6. *Informieren Sie sich genau über die Hackfleischverordnung. Welche Erzeugnisse werden in ihr geregelt?*
7. *Warum trägt verpacktes Hackfleisch ein Verbrauchs- und kein Mindesthaltbarkeitsdatum?*

1.1.4 RECHTSVORSCHRIFTEN SICHERN DIE LEBENSMITTELQUALITÄT

Lebensmittelvergiftungen und -infektionen sind nicht nur ein Problem bei Aufenthalten in südlichen Ländern, sie treten auch hierzulande sehr häufig auf. Beispielsweise erkrankten 1999 in der Bundesrepublik Deutschland etwa 85000 Menschen an Salmonelleninfektionen (s. S. 6).
Rechtsvorschriften und die Lebensmittelüberwachung kontrollieren, dass lebensmittelrechtliche Bestimmungen zum Schutz des Verbrauchers eingehalten werden. So wird gewährleistet, dass
- verdorbene/mit Krankheitserregern infizierte Lebensmittel,
- mit Schadstoffen oder Giftstoffen belastete Lebensmittel,
- durch Zusätze verfälschte oder nachgemachte Lebensmittel,
- falsch gekennzeichnete Lebensmittel

nicht in den Verkehr gebracht werden. Alle Beschäftigten in Lebensmittel verarbeitenden Betrieben, z.B. Kantinen, Großküchen, unterliegen der Lebensmittelgesetzgebung. Deren Grundlage ist das Lebensmittel- und Bedarfsgegenständegesetz. Weitere Gesetze und von ihnen abgeleitete Verordnungen ergänzen dieses Gesetz.

Butter mit Insektengift nicht auf dem Markt in Kopenhagen
(dpa) Nach Verbraucherprotesten hat die dänische Molkereiwirtschaft angeordnet, 500 Tonnen Butter und Käse, die mit dem Insektenmittel Dieldrin vergiftet sind, nicht auf den Markt zu bringen. Dieldrin ist ein starkes Gift, das zu Leberschäden führt. Es war in einer Kraftfutterlieferung aus Äthiopien nach Dänemark gelangt und wurde bei der Qualitätskontrolle in der Butter und im Käse entdeckt.

Das LMBG regelt folgende Begriffe:

- ***Lebensmittel***
  *dienen der Ernährung (**Nahrungsmittel**) oder dem Genuss (**Genussmittel**). Sie werden unverändert, verarbeitet oder zubereitet als Nahrung aufgenommen.*
- ***Bedarfsgegenstände***
  sind Gegenstände oder Stoffe, die mit dem Lebensmittel in Kontakt kommen, wie z. B. Verpackungen, Geschirr, Arbeitsgeräte, Behältnisse etc.
- ***Zusatzstoffe***
  sind keine natürlichen Roh- oder Inhaltsstoffe. Sie werden dem Lebensmittel zugesetzt, um bestimmte Eigenschaften zu erzielen *(s. S. 90 ff.).*

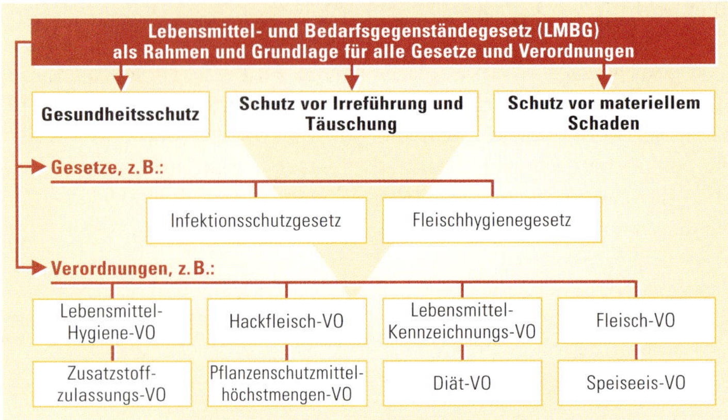

Gesetze und Verordnungen des Lebensmittelrechts (Beispiele)

Lebensmittel- und Bedarfsgegenständegesetz (LMBG)
Es regelt den Umgang mit Lebensmitteln und enthält Gesetze zum Schutz des Verbrauchers. So verbietet das Gesetz, Lebensmittel herzustellen und zu verkaufen, die eine gesundheitliche Beeinträchtigung herbeiführen können, z. B. durch Verwendung nicht zugelassener Zusatzstoffe oder Überschreitung von gesetzlichen Höchstwerten.

Lebensmittel-Kennzeichnungsverordnung
Sie regelt, dass verpackte Lebensmittel in der EG einheitlich gekennzeichnet sind.

Zusatzstoff-Zulassungsverordnung
Sie regelt Art, Menge und Verwendung von Zusatzstoffen bei der Herstellung von Lebensmitteln.

Vorschriften zur Regelung der Hygiene
z. B. Infektionsschutzgesetz, Lebensmittel-Hygieneverordnung, Hackfleischverordnung, regeln die hygienische Behandlung von Lebensmitteln.

Kontrolle der Lebensmittelproben im Lebensmitteluntersuchungsamt

Die Kennzeichnung von Lebensmitteln enthält folgende Angaben:

- *Bezeichnung des Lebensmittels*
- *Name des Herstellers (Betrieb, der das Lebensmittel in Verkehr bringt)*
- *Menge des Inhalts*
- *Verzeichnis der Zutaten/Nährwert*
- *Mindesthaltbarkeit*

AUFGABEN

1. *Bilden Sie für jedes oben genannte Gesetz bzw. Verordnung Expertenteams und durchleuchten Sie die Gesetze wie folgt:*
a) *Formulieren Sie die Hauptaufgabe des Gesetzes.*
b) *Nennen Sie drei konkrete Regelungen, die durch das Gesetz getroffen wurden.*
2. *Was können Sie in Ihrem Betrieb zum Schutz des Verbrauchers vor Gesundheitsschäden oder Irreführung durch Lebensmittel tun?*
3. *Informieren Sie sich, von welchem Amt und wie die Lebensmittelüberwachung in Ihrem Betrieb durchgeführt wird.*
4. *Erarbeiten Sie einen Hygieneplan für den Vorrats-/Lagerbereich in Ihrem Ausbildungsbetrieb.*

1.1.5 ABFALLENTSORGUNG

Der in Küchen anfallende Müll besteht größtenteils aus **Lebensmittel-** und **Speiseresten, Verpackungsmaterialien, Einweggeschirr** und **-besteck.** Die Abfallentsorgung sollte möglichst kostengünstig und **umweltverträglich** durchgeführt und verwertbare Abfallstoffe sollten **wieder verwertet** werden (Recycling). Abfallvermeidung, z.B. durch Verwendung von mehr Frischkost anstelle von Konserven und ein Verzicht auf aufwändig verpackte Lebensmittel, spart Verpackungsmüll und schont die Umwelt.

Organische Abfälle, z.B. Gemüse, Obst, Speisereste, sind ein idealer Nährboden für Ungeziefer aller Art und begünstigen die Vermehrung von Krankheitskeimen. Sie werden in geschlossenen Behältern gesammelt und streng getrennt von den zum Verzehr bestimmten Lebensmitteln gelagert. Diese Abfälle eignen sich für die Kompostierung im Garten oder werden in der grünen oder braunen Biotonne gesammelt. Werden Speisereste an Mastbetriebe abgegeben, müssen sie vorher bei mindestens 90 °C eine Stunde sterilisiert werden.

Papier, Kartonagen, Metalle und **Kunststoffe** werden getrennt gesammelt, die Wertstoffe rückgewonnen und der Wiederverwertung zugeführt. Dieses Recycling spart Deponieplatz, Energie und Rohstoffe.

> Abfälle können nur dann wieder verwertet werden, wenn sie zuverlässig getrennt werden!

Umweltschädigende Stoffe, wie z.B. quecksilberhaltige Produkte (Batterien, Fieberthermometer), Medikamente, Farbreste oder Fleckentferner, müssen als **Sondermüll** entsorgt werden.

Die **Abwassermenge** sollte durch die Auswahl geeigneter Maschinen und sinnvoller Arbeitstechniken möglichst niedrig gehalten werden. Fettreste im Abwasser erschweren den biologischen Abbau in der Kläranlage und verstopfen die Rohre der Kanalisation. In Betrieben mit mehr als 200 Portionen warmem Essen am Tag müssen daher **Fettabscheider** im Abwassersystem vorhanden sein, die das Fett vom Abwasser abtrennen. Die Fettabscheider müssen regelmäßig entleert und das Fett muss sachgerecht entsorgt werden. Verbrauchtes Fett aus der Fritteuse muss getrennt gelagert werden; es wird von Recyclingfirmen zu Seifen, Waschmitteln oder Schmierfetten verarbeitet. Stärkeabscheider halten die beim Schälen von Kartoffeln anfallende Kartoffelstärke zurück. Sie sind in die Kartoffelschälmaschinen eingebaut. Auch **Wasch- und Desinfektionsmittel** belasten das Abwasser, sie sollten immer in der vorgeschriebenen Dosierung verwendet werden.

Weitere wichtige Kenntnisse zur Abfallentsorgung siehe Band 1 dieser Fachbuchreihe, HT 4201.

Speisereste sind in geschlossenen Behältnissen zu entsorgen.
Für die Lagerung der Abfälle muss ein separater Platz oder Raum, der gut gelüftet und sauber gehalten wird, zur Verfügung stehen.
Abfallbehälter müssen regelmäßig und gründlich gereinigt werden!

Behälter für getrennte Abfallsammlung

Umweltschutz ja – aber wie??

AUFGABEN

1a) *Erstellen Sie eine Übersicht der Abfälle, die in Ihrem Betrieb anfallen.*
b) *Entwickeln Sie ein Konzept, nach dem die Abfälle umweltverträglich entsorgt werden können.*
2. *Welche Möglichkeiten zum Einsparen von Wasser bei der Lebensmittelverarbeitung bieten sich in Ihrem Betrieb?*
3. *Erläutern Sie vorhandene Maßnahmen, die dazu dienen, das Abwasser in Ihrem Betrieb möglichst sauber zu halten.*
4. *Halten Sie auf einem Plakat fest, wie der in der Küche anfallende Abfall umweltfreundlich entsorgt werden kann.*

Projektaufgabe:
Informieren Sie sich in Ihrer Gemeinde über die regionale Abfallentsorgung und erstellen Sie einen Entsorgungsplan für die in der Küche anfallenden Abfälle nach der Vorlage im Anhang (s. S. 254).

Projektaufgaben:

1) Erfassen Sie die in Ihrem Betrieb durchgeführten Maßnahmen, um Arbeitsunfälle zu vermeiden. Erörtern Sie diese.
2) Informieren Sie sich in Band 1 dieser Fachbuchreihe, HT 4201, S. 195 über die Häufigkeit der meldepflichtigen Unfälle bezogen auf die einzelnen Körperteile.

Sicherheitsprüfzeichen bescheinigen sichere Arbeitsgeräte!

GS = geprüfte Sicherheit
Geräte mit GS sind von der Berufsgenossenschaft auf die Einhaltung der Unfallverhütungsvorschriften geprüft.

VDE = Sicherheitsprüfzeichen des Verbandes Deutscher Elektrotechniker
bietet Sicherheit für Elektrogeräte.

TÜV = Sicherheitsprüfzeichen des Technischen Überwachungsvereins
zeigt die Sicherheit von technischen Anlagen an.

Arbeitsschuh

Giftige und brennbare Flüssigkeiten nie in Bier- oder Saftflaschen aufbewahren!!!

1.2 ARBEITSSICHERHEIT

Arbeitssicherheit umfasst alle Maßnahmen, die zur **Vermeidung von Arbeitsunfällen** und **Berufskrankheiten** getroffen werden. Der Umgang mit unfallträchtigen Arbeitsgeräten und -maschinen (z. B. Schneidegeräte, Fritteuse) und die Beschaffenheit der zu bearbeitenden Produkte (feuchte, pastöse Konsistenz) verlangen im Großhaushalt ein hohes Maß an Sicherheitsvorkehrungen bei der Ausstattung des Betriebes und im Verhalten der Mitarbeiter, um Unfälle wirksam zu vermeiden. Einen hohen Anteil der Unfälle in Großhaushalt und Großküche machen Stürze aus, gefolgt von Schnittverletzungen. Häufige **Unfallquellen** müssen daher frühzeitig erkannt und umgehend beseitigt werden, die Unfallverhütungsvorschriften sollten gewissenhaft beachtet werden.
Überlastung und **nachlassende Konzentrationsfähigkeit** bei Müdigkeit erhöhen das Unfallrisiko der Arbeitnehmer. Eine technisch sinnvolle und sozialverträgliche Ausstattung der Arbeitsräume (Beleuchtung, durchdachte Anordnung der Arbeitsgeräte, Lärmvermeidung, Klima) unterstützt die Arbeitsleistung. Regelmäßige Arbeitspausen in angenehmer Umgebung fördern die Erholung.

Gefahr erkannt – Gefahr gebannt!
Unfälle werden häufig verursacht durch
- Nichterkennen der Gefahrenquelle,
- Unkenntnis und Leichtsinn im Umgang mit Arbeitsgeräten,
- Nichtbeachtung der Unfallverhütungsvorschriften,
- nachlassende Konzentration bei Übermüdung.

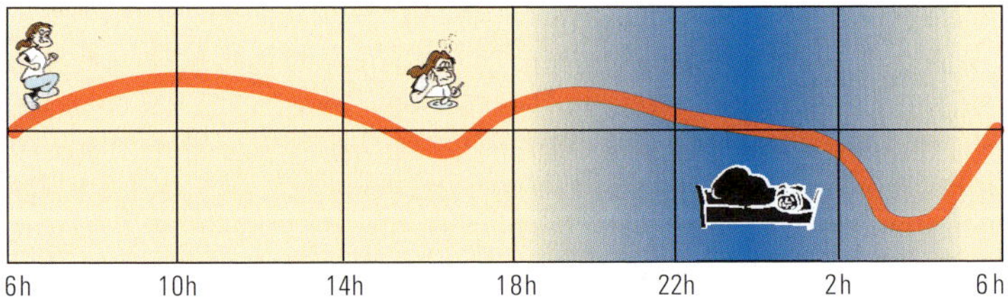

Physiologische Leistungskurve

Unfallursachen sind fast immer zurückzuführen auf:

sicherheitswidriges Verhalten	sicherheitswidrige Zustände	schlechte Arbeitsorganisation
unüberlegtes Arbeiten, Unkenntnis, falsche Arbeitsgeräte, Entfernen von Schutzvorrichtungen, unzweckmäßige Kleidung/untaugliches Schuhwerk, Übermüdung	bauliche Mängel, schlechte Arbeitsplatzeinrichtungen, schlechte Beleuchtung, unfallträchtige Geräte, beschädigte, beschmutzte Fußböden	Hetze, Zeitdruck, Arbeitsüberforderung, häufige Nachtarbeit, fehlende Planung des Arbeitsablaufs, Hindernisse im Arbeitsbereich

1.2.1 UNFALLVERHÜTUNG

Viele Unfälle sind auf Missachtung der Unfallverhütungsvorschriften zurückzuführen. Um Unfälle im Betrieb zu vermeiden, müssen die Gefahren beachtet und ausgeschaltet werden.

Gefahren/Unfallvermeidung

Verbrennungen
Keine Fettbackgeräte mit heißem Fett transportieren, Kabel von Fettbackgeräten nicht über einen Arbeitsweg zur Steckdose führen; heißes (brennendes) Fett nicht mit Wasser zusammenbringen.

Stürze
Arbeitswege von Hindernissen frei räumen; Schmutz vom Fußboden sofort entfernen; zweckmäßige Schuhe tragen; Stolperstufen beseitigen; vor dem Besteigen von Leitern/Steighilfen ist deren sicherer Stand zu überprüfen.

Schnittverletzungen
Fingerschutz bei Aufschnittmaschinen verwenden, Maschinen standfest aufstellen; nicht in eine laufende Schneidemaschine greifen; Messer nach dem Gebrauch sofort wieder in den Messerbehälter stellen; Messer und scharfe Geräte dürfen nicht im Spülwasser liegen bleiben; nur stabile und scharf schneidende Dosenöffner benutzen; fallende Messer und Gläser nicht auffangen; beim Zerlegen von Fleisch Kettenschürze anlegen und Stechhandschuhe anziehen; Schneide- und Zerkleinerungsgeräte nach der Benutzung verriegeln.

Verletzungen durch elektrischen Strom
Reparaturen an elektrischen Geräten von Fachleuten durchführen lassen; Mängel an Elektrogeräten sofort anzeigen und beseitigen; schadhafte Strom führende Teile sofort reparieren lassen; automatische Kabelaufwicklung nutzen; vor Reinigungsarbeiten Netzstecker ziehen.

Brandgefahr
Fettbrände nicht mit Wasser löschen, sondern ausbrennen lassen oder Feuer mit einem Deckel ersticken; im Umgang mit brennbaren und explosiven Gasen und Flüssigkeiten, z.B. Benzin, Sicherheitsvorschriften unbedingt einhalten; Standort und Bedienung der Feuerlöscher kennen.

Vergiftungen, Verätzungen
Reinigungs-, Desinfektions-, Pflanzenschutz-, Schädlingsbekämpfungsmittel nach Vorschrift anwenden, nicht in Trinkgefäßen, sondern in der Originalverpackung an einem sicheren Ort aufbewahren.

Bauliche Sicherheitsvorschriften:
- Kühlräume müssen von innen geöffnet werden können.
- Verkehrs- und Rettungswege sind freizuhalten.
- Arbeitstische und Schränke dürfen keine scharfen Kanten haben.
- Bodenbelag ist angeraut und gut zu reinigen.
- Sicherheitseinrichtungen, z.B. Überdruckventile, werden regelmäßig überprüft.
- Feuerlöscheinrichtungen sind auf die Betriebsräume abgestimmt.

Arbeitssicherheit durch richtige Schulung der Mitarbeiter!!!
- *in Gebrauch der Maschinen und ihrer Schutzeinrichtungen einweisen*
- *Gebrauchsanleitungen benutzen*
- *Gefahren erkennen und richtig reagieren*
- *Schutzkleidung tragen*
- *nach Arbeitsplänen arbeiten*
- *richtiges Verhalten bei Unfällen üben*
- *Sicherungssysteme im Betrieb kennen und richtig benutzen*
- *Fluchtpläne kennen*
- *Alarmübungen durchführen*

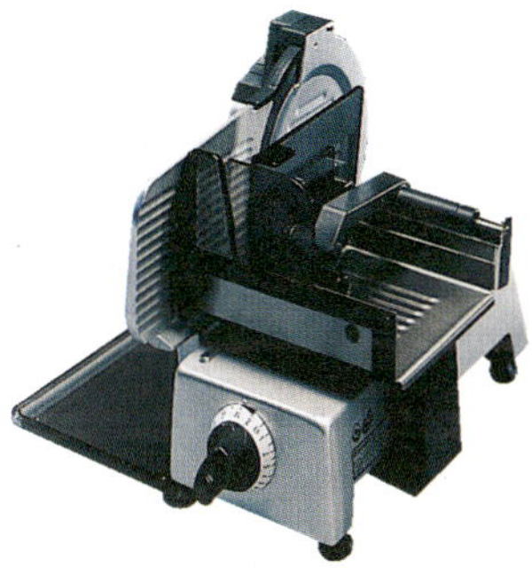

Auf die richtige Handhabung der Aufschnittmaschine muss geachtet werden

Gefahrstoffsymbole:

kennzeichnet giftige Stoffe

kennzeichnet brennbare und leicht explosive Stoffe

Lebenswichtige Telefonnummern!

19222 = *Rettungsleitstelle/Notarzt*
110 = *allgemeiner Notruf/Polizei*
112 = *Feuerwehr*

Sie müssen gut sichtbar in Telefonnähe notiert sein!

Der Notruf muss die **»5 Ws«** *enthalten:*

W*o passierte es? (Adresse)*
W*as ist passiert? (Unfallsituation)*
W*ie viele Verletzte gibt es?*
W*elche Art der Verletzung besteht?*
W*er hat angerufen?*

Projektaufgabe:
Gestalten Sie in Arbeitsgruppen verschiedene Übungsstationen, an denen Ihre Mitschülerinnen erfahren können, welche Aspekte bei der Unfallverhütung zu beachten sind.

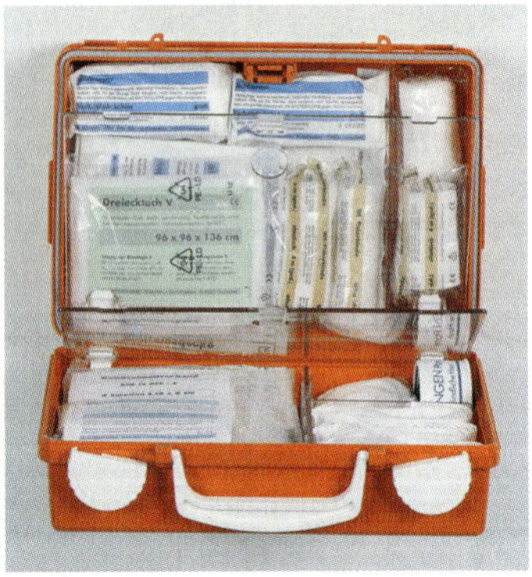

Pro 100 Beschäftigte muss ein großer Verbandskasten nach DIN 13169 vorhanden sein

Gesetzliche Bestimmungen über Ersthelfer im Betrieb:
In einem Betrieb mit bis zu 20 Beschäftigten muss mindestens ein ausgebildeter Ersthelfer vorhanden sein. Bei mehr als 20 Mitarbeitern sollen mindestens 10 % der Beschäftigten als Ersthelfer ausgebildet sein.

1.2.2 ERSTE HILFE

Eine schnelle und wirkungsvolle **erste Hilfe** bei einem Unfall soll den Verletzten vor zusätzlichen Gefahren bewahren und sein Überleben sichern. Bei Unfällen wird der Arzt oder durch einen Notruf der **Rettungsdienst** gerufen. Die Notrufnummer 110 gilt nahezu bundesweit. Der Rettungsdienst kann nur dann schnell und wirksam helfen, wenn die Meldung frühzeitig und vollständig erfolgt. Rückfragen sollten abgewartet werden. Um die innerbetriebliche Hilfe sichern zu können, muss es im Betrieb einen **ausgebildeten Ersthelfer** geben. Zu den Erste-Hilfe-Maßnahmen gehören eine bequeme und sachgerechte Lagerung, ggf. eine Ruhigstellung von Knochenbrüchen und das Anlegen von Verbänden.

Erste-Hilfe-Maßnahmen bei Arbeitsunfällen

Wunden
Nicht auswaschen, nur grobe Fremdkörper entfernen, mit sterilen Wundauflagen abdecken und mit einer Mullbinde umwickeln.

Stark blutende Schnittwunden
Sterilen Druckverband anlegen, sofort Notarzt rufen! Das verletzte Glied hochhalten oder hochlagern.

Verbrennungen
Brandwunde sofort in kaltes Wasser tauchen. Wenn die Schmerzen nachlassen, Brandsalbe auftragen.

Verätzungen
Sofort mit kaltem Wasser spülen.

Schwindel, Kreislaufschwäche
In Rückenlage entspannen, für frische Luft sorgen, bei Blässe, Zittern, Schweiß auf der Stirn (Schock!) Beine hochlagern, sofort Notarzt verständigen!

Der **Erste-Hilfe-Verbandskasten** muss genügend steriles Verbandsmaterial und Hilfsmittel enthalten. Er sollte übersichtlich eingeräumt und vollständig ausgestattet sein. Er muss regelmäßig aufgefüllt werden. Das Verfallsdatum der Medikamente ist zu beachten, »abgelaufene« Medikamente sind zu ersetzen. Der Kasten muss den Mitarbeitern leicht zugänglich sein.

Brandschutzeinrichtungen umfassen neben der baulichen Ausstattung mit gut zugänglichen **Fluchtwegen** (Türen mit Öffnung in Fluchtrichtung, Notausgänge) eine Ausstattung mit **Feuerlöschern** und **Löschdecken**. Die Anzahl der notwendigen Feuerlöscher wird abhängig von der Grundfläche des Betriebes und der Brandgefährdung nach der EU-Norm festgelegt. Sie müssen mindestens alle zwei Jahre von Fachleuten überprüft werden. Die Mitarbeiter sind über die in dem Betrieb gültigen Brandschutzbestimmungen zu informieren und in die sachgemäße Handhabung der Feuerlöscher einzuweisen.

1.2.3 GESETZLICHE UNFALLVERSICHERUNG

Alle Arbeitnehmer sind während ihrer Tätigkeit im Betrieb gesetzlich versichert. Träger der **gesetzlichen Unfallversicherung** sind die **Berufsgenossenschaften, Gemeindeunfallversicherung** oder die **Eigenunfallversicherung** der Städte. Sie tragen die Kosten für einen Arbeitsunfall. Unter den Versicherungsschutz fallen alle Unfälle, die während der Arbeit, auf dem direkten Weg zur Arbeit oder nach Hause passieren.

BGN
Berufsgenossenschaft Nahrungsmittel und Gaststätten

Die zuständige Berufsgenossenschaft für Beschäftigte im Nahrungsmittelgewerbe ist die ***BGN*** *=* ***Berufsgenossenschaft Nahrungsmittel und Gaststätten.***

Die Berufsgenossenschaften kontrollieren die Arbeitssicherheit in den Betrieben und erfüllen folgende Aufgaben:

- Verhütung von Arbeitsunfällen und Berufskrankheiten
- Leistungen für Heilung, Rehabilitation und Entschädigung bei Arbeitsunfällen oder Berufskrankheiten
- Verletztengeldzahlung nach Beendigung der Entgeltfortzahlung durch den Arbeitgeber
- Umschulungsmaßnahmen
- finanzielle Entschädigung für Unfallfolgen (Versichertenrente)
- Hinterbliebenenrente

Für die Mitarbeiter in Großküchen ist die **»Berufsgenossenschaft Nahrungsmittel und Gaststätten«** zuständig. Beschäftigte im Privathaushalt müssen beim zuständigen Gemeindeunfallversicherungsverband angemeldet werden, um Unfallschutz zu erhalten.

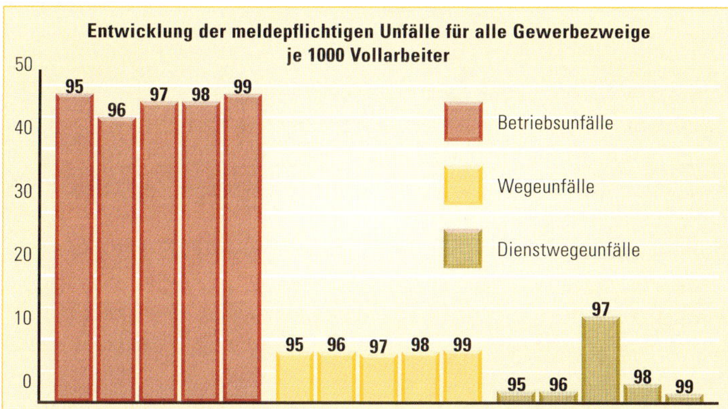

Unfallverhütungsvorschrift § 23 Abs. 1 u. 2:

Die Bedienung und Reinigung von Schneidemaschinen darf nur durch Personen über 17 Jahre erfolgen. Auszubildende dürfen an diesen Maschinen zur Ausbildung unter Aufsicht arbeiten, wenn sie älter als 16 Jahre sind.

Ist ein Arbeitnehmer durch einen Arbeitsunfall länger als drei Tage arbeitsunfähig, muss die **Unfallmeldung binnen drei Tagen** der Berufsgenossenschaft und dem Gewerbeaufsichtsamt angezeigt werden. Die Meldepflicht obliegt dem Betriebsleiter oder seinem Beauftragten.

AUFGABEN

1. *Erläutern Sie die Sicherheitsmaßnahmen, die Sie bei der Arbeit mit einem Dampfdrucktopf/einer Aufschnittmaschine beachten sollten.*
2. *Informieren Sie sich, welche Berufsgenossenschaft für Sie zuständig ist.*
3. *Erstellen Sie einen Sicherheitsbogen (Gefahrenquellen, Sicherheitsmaßnahmen), der neue Auszubildende in Ihrem Betrieb bei der Unfallverhütung gezielt unterstützt.*
4. *Überlegen Sie mögliche Unfallgefahren für ältere Menschen und kleine Kinder im Haushalt und entwickeln Sie Vorschläge zur Unfallverhütung.*

Wichtig für Unfallschutz!

Neue Mitarbeiter müssen in ihren Arbeitsplatz eingewiesen werden:

- *Unterweisung an den Maschinen und Arbeitsgeräten*
- *Hinweis auf besondere Gefahren*
- *richtige Arbeitsplatzorganisation*
- *Ordnung und Sauberkeit*

Die Zubereitung von Spargel von der Rohware zum tischfertigen Produkt

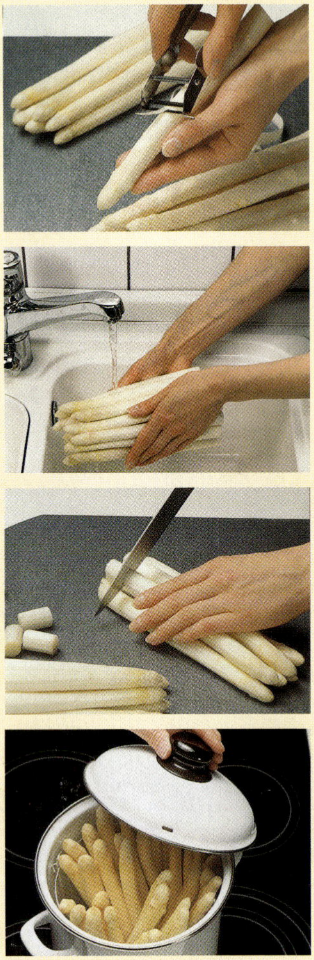

1.3 HERSTELLUNG VON SPEISEN UND GETRÄNKEN

Lebensmittel werden nur selten unverarbeitet als Rohware verzehrt, sondern im Haushalt, in der Gemeinschaftsverpflegung oder in der Gastronomie durch technologische Prozesse zu verzehrfertigen Produkten verarbeitet. Hierbei wird das Lebensmittel vom Rohstoff bis zur fertigen Mahlzeit vielen Arbeitsgängen unterzogen:

- Vorbereitungstechniken
- Zubereitungstechniken
- Portionieren und Anrichten
- Servieren

Die Lebensmittelherstellung benötigt, um Erzeugnisse von hoher Qualität herstellen zu können, geeignete **Arbeitsmittel** und **Arbeitsgeräte** sowie den Einsatz geeigneter **Arbeitsverfahren**. Hierdurch kann die **Lebensmittelqualität** – dazu zählen insbesondere der **Nährwert**, der **Genusswert** und die **sensorischen Eigenschaften** (Farbe, Konsistenz, Geruch) – positiv beeinflusst werden.

Einsatz ausgewählter Maschinen und Geräte

Im Großhaushalt stellen Personalkosten einen hohen Kostenfaktor dar. Für die Nahrungszubereitung werden daher je nach **Rohware** und **Zubereitungsart** unterschiedliche Arbeitsgeräte eingesetzt. Mit einer auf den Bedarf abgestimmten Auswahl an Geräten wird die Arbeit **zeitsparend** und **wirtschaftlich** gestaltet, die hergestellten Produkte haben eine hohe Qualität.

Bei der Auswahl und Ausstattung mit Geräten sollten die folgenden Kriterien berücksichtigt werden:

- bauliche und technische Ausstattung in den Funktionsräumen (z. B. Wasser-, Gas-, Elektroinstallation, Stellfläche etc.)
- ökologische Faktoren (z. B. Energie-, Wasserverbrauch, Umweltbelastung)
- ergonomische Aspekte (z. B. einfache Bedienung, Arbeitssicherheit, leichte Reinigung)
- Wirtschaftlichkeit (z. B. Preis-Leistungs-Vergleich, Betriebskosten)

Beachten Sie bei der Auswahl der Geräte:

- *leichte Pflege,*
- *einfache Reinigung,*
- *handliche Bedienung,*
- *sicherer und fester Stand.*

Außerdem müssen

- *bewegliche Teile deutlich einrasten,*
- *Anzeigen/Signale deutlich erkennbar sein,*
- *Bedienelemente zuverlässig und unverwechselbar einstellbar sein,*
- *Farbgebungen sinnvoll sein.*

AUFGABEN

1. *Machen Sie eine Aufstellung der Arbeitsgeräte und Maschinen in Ihrem Betrieb. Nehmen Sie eine Einteilung nach den verschiedenen Funktionen vor.*

2. *Sie stellen für 120 Personen folgendes Mittagessen her: Salzkartoffeln, Rotkohl, Rinderrouladen, Schwarzwaldbecher.*

a) *Welche Arbeitsgeräte und -maschinen verwenden Sie bei der Herstellung dieses Menüs? Wofür werden sie eingesetzt?*

b) *Das Mittagessen soll um 13.00 Uhr in der Essensausgabe tischfertig serviert werden. Machen Sie einen Arbeits-/Zeitplan. Erörtern Sie diesen.*

1.3.1 ELEKTROHERDE, GASHERDE UND GARGERÄTE

Elektroherde

Sie sind mit drei oder vier Kochstellen ausgestattet, die unbeheizte Kochmulde verhindert einen Wärmestau. Die Kochstellen haben einen genormten Durchmesser (14,5 cm, 18 cm, 22 cm) und unterscheiden sich in Leistung und Einstellmöglichkeiten. Die Kochstellen sind entweder als Kochplatte oder als Kochfelder angefertigt. Man unterscheidet:
Normalkochstellen, Blitzkochstellen, Automatikkochstellen.

Normalkochstellen (N), stufenlos/mit Stufenschaltung

verfügen über eine Stufenschaltung mit sechs Leistungsstufen 3 – 2 – 1 – 0 (7-Takt = 6 + 0-Stellung). Diese entsprechen dem Wärmebedarf der verschiedenen Gartechniken und können dem Kochgut angepasst werden. Nach dem Anbraten und Ankochen auf höchster Einstellung (Stufe 3) muss zum Fortkochen auf eine geringe Leistung umgeschaltet werden. Die stufenlos geschaltete N-Kochstelle besitzt einen Energieregler, der dafür sorgt, dass die Kochstelle in Intervallen heizt. Über die Schaltereinstellung wird das Verhältnis zwischen Heizintervallen und Pausen gesteuert. Niedrige Temperaturen/Ziffern bewirken relativ lange Pausen, hohe Temperaturen dagegen relativ lange Einschaltzeiten. Das Zurückschalten erfolgt ebenfalls von Hand.

Blitzkochstellen (B), stufenlos/mit Stufenschaltung (mit rotem Punkt gekennzeichnet)

haben bei der höchsten Einstellung 500 W mehr Leistung als die Normalkochstellen. Durch die hohe Leistung (2000 W) heizen sie besonders schnell auf und ermöglichen ein schnelleres Ankochen und damit Zeitersparnis bei der Nahrungszubereitung.

Automatikkochstellen (A), temperatur- und zeitabhängig

schalten automatisch von der Ankochstufe auf die Fortkochstufe um. Die temperaturabhängig geregelte Automatikkochplatte hat in der Mitte einen Temperaturfühler, der die Temperatur am Topfboden oder in der Kochstelle erfasst und über einen Thermostaten regelt. Der Schalter kann stufenlos von 1 bis 12 oder von 1 bis 9 für die verschiedenen Anwendungsbereiche eingestellt werden. Durch einen speziellen Schalterknebel kann die Zeitautomatik in Gang gesetzt werden. Es lässt sich damit zeit- und energiesparend kochen. Die Leistung entspricht der der Blitzkochstelle.

Die Automatikkochstelle bietet folgende Vorteile:

- Die Temperatur wird stufenlos reguliert.
- Das Umschalten entfällt.
- Sie erfordert wenig Aufsicht.
- Zusätzlich kann eine Zeitschaltuhr in Gang gesetzt werden.

Bei den Kochfeldern unterscheidet man:
Glaskeramikkochfelder, Induktionskochfelder, Halogenkochfelder.

Das **Glaskeramikkochfeld** besteht aus einer Glaskeramikkochplatte, deren Kochfelder von unten durch Strahlungsheizkörper direkt beheizt werden. Zweikreis-Kochzonen, Warmhaltezone und Restwärmeanzeige sind Zusatzeinrichtungen.

Einbaukochmulde mit 4 stufenlos regelbaren Blitzkochstellen – die vorderen verfügen über eine Ankochautomatik, die zusätzlich für 5 Minuten zugeschaltet werden kann.

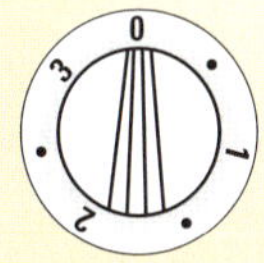

Schalterkennzeichnung mit Stufenschaltung

Schalterkennzeichnung bei stufenloser Schaltung

Bei der Auswahl des Kochgeschirrs ist zu beachten:

- *Topfdurchmesser auf Herdplattendurchmesser abgestimmt*
- *gut schließbarer Deckel*
- *verstärkter ebener, plan geschliffener Topfboden*
- *qualitativ hochwertiges Kochgeschirr*
- *richtige Materialauswahl*

vermeidet lange Garzeiten, schont die Kochstelle, spart Energie und Zeit.

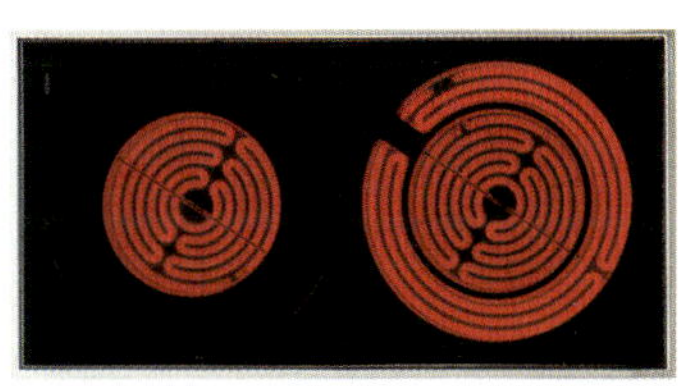

Glaskeramikkochfelder

Vorteile des Glaskeramikkochfeldes:

- verträgt extreme Temperaturunterschiede
- stoßfest, kratzfest, chemisch beständig
- als Abstellfläche verwendbar, pflegeleicht

Das **Induktionskochfeld** verfügt über Magnetspulen unter den Kochzonen, wodurch der Kochgeschirrboden und damit das Gargut direkt erhitzt wird, während das Kochfeld selbst kalt bleibt. Auf Induktionskochfeldern kann nur Geschirr mit einem ferromagnetischen Boden aus Edelstahl, Gusseisen oder emailliertem Stahl verwendet werden. Geschirr aus Glas, Keramik oder Aluminium bleibt kalt. Induktionsherde heizen mit einem Wirkungsgrad von 95 % schnell auf. Wenn kein Geschirr mehr auf dem Herd steht, schaltet sich die Kochzone automatisch ab. Die Verbrennungsgefahr ist gering. Die Energiezufuhr kann genau dosiert werden. Die Ankochzeiten sind kurz und die Zubereitung der Speisen damit vitaminschonender.

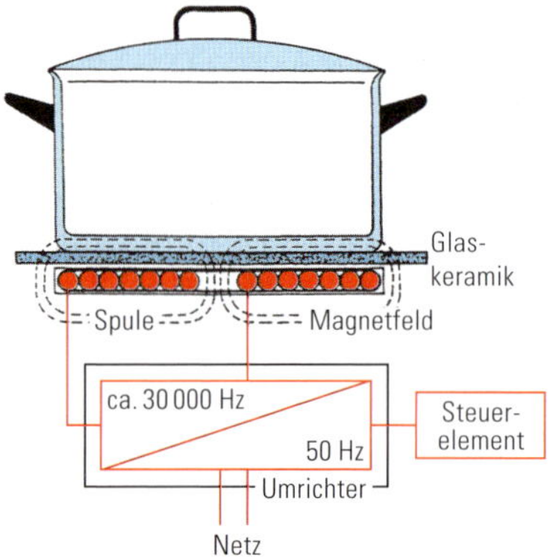

Zweikreiskochfelder

Übersicht: Anwendungsbereiche unterschiedlicher Kochstellen und Schaltereinstellungen (HEA)

Normal- und Blitzkochstelle Normalkochzone

Einstellung für Schalterskala:

0…3	0…9	
0	**0**	Ausquellen, Ausgaren
●	**1–2**	Warmhalten, Fortkochen
1	**3–4**	Fortkochen, Gardünsten, Schmoren, Dämpfen
●	**5**	Schwaches Braten
2	**4–5**	Andünsten, Creme abschlagen
●	**6**	Braten, Frittieren
	6–8	Langsames Ankochen
3	**9**	Ankochen, Anbraten von Schmorbraten, Andünsten großer Mengen

Automatikkochstelle Automatikkochzone

Einstellung für Schalterskala:

0…9	0…12	
1–2	**1–2**	Warmhalten
1–3	**1–3**	Aufwärmen
3–4	**3–5**	Creme abschlagen, Quellen
4–7	**4–7**	Kochen, Dünsten, Schmoren, Dämpfen
5–7	**9–10**	Braten, Andünsten großer Mengen
8–9	**10–11**	Anbraten von Schmorgerichten, Frittieren
9	**12**	Erhitzen großer Mengen

Regel:
kleine Mengen – niedrige Einstellung
große Mengen – höhere Einstellung

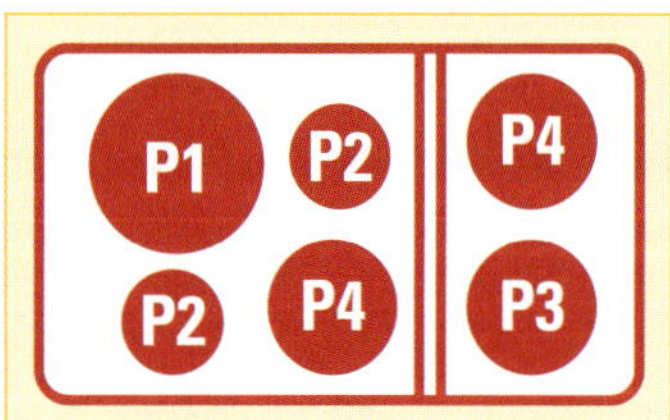

Kochplattenbestückung

Platte	Leistung kW	reduzierte Leistung durch Energiesparsensor
P1 = 300 ∅	2,5	1,12
P2 = 180 ∅	1,5	0,85
P3 = 220 ∅	2,6	1,3 Blitzkochplatte
P4 = 220 ∅	2,0	0,95

6 Kochplatten

Bestückung	Platte	Platte
5 Kochplatten	Kochplatte 300 × 300 mm	2,5 kW
1 Blitzkochplatte	Blitzkochplatte 300 × 300 mm	4,0 kW

Im **Halogenkochfeld** werden durch eine Heizspirale, die in einem mit Halogen (Gasgemisch) gefüllten Glasrohr eingebettet ist, Wärmestrahlen mit hoher Frequenz und kleiner Wellenlänge (kurzwellige Infrarotstrahlen) erzeugt, welche die Glaskeramik bis auf 200 °C aufheizen. Durch die kurze Aufheizzeit und genaue Temperaturregulierung wird ein zeit- und energiesparendes Garen ermöglicht. Halogenheizsysteme werden häufig mit normalen Heizsystemen kombiniert: Halogenbeheizung für den Ankochvorgang und normale Beheizung zum Fortkochen.

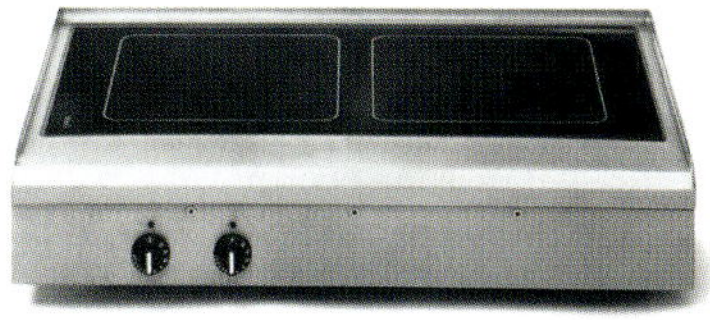

Halogenkochfeld

Großküchenherde sind sowohl mit runden als auch mit quadratischen flächendeckenden Platten ausgestattet, die eine überlappende Nutzung (z. B. mit drei kleinen Töpfen auf zwei Platten) erlauben.

Hockerkocher ermöglichen im Stoßbetrieb die Herstellung zusätzlich benötigter Mengen, ohne dass eine generelle Erweiterung der Kochplattenbestückung nötig ist. Ihre geringe Höhe erlaubt die Handhabung von Töpfen bis 50 Liter Inhalt.

Hockerkocher sind außerhalb der Verkehrsflächen aufzustellen, damit sie nicht zur Unfallgefahr werden.

Backöfen

Nach der Art der Beheizung und der Wärmeübertragung unterscheidet man zwei Arten von Backöfen:

Backofen mit Ober- und Unterhitze

Er wird durch Heizspiralen, die oben und unten in der Backmuffel eingebaut sind, mit einer Leistung von 2000 bis 3000 Watt beheizt. Die Wärmeübertragung erfolgt überwiegend durch **Strahlung**, daneben durch Umwälzung der heißen Luft im Backraum. Die Temperatur kann von 50 °C bis 275 °C, bei manchen Öfen bis 300 °C gewählt werden. Bei einigen Modellen können **Ober-** und **Unterhitze** getrennt gesteuert werden. Durch die Auswahl verschiedener Bleche und die Einschubhöhe wird die Wärmeverteilung auf der Oberfläche des Gebäckes oder Bratgutes verändert.

Regeln für energiesparendes Garen!

1. *das richtige Gargeschirr wählen*
2. *keine/wenig Flüssigkeit zugeben*
3. *richtige Gartemperatur wählen*
4. *kurze Garzeit wählen*
5. *rechtzeitig zurückschalten*
6. *Garen im geschlossenen Topf*
7. *Nachwärme gezielt nutzen*
8. *Warmhalten vermeiden*

Backofen mit Ober- und Unterhitze

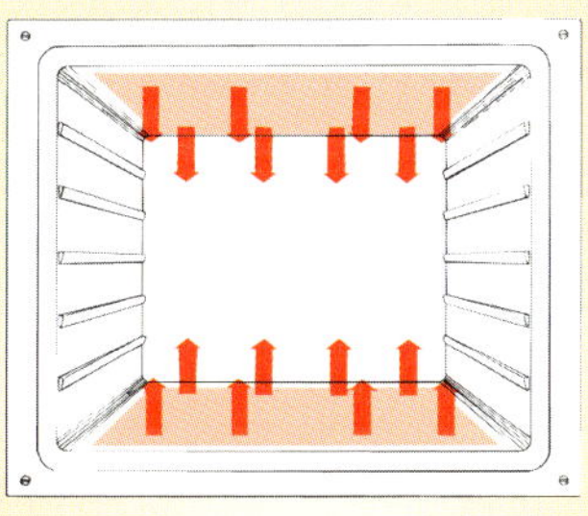

Die Wärmeübertragung erfolgt durch Strahlung und natürliche Konvektion. Einschubhöhe beachten!!

Umluftbackofen

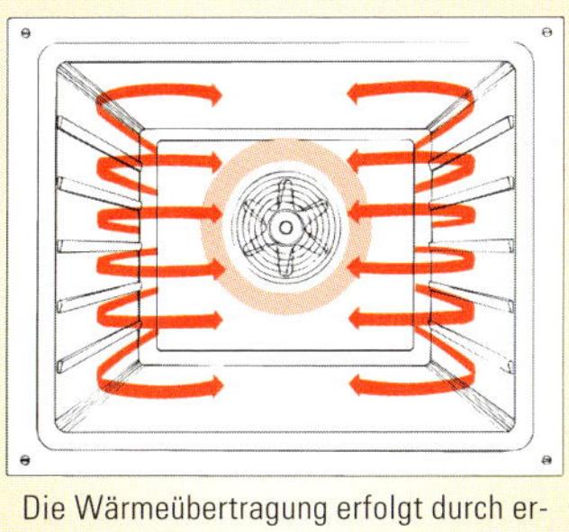

Die Wärmeübertragung erfolgt durch erzwungene Konvektion: Niedrigere Temperaturen einstellen, jede Einschubhöhe ist möglich! Gleichzeitiges Backen auf mehreren Ebenen spart 20 bis 60 % Strom

Umluftgrillen

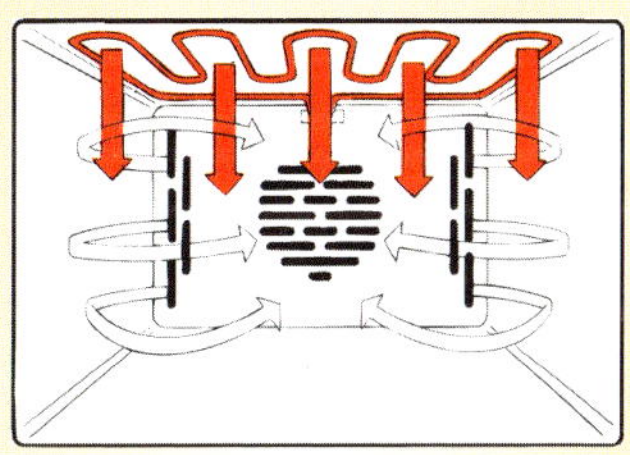

Grillheizung und Ventilator sind gleichzeitig oder wechselweise geschaltet; ein Wenden des Grillgutes kann entfallen

Optimale Nährstofferhaltung durch kurze Garzeit und richtige Garmethode

Umluftbackofen

Umluftbacköfen haben an der Rückwand einen **Radialventilator**, um den kreisförmig ein Rohrheizkörper gebaut ist. Der Ventilator wälzt die erwärmte Luft ca. 40-mal pro Minute um und verteilt die Wärme gleichmäßig im Innenraum. Mit einem stufenlos einstellbaren Energieregler kann die Temperatur im Bereich von 50 °C bis 250 °C eingestellt werden. Durch die schnellere und gleichmäßigere Wärmeverteilung sollte die Temperatur um 20 °C bis 30 °C niedriger als in konventionellen Backöfen gewählt werden. Im gesamten Backinnenraum herrscht die gleiche Temperatur, sodass in mehreren Einschubebenen gebacken und gebraten werden kann. Moderne Backöfen lassen sich von Ober- und Unterhitze auf Umluft schalten.

Besonders pflegeleicht sind Backöfen und Bleche mit Spezialemaille-Beschichtung. Ihre sehr dichte, praktisch porenfreie und reaktionsarme Oberfläche verhindert das Einbrennen, sodass Verunreinigungen mit Spülmittellösung leicht entfernt werden können.

Grillen im Backofen

Backöfen können mit einem die Strahlungshitze erzeugenden **Infrarotheizkörper** und einem **Drehspieß**, der das Grillgut rotieren lässt, ausgestattet sein. Grillheizkörper und Drehspieß sind entweder fest eingebaut oder als Zusatzgeräte im Backinnenraum anzuschließen. Backöfen mit kombinierter Ausstattung ermöglichen das Umluftgrillen, bei dem Grillbeheizung und Ventilator gleichzeitig oder wechselweise geschaltet sind – ein Wenden des Grillgutes kann entfallen. Die Leistung der Grillbeheizung beträgt 2000 bis 3000 Watt und wird mit dem Mehrzweckschalter des Backofens in Betrieb genommen.

Herde der gehobenen Preisklasse können zusätzlich folgende Ausstattung haben:

- ***Backwagen***
  Herausziehbare Backwagen ermöglichen eine vereinfachte Bedienung und Reinigung.
- ***Backraumteiler***
  Die zuschaltbare Einrichtung kann den Backraum auf zwei Drittel seines Volumens reduzieren (Energieeinsparung bis zu 20 %).
- ***Aushängbare Backofentür***
  Die Reinigung ist erleichtert.

Aushängbare Backofentür

Zusatzausstattung des Elektroherdes

Selbstreinigungssysteme

Pyrolytische und **katalytische** Reinigungshilfe werden angeboten. Beim pyrolytischen Verfahren werden die anhaftenden Verschmutzungen durch hohe Temperaturen bei ca. 500 °C zersetzt. Der Ascherückstand wird nach dem Abkühlen mit einem feuchten Tuch entfernt. Die hohen Temperaturen erfordern eine Sonderausstattung des Backofens (Kühlung, Wärmedämmung, selbsttätige Türverriegelung bei 300 °C), die den höheren Preis erklärt. Die Reinigung dauert 1,5 bis 3 Stunden und benötigt 6,8 kWh (höhere Stromkosten). Backöfen mit katalytischer Selbstreinigung besitzen Innenwände aus **Spezialemaille**. Sie enthalten **Katalysatoren** (= Stoffe, die einen chemischen Prozess herbeiführen, ohne dabei verändert zu werden), die Fett- und Eiweißverschmutzungen ab 200 °C oxidativ zersetzen. Großflächige Fettverschmutzungen, Zucker oder Säure (durch auslaufenden Obstkuchen) werden nicht entfernt. Die poröse und wenig widerstandsfähige Spezialemaille darf nicht mit Reinigungsmitteln behandelt werden. Die Platten nutzen sich mit der Zeit ab und müssen erneuert werden.

Brat- und Zeitschaltautomatik

Bei der **Bratautomatik** ist nur die Einstellung nach Fleischart, Gewicht und gewünschtem Endzustand erforderlich – die Temperaturregelung erfolgt selbsttätig. Jedes Programm beginnt mit 250 °C zum Anbraten, dann wird mit niedrigeren Temperaturen weitergegart. Die Zeitschaltautomatik lässt sich für den Backofen und für Automatikkochstellen verwenden. Mit einer Schaltuhr oder einem Zeitschalter wird nach einem vorgewählten Programm innerhalb von 12 Stunden die Stromzufuhr automatisch ein- und wieder ausgeschaltet.

Kochcomputer bieten ca. 120 Backofenprogramme an, von Fisch- und Fleischgerichten bis zu Backwaren. Zur Ausstattung gehören: ein **Glaskeramikkochfeld**, ein **Elektronikbrat-** und **-backofen** und ein **elektronisches Steuerelement**. Über Drucktasten können Kocheinstellung, Backofentemperatur sowie Ein- und Ausschaltzeiten gewählt werden. Die Garzeiten der verschiedenen Speisen werden aufeinander abgestimmt und Temperaturabläufe so gesteuert, dass ein Braten wirklich knusprig wird. Die vorgegebenen Rezepte sind dabei genau einzuhalten.

Vorteile des Gasherdes:

- *Gaswärme steht sofort nach dem Zünden zur Verfügung.*
- *Wärmeabgabe lässt sich stufenlos regulieren.*
- *Energieverluste durch Vor- oder Nachheizen entfallen.*

Gasherde

Moderne Gasherde werden als Allgasherde (für Erdgas, Stadt- oder Flaschengas) hergestellt. Gaskoch- und -backgeräte lassen sich nach Aufgabenbereich und Bauart wie die Elektroherde einteilen. Es besteht auch die Möglichkeit der Kombination von Gaskochmulde und Elektrobackofen. Sollen Gasherde oder andere Gasgeräte betrieben werden, müssen unbedingt die Lüftungsvorschriften beachtet werden.

Aufbau und Arbeitsweise

Die Kochmulde ist meist mit vier Kochbrennern verschiedener Nennwärmeleistung ausgerüstet:
1 Gar-, Spar-, Hilfsbrenner (1,05 kW) – Garen ohne Anbrenngefahr
2 Normalbrenner (1,75 kW)
1 Starkbrenner (2,75 kW) – schnelles Erhitzen großer Mengen

Der Kochbrenner besteht aus **Düse, Mischrohr** und **Brennerkopf**. Beim Bedienen des Einstellknebels (Gashahn) strömt das Gas in das Mischrohr, wo es die Luft ansaugt. Das brennfähige Gas-Luft-Gemisch wird zum Brennerkopf geführt, tritt an den Öffnungen des Brennerdeckels aus, wird entzündet und verbrennt. Der für die Verbrennung des Gases noch erforderliche Sauerstoff wird der umgebenden Luft entnommen. Um eine gute Luft- und Abgasbewegung zu erzielen, hat die Kochmulde einen Rippenrost (aus Chrom-Nickel-Stahl). Zur optimalen Wärmenutzung sollte der Topfdurchmesser so bemessen sein, dass die Flammen nicht über den Topfboden hinausschlagen. **Selbstreinigende Brennerdeckel** besitzen einen Spezialüberzug aus einer Aluminiumlegierung, die sich während der Inbetriebnahme auf 500 °C bis 600 °C erhitzt. Hierbei werden an dem Brennerdeckel anhaftende Speisereste pyrolytisch verbrannt.

Der Gasherd kann auch mit einem **Glaskeramikkochfeld** ausgestattet sein, das durch thermostatisch geregelte Infrarotbrenner beheizt wird. Der **Gas-Glühplattenherd** hat eine Kochfläche aus Spezialstahl, die mit Ankoch- und Fortkochflächen ausgerüstet ist.

Moderne Gasherde besitzen eine eingebaute **Zündvorrichtung**. Die **Zündung** erfolgt etwa 3 bis 5 Sekunden nach dem Öffnen des Gashahnes. Bei Herden mit **Schnellstartautomatik** entfällt die Wartezeit. Die elektrische Zündung setzt einen elektrischen Anschluss des Gasherdes voraus. Viele Gasherde sind mit einer **Piezozündung** ausgestattet. Ohne diese Zündvorrichtung muss die Brennerflamme von Hand gezündet werden. Alle Gasherde besitzen eine **Zündsicherung**, die das Ausströmen von unverbranntem Gas beim Erlöschen der Gasflamme verhindert.

Richtige Kochstellenbenutzung

1,05 kW Hilfsbrenner

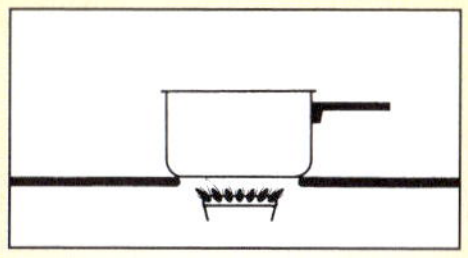

geeignet für kleine Töpfe und geringe Mengen

1,75 kW Normalbrenner

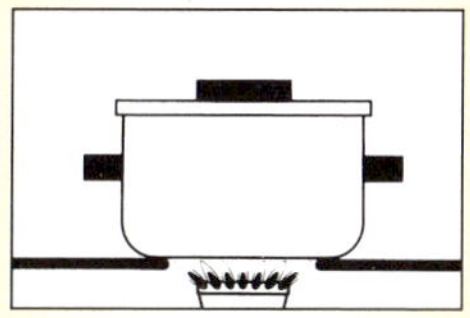

geeignet für größere Töpfe und Pfannen

2,75 Starkbrenner

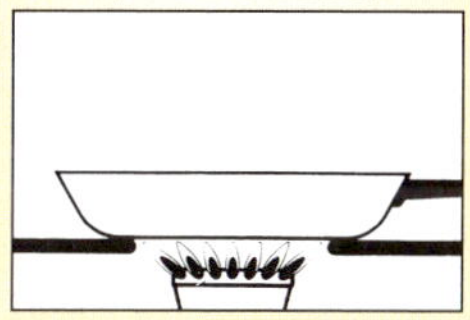

zum Ankochen und Braten geeignet

Gas-Glühplattenherd

Er bietet volle Ausnutzung der Kochfläche, stufenlose Regelung der Kochplatte bei Temperaturen über 500 °C.

Beachten Sie bei der Auswahl des Herdes:

1. *Abmessung – besonders wichtig bei Einbau- und Unterbaugeräten*
2. *Ausstattung – z. B. benötigte Sonderplattenform (oval), Kochzonen (Glaskeramikkochfeld), Anzahl der Automatikkochstellen, Warmhaltezone, Beheizungsart des Backofens, Anordnung des Schaltfeldes, Stromverbrauch, Reinigungshilfe, Zeitschaltautomatik, Kindersicherung*
3. *Produktinformation beachten!*

Gasbackofen

Er ist mit einem **Thermostat** (Temperaturregler) ausgestattet, der die Temperatur im Backofen konstant hält. Die Temperatur wird durch einen Energieregler stufenlos zwischen 100 °C bis 300 °C eingestellt. Einige Modelle verfügen über 8 Heizstufen, die Temperaturen von 140 °C bis 300 °C einstellen. Viele Backöfen sind mit Schauglas, Backraumbeleuchtung, Zeituhr, Zeitschaltautomatik und Grill ausgerüstet. Im Backofen kann man braten, backen, sterilisieren, grillen und (automatisch) kochen. Die Backöfen sind teilweise mit einem Ventilator für Umluftbetrieb ausgestattet.

Zum Backofen gehören – wie beim E-Herd – die für das Backen und Braten benötigten Einschubteile, wie Bratrost, Bratpfanne, Backrost und Backblech. Er hat doppelte Wandungen und ist gegen Wärmeverlust isoliert.

Zum Grillen und Überbacken eignet sich der **Gas-Infrarot-Strahlungsgrill**. Moderne Gasherde bieten die Selbstreinigung nach dem pyrolytischen oder katalytischen Verfahren.

DVGW Gasherde müssen vom DIN/DVGW geprüft werden!

Arbeitsbereiche im Gasbackofen mit einer 8-Stufen-Einstellung

280 °C - 300 °C	Gerichte und Toast überbacken
265 °C	Roastbeef
250 °C	Brandteig - Toastgerichte
235 °C	Blätterteig - Garen in Alufolie - Rinderbraten - Wild
220 °C	Teige auf Backblechen - Fisch - Geflügel - Schweine- und Kalbsbraten
200 °C	Teige in Backformen - Aufläufe
180 °C	Käse- und Sandkuchen - Sterilisieren
140 °C - 160 °C	Eiweißgebäck - Auftauen

Beachten Sie beim Garen auf dem Gasherd:

1. *Ankochen – bei großer Flamme, Fortkochen – bei kleiner Flamme.*
2. *Flammenspitzen sollen Topfboden berühren.*
3. *Breite Töpfe mit gut schließendem Deckel verwenden.*

AUFGABEN

1. *Welche Vorteile bietet der Gasherd gegenüber dem Elektroherd?*
2. *Erläutern Sie, warum pyrolytische Selbstreinigung und katalytische Reinigungshilfen als Extraausstattung des Backofens nur indirekt einen Beitrag zum Umweltschutz leisten. Informieren Sie sich dazu auch über allgemein übliche Methoden der Backofenreinigung.*
3. *Erstellen Sie eine Übersicht über die verschiedenen Angebote an Gas- und Elektroherden sowie Backöfen (Ausstattung, Preis).*
4. *Ermitteln Sie die vorhandenen Arbeitsgeräte zum Garen und Backen in Ihrem Betrieb/Privathaushalt und beurteilen Sie ihren Einsatz unter ergonomischen und wirtschaftlichen Aspekten.*

Konvektomat, Geräte zum Dampfgaren

Garen und Grillen im **Umluftofen** oder **Konvektomat** sind gängige Gartechniken in der Gemeinschaftsverpflegung. Leistungsstarke kompakte Großgeräte ermöglichen ein **zeitsparendes** und **nährstoffschonendes Garen** und **Regenerieren** von vielen Portionen. Wird in Konvektomaten zusätzlich ein **geregelter Dampferzeuger** integriert, können Speisen schonend in Dampf gegart – **gedämpft** – werden.

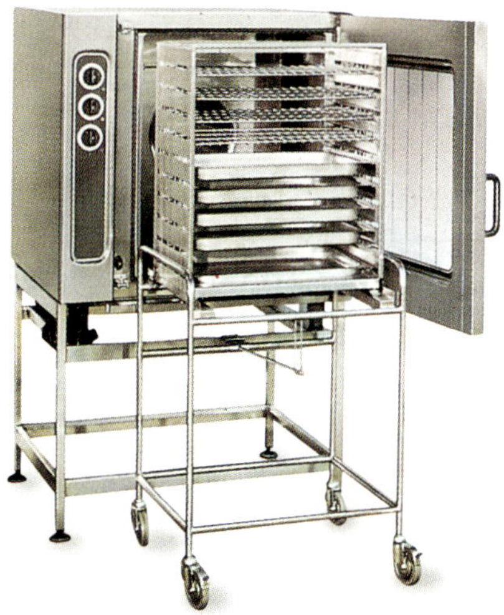

Konvektomat mit Beschickungswagen (Hordengestell)

Geräte zum Dampfgaren

Heißluftdämpfer – er kombiniert Dampfgaren und Umluftgaren bei hoher Wärmeübertragung und verkürzten Gar- und Auftauzeiten.

Heißluft:
Backen, Braten, Grillen, Gratinieren bei ca. 100 °C bis 250 °C
Dampf bis 98 °C:
Dämpfen, Dünsten, Garziehen, Kochen, Blanchieren und Pochieren, Regenerieren von Platten- und Tellergerichten
Kombinieren von Heißluft und Dampf:
Dämpfen und anschließendes Gratinieren von Gemüse, Anbraten und Garziehen von Fleisch, Schmoren, Überbacken, Warmhalten und Regenerieren von Teller- und Plattengerichten (Garzeit bis zu 50 % verkürzt)

Bei paralleler Verwendung beider Geräte können im einfachen Konvektomaten Fleischstücke gebraten und im Heißluftdämpfer Kartoffeln, Klöße oder Gemüse gegart werden. Als Kochgeschirr dienen Gastronormbehälter.

Bei Backöfen mit Dampferzeuger ist die Backofentür nicht verriegelt! Bei vorzeitigem Öffnen der Backofentür entweicht heißer Dampf, der zu Verbrühungen führt. ***Kinder müssen fern gehalten werden!***

Backöfen mit Dampferzeuger werden für den Privathaushalt angeboten. Das Wasser für einen Garprozess wird von Hand eingefüllt, sodass kein gesonderter Wasseranschluss notwendig ist. Der **Dampferzeuger** ist in den Backofenboden eingebaut und besteht aus **Dampftopf, Dampftopfabdeckung** und einem **Heizkörper**. Die Abdeckung schützt den Dampftopf vor möglichen Verschmutzungen, ohne das Entweichen des Dampfes zu behindern. Um **Kalkablagerungen** zu vermeiden, wird dem Wasser etwas Essig zugesetzt.

Dampfgaren mit Überdruck wird im **Dampfdrucktopf** oder in der **Dampfdruckpfanne** häufig im Privathaushalt angewendet. Sie werden aus **Edelstahl, emailliertem Stahl** oder **eloxiertem Aluminium** hergestellt und verfügen über extra starke Topfböden. Dampfdrucktöpfe aus **Kunststoff** werden speziell für **Mikrowellenherde** angeboten. Dampfdrucktöpfe sind mit speziellen Einsätzen ausgestattet und ermöglichen das gleichzeitige Garen verschiedener Lebensmittel.

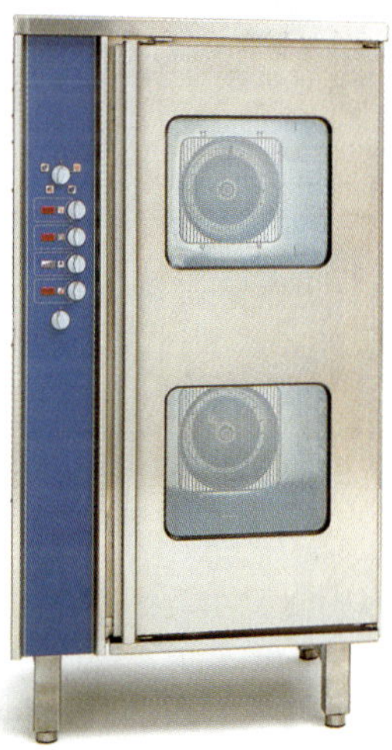

Kombination Konvektomat mit Heißluftdämpfer

Dampfdrucktopf

1. Kochsignal
2. Ventil
3. Schieber zum Abnehmen des Deckelgriffes (bessere Reinigung)
4. Kochschieber
5. Abdeckung für 6
6. Ankochautomatik und Sicherheitsventil
7. Dichtungsring
8. Topfgriff
9. Einsatz
10. Einsatzsteg
11. Sandwichboden
12. Topf-Stielgriff

Dampfgarer für die Großküche

Dampfgarer, in denen unter Dampf und Druck gegart werden kann, sind für den Privathaushalt sehr teuer. Die Geräte sind mit Anschlüssen für Wasserzu- und -ablauf versehen und haben eine Leistung von 5 kW. Die Backofentür ist sicher verriegelt, während mit Dampf und Druck gearbeitet wird. Bei **Überdruck** (1 bar) wird eine Zeitersparnis von bis zu 50 % erreicht. Dampfgarer spielen in der Großküche eine Rolle, da die Zeitersparnis die höheren Anschlussaufwendungen rechtfertigt.

Das Dampfgaren eignet sich für die folgenden Garprozesse:

- Dampfgaren von frischem oder gefrorenem Gemüse
- Garen von Kartoffeln, Nudeln oder Reis
- Blanchieren von Gemüse
- Garen von Fleisch, z. B. Kasseler
- Dünsten von Fisch

Kippbratpfannen und Kochkessel

Alle Geräte mit Kippmechanismus müssen vorsichtig gehandhabt werden, damit keine Verletzungen durch Einklemmen entstehen. Um Unfälle durch Ausrutschen zu vermeiden, muss vor jedem Gerät ein Bodenlauf mit Gitterrost vorhanden sein.

Kippbratpfannen

werden in der Großküche für Kurzgebratenes, panierte Fleischgerichte, Pfannengerichte und Bratkartoffeln eingesetzt. Die Heizrohre im Pfannenboden gewährleisten eine schnelle und gleichmäßige Wärmeverteilung. Der **Kippmechanismus** (durch einen Elektromotor oder ein Handrad, Kippbereich 90 °) und ein Ausgießer ermöglichen ein rasches, problemloses Entleeren der Pfanne.

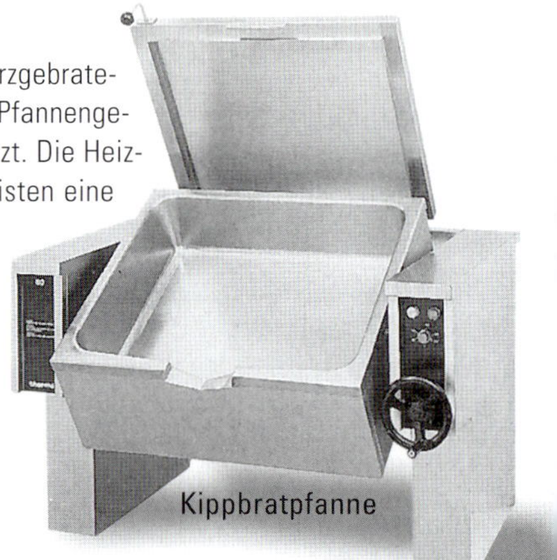

Kippbratpfanne

Kippkochkessel

elektrisch oder mit Niederdruckdampf (0,5 bar) beheizt, werden in Großküchen zur Herstellung von Suppen, Soßen, Gulasch und Eintopfgerichten (300 l Fassungsvermögen) eingesetzt – **aber!** die Betriebskosten sind relativ hoch. Der Garprozess dauert lange und ist daher nicht so nährstoffschonend wie im Dampfgarer.

Fritteuse

Frittieren = *Ausbacken in einem heißen Fettbad von maximal 180 °C. Es ist geeignet zum Garen von Kartoffeln (Pommes frites, Kroketten, Chips etc.), panierten Fleisch- oder Fischstücken, Fettgebäck, Pilzen oder Gemüse.*

Im Frittierbecken (8 bis 40 Liter Inhalt) wird das Fett durch **Heizschlangen**, die 6 bis 8 cm über dem Boden angebracht sind, erhitzt. Das Frittiergut wird in einem Korb in das Becken getaucht. Die Temperatur wird mit einem **Thermostat** geregelt. Da das heiße Fett aufsteigt, bildet sich unter den Heizkörpern eine Kaltzone, in der herabsinkende Speiseteilchen nicht verbrennen. Die Backrückstände sammeln sich in einer **Klärzone**, sodass das Frittierfett mehrmals verwendet werden kann. Das verbrauchte Fett wird über einen Ablaufhahn abgelassen. Nach dem Ausbauen oder Hochklappen der Heizschlangen wird der Bodensatz entfernt und das Becken gereinigt.

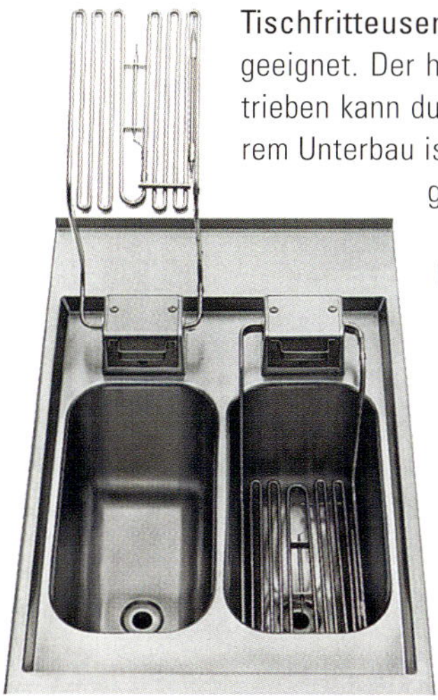

Reinigungsfreundliche Frittierbecken durch herausklappbaren Heizkörper

Tischfritteusen sind für den Einsatz in kleineren Betrieben geeignet. Der höhere Bedarf in mittleren und größeren Betrieben kann durch **Standfritteusen** gedeckt werden. In ihrem Unterbau ist oft ein **Ölumpump- und Filtersystem** angebracht.

Großfritteusen garantieren ein punktgenaues Garen von sehr großen Mengen Frittiergut. Der Frittierkorb wird nach dem Garvorgang angehoben, zur Abwurföffnung gefahren und in den Wagen entleert. Bei anderen Modellen läuft das Gargut über ein Band durch das Ölbecken und wird am Ende in einen Wagen gefüllt. Das Frittierfett muss regelmäßig gewechselt werden, da Backrückstände den Fettverderb fördern. Das Fett fängt an zu rauchen und die Backtemperatur sinkt, wodurch die frittierten Lebensmittel zu viel Fett aufnehmen. Um das Fett längere Zeit verwenden zu können, kann es nach dem Gebrauch mithilfe von **Fettfiltern** und Filterhilfsmitteln von Backrückständen, Fettabbauprodukten und Metallresten gereinigt werden.

Großfritteuse

Blockgruppen in der Großküche

Während der Herd und andere Geräte für die Nahrungszubereitung in der Küche des Privathaushaltes individuell integriert werden können, werden die Geräte in Großverpflegungseinrichtungen oft in **Blockgruppen** zusammengefasst.

Mikrowellengeräte

Mikrowellen sind elektromagnetische Wellen, die die Moleküle eines Stoffes in Schwingungen versetzen. Im wasserhaltigen Gargut entsteht durch die Bewegungen der Moleküle Reibungswärme, die den Garprozess ermöglicht. Die im Mikrowellenkochgerät erzeugten Wellen haben eine Frequenz von 2450 MHz (2450 Schwingungen pro Sekunde) und eine Wellenlänge von 12,25 cm.
Mikrowellengeräte eignen sich nicht für die Behandlung von großen Mengen und werden daher in Großküchen selten eingesetzt. Hingegen eignen sie sich für die Zubereitung kleiner Gerichte in der Essensausgabe von Kantinen oder Cafeterien. Auch in Verteilerküchen, wie z. B. auf den Stationen von Krankenhäusern oder Altenheimen, können im Mikrowellengerät Speisen oder Getränke schnell erhitzt werden.

Die Geräteausstattung in der Großkücheneinrichtung orientiert sich an folgenden Zielen:

- *kurzer, schonender Garprozess*
- *energiesparender Garprozess*
- *hygienisch und leicht zu reinigende Materialien*
- *möglichst niedrige Betriebs- und Personalkosten*

Dies erfordert:

- *richtige Auswahl*
- *richtige Kombination von kleineren und großen Geräten*

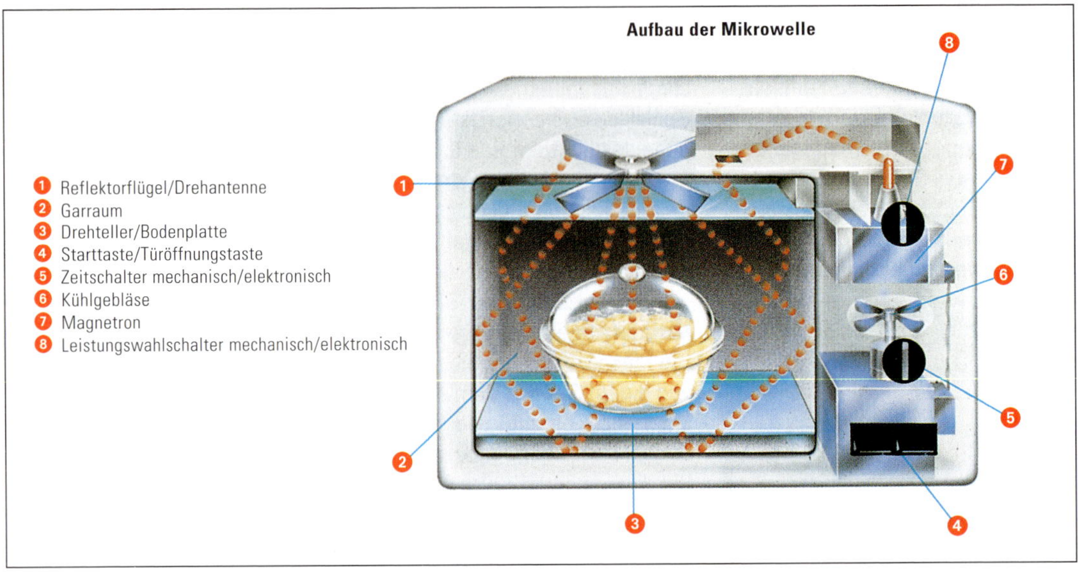

Vorteile der Solo-Mikrowelle:

- *zeitsparende Zubereitung und Erwärmen kleiner Portionen,*
- *schnelles Auftauen von Gefrorenem,*
- *schonendes Garen von Diät- und Schonkost (ohne Fettzugabe, nur wenig Röststoffe werden gebildet),*
- *vitamin- und mineralstoffschonendes Garen,*
- *unterschiedliche Essenszeiten der Familienmitglieder werden ermöglicht,*
- *erhält Eigengeschmack, Aussehen und Beschaffenheit der Speisen,*
- *Zubereitung im Anrichtegeschirr,*
- *Energieeinsparung bei kleinen und mittleren Portionen,*
- *einfache und sichere Bedienung*

Bei der Benutzung ist zu beachten:

- *Gerät nicht leer einschalten! – Das Magnetron wird so geschädigt.*
- *Kein Geschirr aus Metall oder Aluminiumfolie verwenden!*
- *Gargut abdecken, sonst trocknet es aus!*
- *Kleine Mengen und flache Speisen garen schneller.*
- *Babynahrungsfläschchen sind innen kochend heiß, während sie außen nur handwarm erscheinen (Verbrennungsgefahr!).*

Arten und Größen

Neben den kompakten Einzelgeräten (Sologeräte) werden Einbau- und Kombinationsgeräte bzw. Einbaubacköfen mit integrierter Mikrowelle angeboten.

Als Möglichkeiten der integrierten Mikrowelle werden angeboten:

- Mikrowelle und Umluft
- Mikrowelle und Grill
- Mikrowelle und Ober-, Unterhitze
- Mikrowelle und Ober-, Unterhitze mit Grill

Außerdem gibt es programmierbare Modelle mit unterschiedlichen Garverfahren in Folge.

Bei einer durchschnittlichen Ausgangsleistung (Wärmeleistung im Garraum) von 500 bis 1000 W beträgt die Eingangsleistung (Netzanschluss) 1200 bis 2000 W, da ca. 50 % der Energie im Netzteil und im Magnetron in Verlustwärme umgewandelt werden (Belüftung). Bei Backöfen mit integrierter Mikrowelle kann die Eingangsleistung bis 6,5 kW betragen, ein Wechsel- oder Drehstromanschluss ist deshalb erforderlich.

Funktionsweise

Im Magnetron werden Mikrowellen erzeugt und über die **Antenne** (Koppelstift) ausgesandt. In dem Garraum sorgt ein Wellenleiter für die gleichmäßige Verteilung der Mikrowellen. Einige Geräte besitzen statt des Wellenleiters einen **Drehteller**, auf dem das Gargut während des Betriebes langsam rotiert. Die Wände des Garraumes bestehen aus Metall, auch das Schauglas besitzt Metallgitter, wodurch die Mikrowellen reflektiert werden und sich im Garraum gegenseitig verstärken. Sie versetzen die Wasser- und Fettmoleküle des Lebensmittels in Schwingungen. Dabei entsteht Reibungswärme, die in den Lebensmitteln hohe Temperaturen bis 100 °C erzeugt und ein gleichmäßiges Garen ermöglicht. Da der Garprozess vom Inneren des Gargutes aus erfolgt, bleibt die Oberflächentemperatur so niedrig, dass keine Bräunung eintritt. Die meisten Geräte besitzen mehrere Einstellstufen mit unterschiedlichen Leistungen: Auftauen – Erhitzen – Kochen.

Mikrowellen-Kombinationsgeräte
können auftauen, kochen, braten, backen und wärmen. Die Ausgangsleistung kann von 100 bis 600 W stufenlos gewählt werden. Ein Speisethermometer kontrolliert die Kerntemperatur im Lebensmittel und ermöglicht ein automatisches Garen.

Mikrowellengeschirr

Geschirr
Es muss **mikrowellendurchlässiges** Geschirr aus Porzellan, Glas, Keramik, Steingut, wärmebeständigem Kunststoff oder Pappe verwendet werden. Durch spezielles Bräunungsgeschirr kann man bei kleinen Portionen eine Bräunung erzielen.

Bei der Geräteauswahl beachten:

1. Mikrowellengeräte ermöglichen zwar alle Arten der Nahrungszubereitung, sie sind aber immer nur als Ergänzung zu Kochstelle und Backofen zu sehen und sollten deshalb nicht überdimensioniert werden.
2. Außenbemessungen und Nutzinhalt (in Liter Garraum) müssen in einem vernünftigen Verhältnis zueinander stehen.
3. Überlegungen über Standort und Anbringung sind bei der Auswahl erforderlich. Nach Standort und Anbringung werden verschiedene Modelle, z. B. **Tischgeräte** (für Arbeitsplatte), **Kompaktgeräte** (zum Aufhängen unter einen Oberschrank), **Einbaugeräte** sowie **Kombigeräte** (im Backofen integriert), angeboten.
4. Kombinationsgeräte, die sämtliche Garverfahren in sich vereinigen, sind besonders für Kleinhaushalte oder Berufstätige geeignet. Sie müssen grundsätzlich mit 16 A abgesichert sein. Sind die vorhandenen Steckdosen nur mit 10 A abgesichert, müssen vom Fachmann evtl. neue Leitungen installiert werden.

Mikrowellengeräte sind mit zwei voneinander unabhängigen Sicherungssystemen ausgestattet, die das Gerät beim Öffnen der Tür sofort ausschalten. Ist die Tür beschädigt, sollte das Gerät sofort überprüft werden!

Grillgeräte

Grillgeräte werden wegen ihrer vielseitigen Anwendungsmöglichkeiten – Grillen, Überbacken, Gratinieren, Backen, Dünsten in Aluminiumfolie – häufig eingesetzt.
Nach der Art der Wärmeübertragung unterscheidet man:

- Strahlungsgrill (Rohr- oder Quarzheizkörper)
- Kontaktgrill (beschichtete Heizplatten)

Salamandergrill

Strahlungsgrill
In der Oberseite des Innenraumes eingebaute Heizkörper (korrosionsbeständiges Stahlrohr oder Quarzheizstangen) werden auf etwa 750 °C bis 850 °C aufgeheizt und **strahlen im Infrarotbereich**. Die Geräte verfügen über Zubehör, wie z. B. Fettpfanne, Grillrost, Zange, Drehspieß und Halterungen. Sie werden als **Tischgerät, Grilltoaster, Backgrill** und als **Grillheizung im Backofen** (z. B. mit Drehspieß, Drehkorb, Wenderost, Schaschlikgarnituren als Zubehör) angeboten. Der Grillheizkörper kann im Backofen eingebaut oder als Zusatzgerät eingesteckt werden.

Strahlungsgrill

Gesamtansicht Kühlschrank

Durch eine Umluftkühlung werden eine gleichmäßige Temperaturverteilung und eine schnellere Abkühlung bewirkt. Nach DIN 8950 und 8953 müssen im Verdampferfach bestimmte Kühlleistungen auf Dauer erbracht werden. Zur Kenntlichmachung der erreichten Temperatur wurde das Sternsystem eingeführt.

Kennzeichen	Temperatur im Fach	Lagerdauer (Tiefkühlkost)
1 Stern ✳	mind. –6 °C	1 bis 3 Tage
2 Sterne ✳✳	mind. –12 °C	1 bis 2 Wochen
3 Sterne ✳✳✳	mind. –18 °C	2 bis 3 Monate
4 Sterne ✳✳✳✳	< –18 °C	3 Monate und länger

Die Verdampfungsfächer mit vier Sternen haben eine eigene Außentür und ein eigenes Kühlaggregat. Nur das 4-Sterne-Gefrierfach eignet sich zum Einfrieren von Lebensmitteln. Das **Abtauen** erfolgt **automatisch** oder **teilautomatisch**. Bei **automatischer Abtauung** wird der Vorgang selbsttätig eingeleitet und beendet. Das Tauwasser wird in einer Schale gesammelt, die sich auf dem Kompressor befindet oder mit Rohrschlangen des Kondensators in Verbindung steht. Durch die dort vorhandene Wärme verdunstet das Wasser. Bei der **teilautomatischen Abtauung** wird der Abtauvorgang von Hand geschaltet, aber selbsttätig beendet. Das Tauwasser muss in einem Behälter aufgefangen und dieser von Hand entleert werden.

Mehrzonengeräte verfügen neben dem klassischen Kühlfach (+5 °C) und den Tiefkühlfächern mit bis zu 4 Sternen (✳/✳✳✳ = –18 °C und Einfrierkapazität) über ein Kellerfach mit einem Temperaturbereich von +8 bis +14 °C zur Lagerung von Obst, Gemüse und Salaten sowie über ein Frischefach mit Temperaturen von 0 bis +2 °C für die Lagerung von empfindlichen Lebensmitteln, z. B. Fleisch, Fisch, Blattsalaten. Zusätzliche Luftfeuchteregulation von 40 bis 95 % erhöht die Haltbarkeit und reduziert lagerungsbedingte Abbauvorgänge und Qualitätsverluste.

Kühlräume finden in Großküchen (mit »cook and chill«) ihre Nutzung. Beim Einräumen von Kühlschränken und Kühlsystemen müssen die Lebensmittel nach »reiner« und »unreiner Seite« getrennt werden.

Mehrzonengerät

AUFGABE

Räumen Sie folgende Lebensmittel in den Kühlschrank ein:
Schlagsahne, Joghurt u. a. Milchprodukte,
Obst, Gemüse, tiefgefrorene Lebensmittel,
Milch in Flaschen, Saft, Eier, Marmelade, Kaffeesahne,
indem Sie die Lebensmittel den jeweiligen Zahlen in der Abbildung zuordnen.

Mikrowellen-Kombinationsgeräte
können auftauen, kochen, braten, backen und wärmen. Die Ausgangsleistung kann von 100 bis 600 W stufenlos gewählt werden. Ein Speisethermometer kontrolliert die Kerntemperatur im Lebensmittel und ermöglicht ein automatisches Garen.

Mikrowellengeschirr

Geschirr
Es muss **mikrowellendurchlässiges** Geschirr aus Porzellan, Glas, Keramik, Steingut, wärmebeständigem Kunststoff oder Pappe verwendet werden. Durch spezielles Bräunungsgeschirr kann man bei kleinen Portionen eine Bräunung erzielen.

Bei der Geräteauswahl beachten:

1. Mikrowellengeräte ermöglichen zwar alle Arten der Nahrungszubereitung, sie sind aber immer nur als Ergänzung zu Kochstelle und Backofen zu sehen und sollten deshalb nicht überdimensioniert werden.
2. Außenbemessungen und Nutzinhalt (in Liter Garraum) müssen in einem vernünftigen Verhältnis zueinander stehen.
3. Überlegungen über Standort und Anbringung sind bei der Auswahl erforderlich. Nach Standort und Anbringung werden verschiedene Modelle, z.B. **Tischgeräte** (für Arbeitsplatte), **Kompaktgeräte** (zum Aufhängen unter einen Oberschrank), **Einbaugeräte** sowie **Kombigeräte** (im Backofen integriert), angeboten.
4. Kombinationsgeräte, die sämtliche Garverfahren in sich vereinigen, sind besonders für Kleinhaushalte oder Berufstätige geeignet. Sie müssen grundsätzlich mit 16 A abgesichert sein. Sind die vorhandenen Steckdosen nur mit 10 A abgesichert, müssen vom Fachmann evtl. neue Leitungen installiert werden.

Mikrowellengeräte sind mit zwei voneinander unabhängigen Sicherungssystemen ausgestattet, die das Gerät beim Öffnen der Tür sofort ausschalten. Ist die Tür beschädigt, sollte das Gerät sofort überprüft werden!

Grillgeräte

Salamandergrill

Grillgeräte werden wegen ihrer vielseitigen Anwendungsmöglichkeiten – Grillen, Überbacken, Gratinieren, Backen, Dünsten in Aluminiumfolie – häufig eingesetzt.
Nach der Art der Wärmeübertragung unterscheidet man:

- Strahlungsgrill (Rohr- oder Quarzheizkörper)
- Kontaktgrill (beschichtete Heizplatten)

Strahlungsgrill
In der Oberseite des Innenraumes eingebaute Heizkörper (korrosionsbeständiges Stahlrohr oder Quarzheizstangen) werden auf etwa 750 °C bis 850 °C aufgeheizt und **strahlen im Infrarotbereich**. Die Geräte verfügen über Zubehör, wie z.B. Fettpfanne, Grillrost, Zange, Drehspieß und Halterungen. Sie werden als **Tischgerät, Grilltoaster, Backgrill** und als **Grillheizung im Backofen** (z.B. mit Drehspieß, Drehkorb, Wenderost, Schaschlikgarnituren als Zubehör) angeboten. Der Grillheizkörper kann im Backofen eingebaut oder als Zusatzgerät eingesteckt werden.

Strahlungsgrill

Vorteile der Grillgeräte:

- *schnelle Zubereitung*
- *weitgehende Erhaltung des Eigengeschmacks und der Nährstoffe*
- *hohe Bekömmlichkeit (ohne Fett gegart, scharfe Krustenbildung kann vermieden werden)*

Nachteile der Grillgeräte:

- *beanspruchen Stellfläche, kleiner Grillraum bei separaten Geräten*
- *aufwändige Reinigung*
- *Unfallgefahr durch Verbrennung*

Kontaktgrillgeräte

Die Heizkörper sind in zwei Kontaktplatten (aus Aluminium oder Gusseisen mit/ohne Kunststoffbeschichtung) eingebaut, die Wärme wird durch **Wärmeleitung** auf das Grillgut übertragen. Flache Grilladen, wie z.B. Steaks, Toasts, werden zwischen den beheizten Flächen, die im Abstand verstellbar sein können, von beiden Seiten gleichmäßig gegart. Ein Wenden des Grillgutes entfällt.

Backgrillgeräte

Sie sind zusätzlich mit Ober- und Unterhitze ausgerüstet und eignen sich auch zum Kuchenbacken sowie für die Zubereitung von Aufläufen.

Grillautomaten

Sie verfügen über ein **Durchlaufsystem** und werden in Großküchen neben den konventionellen Geräten eingesetzt.

In der Gastronomie wird häufig der so genannte **Salamandergrill** eingesetzt, in dem das Grillgut auf höhenverstellbaren Rosten der Strahlungshitze von oben (durch elektrische Heizelemente oder Gasflammen) ausgesetzt wird.

Reinigung und Pflege

Das ausgeschaltete Gerät ist nach jedem Gebrauch zu reinigen. Alle beweglichen Teile werden mit Spülmittellösung abgewaschen. **Wichtig: Der Grillheizkörper darf nicht abgewaschen werden**, da sonst die Oxidationsschicht verletzt wird. Unbeschichtete Kontaktgrillplatten werden mit einer harten Spülbürste, einem verseiften Metallschwamm und Spülmittellösung gereinigt und mit heißem, klarem Wasser nachgespült. Beschichtete Grillplatten sollen mit einer milden Spüllösung und weichem Tuch gesäubert werden. Manche Geräte verfügen über eine katalytische Selbstreinigung oder sind mit Folie ausgestattet, welche die Reinigung erleichtert. Die mit katalytischer Reinigungshilfe versehenen Seiten- und Rückwände dürfen mit klarem Wasser abgespült werden.

Bitte beachten Sie beim Grillen!

1. *Strahlungsheizkörper 3 bis 5 Minuten hellrot glühend vorheizen!*
2. *Beim Grillen im Backofen die Tür in Grillstellung geöffnet lassen, damit kein Hitzestau entsteht.*
3. *Das Grillgut gewürzt, aber ungesalzen und trocken in den direkten Strahlenbereich bringen.*
4. *Die Grillade beim Wenden nicht anstechen, sondern Grillzange benutzen.*
5. *Flaches Grillgut höher, hohes Grillgut tiefer setzen!*

AUFGABEN

1. *Erläutern Sie Funktionen und Eigenschaften des Glaskeramik-, Induktions- und Halogenkochfeldes. Stellen Sie dabei auch die Vorteile und gegebenenfalls Nachteile der verschiedenen Kochfelder dar.*
2. *Stellen Sie in einer Checkliste zusammen, welche Herdausstattung für einen Familienhaushalt mit 8 Personen am besten geeignet ist.*
3. *Stellen Sie die Vorteile des Umluftbackofens im Vergleich zu einem konventionellen Backofen (Ober- und Unterhitze) dar.*
4. *Informieren Sie sich in Broschüren der Hersteller über Ausstattung und Funktionen des Konvektomats. Welche Vorteile bietet er im Vergleich zu den konventionellen Gargeräten?*
5. *Sie sind als Hauswirtschafterin in einem Privathaushalt tätig, der ein Grillgerät anschaffen möchte. Welche Überlegungen sollten einer Kaufentscheidung zugrunde liegen?*
6. *Berichten Sie, welche Herde und Gargeräte in Ihrem Betrieb eingesetzt werden. Erörtern Sie die Ausstattung Ihrer Küche in der Klasse.*

1.3.2 KÜHL- UND GEFRIERGERÄTE

Das Kältemittel Frigen R 12, ein Fluorchlorkohlenwasserstoff (FCKW), ist durch die FCKW-Verbotsverordnung für die Produktion von Kühlschränken verboten! Fluorchlorkohlenwasserstoffe zerstören die Ozonschicht!

Kühlschränke

Sie dienen zur kurzfristigen Lagerung leicht verderblicher Lebensmittel, da bei niedrigen Temperaturen alle Abbauvorgänge in Lebensmitteln verlangsamt sind. Die Kühlung erfolgt dadurch, dass ein flüssiges **Kältemittel** in dem **Verdampfer** »verdampft« und dabei dem Innenraum des Kühlschrankes und den Lebensmitteln die dazu erforderliche Wärme entzieht. Als Kältemittel in Haushaltskühlgeräten werden das umweltfreundliche **R 134 a** sowie die Gase **Propan** und **Butan** eingesetzt. Die Isolierung besteht aus Polyurethan-Hartschaum, der mit Pentangas oder Kohlenstoffdioxid aufgeschäumt wird.
Das **Kompressionsverfahren** ist das heute gängigste Kühlverfahren. Hierbei wird das Kältemittel durch einen Elektromotor, den Verdampfer, zum Verdampfen gebracht (Kältebildung). Der Kältemitteldampf wird im **Kompressor** zusammengepresst (unter hohem Druck komprimiert) und anschließend in dem **Kondensator** verflüssigt (kondensiert). Die dabei entstehende Wärme wird über Kühlrippen an die Umgebung abgegeben. Das wieder flüssige Kältemittel tropft zurück in den Verdampfer, vgl. Abb.

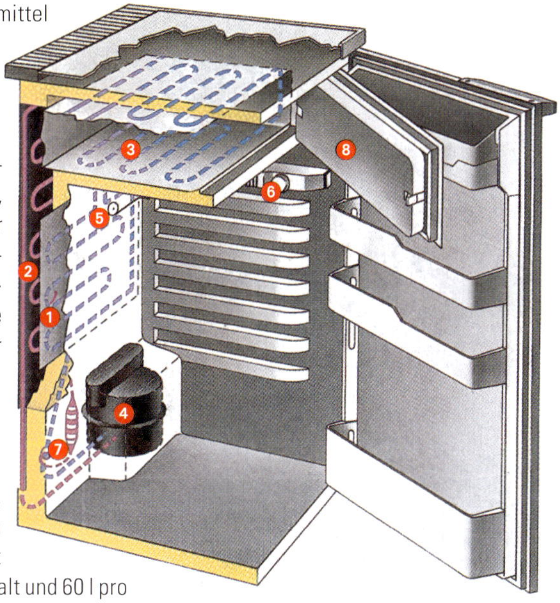

Aufbau und Funktion des Kühlschrankes

1. Verdampfer
2. Verflüssiger (Kondensator)
3. Verdampfer im Verdampferfach
4. Verdichter (Kompressor)
5. Temperaturfühler
6. Temperaturwähler mit Innenbeleuchtung
7. Drosselorgan (Kapillarrohr)
8. Verdampferfachtür

Bauformen
Die Hersteller bieten Kühlschränke als Stand- und Tischgeräte, Unterbau- und Einbaugeräte sowie Kühl-Gefrier-Kombinationen an. Der Innenraum (Nutzraum) wird mit 30 bis 400 Litern Inhalt angegeben. Empfohlen werden 120 l für einen Einpersonenhaushalt und 60 l pro Person im Mehrpersonenhaushalt (ohne Sternefach).
Kühlschränke für Großküchen haben eine Kapazität von 400, 650 und 1400 Litern. Sie können mit Hordengestellen bestückt werden (s. S. 27 und S. 170).

Hinweis:
Bei Kühl-Gefrier-Kombinationen liegt der Verdampfer zwischen beiden Geräten. Der Lagerraum wird so vergrößert und die Reinigung erleichtert.

Luftzirkulation im Kühlschrank
Unmittelbar unter dem Verdampfer liegt die kälteste Zone. Die kalte, schwere Luft fällt auf die darunter liegenden Lebensmittel, kühlt sie herunter, erwärmt sich dabei und steigt wieder hoch zum Verdampfer. Hierdurch ergeben sich Temperaturzonen von 0 °C bis 10 °C.
Die **Verdampferform** bestimmt die Luftströmung im Innenraum des Gerätes. Der Verdampfer befindet sich entweder u-förmig rechts oben im Kühlschrank, plattenförmig an der Rückwand oder als Verdampferfach im oberen Bereich des Kühlschrankes. Die Luftzirkulation wird auch durch die Beschaffenheit der Stellflächen (Platten oder Roste) beeinflusst.

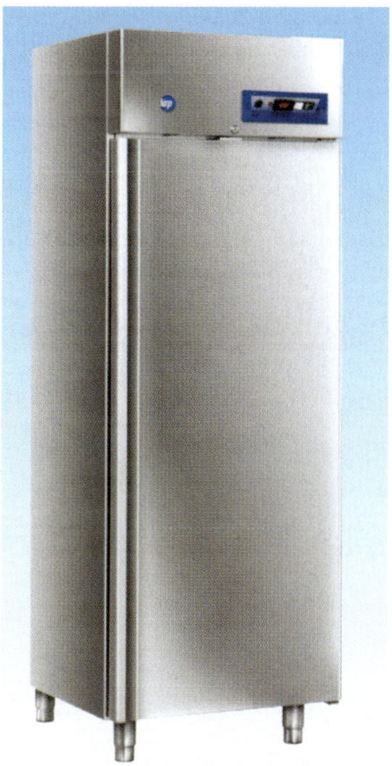

Gastronorm-Kühlschränke werden zur Arbeitserleichterung mit Gastronorm-Schalen in Hordengestellen bestückt.

Gesamtansicht Kühlschrank

Durch eine Umluftkühlung werden eine gleichmäßige Temperaturverteilung und eine schnellere Abkühlung bewirkt. Nach DIN 8950 und 8953 müssen im Verdampferfach bestimmte Kühlleistungen auf Dauer erbracht werden. Zur Kenntlichmachung der erreichten Temperatur wurde das Sternsystem eingeführt.

Kennzeichen	Temperatur im Fach	Lagerdauer (Tiefkühlkost)
1 Stern ✳	mind. –6 °C	1 bis 3 Tage
2 Sterne ✳✳	mind. –12 °C	1 bis 2 Wochen
3 Sterne ✳✳✳	mind. –18 °C	2 bis 3 Monate
4 Sterne ✳✳✳✳	< –18 °C	3 Monate und länger

Die Verdampfungsfächer mit vier Sternen haben eine eigene Außentür und ein eigenes Kühlaggregat. Nur das 4-Sterne-Gefrierfach eignet sich zum Einfrieren von Lebensmitteln. Das **Abtauen** erfolgt **automatisch** oder **teilautomatisch**. Bei **automatischer Abtauung** wird der Vorgang selbsttätig eingeleitet und beendet. Das Tauwasser wird in einer Schale gesammelt, die sich auf dem Kompressor befindet oder mit Rohrschlangen des Kondensators in Verbindung steht. Durch die dort vorhandene Wärme verdunstet das Wasser. Bei der **teilautomatischen Abtauung** wird der Abtauvorgang von Hand geschaltet, aber selbsttätig beendet. Das Tauwasser muss in einem Behälter aufgefangen und dieser von Hand entleert werden.

Mehrzonengeräte

verfügen neben dem klassischen Kühlfach (+5 °C) und den Tiefkühlfächern mit bis zu 4 Sternen (✳/✳✳✳ = –18 °C und Einfrierkapazität) über ein Kellerfach mit einem Temperaturbereich von +8 bis +14 °C zur Lagerung von Obst, Gemüse und Salaten sowie über ein Frischefach mit Temperaturen von 0 bis +2 °C für die Lagerung von empfindlichen Lebensmitteln, z.B. Fleisch, Fisch, Blattsalaten. Zusätzliche Luftfeuchteregulation von 40 bis 95 % erhöht die Haltbarkeit und reduziert lagerungsbedingte Abbauvorgänge und Qualitätsverluste.

Kühlräume finden in Großküchen (mit »cook and chill«) ihre Nutzung. Beim Einräumen von Kühlschränken und Kühlsystemen müssen die Lebensmittel nach »reiner« und »unreiner Seite« getrennt werden.

Mehrzonengerät

AUFGABE

Räumen Sie folgende Lebensmittel in den Kühlschrank ein:
Schlagsahne, Joghurt u. a. Milchprodukte,
Obst, Gemüse, tiefgefrorene Lebensmittel,
Milch in Flaschen, Saft, Eier, Marmelade, Kaffeesahne,
indem Sie die Lebensmittel den jeweiligen Zahlen in der Abbildung zuordnen.

Gefriergeräte

Die Gefrierlagerung erfolgt bei Temperaturen von mindestens **–18 °C** – das Zellwasser friert aus und die Zelle stellt ihre Lebensvorgänge ein, sodass enzymatische und mikrobiologische Vorgänge nicht mehr oder nur noch stark verlangsamt stattfinden. Gefriergeräte dienen der mittel- und langfristigen Haltbarmachung und Lagerung von Lebensmitteln. Die Qualität der tiefgekühlten Lebensmittel ist von der Vorbereitung der Rohware sowie von Verpackung, Einfrier- und Lagertemperatur abhängig. Die Tiefkühlgeräte arbeiten nach demselben Prinzip wie Kühlgeräte. Zur Kälteproduktion werden je nach Größe des Gerätes Seitenwände und Bodenflächen des Innenbehälters mit **Verdampfern** in Plattenform umgeben. Beim **Vorgefrierfach**, in dem eine Temperatur von –35 °C erzeugt wird, sind die Verdampferrohre sehr eng gelegt. Das Gehäuse ist wärmeisoliert und die Tür mit einem Magnetverschluss versehen. Ein eingebauter **Regler** sorgt für gleich bleibende Temperaturen. Bei Störung wird eine optische oder akustische Warnanlage eingeschaltet. Gefriergeräte werden mit dem 4-Sterne- oder 3-Sterne-Symbol gekennzeichnet. Ein 3-Sterne-Gerät kann die gefrorenen Lebensmittel nur lagern, aber nicht einfrieren.

No-frost-Geräte müssen nicht abgetaut werden. Sie besitzen ein **Umluftkühlsystem**, das die Luftfeuchte aus dem Gefrierraum transportiert, sodass sie sich nicht als Reifschicht im Innenraum absetzt, sondern außerhalb auf dem Verdampfer; dieser wird automatisch abgetaut. Dieses System benötigt für das Gebläse 10 bis 30 % mehr Strom.

Low-frost-Geräte arbeiten mit einem Trockenluftsack, der den Luftaustausch und damit das Ansaugen von Feuchtigkeit hemmt; dieses System verbraucht keine zusätzliche Energie.

Tipps zum Energiesparen:

- *Gerät in kühlem, gut belüftbarem Raum aufstellen, vor direkter Sonnenbestrahlung geschützt und nicht in der Nähe eines Heizkörpers.*
- *Warme Speisen erst nach dem Abkühlen in das Gerät stellen.*
- *Zum Be- und Entladen Gerätetür so kurz wie möglich öffnen.*
- *Tiefkühllagerfach bei Eisbildung abtauen.*
- *Temperatur richtig einstellen.*

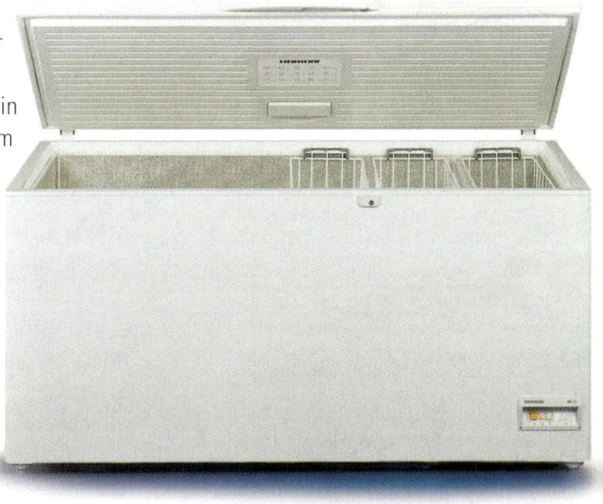

Gefriertruhen werden von oben gefüllt; die eingefrorenen Lebensmittel werden in Körbe eingeordnet

Gefriertruhen

Sie werden von oben beschickt. Etwa 90 % des Bruttoinhaltes kann für die Gefrierlagerung genutzt werden. Die Lagerung in Körben – mehrere Schichten übereinander – hat zur Folge, dass es längere Zeit dauert, bis das gewünschte Erzeugnis gefunden wird. Das lange Offenstehen des Gerätes führt zu Energieverlusten und schnellem Reifansatz. Beim »Wühlen« wird leicht die Verpackung beschädigt, dadurch werden Qualitätsverluste des Gefrierguts verursacht.

Gefrierschränke

benötigen weniger Stellfläche und sind 150 bis 200 cm hoch. Außer dem Standmodell werden auch Tisch-, Unterbau- und Einbaugeräte sowie Kühl-Gefrier-Kombinationen angeboten. Die **übersichtliche Lagerung** in Fächern mit herausziehbaren Schubladen oder Körben ermöglicht eine zügige Bedienung – der Kälteverlust während der Öffnungszeit kann so niedrig gehalten werden. Außenthermometer ermöglichen eine Temperaturkontrolle ohne Öffnen der Geräte. Der Bruttoinhalt kann nur zu ca. 75 %

4-Sterne-Symbol

In Gefrierschränken lassen sich die Lebensmittel übersichtlich und schnell zugänglich ordnen

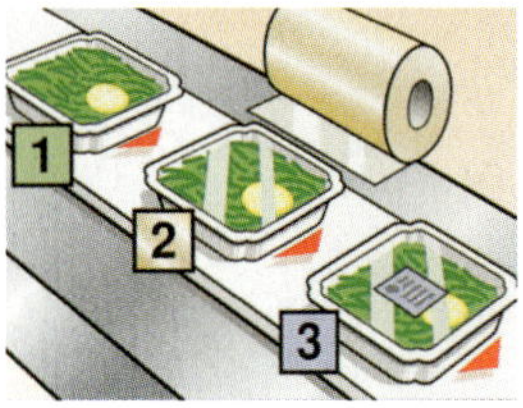

1 = Zusammenstellung
2 = dichte Abdeckung
3 = Etikettierung

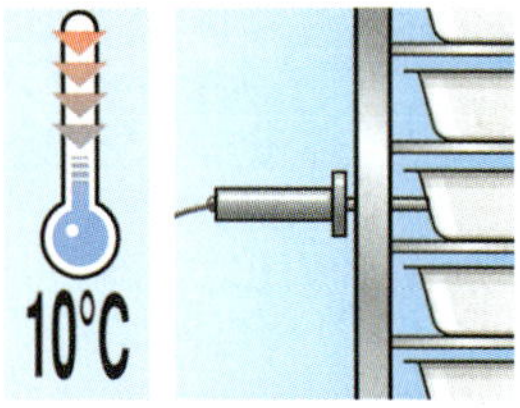

Schnelles Kühlen

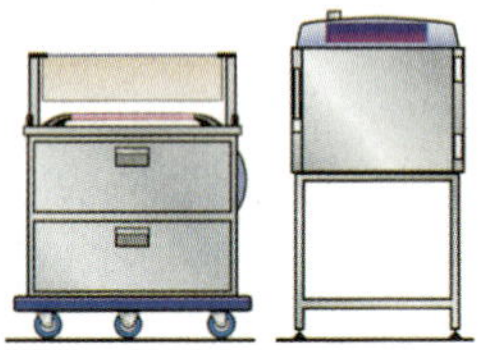
Regenerierung der Hauptspeisen

Tablettverteilung

Arbeitsablauf von der Vorfertigung bis zur Speisenausgabe

genutzt werden. Die Innenraumgestaltung von Gefrierschränken für die Großküchenverpflegung und Gastronomie ist auf Gastronorm-Gitter, -Schalen und -Bleche abgestimmt und ermöglicht das Einbringen großer Chargen von vorbereiteten Lebensmitteln etc.
Die **Lagerdauer** von Tiefkühlkost im Gefriergerät ist begrenzt, s. Tabelle unten. Bei längerer Lagerzeit kommt es zu Qualitätsverlusten der Lebensmittel, die sich in Geschmack, Aussehen und Nährwertverlusten äußern können.

Beim Umgang mit Gefriergeräten ist zu beachten:

1. Gefriergutmenge – Neuzulagerungsmenge – von 5 kg/100 Liter Nutzinhalt sollte eingehalten werden.
2. Jede Ware nur in gefriergeeigneten Verpackungsmaterialien einfrieren.
3. Einlagerdatum und Verpackungsmenge aufzeichnen, um die Lagerdauer nicht zu überschreiten.
4. Bei Störungen das Gerät geschlossen halten (pro Stunde steigt die Temperatur um 0,5 °C) – Kundendienst rufen.
5. Farbige Kontrolllampen beachten:
   grün = Normalbetrieb,
   gelb = Dauerbetrieb,
   rot = zu hohe Temperaturen im Gerät.

Kühleinrichtungen für die Gemeinschaftsverpflegung

Schockkühler und **Schockfroster** werden zum schnellen Herunterkühlen von Lebensmitteln unmittelbar nach dem Garen eingesetzt. Dies verhindert eine starke Vermehrung von Mikroorganismen im kritischen Temperaturbereich von 70 °C bis 10 °C. Die Kühlung wird mit einem Kerntemperaturfühler oder über eine Zeitschaltuhr gesteuert. Die Haltetemperatur (+3 °C oder –20 °C) wird automatisch aktiviert. Sobald die richtige Temperatur erreicht ist, können die Speisen entweder für längere Zeit im Tiefkühlschrank oder kurzfristig bis zur Erwärmphase vor dem Service kühl gelagert werden. Große Geräte können auch mit Hordenwagen beschickt werden. Passend zu den Geräten werden Heißluftdämpfer mit Hordenwagen angeboten, die in der Großküche ein zügiges »Koch- und Abkühlsystem« (**cook + chill**) ermöglichen, s. S. 176.

Schockkühler

Lagerdauer von Tiefkühlkost

Lebensmittel	Übliche/mögliche Lagerdauer (in Monaten)
■ fettes Schweinefleisch, z. B. Bratwurst, Braten	4 bis 5
■ mageres Schweinefleisch, z. B. Filet	5 bis 7
■ Rindfleisch (je nach Fettanteil)	8 bis 12
■ fettes Geflügel, z. B. Ente, Gans	4 bis 6
■ mageres Geflügel, z. B. Hähnchen, Pute	8 bis 10
■ Fisch (je nach Fettanteil)	2 bis 5
■ Gemüse, sortenabhängig	6 bis 12
■ Obst, sortenabhängig	8 bis 12
■ Milchprodukte	2 bis 3
■ Eimasse	8 bis 10
■ Backwaren (ohne Sahne)	3 bis 6
■ Fertiggerichte	2 bis 3

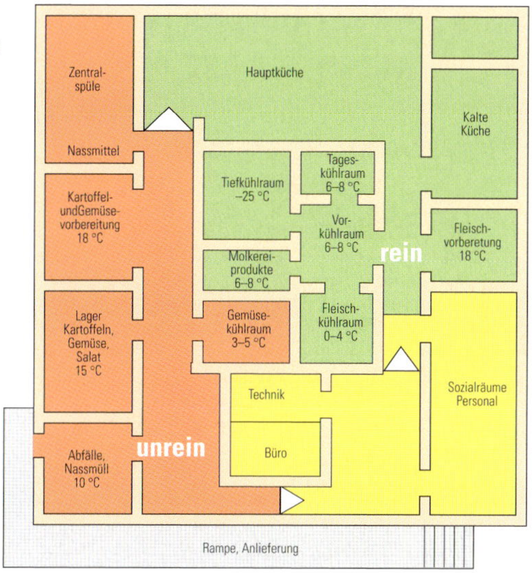

Aufteilung des Küchenareals in eine reine und unreine Seite inklusive Kühlraumblock

Vor dem Betreten des Tiefkühlraumes muss Schutzkleidung angezogen werden. Es sollte immer jemand darüber informiert sein, wenn Sie im Gefrierraum sind, da bei einem Unfall Unterkühlungsgefahr besteht.

▶ *Alle 3 bis 4 Monate Gerät abtauen!*

1. *Gerät abschalten und Netzstecker ziehen!*
2. *Gefriergut herausnehmen/isolieren.*
3. *Gerät abtauen lassen.*
4. *Mit Spülmittellösung auswaschen.*
5. *Gerät wieder auf ca. –25 °C bringen.*
6. *Gefriergut wieder einräumen.*

Kühlgeräte für die Gemeinschaftsverpflegung sind mit einem **Umluftkühlsystem** ausgestattet und gewährleisten eine hohe Luftfeuchtigkeit (bis 95 %), um Trockenschäden zu vermeiden.

Kühl- und Gefrierzellen und -räume werden aus vorgefertigten Wandelementen gebaut. Die Räume sind mit einer Wärmedämmung versehen und mit einem Kühlaggregat ausgerüstet. Durch Trennwände wird die gesetzlich vorgeschriebene getrennte Lagerung von Gemüse, Fleisch, Milchprodukten und Gefriergut sichergestellt (rein und unrein).
Großküchen verfügen oft über einen **Kühlraumblock**, der aus mindestens zwei Kühlräumen und einem Tiefkühlraum besteht. Nach dem **Lebensmittelrecht** ist es nicht gestattet, erdbehaftete Waren (Gemüse, Kartoffeln) gemeinsam mit leicht verderblichen Fleischteilen zu lagern. Daher wird der Kühlraumblock – wie auch der Küchenbereich – in eine reine und unreine Seite aufgeteilt. Der Kühlraumblock wird speziell für den jeweiligen Betrieb gefertigt. Im Fleischvorbereitungsraum muss besonders sorgfältig mit Auftauwasser umgegangen werden (Infektionsgefahr bei Geflügelsalmonellen!).

AUFGABEN

1. *Berechnen Sie den monatlichen Stromverbrauch von verschiedenen Kühl- und Gefriergeräten mit unterschiedlicher Größe und Ausstattung. Verwenden Sie Unterlagen aus dem Fachhandel (EU-Label). Erfragen Sie die aktuellen Strompreise bei Ihrem Elektrizitätsunternehmen.*
2. *Stellen Sie die Vor- und Nachteile von Gefrierschrank und Gefriertruhe gegenüber. Berücksichtigen Sie auch Bedienungsfreundlichkeit, Übersichtlichkeit und Unterhaltskosten.*
3. *Zeichnen Sie einen Grundriss des Kühlraumblocks und der Lagerräume in Ihrem Betrieb. Kennzeichnen Sie reine und unreine Bereiche.*
4. *Wie können im Privathaushalt reine und unreine Tätigkeiten getrennt werden?*

Lernsituation:

Sie sind als Hauswirtschafterin bei der Familie Keller beschäftigt.

Familie Keller:
Herr und Frau K., Franz, 14, Peter, 10, und Sabine, 6 Jahre alt, Großmutter Schmidt. Herr und Frau K. sind beide ganztags berufstätig. Frau S. versorgt den Gemüsegarten und hilft täglich ca. 2 Stunden im Haushalt mit.

Lebenshaltung:
Obst und Gemüse werden im eigenen Garten geerntet und eingefroren; Fleisch wird als Sonderangebot oder als Schweineviertel beim Bauern gekauft. Die Familie nimmt das Mittagessen regelmäßig zu Hause ein.

Aufgabe:
Überlegen Sie, welche Kühl- und Gefriergeräte für Familie Keller geeignet sind. Informieren Sie sich in Prospekten.

1.3.3 SPEZIALGERÄTE UND KLEINGERÄTE

Küchengeräte müssen regelmäßig gereinigt werden, um Speisereste und vorhandene Mikroben zu beseitigen.
- *Reinigungshinweise beachten!*
- *Küchengeräte nur bei gezogenem Netzstecker reinigen!*

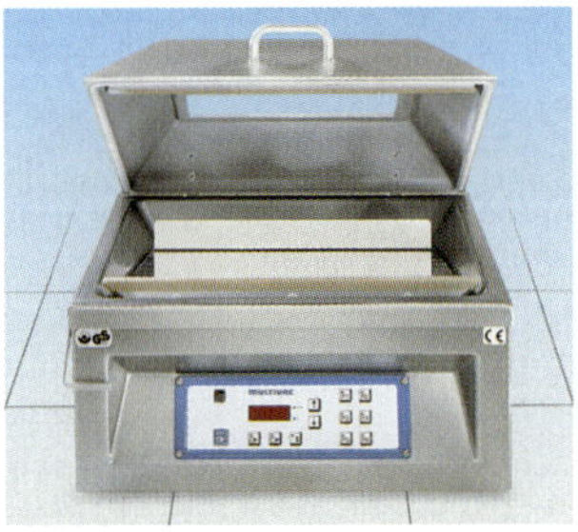

Vakuumverpackungsmaschine

Universal-Küchenmaschine

Übersicht: Spezialgeräte für die Großküche

Geräte	Funktion	Anwendung
Kartoffel-/Gemüseschälmaschine	3,5 bis 30 kg/pro Arbeitsgang, 2 bis 3 Minuten pro Schälvorgang, wenig Abfall	Kartoffeln, Karotten, Kohlrabi, Sellerie, Zwiebeln
Gemüseschneider	Schneiden von Würfeln, Streifen, Scheiben, geriffelte Scheiben in verschiedenen Größen (mit verschiedenen Schneidscheiben und Reibscheiben). Sehr leistungsstarke Geräte zerkleinern 1000 kg pro Stunde	Gurken, Karotten, Rote Rüben, Lauch, Kartoffeln etc., Käse, Nüsse, Brot, Schokolade
Gemüse-Salat-Waschanlage	Waschen/Trockenschleudern, 3 bis 10 Minuten je Gang, Schleudergang bei 500 U/min	Gemüse, Blattsalate, Obst
Aufschnittmaschine	Schlitten führt das Schneidgut an rotierendem Messer entlang; Restehalter zum Schneiden kleiner Stücke verwenden, Scheibendicke wird eingestellt	Fleisch (roh/gegart), Wurst, Käse, Schinken
Allschnittmaschine	Funktion vgl. Aufschnittmaschine	Fleisch, Wurst, Käse, Brot, Gemüse, Obst
Vakuumverpackungsmaschine	Lebensmittel werden luftleer in Folienbeutel eingeschweißt; Zugabe eines Gemisches aus Stickstoff und Kohlenstoffdioxid verlängert die Haltbarkeit	für alle Lebensmittel vor dem Kühlen und Einfrieren; bei gegarten Lebensmitteln zum Regenerieren
Mehrzweck-(Groß-)küchenmaschine	durch Einsatz verschiedener Anschlussgeräte werden viele Funktionen durchgeführt: ■ Schlagmaschine, Mixer ■ Misch-, Mengmaschine ■ Rühr-, Knetwerk ■ Fleischwolf ■ Getreidemühle ■ Reib-, Schneid-, Schnitzelwerk ■ Passier-, Püriermaschine	Herstellung von z. B. Sahne, Cremes, Shakes, Mayonnaise, Teigen, Massen, Hackfleisch, Brät, Mehl, Müsli, Kuchen, Obst- und Gemüserohkost, Obst-, Gemüsemus

Planetenrühr- und Schlagwerk

Handrührgerät mit Rührbesen

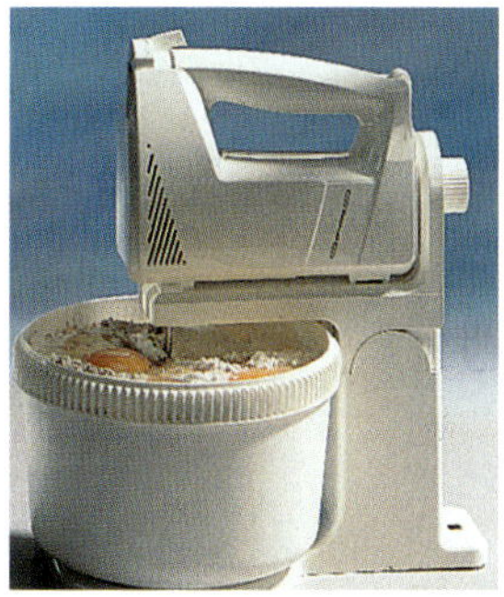
Handrührgerät als Antrieb für eine Kleinküchenmaschine

Elektrische Kleingeräte

Geräte	Funktion	Anwendung
(Kompakt)-Küchenmaschine	viele Funktionen entsprechend einer Großküchenmaschine	vgl. Tabelle S. 38
Handgeräte	als Einzweckgeräte (z. B. Mixer) oder Mehrzweckgeräte (mit auswechselbaren Arbeitsteilen zum Rühren, Kneten, Schlagen, Zerkleinern, Mixen)	Teige, Massen, Soßen, Eischnee, Schlagsahne, Milchshakes, Gemüse-, Obstmus etc.
Getreidemühle	ein Motorblock treibt ein ■ Stahlkegelmahlwerk oder ein ■ Steinmahlwerk an (er dient auch als Antrieb von Fleischwolf, Gemüseraffel etc.)	Quetschen/Mahlen von Ölsaaten/Getreide
Entsafter	Herstellung von Obst-/Gemüsesäften	

Elektrische Kleingeräte gibt es in verschiedenen Ausführungen:

- **Handgeräte** werden während des Arbeitsganges in der Hand gehalten und geführt. Ihre Motorleistung ist geringer. Sie sind handlicher, preiswerter als Standgeräte, schnell einsatzbereit und verbrauchen wenig Platz.
- **Standgeräte** bestehen aus einem standfesten Antriebsteil und einem festen oder lösbaren Arbeitsteil.

Einzweckgeräte sind in größeren Betrieben nicht rentabel, da sie zu platzaufwändig sind. Sie werden durch Mehrzweckküchenmaschinen mit Spezialeinsätzen ersetzt.

1. *Vor dem Kauf von Kleingeräten immer ihre Rentabilität überdenken!*
2. *Leichte Handhabung/Reinigung und Platzbedarf überprüfen!*
3. *Auf Kurzbetriebszeit (KB) achten!*
4. *Kleingeräte mit Beheizung oder motorischem Antrieb dürfen nicht ins Spülwasser, sondern werden nur feucht abgewischt!*

Mehrzweckküchenmaschinen sind platzsparend und insbesondere für mittlere und Großbetriebe rentabel. Die Ausrüstung mit einem Wechselgetriebe ermöglicht mehrere Arbeitsgeschwindigkeiten. Für Betriebe mit einem Umsatz von mehr als 1000 Essen gibt es Universal-Küchenmotor-Anlagen.

AUFGABEN

1. *Erfassen Sie die in Ihrem Haushalt/Betrieb eingesetzten Spezialgeräte/Küchengeräte. Stellen Sie ihre Verwendungsmöglichkeiten dar. Erkunden Sie mithilfe von Broschüren alternative Geräte für Ihren Bedarf.*
2. *Informieren Sie sich im Fachhandel über das Angebot an Küchengeräten (Funktion, Kosten, Bedienung etc.). Welche Geräte sind für Ihren Betrieb geeignet bzw. ergänzen die vorhandene Ausstattung?*

Nährstoffe sind empfindlich gegenüber
- Licht,
- Wasser,
- Sauerstoff,
- Wärme.

1.3.4 TECHNIKEN DER NAHRUNGSZUBEREITUNG

Nur wenige Lebensmittel, wie z. B. Obst, einige Gemüsesorten und Milch, können unverarbeitet verzehrt werden. Die meisten Lebensmittel müssen durch geeignete Zubereitungsverfahren genießbar gemacht werden. Die Bekömmlichkeit und die Qualität der hergestellten Speisen (Geschmack, Aussehen, Nährstoffgehalt etc.) werden sowohl von der Qualität der Rohwaren als auch durch die Techniken der Vor- und Zubereitung von Lebensmitteln bestimmt.

Regeln für die Vor- und Zubereitung von Lebensmitteln:
- *So kurz wie möglich waschen.*
- *Nach dem Waschen und erst kurz vor dem Garen zerkleinern.*
- *Ausreichend, aber möglichst kurz garen.*
- *Richtige Gartemperatur wählen.*
- *Garflüssigkeit nicht weggießen, sondern mitverwenden.*
- *Lange Warmhaltezeiten vermeiden.*

So können wertvolle Inhaltsstoffe weitgehend erhalten werden.

Die Verarbeitung der Lebensmittel zu verzehrfertigen Speisen erfolgt in vier Arbeitsphasen:

- Vorbereiten
- Zubereiten
- Garen
- Portionieren, Anrichten, Verteilen, Servieren

Beispiel: Herstellung eines Möhrengemüses aus frischen Möhren

Vorbereiten	Zubereiten	Garen	Anrichten
waschen putzen	schneiden zerkleinern	dünsten	mit gehackter Petersilie bestreuen

Lebensmittelhygiene-VO (LMHV): Unreiner und reiner Bereich müssen räumlich oder zeitlich entkoppelt werden (s. S. 37).

Um Zeit und Personal einzusparen, werden in vielen Großverpflegungseinrichtungen, aber auch im Privathaushalt Halbfertigprodukte (z. B. tiefgekühlte Gemüse, Kartoffeltrockenprodukte etc.) verwendet – die oft arbeitsaufwändigen Vor- und Zubereitungsarbeiten entfallen. Werden vorgefertigte Nahrungsmittel (s. S. 103 ff.) verwendet, sollten bei der Speisenplanung der im Vergleich zu frischen Lebensmitteln verminderte Gehalt an Vitaminen und Mineralstoffen sowie ein eventuell höherer Gehalt an Zucker, Kochsalz und Fett berücksichtigt werden.

Vorbereitungs- und Zubereitungstechniken

Hierbei werden die Lebensmittel mechanisch so bearbeitet, dass sie **küchenfertig** oder **garfertig** sind.

Durch die Vor- und Zubereitung der Rohwaren werden

- Schmutz und andere Fremdbestandteile entfernt,
- unerwünschte, wasserlösliche Stoffe entfernt,
- unverdauliche und wertlose Nahrungsbestandteile entfernt,
- Konsistenz und Geschmack günstig beeinflusst,
- entsprechend dem Verwendungszweck bestimmte Formgebungen erzielt.

Übersicht: Vor- und Zubereitungstechniken

Verfahren	Durchführung
Waschen	Entfernen von Schmutz und Keimen; kurz (bevorzugt ungeschält/unzerkleinert) in kaltem Wasser, sonst Auslaugen der wasserlöslichen Inhaltsstoffe
Wässern	Herauslösen unerwünschter oder geschmacksbeeinträchtigender Stoffe, z. B. Bitterstoffe, Salz, in kaltem Wasser (oder Milch). Lebensmittel danach mit Wasser gründlich abspülen
Weichen	Zuführen des beim Trocknen entzogenen Wassers – verbessert Verdaulichkeit der Lebensmittel, verkürzt Garzeit. Inhaltsstoffe (Eiweiß, Stärke, Cellulose) quellen im kalten Wasser auf. Um Nährstoffverluste zu vermeiden, Wassermenge knapp bemessen und Weichwasser mitverwenden (Ausnahme: geschwefelte Trockenfrüchte)
Blanchieren	Kurzes Erhitzen in siedendem Wasser, heißem Wasserdampf, feuchter Heißluft – Inaktivierung von Enzymen, Keimen. Blanchiergut mit Eiswasser schnell abkühlen. Geringe Nährwertverluste durch Auslaugen und Hitzeeinwirkung treten auf. Erhält Farbe und Geschmack der Rohware
Marinieren	Einlegen in meist säure- und gewürzhaltige Flüssigkeiten mit dem Ziel: Geschmacksverbesserung, Erhaltung der hellen Farbe, Lockerung des Zellgefüges. Die Marinade darf kein Kochsalz enthalten
Putzen	Entfernen ungenießbarer oder schlecht verdaulicher Bestandteile mit dem Messer (Blätter, verholzte Stellen, Faulstellen etc.)
Schälen	Entfernen unverdaulicher oder schlecht verdaulicher Bestandteile mit dem Messer, Sparschäler oder Schälmaschinen

AUFGABEN

1. *Lässt man geschälte Kartoffeln lange in Wasser liegen, gehen 15 % Vitamin C je Stunde durch Auslaugen verloren. Wäscht man sie kurz in fließendem Wasser, gehen nur 3 % verloren.*
   a) Überlegen Sie Konsequenzen für die Lebensmittelverarbeitung.
   b) Die Kartoffeln wurden um 8.00 Uhr geschält und bis 12.00 Uhr in Wasser gelagert. Wie hoch ist der Vitamin-C-Verlust (s. a. S. 81) in mg bei einer Portion Kartoffeln von 250 g (Kartoffeln enthalten 12 mg Vitamin C/100 g)? Wie viel mg Vitamin C sind noch in einer Portion Kartoffeln enthalten?
2. *Sie arbeiten als Hauswirtschafterin in einem Privathaushalt. Zum Mittagessen sollen Sie eine Linsensuppe und als Dessert einen Obstsalat aus Äpfeln, Bananen, Erdbeeren und Melone für 8 Personen zubereiten. Informieren Sie sich über geeignete Rezepte. Erstellen Sie einen Arbeitsplan. Gehen Sie dabei auch genau auf die Vor- und Zubereitungstechniken ein.*
3. *Informieren Sie sich:*
   Welche Lebensmittel werden mariniert?
   Warum müssen Marinaden ohne Kochsalz hergestellt werden?
   Erkundigen Sie sich nach Rezepturen für Marinaden.

	Schälverluste in %	Portion (g)
Kartoffeln	20	250
Möhren	25	200
Spargel	35	200
Kohlrabi	45	200

Ermitteln und vergleichen Sie die Schälverluste bei 35 Portionen Spargel, Möhren, Kohlrabi und Kartoffeln (Kostenkalkulation).

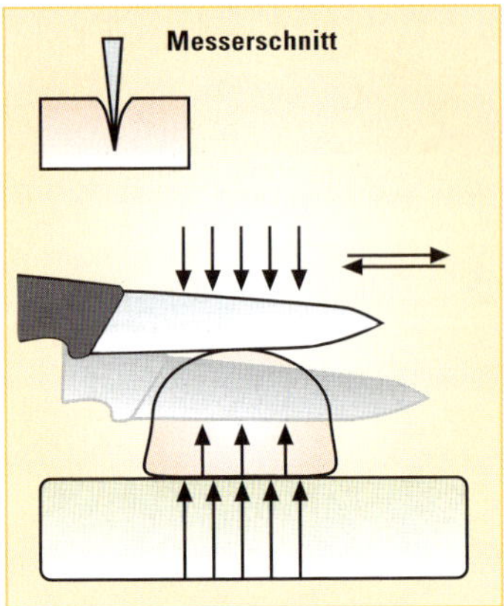

Die keilartige Form der Schneide und ihre Schärfe bewirken die Schneidwirkung. Bei dem Messerschnitt wirken

- die **Schneidbewegung** des Messers,
- der **Schneiddruck** der Klinge,
- der **Schneidwiderstand** des Schneidgutes/der Unterlage

zusammen.

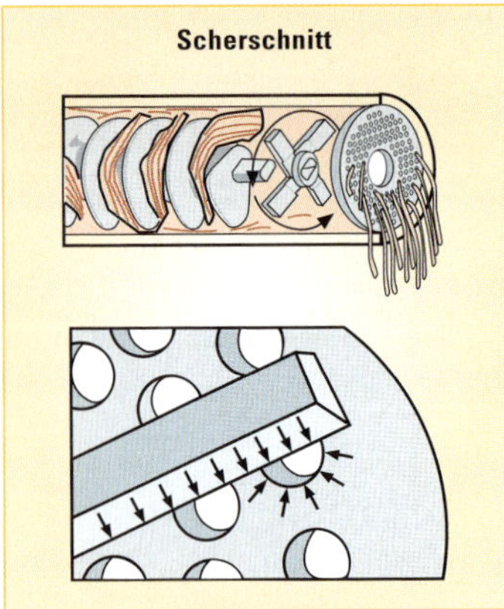

Durch die Bewegung des Messers an der starren Lochscheibe entsteht ein Schneiddruck, der das Schneidgut wie eine Schere zerschneidet (Scherschnitt).

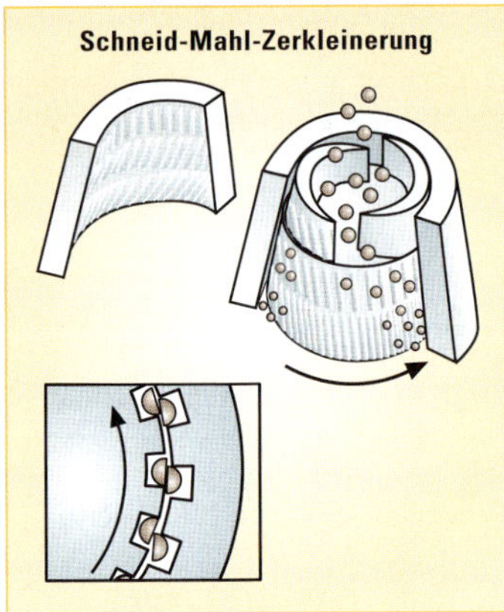

Die Schneid-Mahl-Zerkleinerung ist eine Kombination von Schneiden und Mahlen.

Die mechanische Zerkleinerung von Lebensmitteln

Beim Schneiden unterscheidet man nach der Schneideart:

- Messerschnitt (maschinell, von Hand)
- Scherschnitt (Fleischwolf)

Die Arbeitsgeräte werden je nach Schneidgut und Zielsetzung des Schneidens ausgewählt.

Arbeitsgeräte	Schneidetechnik
Schneid-maschine	Schneidgut wird auf Schlitten an das Messer herangeführt, parallel zur Messerrichtung bewegt und von einem fest stehenden Rundmesser geschnitten.
Würfelschneider	Schneidgut wird durch mehrere **Gattermesser** in Streifen/Würfel zerteilt und durch ein **Abschneidemesser** geschnitten (Schneiden von Würfeln, Stäbchen, Streifen aus rohen/gegarten Lebensmitteln).
Mixgeräte	Ein **Messersatz** wird durch eine elektrisch angetriebene **Messerwelle** in sehr schnelle Rotationen versetzt und zerkleinert das Schneidgut (Einsatzgebiete: Emulgieren, Passieren, Mischen, Zerkleinern, Pürieren).
Fleischwolf	Schneidgut wird von einer rotierenden **Schnecke** zum Messer transportiert und von dessen rotierender Klinge und der scharfkantigen **Lochscheibe** zerschnitten.

Informieren Sie sich!

Welche Fleischstücke werden vor dem Braten geklopft/eingeschnitten (s. S. 200) oder gesteakt?

Bei Haushaltswölfen besteht der Schneidsatz aus einer Lochscheibe und einem einseitig geschliffenen 3- oder 4-flügeligen Messer. In großen Fleischwölfen ist der Schneidsatz 3- oder 5-teilig.

Aufbau des 5-teiligen Fleischwolfes:

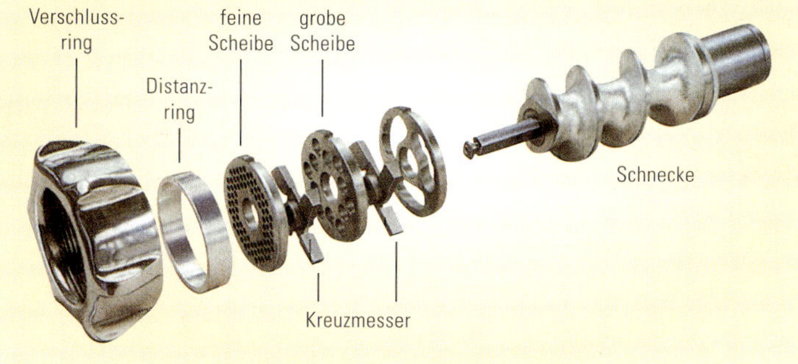

Sachgemäße Bedienung des Wolfes:

- *Messer und Scheiben sind parallel zueinander zusammengesetzt.*
- *Scheiben und Messer dürfen nicht aneinander reiben.*
- *Messer sind gut geschärft.*
- *Der Verschlussring darf nicht zu fest/zu locker aufgeschraubt sein.*
- *Die Einfüllgeschwindigkeit ist an die Drehzahl der Schnecke angepasst.*

Messer werden für verschiedene Zwecke verwendet, z. B.:

Ausbeinen	▶ Auslösen des Schlachtfleisches von den Knochen
Filetieren	▶ Zurechtschneiden von Fisch-, Wild-, Fleischteilen
Tranchieren	▶ Zuschneiden von tellerfertigen Portionen von Fleisch, Geflügel, Wild, Fisch
Tournieren	▶ Ausstechen, Formen, Formgeben von Gemüse, Obst, Brot, Käse, Butter mit Messer/Ausstechern etc.
Schälen	▶ Entfernen der Schalen und unverdaulichen äußeren Teile bei Obst und Gemüse

Je nach Verwendungszweck werden unterschiedliche Messerarten ausgewählt. Diese unterscheiden sich in Form und Beschaffenheit des Messergriffes und der Messerklinge sowie in der Zusammensetzung des Messerstahls. Eine Auswahl zeigt folgende Übersicht:

Messerart	Klingenform/Anwendung
Gemüse-Officemesser	7 bis 12 cm, gerade Klinge; zum Formen und Nachputzen von Gemüse, Obst, Pilzen, Kartoffeln
Tomatenmesser	Wellenschliffmesser; zum Schneiden von Tomaten
Filetiermesser	16 bis 20 cm, schmale, flexible Klinge; zum Filetieren von Fleisch, Fisch
Fleischermesser	20 bis 35 cm, vorn spitz; zum Schneiden von Fleischportionen
Küchenmesser	16 bis 26 cm, lange, breite Klinge; zum Schneiden von Gemüse, Obst, Fleisch
Tranchiermesser	25 bis 36 cm, lange, schmale Klinge; zum Schneiden von Fleisch, Wurst
Buntmesser	10 cm, leicht gewellte Klinge; zur Formgebung von gegartem Gemüse
Käsemesser	13 bis 36 cm, mit dünner Klinge (Weichkäse), stärkerer Klinge (Hartkäse)

Richtige Messerpflege ist wichtig!

- *Nach jedem Gebrauch säubern*
- *regelmäßig mit dem Stahl schärfen*
- *Lagerung in Messerblock, -tasche*

- *Das Messer beim Schneiden vom Körper wegrichten.*
- *Festhaltende Hand hinter dem Messer ansetzen.*
- *Nicht nach fallendem Messer greifen.*
- *Messergriff und Hände trocken halten.*
- *Unbenutzte Messer an den Platz legen.*
- *Messer nicht im Wasser liegen lassen.*
- *Messer nicht zweckfremd einsetzen.*

Raspeln, Reiben, Schnitzeln, Passieren

Hierbei werden die Lebensmittel mithilfe von unterschiedlichen Geräten, z.B. Handhobel, Handreibe, Küchenmaschine mit Schnitzel-, Raspel- oder Reibeeinsätzen, Muskatreibe, sehr fein zerkleinert. Die Verdaulichkeit wird dadurch erhöht (Herstellung von Krankenkost).

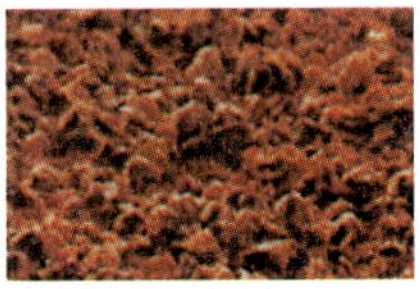
geraspelte Schokolade

geschnitzelte Möhren

Arbeitstechnik	Durchführung	Anwendung
Raspeln	Zerkleinern in feine längliche Stücke	Obst, Gemüse, Mandeln, Nüsse, Schokolade
Reiben	sehr feine Zerkleinerung	Muskat, Käse, Nüsse
Schnitzeln	Zerkleinerung in feine Streifen	Rot-, Weißkohl, Möhren, Äpfel
Passieren	Durchstreichen meist gegarter Lebensmittel	Hagebuttenmark, Apfelbrei, Himbeermus, Tomatenmark

Das Mischen von Lebensmitteln

Bei der Speisenherstellung werden die vorbereiteten Lebensmittel nach ausgewählten **Rezepturen gemischt**. Hierbei werden verschiedene Arbeitstechniken – **Mischen, Mengen, Kneten, Schlagen, Emulgieren** – unterschieden.

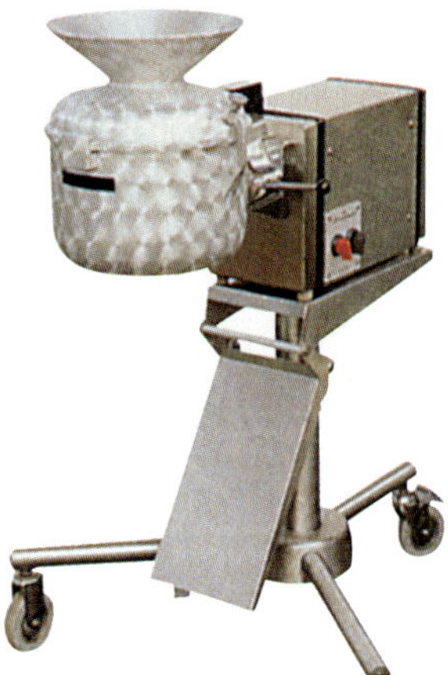

Schnitzelzylinder

Raspelzylinder

Universal-Küchenmotor mit Reibe-, Schnizel-, Schneide- und Passiergerät

Arbeitstechnik	Durchführung	Anwendung
Mischen	gleichmäßiges Verteilen fester Bestandteile	Salate
Mengen	Verarbeiten der Rezeptbestandteile zu homogener Masse	Hackfleischmasse, Kräuterquark
Kneten	gründliches Mischen und Bearbeiten der Zutaten zur Teigbildung (Klebereiweiß des Mehles quillt und bildet elastisches/stabiles Teiggerüst)	Hefeteig, Mürbeteig etc.
Schlagen	Luft wird mit dem Schneebesen unter zähe Flüssigkeit geschlagen (Eigelb/Eiklar sauber trennen! Schlagsahne gekühlt schlagen!)	Eischnee, Schlagsahne, Biskuitmasse
Emulgieren	fettreiche und wässrige Lebensmittel werden durch Schlagen zu einer stabilen Mischung. Emulgatoren stabilisieren die Emulsion (z.B. Lecithin des Eigelbs)	Mayonnaise, Buttercreme

Merkmale zu kurz geschlagenen Eischnees:

- weich, schmierig
- schlechter Stand

Merkmale richtig aufgeschlagenen Eischnees:

- stabiler Stand
- großes Volumen
- beim Herausnehmen des Rührbesens zieht der Eischnee Spitzen

Merkmale zu lang geschlagenen Eischnees:

- zu fest, stabil
- flockige, raue Beschaffenheit

Baiser

10 Eiweiß
500 g Zucker oder Puderzucker

- Eiweiß steif schlagen,
- zwei Drittel des Zuckers esslöffelweise unterschlagen bis die Masse fest ist,
- den restlichen Zucker rasch unterheben
- Baisermasse sofort weiterverarbeiten:
  in Spritzbeutel füllen, auf Oblaten, bemehltes Backblech oder Gebäck spritzen und sofort abbacken.

AUFGABEN

1. *Warum sollten Lebensmittel möglichst kurz und unzerkleinert gewaschen werden?*
2. *Erläutern Sie den Unterschied zwischen Wässern und Waschen. Verwenden Sie dazu konkrete Beispiele aus dem Arbeitsalltag.*
3. *Warum werden geschälte rohe Kartoffeln oft kurzfristig in kaltem Wasser gelagert? Kann hierzu auch warmes Wasser verwendet werden?*
4. *Welche Funktionen hat das Marinieren von Lebensmitteln? Was muss beim Marinieren beachtet werden?*
5. *Begründen und erläutern Sie das Weichen von Lebensmitteln. Warum sollte das Einweichwasser weiterverwendet werden?*
6. *Erläutern Sie die verschiedenen Zerkleinerungstechniken und geben Sie jeweils Anwendungsbeispiele.*
7. *Erstellen Sie Arbeitsregeln für die Herstellung einer Mayonnaise. Welche Fehler werden bei der Herstellung häufig gemacht?*
8. *Die Schlagsahne lässt sich nicht schlagen. Nennen Sie mögliche Gründe.*
9. *Welche Bedeutung hat die Bildung des Klebergerüstes beim Kneten des Hefeteiges für die Gebäckqualität?*
10. *Erläutern Sie die Vorgänge beim Kneten eines Hefeteiges.*
11. *Sie sollen Baiser für eine Obsttorte herstellen. Informieren Sie sich über die Rezeptur des Baisers. Was ist bei der Herstellung der Baisermasse besonders zu beachten? Erkunden Sie, in welchen Lebensmitteln Eischnee verarbeitet wird.*
12. *Bei welchen Gerichten werden die Arbeitstechniken Raspeln, Reiben, Schnitzeln und Passieren angewendet?*

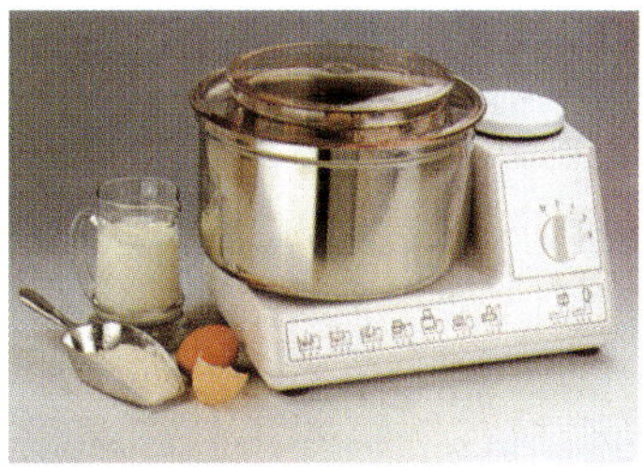

Rühr- und Knetschüssel

Mandel- und Nussreibe (Fleischwolfvorsatz)

Veränderungen der Lebensmittelinhaltsstoffe beim Garen

Erwünschte Veränderungen:

- *bessere Verdaulichkeit und Bekömmlichkeit*
- *höherer Genusswert durch Bildung von Farb- und Aromastoffen*
- *Konsistenzveränderungen*
- *Zerstörung oder Inaktivierung von schädlichen Inhaltsstoffen*

Unerwünschte Veränderungen:

- *Verluste von Vitaminen, sekundären Pflanzenstoffen u. a. essentiellen Inhaltsstoffen*
- *Oxidation ungesättigter Fettsäuren*
- *Aromaverluste*

Garen Sie jeweils 100 g geschnetzeltes Schweinefleisch, indem Sie das Fleisch
a) in kaltes Wasser einlegen und garen,
b) in siedendes Wasser einlegen und garen,
c) in Fett anbraten/mit wenig Wasser weitergaren.
Vergleichen Sie die Garzeiten.
Vergleichen Sie Aussehen und Geschmack von Fleisch/Garflüssigkeit.
Stellen Sie die Vor- und Nachteile der drei Verfahren dar.
Welche Garmethode würden Sie als schonend bezeichnen?

Garverfahren

Beim Garen werden küchen- bzw. garfertige Lebensmittel durch Wärmebehandlung verzehrfertig gemacht. Durch **Quellung** und **Gerinnung** von Eiweiß und **Verkleisterung** der Stärke wird die Oberfläche des Gargutes stark vergrößert; die Faserstruktur von Obst, Gemüse und Fleisch wird gelockert, sodass Verdauungsenzyme besser wirksam werden können. Durch die **Bildung** von **Röstbitterstoffen** und wertvollen **Aromastoffen** entwickeln gegarte Speisen einen höheren Genusswert als die rohen Lebensmittel. Außerdem werden durch die Hitzeeinwirkung **Bakterien** abgetötet und **Enzyme inaktiviert** – die Speisen sind länger haltbar. Einige Lebensmittel enthalten in rohem Zustand gesundheitsschädliche Inhaltsstoffe (z. B. grüne Bohnen, grüne Tomaten, gekeimte Kartoffeln) – diese werden erst durch Erhitzen unwirksam gemacht.

Die Garverfahren unterscheiden sich durch:

- Art des wärmeübertragenden Mediums: Wasser, Dampf, Fett, Luft
- Menge des wärmeübertragenden Mediums
- Temperaturhöhe und Temperaturverlauf des Garprozesses
- Form der Wärmeübertragung von der Heizquelle zum Gargut: Wärmestrahlung, Wärmeleitung, Wärmeströmung (Konvektion)

Einteilung der Garverfahren:

Wärmeübertragende Stoffe			Ohne Wärmeüberträger
Wasser	**Fett**	**Luft**	
Kochen, Garziehen Dämpfen Druckgaren Dünsten Schmoren	Braten Frittieren	Backen Grillen	Rösten Mikrowelle

Formen der Wärmeübertragung

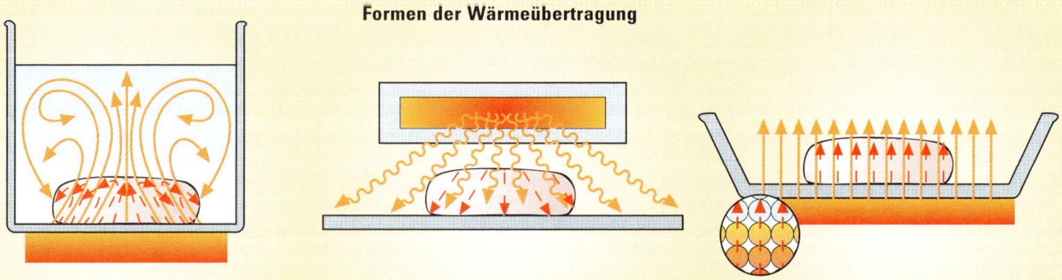

Wärmeströmung
Heiße Flüssigkeitsteilchen haben eine niedrigere Dichte und steigen nach oben. An der Oberfläche kühlen sie ab und sinken wieder nach unten.

Wärmestrahlung
Elektromagnetische Schwingungen erhitzen die Luft und das Gargut.

Wärmeleitung
Die Wärme wird von Stoffteilchen (Pfanne, Topf) zu Stoffteilchen (Gargut) übertragen.

Prinzip der feuchten Garverfahren

Die Wärme wird durch Wasser oder Wasserdampf mit Wärmeströmung auf das Gargut übertragen. Die Temperaturen betragen 85 °C bis 110 °C. Eiweiß gerinnt, kollagenes Eiweiß (z. B. in Gulasch, Suppenfleisch, Rinderbraten) nimmt Wasser auf und quillt. Stärke verkleistert, Cellulose und Pektine quellen – die Pflanzenfasern in Gemüse, Obst und Getreide werden dabei aufgelockert, wodurch die Verdaulichkeit der gegarten Gerichte steigt. Bei Temperaturen unter 110 °C werden keine Röstbitterstoffe gebildet.

Feuchte Garverfahren mit
- **Wasser**
- **Wasserdampf**

Übersicht: Feuchte Garverfahren

Verfahren Temperatur	Durchführung	Anwendung
Kochen 98 °C bis 100 °C	Garen in viel siedender Flüssigkeit: Kochflüssigkeit laugt Gargut aus ▶ Einlegen in siedende Flüssigkeit: Poren schließen sich (Eiweißgerinnung), wasserlösliche Stoffe bleiben im Gargut ▶ Ansetzen in kalter Flüssigkeit: starkes Auslaugen (z. B. Brühe, Lebensmittel mit festem Gewebe)	Suppenhuhn, -fleisch, Kartoffeln, Teigwaren, Reis, Hülsenfrüchte, Brühe
Garziehen 75 °C bis 95 °C	Garen in nicht siedender Flüssigkeit (Schonung der Konsistenz): ▶ Ansetzen mit kalter Flüssigkeit ▶ Einlegen in siedende Flüssigkeit ▶ indirektes Garziehen in Gefäßen im Wasserbad (z. B. Eierstich, Lebensmittel m. zartem Gewebe)	Fisch, Klöße, Brühwurst, zartes Fleisch, verlorene Eier, junges Geflügel
Dämpfen 98 °C bis 100 °C	Garen in strömendem Wasserdampf: ▶ Gargut ist durch Siebeinsatz von Garflüssigkeit getrennt; geringe Auslaugverluste	Gemüse, Kartoffeln, Obst, Fisch, Hefeklöße
Druckgaren 105 °C bis 120 °C	▶ Druckdämpfen = Garen in Dampf ▶ Druckkochen = in viel Flüssigkeit ▶ Druckdünsten = wenig Flüssigkeit Garzeit verringert sich und ist genau einzuhalten	Fleisch, Kohl, Hülsenfrüchte, Suppenhuhn, Kartoffeln
Dünsten 98 °C bis 100 °C	Garen im eigenen Saft ohne Bräunung/geringe Flüssigkeits-, evtl. Fettzugabe in abgedecktem Gefäß, Folie, Römertopf; Nährstoffe und Aroma schonendes Garen	zartes Fleisch, Fisch, Pilze, Gemüse, Obst, Geflügel
Schmoren 160 °C bis 200 °C 98 °C bis 100 °C	in heißem Fett bräunen, danach mit wenig Flüssigkeit bei verminderter Temperatur fertig garen; intensive Bräunung und gehaltvoller Fond für Soßenherstellung	Fleisch-, Wildgerichte, Gulasch, Sauerbraten, Kohlrouladen

Vermischen Sie in einem Becherglas 100 ml Wasser mit 15 g Stärke. Erhitzen Sie die Probe langsam in einem Wasserbad. Messen Sie die Temperatur! Welche Beobachtungen machen Sie?

Beim feuchten Garen werden Vitamine und sekundäre Pflanzenstoffe durch vielfältige Einflussfaktoren, z.B. Hitze, Wasser, Sauerstoffeinwirkung, zerstört. **Schonende Garverfahren** – Dünsten, Dämpfen und Garen im Dampfdrucktopf – erhalten die empfindlichen Nahrungsinhaltsstoffe und Aromastoffe weitgehend, die Nährstoffverluste sind geringer.

Vitamin-C-Verluste durch die Zubereitung s. S. 81.

Wann ist das Fleisch innen rosa und nicht mehr blutig?

Fingerprobe beim Kurzbraten:

Gibt das Fleisch bei Fingerdruck

- *stark nach – ist es innen blutig,*
- *leicht nach – ist es innen rosa,*
- *nicht nach – ist es durchgegart.*

mit dem Bratthermometer beim Braten im Backofen bei:

- *Kern 65 °C – ist es innen blutig,*
- *Kern 70 °C – ist es innen rosa,*
- *Kern 85 °C – ist es durchgegart.*

- Hohe Auslaugverluste beim Kochen entstehen, wenn das Gargut in kaltem Wasser angesetzt wird. Wasserlösliche Nährstoffe gehen in die Kochflüssigkeit über (Konzentrationsausgleich!).
- Geringe Auslaugverluste entstehen, wenn das Gargut in siedendes Wasser eingelegt wird. Durch die sofort einsetzende Eiweißgerinnung schließen sich die Poren. Inhaltsstoffe bleiben größtenteils im Gargut.

Erbsen-Möhren-Gemüse

1000 g	Möhren
800 g	Erbsen
40 g	Butter
125 ml	Wasser
4 TL	Zucker
	Salz nach Geschmack

(Garzeit: 15 Min.)

Standardablauf Dünsten (mit Fett und Flüssigkeit)

Vorbereiten:
- Lebensmittel abwiegen
- entsprechend dem Rezept vor- und zubereiten
- Arbeitsgeräte bereitstellen
- Arbeitsplatz einrichten

Durchführen:
- Butter zerlassen
- Lebensmittel dazugeben
- gleichmäßig mischen und andünsten
- etwas Flüssigkeit dazugeben
- würzen
- Topfdeckel aufsetzen, leise köcheln lassen

Anrichten:
- Gemüsegerichte mit frischen Kräutern bestreuen

Zubereitung Erbsen-Möhren-Gemüse

- Möhrenscheiben andünsten

- nach ca. 5 Min. Erbsen zugeben, mit Wasser auffüllen, salzen und zuckern

- im geschlossenen Topf ca. 10 Min. dünsten lassen

Standardablauf Schmoren

Vorbereiten:	▶ Lebensmittel abwiegen ▶ entsprechend dem Rezept vor- und zubereiten ▶ Arbeitsgeräte bereitlegen ▶ Arbeitsplatz einrichten
Durchführen:	▶ Fett erhitzen ▶ Fleisch in angemessenen Portionen zugeben ▶ von allen Seiten anbraten, würzen ▶ etwas Flüssigkeit dazugeben, Bratensatz lösen ▶ etwas einkochen lassen ▶ Vorgang 1- bis 3-mal wiederholen ▶ geschnittene Zwiebeln, Tomaten und Paprika zugeben ▶ mit heißer Flüssigkeit auffüllen ▶ Topfdeckel aufsetzen, leise köcheln lassen
Anrichten:	▶ mit Soße servieren

Gulasch (Grundrezept)

1500 g	Rindergulasch
160 g	Fett
1000 g	Zwiebeln
4	Tomaten/Tomatenmark
2	Paprikaschoten
	Paprika, Salz, Pfeffer
2	Gewürzgurken nach Belieben
½ Liter	Wasser
4 EL	Mehl
	saure Sahne

(Garzeit: ca. 80 Min.)

Zubereitung Gulasch

▶ Fleisch in heißem Fett scharf anbraten, so lange braten, bis sich ein Bratensatz bildet

▶ Zwiebeln, Tomaten und Paprika zugeben und kurz mitbraten

▶ Wasser aufgießen; Bratensatz ablösen und alles aufkochen; danach zugedeckt köcheln lassen

Pochierter Kabeljau

10	Kabeljaukoteletts (je ca. 300 g)
2	Zitronen
	Salz

(Garzeit: 15 Min.)

Standardablauf Garziehen oder Kochen

Vorbereiten:	▶ Lebensmittel abwiegen ▶ Arbeitsgeräte bereitstellen ▶ Arbeitsplatz einrichten
Durchführen:	▶ ausreichend Wasser mit Geschmackszutaten zum Kochen oder zum Sieden bringen ▶ Salz und/oder Öl dazugeben ▶ Gargut hineingeben, im siedenden Wasser garen ▶ abgießen
Anrichten:	▶ in vorgewärmten Schüsseln artgerecht garnieren

Zubereitung pochierter Fisch

▶ Zitronensaft und 1 TL Salz in 1 l kochendes Wasser geben

▶ Fisch in das Wasser geben

▶ Fisch in siedendem Wasser 10 bis 15 Min. gar ziehen lassen, herausnehmen und anrichten

Trockene Garverfahren mit
- heißem Fett
- erhitzter Luft

Prinzip der trockenen Garverfahren
Die Wärme wird durch heißes Fett (Wärmeströmung) mit Temperaturen bis 185 °C und/oder erhitzte Luft (Wärmestrahlung) – die Temperatur bei Heißluft beträgt 300 °C – übertragen. Beim Kontaktgrillen erfolgt die Wärmeübertragung durch Wärmeleitung. Bei Temperaturen über 110 °C entstehen aromabildende Dextrine, Karamell und Röstbitterstoffe. Trockene Garverfahren sind nur für kollagenarme, zarte Fleischteile, wie z. B. Steaks, Schnitzel, Koteletts, geeignet.

Übersicht: Trockene Garverfahren

Verfahren Temperatur	Durchführung	Anwendung
Braten 180 °C bis 200 °C	Bräunen und Garen in geringen Mengen von hochsiedendem Fett; im Bratgeschirr/Herd: ▶ Braten bis 750 g; nach dem Anbräunen Hitze drosseln, mit wenig kochendem Wasser fertig garen ▶ Sautieren (Schwingen): bei Portionsstücken Braten im Backofen: ▶ Braten > 750 g, Geflügel/Fisch > 1250 g; gesalzenes/gewürztes Bratgut in heißem Fett bräunen, unter Begießen mit Bratfett/-fond zu Ende garen Kurzbraten	zartes Fleisch, Wild, Geflügel, Kartoffeln
Frittieren 160 °C bis 180 °C	Garen und Bräunen in heißem, das Gargut umgebendem Fett; Fett muss wasserfrei sein (wasserreiche Lebensmittel abtrocknen); Frittierfett nicht > 180 °C erhitzen (s. S. 65)	Geflügel, Fisch, Gemüse, Kartoffeln, Siedegebäck, Fleischteile
Grillen 250 °C bis 300 °C	▶ Kontaktgrill: Grillgut gart zwischen zwei Heizflächen ▶ Infrarotgrill: Infrarotstrahler bräunen, garen, gratinieren	
Backen 180 °C bis 250 °C	Garen und Bräunen in Heißluft mit Wärmestrahlung (Oberhitze), Wärmeleitung (Unterhitze); ▶ 200 °C bis 250 °C: zur Bräunung/Krustenbildung, das Backgut ist bereits gegart ▶ 180 °C bis 200 °C: zum Backen von Kuchen, Aufläufen, Fleisch und Geflügel ▶ 150 °C bis 180 °C: für Backwaren und Aufläufe mit garen Zutaten und hohem Flüssigkeitsanteil	Kuchen, Gebäck, Brot, Fleisch, Geflügel, Aufläufe, Schinken im Brotteig
Mikrowelle etwa 100 °C	schnelles gleichmäßiges Garen durch elektromagnetische Wellen; die Wärme entsteht nur im Inneren des Garguts – das Gargut gart von innen nach außen – keine Bräunung/Krustenbildung; Fett und Flüssigkeit können/müssen nicht zugesetzt werden; zu bevorzugen zum Auftauen/ Wiedererwärmen	alle Lebensmittel mit mehr als 50 % Wassergehalt

Standardablauf Braten im Backofen

Vorbereiten:	▶ Backofen vorheizen ▶ Lebensmittel abwiegen ▶ Arbeitsgeräte bereitstellen ▶ Arbeitsplatz einrichten
Durchführen:	▶ Bratenstück würzen und in Bratgefäß oder Fettpfanne legen ▶ evtl. mit Bratgemüse umlegen, etwas Fett dazugeben ▶ während des Bratens immer wieder wenden und mit Bratfett begießen ▶ Backofentemperatur senken, wenn sich eine Bratkruste gebildet hat ▶ nach Erreichen der erwünschten Kerntemperatur Fleisch warm stellen ▶ evtl. Bratenfond ablösen und zu Soße verarbeiten
Anrichten:	▶ Fleisch quer zur Faser in Scheiben schneiden oder tranchieren ▶ mit Soße nappieren ▶ restliche Soße getrennt servieren

Brathähnchen
(4 Portionen)

1	Brathähnchen
	Speiseöl
	Salz, Pfeffer, Paprika

Hähnchen bei 220 °C braten, ab und zu mit Bratensaft begießen und wenden

Standardablauf Braten in der Pfanne

Vorbereiten:	▶ Lebensmittel abwiegen ▶ entsprechend dem Rezept vor- und zubereiten, Arbeitsgeräte bereitstellen ▶ Arbeitsplatz einrichten
Durchführen:	▶ Fett erhitzen ▶ Bratstücke hineingeben ▶ von beiden Seiten kurz anbraten ▶ dann auf jeder Seite weiterbraten, bis erwünschter Gargrad erreicht ist ▶ salzen
Anrichten:	▶ auf vorgewärmten Platten garnieren

Wiener Schnitzel

10	Kalbsschnitzel
10 EL	Mehl
4	Eier
250 g	Semmelbrösel
100 g	Butterschmalz
2	Zitronen

(Garzeit: 5 Min.)

Zubereitung Wiener Schnitzel

▶ Schnitzel in Mehl wenden, durch das verquirlte Ei ziehen und in Semmelbröseln wenden

▶ Schnitzel in das heiße Fett geben, von jeder Seite je 2 Min. goldbraun braten

▶ vor dem Servieren mit Zitronenscheiben anrichten

Versuch 1

Bereiten Sie Gulasch nach dem vorliegenden Rezept.
Erstellen Sie einen Arbeitsplan.
Machen Sie einen Zeit-, Kosten-, Geschmacksvergleich mit einem Fertiggulasch aus der Dose.
Planen Sie passende Beilagen für ein vollständiges Menü.

Versuch 2

Stellen Sie einen Marmorkuchen
a) nach dem vorliegenden Rezept her,
b) aus einer Fertigmischung her.
Vergleichen Sie Kosten, Arbeitszeit und Geschmack.
Welche Argumente sprechen für die Verwendung von Kuchenmischungen?

Acrylamid – ein Stoff macht Schlagzeilen

Acrylamid, das in Verdacht steht, Krebs zu erzeugen und das Erbgut zu schädigen, wird bei Temperaturen über 100 °C aus Zucker- und Eiweißbausteinen gebildet. Es entsteht beim Bräunungsprozess, also beim Backen, Braten, Grillen und Frittieren von Kartoffel- und Getreideprodukten. Hohe Werte wurden in Pommes frites, Bratkartoffeln, Kräckern und Chips gefunden.

Eine acrylamidfreie Ernährung ist kaum möglich.

Die Aufnahme von Acrylamid lässt sich aber stark verringern, wenn man auf eine acrylarme Zubereitung achtet und stark belastete Lebensmittel nur selten verzehrt.

Die Acrylamidbildung wird gefördert durch

- hohe Temperaturen,
- niedrigen Wassergehalt des Lebensmittels,
- starke Bräunung.

Gulasch

40 g Kokosfett	▶ *Fett erhitzen*
1 kg Rinderkeule	▶ *in 2 cm große Würfel schneiden, unter Wenden scharf anbraten, würzen (150 °C)*
40 g Zwiebeln	
500 g Paprika	▶ *in Scheiben schneiden, mit dem Fleisch bräunen*
500 g Tomaten (Dose)	▶ *Temperatur auf 110 °C mindern*
5 g Salz	▶ *Tomaten, in Streifen geschnittene Paprika, kochende Flüssigkeit und Gewürze zugeben*
2 g Pfeffer	
5 g Paprika (edelsüß)	▶ *1 bis 1,5 Stunden schmoren lassen*
0,5 l Wasser	

Marmorkuchen

250 g Margarine	▶ *mit Zucker schaumig rühren*
250 g Zucker	▶ *Eier zugeben, schaumig rühren*
4 Eier	▶ *Mehl, Milch im Wechsel zugeben, Backpulver mit dem restlichen Mehl zugeben, gut verrühren*
500 g Weizenmehl	
6 g Backpulver	▶ *⅔ des Teiges in gefettete Backform geben*
125 ml Milch	▶ *Kakao mit Vanillezucker und Milch glatt rühren, zum restlichen Teig geben, verrühren*
25 g Kakao	
10 g Vanillezucker	▶ *Schokoladenteig durch hellen Teig ziehen*
20 ml Milch	▶ *1 Std., 170 °C bis 175 °C backen*

Acrylamid

Acrylamid entsteht u. a. bei der Zubereitung von Kroketten, Pommes frites und Bratkartoffeln.

»Goldgelb statt braun« – Die Acrylamid-Konzentration hängt stark vom Bräunungsgrad ab. Bei einer sorgfältigen Zubereitung entstehen nur geringe Mengen an Acrylamid:

- beim Frittieren 175 °C nicht überschreiten
- keine Frittierfette verwenden, die den Entschäumer Silikon (E 900) enthalten
- Menge an Kartoffelerzeugnissen beim Frittieren möglichst groß wählen (mind. 100 g/l Fett)
- für das Braten in der Pfanne anstatt Öl Margarine verwenden oder dem Öl Butter oder Margarine zusetzen
- beim Backen von vorgebackenen Tiefkühlteiglingen, Pommes frites oder Rösti im Backofen sollte eine Temperatur von 200 °C (Unter- und Oberhitze) bzw. 180 °C (Umluft) nicht überschritten werden. Backpapier verhindert eine zu starke Bräunung von unten.
- Bratkartoffeln aus gekochten Kartoffeln zubereiten. Rohe Kartoffeln sollten vor dem Braten ca. eine Stunde gewässert werden (Vitamin- und Mineralstoffverluste)
- Toast nur kurz und leicht anrösten

AUFGABEN

1. *Unterscheiden Sie die drei Formen der Wärmeübertragung und ordnen Sie diese jeweils den verschiedenen Garverfahren zu.*
2. *Erläutern Sie die Veränderungen der Nahrungsinhaltsstoffe in Abhängigkeit von der Temperatur.*
3. *Warum kommt es zu hohen Auslaugverlusten, wenn man das Gargut in kalte Garflüssigkeit einlegt?*
4. *Wie wird eine gehaltvolle Fleisch- oder Gemüsebrühe hergestellt?*

1.4 LEBENSMITTELINHALTSSTOFFE UND IHRE EIGENSCHAFTEN

Mit der Nahrung nehmen wir **Nährstoffe** auf. Diese werden als **Baustoff** für den Aufbau und die Erhaltung unseres Körpers, als Betriebsstoff zur Gewinnung von Energie oder als **Wirkstoff** benötigt. **Kohlenhydrate, Fette, Eiweiß, Vitamine, Mineralstoffe** und das **Wasser** bilden die Grundlage unserer Ernährung.
Weitere Bestandteile der Nahrung sind die **Ballaststoffe**, sie fördern die Verdauung, sowie **Farb-** und **Aromastoffe**, sie regen den Appetit an. Genussstoffe in manchen Nahrungsmitteln, wie z. B. das Coffein im Kaffee, wirken anregend auf das Zentralnervensystem.
Bei der Lebensmittelverarbeitung werden häufig **Zusatzstoffe**, wie z. B. Farb-, Aromastoffe oder Konservierungsstoffe, eingesetzt. Sie sind im Allgemeinen kennzeichnungspflichtig und müssen auf der Verpackung genannt werden.
Auch **Schadstoffe** sind in vielen Nahrungsmitteln enthalten. Sie kommen entweder natürlicherweise in den Lebensmitteln vor, z. B. Blausäure in den bitteren Mandeln oder Solanin in gekeimten Kartoffeln. Sie können aber auch bei der Herstellung und Lagerung der Lebensmittel gebildet werden, wie z. B. Nitrosamine in gepökeltem Fleisch oder Benzpyren in Räucherwaren.

Ermitteln Sie den Energiegehalt des abgebildeten Frühstücks:
2 Scheiben Weißbrot (100 g)
1 Portion Butter (20 g)
1 Portion Marmelade (25 g)
1 Portion Salami (25 g)
1 Glas Orangensaft (200 g)

Nährstoffe liefern eine bestimmte Energiemenge, die in Kilojoule (kJ) gemessen wird:
1 g Kohlenhydrate = 17 kJ
1 g Eiweiß = 17 kJ
1 g Fett = 37 kJ

Lebensmittelbestandteile

Baustoffe	Brennstoffe	Wirkstoffe	Funktionsfördernde Stoffe
■ Eiweißstoffe ■ Wasser ■ Mineralstoffe	■ Fette ■ Kohlenhydrate ■ Eiweißstoffe (bedingt)	■ Mineralstoffe ■ Vitamine	■ Ballaststoffe ■ Geruchs- und Geschmacksstoffe ■ sekundäre Pflanzeninhaltsstoffe ■ Coffein (bedingt) ■ Alkohol (bedingt)

AUFGABEN

1. *Ermitteln Sie aus einer Nährwerttabelle*
   – fünf kohlenhydratreiche Lebensmittel,
   – fünf eiweißreiche Lebensmittel,
   – fünf fettreiche Lebensmittel.
   Geben Sie jeweils den Nährstoffgehalt in Gramm pro 100 g Lebensmittel an.
2. *Informieren Sie sich anhand von Lebensmittelverpackungen über die Zusammensetzung und den Energiewert verschiedener Lebensmittel.*
3. *Vergleichen Sie den Nährwert der folgenden Lebensmittel:*
   a) Vollmilch (3,5 % Fett), fettarme Milch (1,5 % Fett), Magermilch (0,3 % Fett),
   b) Weizentoastbrot, Weizenvollkornbrot.

ZUTATEN:
Reis (58 %), Vollkornweizen (15 %), Zucker, Weizengluten, Weizenkeime, Magermilchpulver, Salz, Malz, Vitamine (Vit. C, Niacin, Vit. B_6, Vit. B_2, Vit. B_1, Folsäure, Vit. B_{12}) und Eisen.

NÄHRWERTINFORMATION:

Nährwertgehalt (pro 100 g)	
Energie	1567 kJ 369 kcal
Proteine (Eiweiß)	15 g
Kohlenhydrate	75 g
davon Zucker	17 g
davon Stärke	58 g
Fett	1 g
davon gesättigte Fettsäuren	0,3 g
Ballaststoffe	2,5 g
Natrium	0,8 g

Zutatenliste und Nährwertinformation auf Lebensmittelverpackung eines Getreideriegels

Der Zuckerverbrauch beträgt im Durchschnitt 50 kg pro Kopf und Jahr. Ein Großteil davon wird als »versteckter« Zucker in zuckerhaltigen Nahrungsmitteln verzehrt.

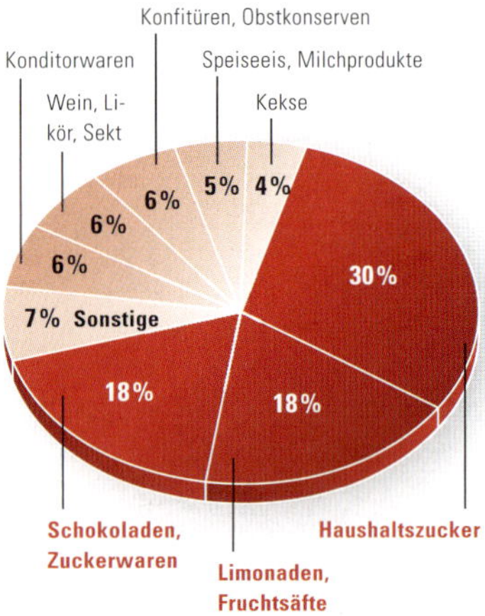

Einfachzucker

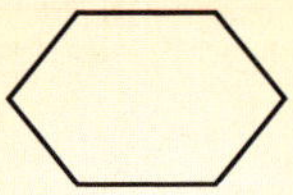

1 Zuckerbaustein

Doppelzucker

2 Zuckerbausteine sind miteinander verbunden

Vielfachzucker

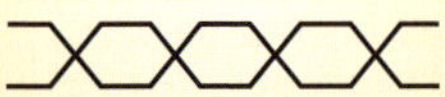

Viele Zuckerbausteine sind miteinander verbunden

Alarmierend hoher Zuckerkonsum bei Kindern!
Der Verzehr von zuckerhaltigen Nahrungsmitteln, wie Süßigkeiten, Gebäck und Limonaden, hat zu einem hohen Anstieg der Karies (Zahnfäule) geführt. Nur noch 10 % der Schulanfänger besitzen ein gesundes Gebiss. 99,8 % der Erwachsenen haben Karies (s. a. S. 131).

1.4.1 KOHLENHYDRATE

Vorkommen und chemischer Aufbau

Die Kohlenhydrate sind die Hauptenergielieferanten in der Nahrung. Sie werden in den grünen Blättern der Pflanzen aus dem Kohlendioxid der Luft und Wasser unter Einwirkung von Sonnenlicht gebildet. Dieser Vorgang heißt **Photosynthese**.

Kohlendioxid + Wasser → Traubenzucker + Sauerstoff

$$6\,CO_2 + 6\,H_2O \rightarrow C_6H_{12}O_6 + 6\,O_2$$

Kohlenhydrate bestehen aus den chemischen Elementen Kohlenstoff, Wasserstoff und Sauerstoff. Nach ihrer chemischen Zusammensetzung unterscheidet man:

Einfachzucker (Monosaccharide)	**Doppelzucker** (Disaccharide)	**Vielfachzucker** (Polysaccharide)

Einfachzucker kommen u. a. in Früchten, Fruchtsäften, Honig, Milch und Süßigkeiten vor. **Traubenzucker** (Glukose), **Fruchtzucker** (Fruktose) und **Schleimzucker** (Galaktose) sind die wichtigsten Vertreter. Traubenzucker ist der am häufigsten vorkommende Einfachzucker. Er ist Bestandteil in allen Doppelzuckern sowie in Vielfachzuckern. Einfachzucker gelangen sofort nach der Nahrungsaufnahme ins Blut und liefern schnell Energie.

Doppelzucker entstehen, indem sich zwei Einfachzucker miteinander verbinden.

Einfachzucker + Einfachzucker → Doppelzucker + H_2O

So ist beim Rüben- und Rohrzucker ein Molekül Traubenzucker mit einem Molekül Fruchtzucker verknüpft. **Malzzucker** (Maltose), **Rübenzucker** (Saccharose) und **Milchzucker** (Laktose) sind die bedeutendsten Vertreter.

Vielfachzucker werden durch Verknüpfung von vielen Molekülen Einfachzucker aufgebaut.
Die **Stärke** ist der wichtigste Vertreter. Bei trockener Erhitzung wird Stärke zu **Dextrin** abgebaut, das z. B. im Zwieback vorkommt. Dextrine sind leichter verdaulich als Stärke und werden oft in der Säuglings- oder Krankenernährung verwendet. Das Glykogen wird in Muskeln und Leber von Tieren und Menschen gespeichert und dient als Energielieferant. **Cellulose** kommt in allen pflanzlichen Lebensmitteln als Gerüststoff in den Zellwänden vor. Cellulose regt als **Ballaststoff** die Darmtätigkeit an.

AUFGABEN

1. *Stellen Sie ein kohlenhydratreiches lang anhaltend sättigendes Pausenfrühstück für ein 7-jähriges Mädchen zusammen.*
2. *Wie viel g Saccharose sind jeweils in 200 ml Fruchtsaft, Limonade oder Cola enthalten? Informieren Sie sich anhand des Zutatenverzeichnisses.*
3. *Wie werden die Kohlenhydrate nach ihrer chemischen Zusammensetzung eingeteilt?*

Vorkommen und Eigenschaften der Kohlenhydrate

Kohlenhydrate	Vorkommen	Eigenschaften
Einfachzucker		
Glukose	Obst, Obstsäfte, Honig	wasserlöslich, süßer Geschmack, schnelle Aufnahme ins Blut
Fruktose	Obst, Obstsäfte, Diabetikerkost	wasserlöslich, hohe Süßkraft, schnelle Aufnahme ins Blut
Galaktose	Milch	wasserlöslich, geringe Süßkraft, schnelle Aufnahme ins Blut
Doppelzucker		
Saccharose (1 Glukose + 1 Fruktose)	Zuckerrohr, Zuckerrübe, Haushaltszucker, zuckerreiche Lebensmittel	wasserlöslich, süßer Geschmack, schnelle Aufspaltung in Einfachzucker und Aufnahme ins Blut
Maltose (1 Glukose + 1 Glukose)	Bier, keimendes Getreide	wasserlöslich, geringe Süßkraft, schnelles Aufspalten in Einfachzucker und Aufnahme ins Blut
Laktose (1 Glukose + 1 Galaktose)	Milch	schwer wasserlöslich, geringe Süßkraft, schnelle Aufspaltung in Einfachzucker und Aufnahme ins Blut
Vielfachzucker		
Stärke (ca. 250 bis 2000 Glukose)	Reservestoff der Pflanze in Kartoffeln, Getreide, Hülsenfrüchten	in kaltem Wasser unlöslich, bei etwa 70 °C quell- und verkleisterungsfähig, kein süßer Geschmack
Glykogen (> 100 000 Glukose)	Reservestoff in Leber und Muskeln	wird bei Bedarf zu Glukose abgebaut und an das Blut abgegeben
Dextrine (ca. 10 bis 20 Glukose)	Abbauprodukt der Stärke (Gebäckkruste) in Brot und Zwieback	schwer wasserlöslich, schwach süßlicher Geschmack, leichter verdaulich als Stärke
Cellulose (> 10 000 Glukose)	Gerüststoff der Pflanze in Vollkornprodukten, ungeschälten Hülsenfrüchten, Reis, Kartoffeln, Obst und Gemüse	wasserunlöslich, quellfähig, unverdaulich, wirkt als Füllstoff (Ballaststoff) sättigend und regt die Darmtätigkeit an
Pektine	Gerüststoff in Früchten, z. B. in Äpfeln, Johannisbeeren, Quitten	wasserunlöslich, quellfähig beim Kochen mit Säure und Zucker, gelieren beim Erkalten, wirken als Ballaststoffe

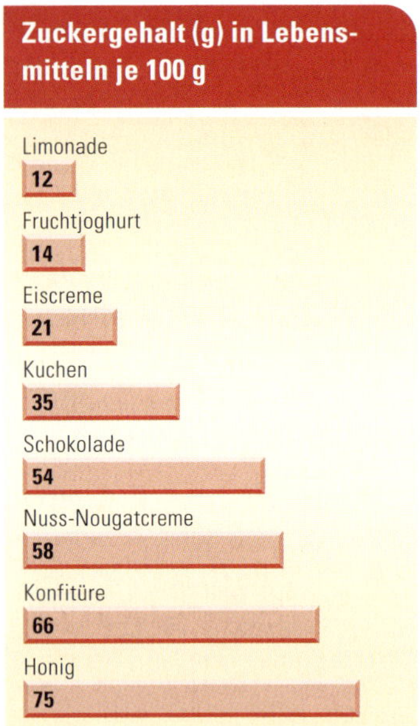

Die einzelnen Zucker unterscheiden sich in ihrer Süßkraft. Fruchtzucker hat eine höhere Süßkraft als Rohr- und Rübenzucker.

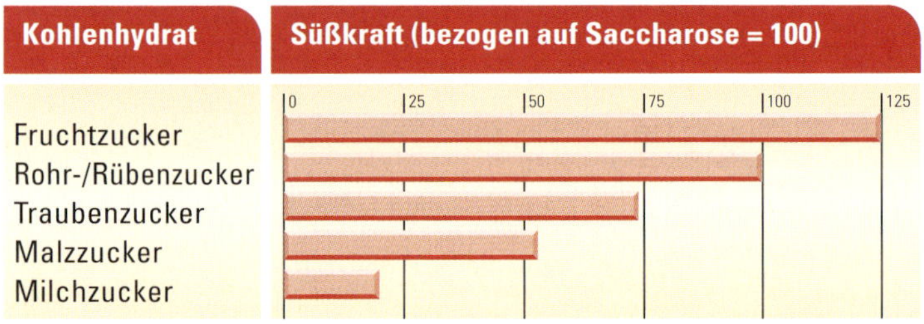

Bei der Auswahl der kohlenhydrathaltigen Lebensmittel sollten natürlich vorkommende, möglichst wenig verarbeitete Lebensmittel, wie Kartoffeln, Gemüse, Obst und Vollkornprodukte, bevorzugt werden, denn sie sind reich an wertvollen Inhaltsstoffen. »Verfeinerte« Lebensmittel wie Weißmehl- und Zuckerprodukte sollten in der täglichen Kost nur zu einem geringen Anteil verzehrt werden.

Die Lust auf »Süßes« sollte mit vollwertigen »zuckerarmen« Speisen gestillt werden. Sammeln Sie Ideen, wie das Buffet für einen Kindergeburtstag (6 Jahre) ohne sehr zuckerhaltige Speisen und Getränke gestaltet werden kann.

So?

Oder so?

Light-Getränke enthalten anstatt Zucker Süßstoff. Ihr Energiegehalt ist reduziert.

Lernsituation:

Im Handel werden verschiedene Sorten von Gelierzucker angeboten:

- Gelierzucker 1:1
- Gelierzucker 2:1
- Gelierzucker extra 3:1

Vergleichen Sie den Zucker- und Fruchtgehalt in Konfitüre (250 g) in Abhängigkeit von dem verwendeten Zucker.

AUFGABEN

1. *Erstellen Sie eine Checkliste mit einer Auswahl an*
   - *zuckerreichen Lebensmitteln,*
   - *stärkereichen Lebensmitteln,*
   - *ballaststoffreichen Lebensmitteln.*
2. *Bei einer ausgewogenen Ernährung sollten täglich 30 g Ballaststoffe aufgenommen werden. Machen Sie einen Vorschlag für ein ballaststoffreiches Frühstück zu Hause sowie für ein Pausenfrühstück für einen 16-jährigen Jungen.*

Küchentechnische Eigenschaften der Kohlenhydrate

Kohlenhydrate besitzen eine unterschiedliche **Süßkraft**. So hat der Fruchtzucker eine höhere Süßkraft als der Haushaltszucker. Fruchtzucker wird vor allem in der Ernährung des Diabetikers verwendet (s. S. 151). Die Süßkraft von Haushaltszucker verringert sich beim Kochen mit Säure, z. B. in sauren Früchten. Die Saccharose wird dabei in ein Gemisch aus Traubenzucker und Fruchtzucker, den so genannten Invertzucker, aufgespalten, der eine geringere Süßkraft als der Haushaltszucker hat.

Haushaltszucker schmilzt zunächst bei trockenem Erhitzen. Danach **karamellisiert** er unter Braunfärbung, die Süßkraft nimmt dabei ab. Wird Karamell weiter erhitzt, bildet sich bitter schmeckendes Zuckercouleur. Dieses kann zum Färben von Backwaren und zur Herstellung von Soßen verwendet werden.

Einfach- und Doppelzucker sind **wasserlöslich**. Die Löslichkeit der Zucker wird bei der Herstellung von Glasuren für Gebäcke und Desserts genutzt, eine einfache Glasur besteht aus Staubzucker und Wasser.
Stärke löst sich nicht in Wasser.

Zucker wirken **Wasser anziehend** (hygroskopisch). Größere Zuckermengen entziehen den Bakterien auf den Lebensmitteln das zum Leben erforderliche Wasser und wirken dadurch bei der Herstellung von Marmeladen, Gelees und Obstsäften konservierend. Bei der Herstellung von Lebkuchen bindet der Zucker die Luftfeuchtigkeit und verhindert ein Austrocknen des Gebäcks.

Zucker wird durch Hefepilze **vergoren**. So wird der Rübenzucker im Hefeteig zu Ethylalkohol und Kohlenstoffdioxid (Teiglockerung). Bei der alkoholischen Gärung in Wein und Bier wird Zucker durch Hefen zu Ethylalkohol abgebaut. In Sauermilcherzeugnissen und Sauerkraut wird aus Zucker durch Milchsäurebakterien Milchsäure gebildet.

Stärke ist ein wichtiges **Bindemittel**. In kaltem Wasser angerührt und anschließend erhitzt oder in die kochende Flüssigkeit gegeben, **quillt** die Stärke zunächst unter Wasseraufnahme auf, durch die Erwärmung **verkleistert** sie. Diese Eigenschaft wird für die Herstellung von Soßen, Suppen und Cremes genutzt.

Pektine binden Wasser und **gelieren**. Die Gelbildung wird bei der Herstellung von Gelees, Konfitüren, Cremes und Süßspeisen genutzt.

AUFGABEN

1. *Schreiben Sie das Rezept eines Vanilleflammeris auf. Erläutern Sie die Regeln zur Herstellung eines Flammeris.*
2. *Informieren Sie sich über die Zusammensetzung von Gelierzucker.*
3. *Warum muss Stärke, bevor man sie in die heiße Flüssigkeit gibt, mit kaltem Wasser angerührt werden?*
4. *Erläutern Sie, warum Kompott erst nach dem Kochen gezuckert werden soll.*

Eigenschaften der Kohlenhydrate

Süßkraft

Lösen Sie in jeweils 10 ml kaltem Wasser 1 g Traubenzucker, 1 g Haushaltszucker und 1 g Milchzucker auf. Testen Sie die verschiedenen Zuckerlösungen auf ihre Süßkraft.

Löslichkeit

Lösen Sie jeweils 1 g Traubenzucker, 1 g Rohrzucker, 1 g Milchzucker und 1 g Stärke in einem Reagenzglas mit
a) 10 ml kaltem Wasser auf.
b) 10 ml 40 °C warmem Wasser auf.

Wie ist die Löslichkeit der verschiedenen Kohlenhydrate im Versuch?

Quellung und Gelbildung

a) Vermischen Sie in einem Becherglas 100 ml kaltes Wasser mit 15 g Stärke. Erhitzen Sie langsam unter Rühren, messen Sie dabei den Temperaturanstieg mit einem Thermometer.
b) Lassen Sie die Probe abkühlen.

Beschreiben Sie Ihre Beobachtungen. Überlegen Sie eine Erklärung.

Rührmasse:
(für 500 g Mehl,
Kastenform von 30 cm Länge)

500 g	Mehl
1	Backpulver
200 g	Zucker
1	Prise Salz
250 g	Butter oder Margarine
4	Eier
⅛ l	Milch

Standardablauf Rührmasse herstellen (All-in-Methode)

Vorbereiten:
- Lebensmittel abwiegen
- entsprechend dem Rezept vor- und zubereiten, Arbeitsgeräte bereitstellen
- Arbeitsplatz einrichten

Durchführen:
- Mehl, Backpulver in Schüssel sieben
- Zucker, Salz dazugeben
- Margarine, Eier darüber geben
- Milch gleichmäßig verteilen
- mit Handrührgerät auf kleiner Stufe vorsichtig vermengen
- kurz auf der höchsten Schaltstufe zu einer glatten Masse verrühren

Der Standardablauf beschreibt das Grundprinzip der Herstellung; Abweichungen sind möglich!

Rührmasse herstellen (traditionelle Methode)

- Schaummasse rühren
- Mehl-Backpulver-Gemisch darauf geben
- Milch verteilen, kurz rühren

Hinweis: ***Die Rührmasse muss zügig weiterverarbeitet werden!***

Herstellung einer Rührmasse

- Alle Zutaten auf kleiner Schaltstufe vorsichtig vermengen

- auf der höchsten Schaltstufe zu einer glatten Masse verrühren

- evtl. geschmacksgebende Zutaten, z.B. Zitrone, untermischen und Rührmasse weiterverarbeiten

Hefeteig:
(für 1 kg Mehl)

1000 g	Mehl
80 g	Hefe
½ l	Milch
80 g	Zucker
2	Prisen Salz
80 g	Butter oder Margarine

Der Standardablauf beschreibt das Grundprinzip der Herstellung; Abweichungen sind möglich!

Standardablauf Hefeteig herstellen

Vorbereiten:
- s.o.

Durchführen:
- Mehl, Zucker, Salz mischen und in eine Schüssel geben
- Hefe in lauwarmer Milch zerbröseln, darüber gießen
- Fett dazugeben
- Teig kneten, bis er sich vom Schüsselrand löst
- zugedeckt ca. 30 min bei 40 °C gehen lassen, bis sich das Volumen verdoppelt hat
- nochmals durchkneten

Herstellung eines Hefeteiges

- Hefe in lauwarmer Milch zu dem Mehl und den übrigen Zutaten gießen
- alle Zutaten mit dem Handrührgerät auf höchster Stufe zu einem glatten Teig verarbeiten
- nach dem »Gehen« den Teig nochmals kurz mit der Hand durchkneten, danach ausrollen und formen

Standardablauf: Stärkehaltige Bindemittel zu Süßspeisen verarbeiten

Stärke	Grieß	Reis
▶ Stärke mit kalter Flüssigkeit anrühren		
▶ in kochende Flüssigkeit einrühren	▶ Flüssigkeit zum Kochen bringen ▶ Grieß einrühren	▶ Flüssigkeit und Reis aufkochen
▶ 1× aufkochen lassen	▶ 5 Minuten unter Rühren kochen ▶ 5 Minuten ausquellen	▶ 30 bis 40 Minuten ausquellen

Zucker und Geschmackszutaten werden je nach Rezeptur zugegeben

Vanilleflammeri
(für 4 Personen)

0,5 l	Milch
1	Prise Salz
40 g	Speisestärke
2 EL	Zucker
	Vanille

(andere Geschmackszutaten, z. B. Zitrone oder Schokolade)

Grießflammeri
(für 4 Personen)

0,5 l	Milch
1	Prise Salz
50 g	Hartweizengrieß
50 g	Zucker
2	Eigelb
	Saft einer Orange
2	Eiklar

Herstellung eines Flammeri (Stärke als Bindemittel)

- Kalte Milch mit Speisestärke und Geschmackszutaten klumpenfrei anrühren
- restliche Milch zum Kochen bringen und angerührte Stärke einrühren; 1 Min. kochen lassen
- Flammeri in eine Schüssel oder zum Stürzen in Förmchen füllen; kalt stellen; nach ca. 2 Stunden stürzen

Herstellung eines Flammeri (Grieß als Bindemittel)

▶ Milch, Zucker und Salz zum Kochen bringen; Grieß unter Rühren zugeben und aufkochen lassen. 5 Min. ausquellen

▶ Eigelb und Geschmackszutaten, z. B. Orangensaft, einrühren

▶ Eiklar zu Schnee schlagen; Eischnee zügig und vorsichtig unter den Flammeri ziehen und sofort kaltstellen

Hinweis:
Nur frische Eier verwenden, es besteht Salmonellengefahr!

Helle Grundsoße

60 g	Margarine oder Butter
60 g	Mehl
1 l	Flüssigkeit wie: Milch, Brühe, Wasser, Sahne
	Salz, Pfeffer
	Geschmackszutaten

Standardablauf Helle Grundsoße

Vorbereiten:
▶ vgl. Standardablauf Rührmasse

Durchführung:
▶ Fett schmelzen
▶ Mehl hineingeben, verrühren, leicht anschwitzen
▶ Flüssigkeit nach und nach unter Rühren zugeben
▶ aufkochen, 5 bis 10 Min. kochen lassen
▶ dabei immer wieder umrühren

Zubereitung von heller Grundsoße

▶ Fett erhitzen, Mehl einstreuen und mit dem Schneebesen verrühren

▶ durchschwitzen lassen, bis sich das Mehl kräuselt

▶ Flüssigkeit unter Rühren zugießen, zum Kochen bringen

Bedarf und ernährungsphysiologische Bedeutung

Die Kohlenhydrate sind für den menschlichen Organismus wichtige Brennstoffe.

1 g Kohlenhydrate liefert im menschlichen Körper 17 kJ.

Der Körper kann nur aus Einfachzuckern Energie gewinnen. Daher müssen die Nahrungskohlenhydrate im Verdauungstrakt bis zu den Einfachzuckern abgebaut werden, bevor sie über die Dünndarmschleimhaut resorbiert (aufgenommen) und an das Blut abgegeben werden können.

55 bis 60 % des täglichen Energiebedarfs sollten über Kohlenhydrate abgedeckt werden. Dabei sollte eine sinnvolle Verteilung der einzelnen Kohlenhydrate beachtet werden:

ein Drittel als Einfach- und Doppelzucker
zwei Drittel als Vielfachzucker

Einfach- und Doppelzucker werden schnell verdaut und gelangen unmittelbar nach dem Verzehr in das Blut. Sie liefern schnell verfügbare Energie. Kurz nach dem Verzehr tritt jedoch wieder Hunger ein und die Leistungsfähigkeit lässt nach. Traubenzucker wird häufig zur kurzfristigen Leistungssteigerung bei Sportlern eingesetzt. Zuckerreiche Nahrungsmittel liefern oft **»leere Kalorien«**, da sie arm an lebenswichtigen Vitaminen und Mineralstoffen sind. Durch ihren meist hohen Energiegehalt führen sie bei häufigem Verzehr zu Übergewicht.

Polysaccharidhaltige Lebensmittel, wie Kartoffeln, Reis, Vollkornprodukte, Hülsenfrüchte, Gemüse und Obst, sollten bevorzugt werden, denn sie enthalten Vitamine, Mineralstoffe und Ballaststoffe und sättigen lang anhaltend. Zur Anregung der Darmtätigkeit sollten **täglich 30 g Ballaststoffe** aufgenommen werden.

Die in das Blut aufgenommenen Einfachzucker (meist Glukose) werden zur Leber transportiert und von hier zur Energiegewinnung an die Körperzellen, z. B. in Muskeln und Gehirn, verteilt. Überschüssige Glukose wird in Leber (ca. 150 g) und Muskeln (ca. 200 g) als **Glykogen** gespeichert. Sind die Glykogenspeicher voll, wird die restliche Glukose **in Fett umgewandelt** (Depotfett). Glykogen kann bei Kohlenhydratmangel, z. B. zwischen den Mahlzeiten, wieder zu Glukose abgebaut werden. Der Glykogenvorrat reicht bei normaler Belastung für ca. 18 Stunden aus. Nervenzellen, rote Blutkörperchen und Niere können ihre Energie nur aus Glukose gewinnen. Täglich sollten **mindestens 30 bis 50 g Kohlenhydrate** aufgenommen werden.

Im Blut des erwachsenen Menschen ist immer eine bestimmte Menge an Glukose, **in 1 Liter 0,8 bis 1,2 g Glukose**, enthalten. Hormone regulieren die Einstellung des Blutzuckerspiegels. Sinkt der Blutzuckerspiegel, wird Leberglykogen zu Glukose abgebaut. Steigt der Blutzuckerspiegel nach einer kohlenhydratreichen Mahlzeit an, wird das **Hormon Insulin** ausgeschüttet. Insulin bewirkt, dass Glukose aus dem Blut in die Zellen einströmt und zur Energiegewinnung verbrannt oder als Glykogen gespeichert wird (s. S. 149).

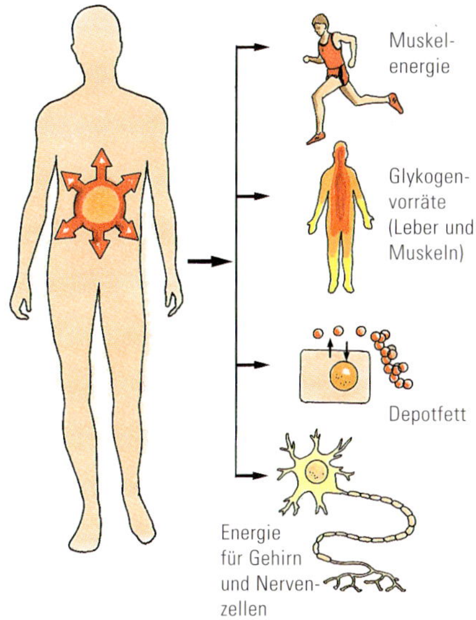

Stoffwechsel der Kohlenhydrate

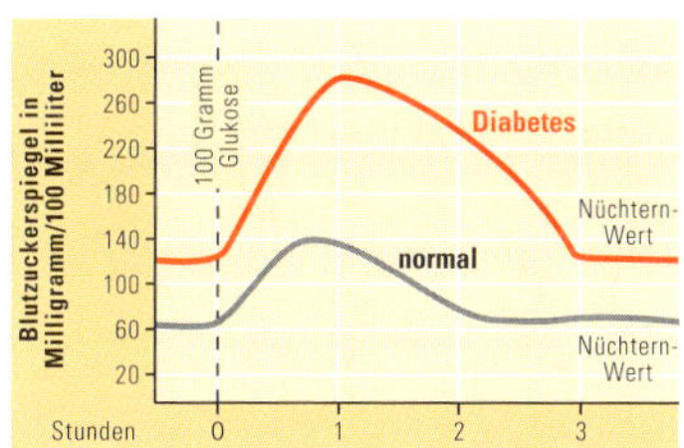

Der Blutzuckerspiegel nach der Gabe von 100 g Glukose bei einem gesunden Menschen/bei einem Diabetiker.

AUFGABEN

Der Kohlenhydratbedarf

Der Energiebedarf von Frau H. beträgt 8600 kJ.
Wie hoch ist ihr Kohlenhydratbedarf?

Rechnung:

Gesamtenergiebedarf = 100 % = 8600 kJ
Kohlenhydratzufuhr = 55 bis 60 % = ? kJ

1 g Kohlenhydrate liefert 17 kJ
x g Kohlenhydrate liefern ? kJ

Frau H. benötigt ? g Kohlenhydrate.

Einteilung der Fette

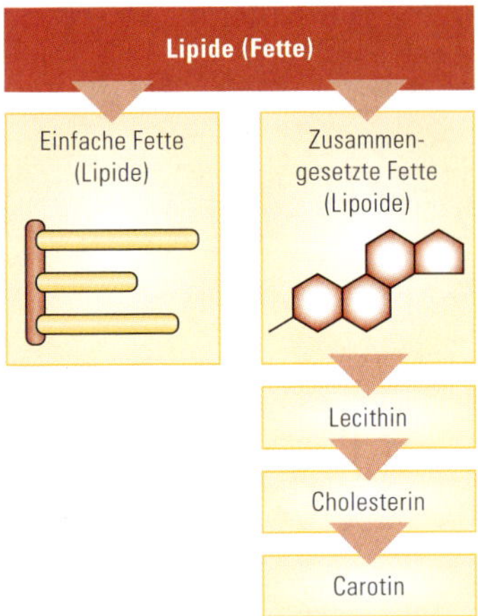

Fettmolekül

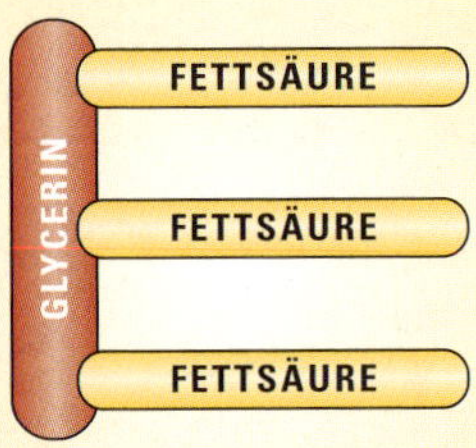

Verbindet sich ein Molekül Glycerin mit drei Molekülen Fettsäure, so entsteht unter Abspaltung von Wasser ein Molekül Fett.

Schema einer gesättigten Fettsäure

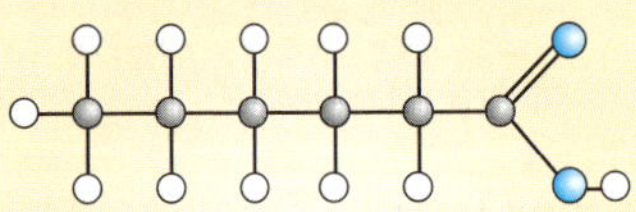

Alle Kohlenstoffatome sind mit Wasserstoff besetzt (gesättigt).

Schema einer einfach ungesättigten Fettsäure

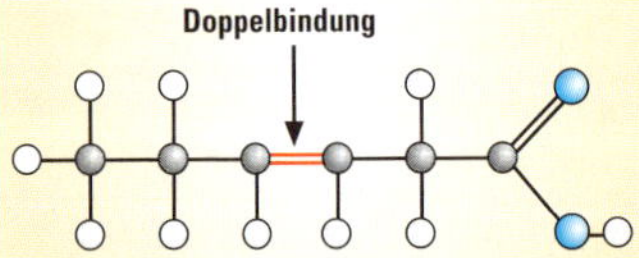

Zwei Kohlenstoffatome sind nicht mit Wasserstoff gesättigt. Sie weisen 1 Doppelbindung auf.

- Kohlenstoff (grau)
- Wasserstoff (weiß)
- Sauerstoff (blau)
- Bindungsarm (Linie)

1.4.2 FETTE

Vorkommen und chemischer Aufbau

Fette kommen sowohl in pflanzlichen als auch in tierischen Lebensmitteln vor. Sie bestehen wie die Kohlenhydrate aus den Elementen **Kohlenstoff**, **Wasserstoff** und **Sauerstoff**. Nach ihrer chemischen Zusammensetzung unterscheidet man zwei verschiedene Gruppen: die **einfachen Fette** oder **Neutralfette (Lipide)** und die **zusammengesetzten Fette**, auch **Fettbegleitstoffe (Lipoide)** genannt.

Die **einfachen Fette** bestehen aus **Glycerin** und **Fettsäuren**.

Fette unterscheiden sich nach der Art der enthaltenen Fettsäuren in ihrer Beschaffenheit und ernährungsphysiologischen Bedeutung:

- **Gesättigte Fettsäuren** enthalten keine Doppelbindungen. Alle Kohlenstoffatome sind mit der höchstmöglichen Zahl an Wasserstoffatomen besetzt.

- **Ungesättigte Fettsäuren** weisen eine oder mehrere Doppelbindungen auf.

Einfach ungesättigte Fettsäuren besitzen nur eine Doppelbindung. Bei mehreren Doppelbindungen spricht man von **mehrfach ungesättigten Fettsäuren**. Mehrfach ungesättigte Fettsäuren kann der Körper nicht selbst aufbauen. Sie sind **essentiell** (lebensnotwendig) und müssen mit der Nahrung aufgenommen werden. **Pflanzliche Fette**, wie z. B. Sonnenblumen- oder Weizenkeimöl, haben einen hohen Gehalt an essentiellen Fettsäuren. **Tierische Fette** enthalten überwiegend gesättigte Fettsäuren.

Nach ihrer Kettenlänge unterscheidet man kurzkettige, mittelkettige und langkettige Fettsäuren:

kurzkettige Fettsäuren:	3 bis 6 Kohlenstoffatome
mittelkettige Fettsäuren:	7 bis 13 Kohlenstoffatome
langkettige Fettsäuren:	14 bis 20 Kohlenstoffatome

Flüssige Fette enthalten überwiegend ungesättigte Fettsäuren.
Feste Fette enthalten überwiegend gesättigte Fettsäuren.

Ungesättigte Fettsäuren sind sehr reaktionsfähig. Unter Sauerstoff- und Lichteinwirkung werden sie schnell ranzig.

AUFGABEN

1. *Informieren Sie sich über den Fettgehalt und die unterschiedliche Fettsäurezusammensetzung von: Butter, Sonnenblumenmargarine, Halbfettmargarine, Distelöl, Palmkernfett und Schweineschmalz.*
2. *Wie viel Gramm Fett enthält*
   1 Tafel Vollmilchschokolade?
   1 Portion Pommes frites (200 g)?
   1 Bratwurst (150 g)?

Vorkommen und Eigenschaften von Fetten

Fette	Vorkommen	Eigenschaften
Pflanzliche Fette hoher Anteil an mehrfach ungesättigten Fettsäuren (außer in Kokosfett und Palmkernfett)	Öle aus: Samen, z. B. Sojabohne Früchten, z. B. Olive Nüssen, z. B. Erdnuss Keimling, z. B. Weizen, Mais	**flüssige**, leicht verdauliche Fette (Fettgehalt 99 %)
	Pflanzenmargarine	**weiches** Fett, leicht verdaulich, da es als Emulsion vorliegt (enthält 20 % Wasser)
	Kokosfett	**festes** Fett, der Schmelzpunkt liegt über 50 °C, schwer verdaulich (Fettgehalt 99 %)
Tierische Fette hoher Anteil an langkettigen gesättigten Fettsäuren (außer Butter – enthält viele kurz- und mittelkettige Fettsäuren)	Butter Butterschmalz Gänseschmalz Schweineschmalz	**weiche** Fette, die bei Körpertemperatur schmelzen. Butter ist leicht verdaulich, da sie als Emulsion (mit 20 % Wasser) vorliegt. Schweineschmalz ist schwer verdaulich
	Rindertalg Hammeltalg	feste schwer verdauliche Fette, die erst über 50 °C schmelzen (Fettgehalt 99 %)

Zusammengesetzte Fette kommen in geringen Mengen in den Lebensmitteln vor. **Lecithin, Cholesterin und Carotin** sind die bedeutendsten Vertreter.

Eine hohe Cholesterinzufuhr mit der Nahrung begünstigt die Entstehung von Arteriosklerose.

Lecithin kommt in Eigelb, Leber, Sahne sowie im Getreidekeimling vor. Es ist ein wichtiger Bestandteil der Zellmembranen von Gehirn- und Nervenzellen. Lecithin wirkt als Emulgator, d. h., es kann Fette in wässrigen Lösungen fein verteilen (Mayonnaise).

Cholesterin kommt nur in tierischen Nahrungsmitteln, z. B. Butter, Eigelb, Krabben, Leber, fette Fleisch- und Wurstwaren, vor (s. S. 154 f.).

Carotin (Provitamin A) ist eine Vorstufe des Vitamin A und wird im menschlichen Körper in Vitamin A umgewandelt. Es kommt in pflanzlichen Lebensmitteln, z. B. Möhren, Grünkohl, Paprika und Petersilie, vor. Aus diesen kann es nur in Verbindung mit Fett resorbiert werden. Eine Möhrenrohkost sollte daher mit Öl oder Sahne zubereitet werden. Carotin ist licht- und sauerstoffempfindlich. Carotinreiche Lebensmittel sollten deshalb dunkel und abgedeckt gelagert werden.

Fettgehalt in pflanzlichen und tierischen Lebensmitteln in g/100 g*

Pflanzliche Lebensmittel		Tierische Lebensmittel	
Speiseöle	100,0	Schweineschmalz	100,0
Margarine	80,0	Butter	83,2
Erdnüsse, geröstet	49,4	Schweinespeck, ger.	65,0
Kakaopulver, entölt	24,5	Schlagsahne	31,7
Avocado	23,5	Schweinefleisch, mager	2,4
Möhren	0,2	Eigelb	31,9
Kartoffel	0,1	Vollmilch	3,5
Roggenbrötchen	1,0	Rindfleisch, mager	1,9
Oliven, mariniert	13,9	Putenbrust	1,0
Bananen	0,2	Kabeljau	0,6
		Hering	17,8

* nach: Heseker, Beate: Die aktuelle Umschau-Nährwert- und Kalorientabelle

Fettsäurezusammensetzung von verschiedenen Speisefetten in %

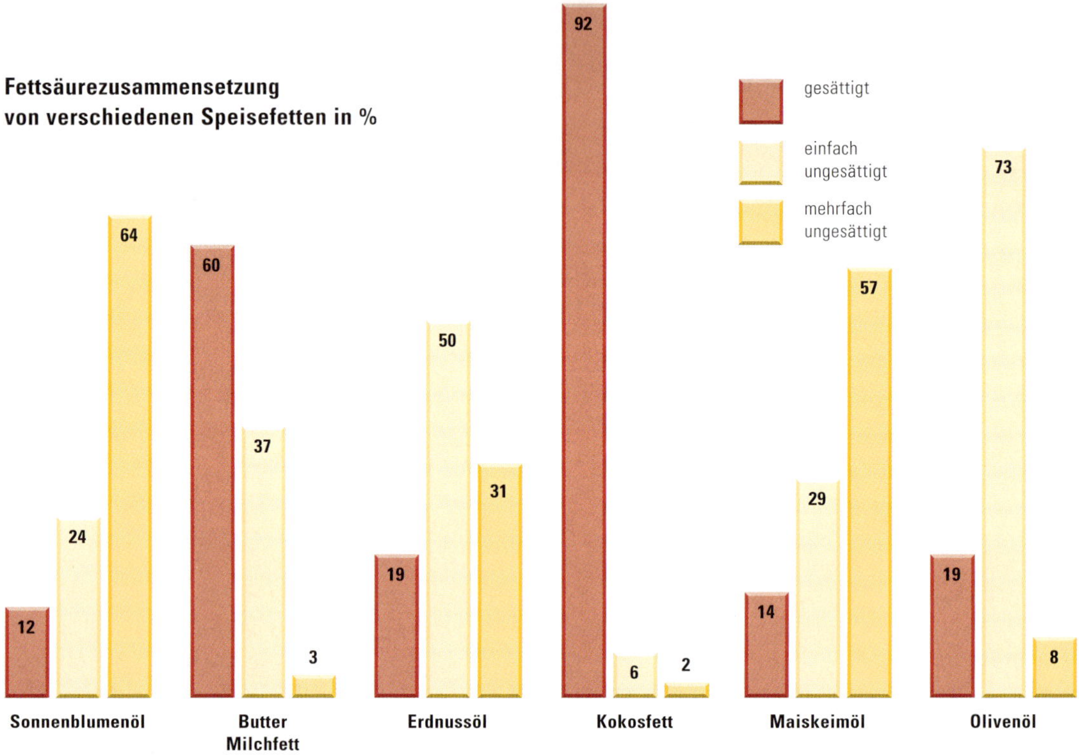

Schmelzbereich der Speisefette	
Pflanzenöle/-fette	0 bis 18 °C
Schweineschmalz	34 bis 48 °C
Butter/Margarine	25 bis 35 °C
Hammel-/Rindertalg	44 bis 55 °C

Küchentechnische Eigenschaften

Fette sind in Wasser nicht löslich. Die **Dichte** der Fette ist niedriger als die von Wasser, Fett schwimmt daher auf der Flüssigkeit (z. B. Fettschicht auf Fleischbrühe oder Suppen, Rahm auf Rohmilch). In Lösungsmitteln, wie z. B. Benzin, sind Fette löslich.

Fette können durch den Zusatz eines Emulgators emulgiert werden, d. h., Wasser und Fett werden dauerhaft miteinander vermischt. Ist Wasser in Fett fein verteilt, spricht man von einer **Wasser-in-Fett-Emulsion** (z. B. Butter, Margarine). In Sahne und Milch ist Fett in Wasser verteilt, diese Mischung stellt eine **Fett-in-Wasser-Emulsion** dar (s. a. S. 93). Eiweiß und Lecithin sind natürliche Emulgatoren und werden als solche bei der Herstellung von Mayonnaise und Rührmassen eingesetzt.

Fette besitzen je nach Fettsäurezusammensetzung unterschiedliche **Schmelzbereiche**. So ist Sonnenblumenöl bei Raumtemperatur flüssig, Butterfett hingegen fest. Fette, deren Schmelzpunkt höher als die Körpertemperatur (37 °C) liegt, sind schwer verdaulich. Um die Bekömmlichkeit zu verbessern, sollten Gerichte mit Rind- und Lammfleisch heiß verzehrt werden.

AUFGABEN

1. *Erklären Sie den Unterschied zwischen einer ungesättigten und einer gesättigten Fettsäure.*
2. *Nennen Sie besonders cholesterinreiche Lebensmittel.*
3. *Warum ist Butter leichter verdaulich als Schweineschmalz?*
4. *Nennen Sie zehn fettarme und zehn fettreiche Lebensmittel.*

Öle können durch die Anlagerung von Wasserstoff an die ungesättigten Fettsäuren in feste Fette überführt werden. Dieser Prozess wird auch als »Fetthärtung« bezeichnet und bei der Herstellung von Margarine aus Pflanzenölen angewandt.
Der **Siedepunkt** der Fette ist höher als der von Wasser. Fette werden beim Garen von Nahrungsmitteln insbesondere dann eingesetzt, wenn die Bildung von Röststoffen erwünscht ist. Je nach Fettsäurezusammensetzung und Wassergehalt lassen sich die Fette unterschiedlich hoch erhitzen. Reine Speisefette, wie z. B. Palmkernfett (mit einem hohen Gehalt an gesättigten Fettsäuren) oder Sonnenblumenöl, haben einen hohen Siedepunkt. Butter und Margarine, die Wasser und Eiweiß enthalten, dürfen nicht so hoch erhitzt werden. Werden Fette über den Siedepunkt hinaus erhitzt, beginnen sie sich zu zersetzen (**Rauchpunkt**). Sie fangen an zu rauchen und bilden einen stechenden Geruch. Dabei werden gesundheitsschädliche Stoffe, z. B. das Krebs erregende Acrolein, gebildet.

Die Gartemperatur und die Auswahl des Speisefettes sind jeweils auf das Gargut abzustimmen. Bei zu niedriger Temperatur nimmt das Gargut (z. B. Pommes frites) zu viel Fett auf, wodurch die Bekömmlichkeit eingeschränkt wird. Bei zu hohen Temperaturen ist die Kruste oft zu stark gebräunt, das Gargut nicht vollständig im Kern gegart.

Fette werden bei langer Lagerung **ranzig**. Dabei werden sie unter Einwirkung von Mikroorganismen, Enzymen, Sauerstoff, Licht und Wärme in Glycerin und Fettsäuren gespalten. Es entsteht ein unangenehmer Geruch und Geschmack. Die entstandenen Fettsäuren können weiter zu gesundheitsschädlichen Stoffen abgebaut werden.

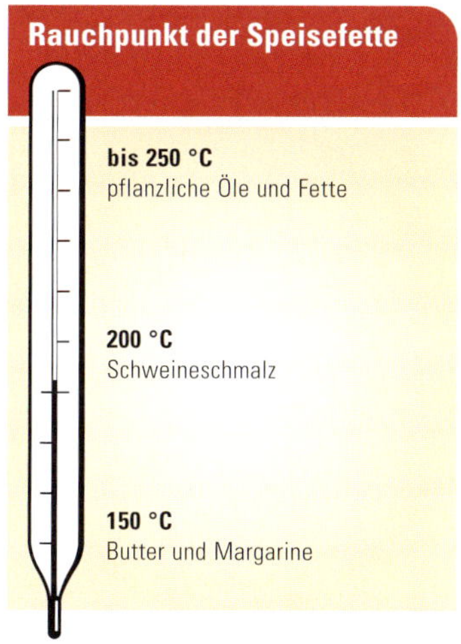

Fette mit hohem Rauchpunkt:
bei hohen Gartemperaturen und langen Garzeiten (z. B. Schweinebraten, kurz gebratenes Fleisch, wie z. B. Steaks)
Fette mit niedrigem Rauchpunkt:
bei niedrigen Gartemperaturen und kurzer Garzeit (z. B. Spiegelei, Omelett)
Fette werden nicht nur durch zu hohes, sondern auch durch wiederholtes Erhitzen zersetzt. Daher gilt: Frittierfett höchstens 3-mal erhitzen, danach entsorgen!

Einsatzbereiche

Nicht alle Fette vertragen hohe Temperaturen!

Butter Margarine	Kokosfett	Speiseöl	Sonnenblumen-, Maiskeim-, Olivenöl

Kochen bis 120 °C	Braten, Frittieren bis 220 °C	Braten, Frittieren bis 240 °C	Salatmarinaden

Butter und Margarine enthalten Eiweiß und Wasser – sie spritzen bei längerem Braten und werden braun.

Pflanzenöle mit hohem Anteil an MUFS (mehrfach ungesättigte Fettsäuren) zersetzen sich.

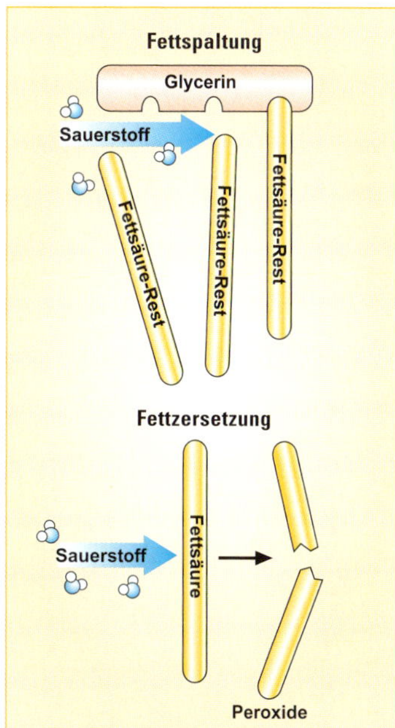

Ranzigwerden

Mürbeteig (4 : 2 : 1)

500 g	Mehl
250 g	Butter oder Margarine
125 g	Zucker
2	Prisen Salz
2	Eier
1–2 EL	Milch

Mürbeteig (1 : 2 : 3)

125 g	Zucker
250 g	Butter oder Margarine
375 g	Mehl
1	Prise Salz
1	Ei

Dieser Mürbeteig hat durch den höheren Fettanteil einen hohen Energiegehalt.

Standardablauf Mürbeteig herstellen

Vorbereiten:
- Lebensmittel abwiegen
- entsprechend dem Rezept vor- und zubereiten, Arbeitsgeräte bereitstellen
- Arbeitsplatz einrichten

Durchführen:
- Mehl und Zucker, Salz in eine Schüssel geben
- Eier, weiche Margarine/Butter darauf verteilen
- mit den Knethaken auf kleiner Stufe vermischen
- auf bemehlter Arbeitsfläche zusammenkneten
- Teig kühl stellen

Herstellung eines Mürbeteiges

- Alle Zutaten mit den Knethaken auf kleiner Stufe vermischen

- Teig auf bemehlter Arbeitsfläche zusammenkneten und kühl stellen

Mayonnaise

1	Ei oder 1 Eigelb
½ TL	Salz
1 TL	Senf
1 TL	Zucker
1 EL	Essig oder Zitronensaft
⅛ l	Öl

Nur frische Eier verwenden und die Hygieneregeln beachten – Salmonellengefahr!

Standardablauf Mayonnaise herstellen

Vorbereiten:
- Lebensmittel abwiegen
- entsprechend dem Rezept vor- und zubereiten, Arbeitsgeräte bereitstellen
- Arbeitsplatz einrichten

Durchführen:
- Ei, Salz, Senf, Zucker mit dem Handrührgerät auf höchster Stufe vermischen
- Öl tropfenweise unter Rühren zugeben
- ist die Mayonnaise steif, Essig u.a. Geschmackszutaten unterrühren

Herstellung einer Mayonnaise

- Ei, Salz, Senf, Zucker verschlagen

- Öl tropfenweise unter Rühren zugeben

- Essig u.a. Geschmackszutaten unterrühren

Bratwurst mit Pommes und Mayonnaise – ein geeignetes Mittagessen?

Bratwurst (150 g)
Pommes frites (200 g)
Portion Mayonnaise (25 g)

a) Ermitteln Sie den Energie- und Fettgehalt der Mahlzeit mithilfe einer Nährwerttabelle.

b) Beurteilen Sie, ob diese Mahlzeit für einen 16-jährigen Schüler (Energiebedarf 9800 kJ) geeignet ist.

Bedarf und ernährungsphysiologische Bedeutung

Fette sind als Träger der fettlöslichen Vitamine und der essentiellen Fettsäuren ein unentbehrlicher Nahrungsbestandteil.

1 g Fett liefert im menschlichen Körper 37 kJ.

Die Fette werden im Verdauungstrakt in Glycerin und Fettsäuren zerlegt. Diese kleinsten Bestandteile werden von der Darmschleimhaut resorbiert und gelangen zur Leber, die sie zu körpereigenem Fett aufbaut. Mit einer ausgewogenen Ernährung sollten **25 bis 30 % des Gesamtenergiebedarfs** durch Fett abgedeckt werden. Mindestens **50 % der Gesamtfettzufuhr** sollte durch **pflanzliche Fette** erfolgen, um den Bedarf an essentiellen Fettsäuren abzudecken. In Deutschland werden durchschnittlich 160 g Fett pro Tag verzehrt, der Bedarf wird damit um mehr als das Doppelte überschritten. Vor allem über **versteckte Fette**, z.B. in Fertiggerichten, Wurst- und Fleischwaren, wird ein hoher Anteil der Fette zugeführt. Ein zu hoher Fettverzehr führt zu Übergewicht.

Eine Senkung des täglichen Fettverzehrs ist anzustreben!

- Auf versteckte Fette achten und fettarme Produkte bevorzugen.
- Fettsparende Garverfahren anwenden.
- Wenig Streichfett verwenden.
- Pflanzenfette mit hohem Gehalt an ein- oder mehrfach ungesättigten Fettsäuren bevorzugen.

Berechnen Sie den Fettbedarf!

Der Energiebedarf von Frau W. beträgt 8600 kJ. Wie hoch ist ihr Fettbedarf?

Gesamtenergiebedarf
100 % = 8600 kJ
Fettzufuhr
25 % = ? kJ

1 g Fett liefert 37 kJ
x g Fett liefern ? kJ

Frau W. benötigt ? g Fett.

AUFGABEN

1. *Erstellen Sie eine Buffetauswahl an fettarmen Wurstwaren, Milchprodukten und Gebäcken (Fettgehalt/100 g).*
2. *Begründen Sie, warum Fette in der Regel kühl, dunkel und luftdicht abgeschlossen gelagert werden sollen.*
3. *Berechnen Sie den Fettgehalt in folgenden Lebensmitteln mithilfe einer Nährwerttabelle und ermitteln Sie jeweils fettarme Alternativen:*
   1 Scheibe Cervelatwurst (30 g),
   1 Scheibe Emmentaler, 45 % Fett i.Tr. (30 g),
   1 Portion Matjeshering (100 g),
   1 Portion Butter (20 g),
   1 Stück Rührkuchen (60 g).
4. *Erarbeiten Sie Vorschläge für eine fettarme Tageskost (45 g Fett).*
5. *Wozu werden die folgenden Fette in der Nahrungszubereitung verwendet: Butter, Margarine, Palmkernfett, Sonnenblumenöl?*

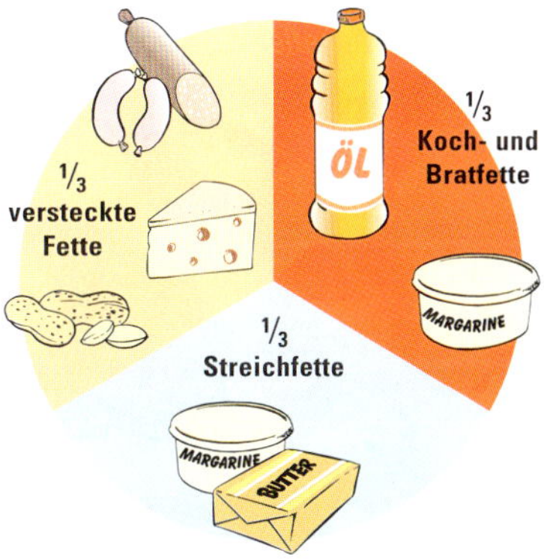

Bitte beachten:
Eischnee bleibt länger stabil, wenn ihm eine Prise Salz oder wenige Tropfen Zitronensaft beigegeben werden.

*Gelatine wird als Geliermittel in der Küche eingesetzt:
Sie sollen aus
0,5 l Weißwein,
100 g Zucker,
7 Blatt Gelatine,
500 ml Sahne
ein Weingelee herstellen.
Wie stellen Sie diese Speise her?
Begründen Sie Ihr Vorgehen.
Informieren Sie sich auf S. 218.*

von Weizenteigen gerinnt das Klebereiweiß ab 65 °C und verfestigt sich, das Gebäckgerüst bildet sich aus. Die **Gerinnung durch Säure** wird bei der Herstellung von Sauermilchprodukten und Käse eingesetzt. Milchsäurebakterien bauen den Milchzucker zu Milchsäure ab, die das Milcheiweiß gerinnen lässt. Denaturiertes Eiweiß ist leichter verdaulich.

Hühnereiweiß kann zu einem stabilen **Schaum** geschlagen werden, der die eingeschlossene Luft festhält. Durch Zugabe von Zucker wird die Viskosität des Schaumes erhöht. Bei der Herstellung von Baisers, Biskuitmassen, Schaumspeisen und Schaumcremes wird die Schaumbildung eingesetzt. Der Zusatz von Fett zerstört den Eiweißschaum.

Eiweißstoffe sind in Wasser oder in Salzlösung **löslich**. Eiweißhaltige Lebensmittel, z. B. Fleisch, dürfen daher nicht lange wässern. Beim Garen werden sie in die heiße Kochflüssigkeit gelegt, um Auslaugverluste gering zu halten. Die Garflüssigkeit von Kartoffeln oder Hülsenfrüchten sollte verwendet werden, da sie lösliche Eiweißstoffe enthält.

Gelöste Eiweiße können viel **Wasser binden**. So kann das Klebereiweiß im Weizenteig die doppelte Menge seines Gewichtes an Wasser aufnehmen. Durch Wärmezufuhr wird die Wasserbindung unterstützt, z. B. beim Kochen von Eiern – das Eiklar mit 80 % Wasseranteil wird fest. Das Wasserbindevermögen wird bei der Herstellung von Gebäcken und Eierspeisen genutzt.

Gerüsteiweiße **quellen** in Wasser auf. Kocht man Knochen, Schwarten oder sehnenreiche Fleischteile in Wasser, wird das **Kollagen** aus dem Gewebe herausgelöst und bindet Wasser. Der Zusatz von Säure beschleunigt diesen Vorgang. Beim Abkühlen bildet sich aus der Lösung (Sol) ein schnittfestes Gel. Die Gelbildung nutzt man z. B. bei der Herstellung von Sülzen und Aspikspeisen. Durch Erwärmen wird das Gel wieder in das Sol übergeführt. Gelatine wird aus Kollagenen hergestellt.

Eiweiß kann Fette **emulgieren** (s. S. 64 u. 93). Diese Eigenschaft wird bei der Herstellung von Mayonnaise, Sahnecreme und Buttercreme genutzt.

In Großhaushalten dürfen keine rohen Eier verarbeitet werden!

Gelbildung von Kollagen (Gelatine)

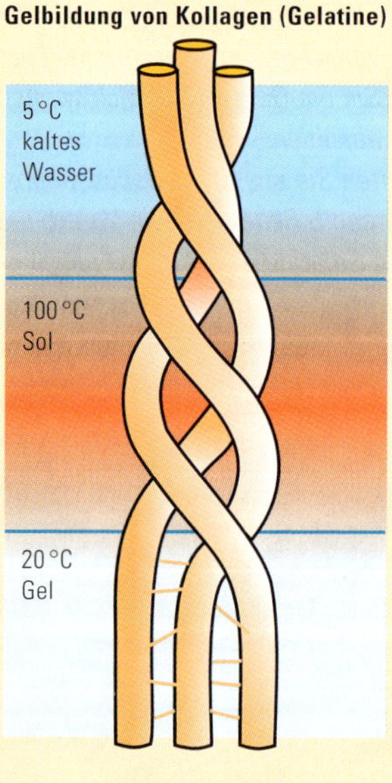

AUFGABEN

1. *Welche Lebensmittel bestehen*
   – *aus globulären Eiweißen,*
   – *aus Gerüsteiweißen?*
   Vergleichen Sie die Verdaulichkeit dieser Eiweiße.
2. *Viele Wildgerichte werden vor dem Garen mindestens drei Tage in einer Essigmarinade eingelegt. Informieren Sie sich über die technologischen Gründe dieser Zubereitungstechnik.*
3. *Brühen werden mit kaltem Wasser angesetzt; Fleisch-, Geflügel- und Fischgerichte werden in heißem Fett oder Wasser gegart. Begründen Sie die Zubereitungstechniken mit den Eiweißeigenschaften.*
4. *Informieren Sie sich über die Verarbeitung von Gelatine. Bei welchen Speisen wird sie eingesetzt?*

Bedarf und ernährungsphysiologische Bedeutung

Fette sind als Träger der fettlöslichen Vitamine und der essentiellen Fettsäuren ein unentbehrlicher Nahrungsbestandteil.

1 g Fett liefert im menschlichen Körper 37 kJ.

Die Fette werden im Verdauungstrakt in Glycerin und Fettsäuren zerlegt. Diese kleinsten Bestandteile werden von der Darmschleimhaut resorbiert und gelangen zur Leber, die sie zu körpereigenem Fett aufbaut. Mit einer ausgewogenen Ernährung sollten **25 bis 30 % des Gesamtenergiebedarfs** durch Fett abgedeckt werden. Mindestens **50 % der Gesamtfettzufuhr** sollte durch **pflanzliche Fette** erfolgen, um den Bedarf an essentiellen Fettsäuren abzudecken. In Deutschland werden durchschnittlich 160 g Fett pro Tag verzehrt, der Bedarf wird damit um mehr als das Doppelte überschritten. Vor allem über **versteckte Fette**, z.B. in Fertiggerichten, Wurst- und Fleischwaren, wird ein hoher Anteil der Fette zugeführt. Ein zu hoher Fettverzehr führt zu Übergewicht.

Eine Senkung des täglichen Fettverzehrs ist anzustreben!

- Auf versteckte Fette achten und fettarme Produkte bevorzugen.
- Fettsparende Garverfahren anwenden.
- Wenig Streichfett verwenden.
- Pflanzenfette mit hohem Gehalt an ein- oder mehrfach ungesättigten Fettsäuren bevorzugen.

Bratwurst mit Pommes und Mayonnaise – ein geeignetes Mittagessen?

Bratwurst (150 g)
Pommes frites (200 g)
Portion Mayonnaise (25 g)

a) Ermitteln Sie den Energie- und Fettgehalt der Mahlzeit mithilfe einer Nährwerttabelle.

b) Beurteilen Sie, ob diese Mahlzeit für einen 16-jährigen Schüler (Energiebedarf 9800 kJ) geeignet ist.

Berechnen Sie den Fettbedarf!

Der Energiebedarf von Frau W. beträgt 8600 kJ. Wie hoch ist ihr Fettbedarf?

Gesamtenergiebedarf
100 % = 8600 kJ
Fettzufuhr
25 % = ? kJ

1 g Fett liefert 37 kJ
x g Fett liefern ? kJ

Frau W. benötigt ? g Fett.

AUFGABEN

1. *Erstellen Sie eine Buffetauswahl an fettarmen Wurstwaren, Milchprodukten und Gebäcken (Fettgehalt/100 g).*
2. *Begründen Sie, warum Fette in der Regel kühl, dunkel und luftdicht abgeschlossen gelagert werden sollen.*
3. *Berechnen Sie den Fettgehalt in folgenden Lebensmitteln mithilfe einer Nährwerttabelle und ermitteln Sie jeweils fettarme Alternativen:*
   1 Scheibe Cervelatwurst (30 g),
   1 Scheibe Emmentaler, 45 % Fett i.Tr. (30 g),
   1 Portion Matjeshering (100 g),
   1 Portion Butter (20 g),
   1 Stück Rührkuchen (60 g).
4. *Erarbeiten Sie Vorschläge für eine fettarme Tageskost (45 g Fett).*
5. *Wozu werden die folgenden Fette in der Nahrungszubereitung verwendet: Butter, Margarine, Palmkernfett, Sonnenblumenöl?*

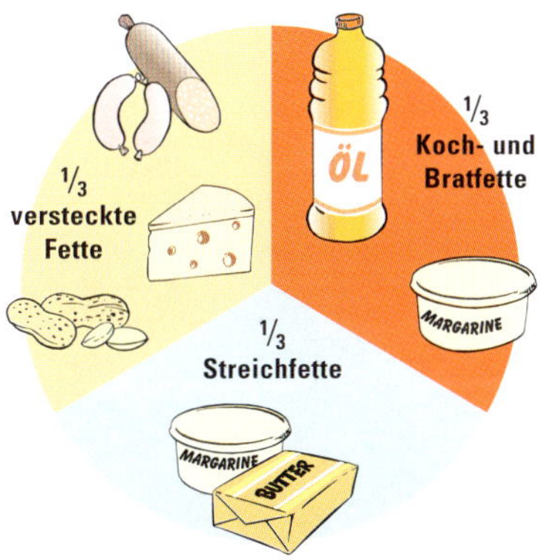

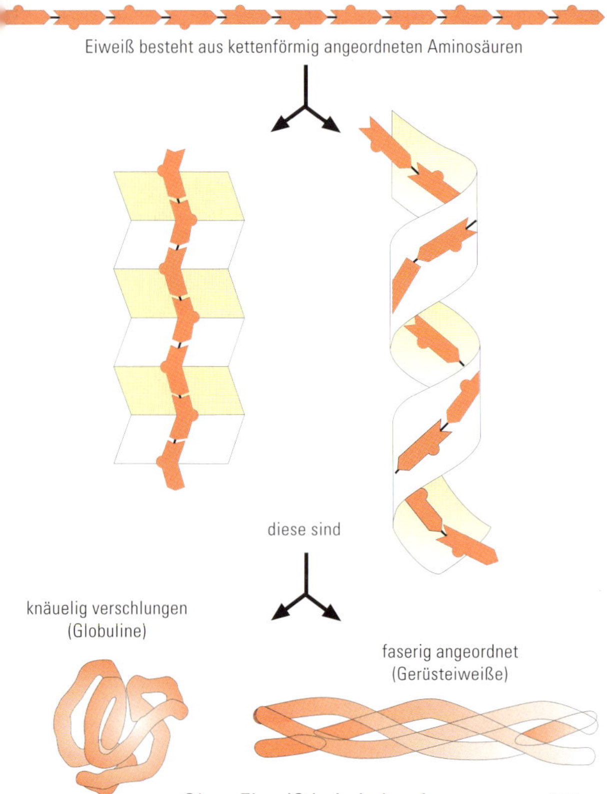

Ohne Eiweiß kein Leben!

1.4.3 EIWEISS

Vorkommen und chemischer Aufbau

Eiweißstoffe (**Proteine**) kommen in jeder tierischen oder pflanzlichen Zelle vor. Als Bausteine der Eiweiße dienen 20 verschiedene **Aminosäuren**. Aminosäuren bestehen wie die Kohlenhydrate und Fette aus den Elementen **Kohlenstoff**, **Wasserstoff** und **Sauerstoff**. Zusätzlich enthalten sie noch **Stickstoff**, einige ebenfalls **Schwefel** und **Phosphor**. Die meisten Aminosäuren kann der menschliche Organismus selbst bilden. Bei acht Aminosäuren ist er dazu nicht in der Lage, sie müssen daher ausreichend mit der Nahrung zugeführt werden. Fehlen diese acht Aminosäuren in der Nahrung, kann kein körpereigenes Eiweiß aufgebaut werden; sie werden daher auch **essentielle** (lebensnotwendige) **Aminosäuren** genannt.

Grundstruktur einer Aminosäure

$$NH_2 - \underset{}{\overset{\text{(R)}}{\overset{|}{CH}}} - COOH \longrightarrow$$

Die verschiedenen Aminosäuren unterscheiden sich im Aufbau der Restgruppe (R)

Ermitteln Sie in einer Nährwerttabelle den Eiweißgehalt in:

100 g Weizenvollkornbrot
100 g grünen Erbsen
100 g Tomaten
100 g Kartoffeln mit Schale
100 g Edamer, 30 % Fett i. Tr.
100 g Hähnchenbrust
100 g Kabeljau
100 g Schweinefleisch, mager

In den **einfachen Eiweißstoffen (Proteinen)** sind viele Aminosäuren miteinander zu Ketten verknüpft. Sind diese Aminosäureketten knäuelartig verschlungen, liegen **kugelförmige** (globuläre) Eiweiße vor. Werden mehrere Spiralen zu faserartigen Strängen verbunden, spricht man von **faserförmigen Eiweißen** oder **Gerüsteiweißen**.
Zusammengesetzte Eiweiße (Proteide) enthalten neben den Aminosäuren einen »Nichteiweißanteil«, z. B. das Hämoglobin, einen Eisenanteil.

Jedes Lebewesen besitzt **arteigene Eiweiße**, die durch Art, Anzahl und Reihenfolge der in ihnen enthaltenen Aminosäuren charakterisiert sind.

AUFGABEN

1. *Wodurch unterscheiden sich die Eiweiße in ihrem Aufbau von den Kohlenhydraten und Fetten?*
2. *Ermitteln Sie in der Nährwerttabelle Lebensmittelgruppen*
   mit hohem Eiweißgehalt,
   mit niedrigem Eiweißgehalt.

Arten, Vorkommen und Eigenschaften der Eiweiße

Arten	Vorkommen	Eigenschaften/ Anwendung
einfache Eiweiße (Proteine):		
Albumine	Milch, Fleisch, Fisch, Ei, Gemüse, Kartoffeln, Getreide	wasserlöslich, gerinnen bei ca. 70 °C (geronnenes Albumin setzt sich beim Kochen als grauer Schaum ab)
Globuline	Milch, Fleisch, Fisch, Ei, Hülsenfrüchte, Nüsse, Getreide	löslich in verdünnten Salzlösungen, quellen in sauren Lösungen (Essigzugabe bei Linsengerichten)
Klebereiweiße:		
Gluten	Weizen, Hafer, Gerste, Roggen	gerinnen bei 70 °C, geben Quellwasser beim Backen ab
Gliadin	Weizen, Mais	
Gerüsteiweiße:		
Kollagene	Knorpel, Sehnen, Knochen, Gelatine	zur Gelatineherstellung
zusammengesetzte Eiweiße (Proteide):		
Casein	Milch, Käse	gerinnt durch Säure oder Lab (wichtig für die Käseherstellung)
Hämoglobin	(+ Eisen) → roter Blutfarbstoff	
Myoglobin	(+ Eisen) → roter Muskelfarbstoff	
Chlorophyll	(+ Magnesium) → Blattgrün	

Versuch 1:

a) Legen Sie 10 g klein geschnittene Fleischstücke für 15 Minuten in kaltes Wasser. Welche Veränderungen treten in der Flüssigkeit auf?

b) Erhitzen Sie die Flüssigkeit aus a) auf ca. 80 °C. Erläutern Sie Ihre Beobachtungen. Welche Hinweise für die Zubereitung und Verarbeitung von Fleisch leiten Sie hieraus ab?

Versuch 2:

Stellen Sie einen Weizenteig aus Mehl, Wasser, einer Prise Salz und etwas Hefe her. Beschreiben und erklären Sie die Veränderungen des Teiges bei der Herstellung.

Versuch 3:

Waschen Sie aus dem Weizenteig den Kleber aus. Beschreiben Sie seine Beschaffenheit.

Versuch 4:

Führen Sie die folgenden Versuche durch und stellen Sie Ihre Beobachtungen genau dar.

1. *Weichen Sie ein Gelatineblatt ein:*
   a) in kaltem Wasser,
   b) in kaltem Wasser, dem Essig zugesetzt wurde.
2. *Erhitzen Sie die Gelatine aus 1a) vorsichtig im Wasserbad. Lassen Sie die Gelatine danach vorsichtig abkühlen.*

Leiten Sie aus den Versuchsbeobachtungen 5 Regeln für die Verarbeitung von Gelatine in der Küche ab.

Küchentechnische Eigenschaften

Eiweiße **gerinnen (denaturieren)** durch die Einwirkung von Hitze, Säuren und Alkohol. Die **Gerinnung durch Hitze** beginnt bei etwa 60 °C. Das geronnene Eiweiß bindet zugesetztes Wasser, z. B. Rühreier, Omeletts, Eierstich, Kleingebäck. Beim Garen von Fleisch verhindert das Gerinnen des Muskeleiweißes, dass Fleischsaft austreten kann – das Fleischstück bleibt saftig. Beim Backen

Bitte beachten:
Eischnee bleibt länger stabil, wenn ihm eine Prise Salz oder wenige Tropfen Zitronensaft beigegeben werden.

Gelatine wird als Geliermittel in der Küche eingesetzt:
Sie sollen aus
0,5 l Weißwein,
100 g Zucker,
7 Blatt Gelatine,
500 ml Sahne
ein Weingelee herstellen.
Wie stellen Sie diese Speise her?
Begründen Sie Ihr Vorgehen.
Informieren Sie sich auf S. 218.

von Weizenteigen gerinnt das Klebereiweiß ab 65 °C und verfestigt sich, das Gebäckgerüst bildet sich aus. Die **Gerinnung durch Säure** wird bei der Herstellung von Sauermilchprodukten und Käse eingesetzt. Milchsäurebakterien bauen den Milchzucker zu Milchsäure ab, die das Milcheiweiß gerinnen lässt. Denaturiertes Eiweiß ist leichter verdaulich.

Hühnereiweiß kann zu einem stabilen **Schaum** geschlagen werden, der die eingeschlossene Luft festhält. Durch Zugabe von Zucker wird die Viskosität des Schaumes erhöht. Bei der Herstellung von Baisers, Biskuitmassen, Schaumspeisen und Schaumcremes wird die Schaumbildung eingesetzt. Der Zusatz von Fett zerstört den Eiweißschaum.

Eiweißstoffe sind in Wasser oder in Salzlösung **löslich**. Eiweißhaltige Lebensmittel, z.B. Fleisch, dürfen daher nicht lange wässern. Beim Garen werden sie in die heiße Kochflüssigkeit gelegt, um Auslaugverluste gering zu halten. Die Garflüssigkeit von Kartoffeln oder Hülsenfrüchten sollte verwendet werden, da sie lösliche Eiweißstoffe enthält.

Gelöste Eiweiße können viel **Wasser binden**. So kann das Klebereiweiß im Weizenteig die doppelte Menge seines Gewichtes an Wasser aufnehmen. Durch Wärmezufuhr wird die Wasserbindung unterstützt, z.B. beim Kochen von Eiern – das Eiklar mit 80 % Wasseranteil wird fest. Das Wasserbindevermögen wird bei der Herstellung von Gebäcken und Eierspeisen genutzt.

Gerüsteiweiße **quellen** in Wasser auf. Kocht man Knochen, Schwarten oder sehnenreiche Fleischteile in Wasser, wird das **Kollagen** aus dem Gewebe herausgelöst und bindet Wasser. Der Zusatz von Säure beschleunigt diesen Vorgang. Beim Abkühlen bildet sich aus der Lösung (Sol) ein schnittfestes Gel. Die Gelbildung nutzt man z.B. bei der Herstellung von Sülzen und Aspikspeisen. Durch Erwärmen wird das Gel wieder in das Sol übergeführt. Gelatine wird aus Kollagenen hergestellt.

Eiweiß kann Fette **emulgieren** (s. S. 64 u. 93). Diese Eigenschaft wird bei der Herstellung von Mayonnaise, Sahnecreme und Buttercreme genutzt.

In Großhaushalten dürfen keine rohen Eier verarbeitet werden!

Gelbildung von Kollagen (Gelatine)

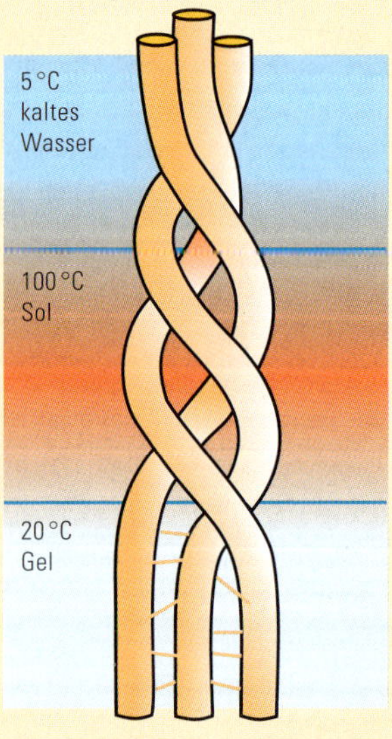

AUFGABEN

1. *Welche Lebensmittel bestehen*
   – aus globulären Eiweißen,
   – aus Gerüsteiweißen?
   Vergleichen Sie die Verdaulichkeit dieser Eiweiße.
2. *Viele Wildgerichte werden vor dem Garen mindestens drei Tage in einer Essigmarinade eingelegt. Informieren Sie sich über die technologischen Gründe dieser Zubereitungstechnik.*
3. *Brühen werden mit kaltem Wasser angesetzt; Fleisch-, Geflügel- und Fischgerichte werden in heißem Fett oder Wasser gegart. Begründen Sie die Zubereitungstechniken mit den Eiweißeigenschaften.*
4. *Informieren Sie sich über die Verarbeitung von Gelatine. Bei welchen Speisen wird sie eingesetzt?*

Standardablauf Brandmasse herstellen

Vorbereiten:	▶ Lebensmittel abwiegen ▶ entsprechend dem Rezept vor- und zubereiten, Arbeitsgeräte bereitstellen ▶ Arbeitsplatz einrichten
Durchführen:	▶ Wasser, Fett, Salz in einem Kochtopf aufkochen ▶ Kochstelle ausschalten, Topf von der Kochstelle nehmen ▶ Mehl auf einmal hineinschütten, mit den Knethaken verrühren, bis ein glatter Teig entstanden ist ▶ Topf zurück auf die Kochstelle setzen und Masse unter Rühren abbrennen, bis sich am Topfboden eine weiße Teighaut bildet ▶ Topf von der Kochstelle nehmen ▶ die Eier einzeln dazurühren, nach jeder Zugabe Masse glatt rühren ▶ vor der Zugabe des letzten Eies Konsistenz der Masse prüfen. (Teig soll mit langen Spitzen an den Knethaken hängen bleiben und glänzend sein) ▶ letztes Ei evtl. nur teilweise zugeben

Brandmasse:

½ l	Wasser
120 g	Butter oder Margarine
2	Prisen Salz
300 g	Mehl
8 – 10	Eier

Herstellung einer Brandmasse

▶ Wasser, Salz und Fett aufkochen, Mehl hinzugeben und mit Knethaken zu glattem Teig verarbeiten

▶ Brandmasse auf der warmen Kochstelle unter Rühren »abbrennen«

▶ Eier einzeln unter die Masse rühren, die Masse jeweils glatt rühren

Standardablauf Biskuitmasse herstellen (mit Küchenmaschine)

Vorbereiten:	▶ s.o., weiterhin ▶ Eier trennen
Durchführen:	▶ Eigelb, warmes Wasser und Salz in Schüssel geben, schaumig schlagen ▶ während des Rührens Zucker langsam einrieseln lassen und rühren, bis die Masse cremig und glänzend ist ▶ Mehl, Backpulver, Stärke darüber sieben und unterheben ▶ Eischnee schlagen und unterheben ▶ Masse sofort weiterverarbeiten

Biskuitmasse:

4	Eier
4 EL	warmes Wasser
1 Pr.	Salz
150 g	Zucker
75 g	Mehl
75 g	Speisestärke

Herstellung einer Biskuitmasse

▶ In schaumig gerührtes Eigelb langsam Zucker einrieseln lassen

▶ Mehl, Speisestärke und Backpulver mischen, auf Masse sieben

▶ Mehl und Eischnee kurz unterheben, Masse sofort weiterverarbeiten!

Hackfleischmasse

1 kg	Hackfleisch, halb und halb
2	Brötchen
5	Zwiebeln
2	Eier
2 Bd.	Petersilie
	Salz, Pfeffer, Paprika

Hackfleischmengen/Portion:

75 g	für Frikadellen oder Klopse
60 g	für Gemüsefüllungen
50 g	für Gerichte mit geringerem Fleischanteil, z. B. Hackfleischsoßen

Standardablauf Hackfleischmasse herstellen

Vorbereiten:

- ▶ Lebensmittel abwiegen
- ▶ entsprechend dem Rezept vor- und zubereiten, Arbeitsgeräte bereitstellen
- ▶ Arbeitsplatz einrichten

Durchführen:

- ▶ Brötchen in kaltem Wasser einweichen, ausdrücken
- ▶ Zwiebeln schälen, in feine Würfel schneiden
- ▶ Hackfleisch, Zwiebeln, Brötchen und aufgeschlagene Eier in eine Schüssel geben
- ▶ Petersilie hacken und einstreuen
- ▶ Salz, Pfeffer, Paprika zugeben
- ▶ alle Zutaten mit dem Knethaken oder mit der Hand kneten

Herstellung einer Hackfleischmasse

▶ Alle Zutaten für die Hackfleischmasse in eine Schüssel geben

▶ alle Zutaten mit dem Knethaken oder von Hand vermengen

▶ aus dem Hackfleischteig Frikadellen formen, Fett erhitzen und Frikadellen von beiden Seiten jeweils 4 Min. braten

Fettgehalt von Hackfleisch:

■ *Rinderhackfleisch*	*20 %*
■ *Schweinehackfleisch*	*35 %*
■ *Hackfleisch, halb und halb*	*30 %*
■ *Tatar*	*6 %*

Bedarf und ernährungsphysiologische Bedeutung

Der menschliche Organismus verfügt über keine Eiweißvorräte und muss daher regelmäßig mit ausreichend Eiweiß versorgt werden. Die Eiweißzufuhr soll 10 bis 15 % des Gesamtenergiebedarfs betragen.

1 g Eiweiß liefert im menschlichen Körper 17 kJ.

Eiweiß wird zum Aufbau von Körpergeweben verwendet. Es ist Bestandteil von Enzymen und Hormonen. Zur Energiegewinnung wird Eiweiß nur dann verwendet, wenn zu wenig Kohlenhydrate oder Fette mit der Kost aufgenommen werden. Der Eiweißbedarf verändert sich mit dem Lebensalter, vgl. Abb.

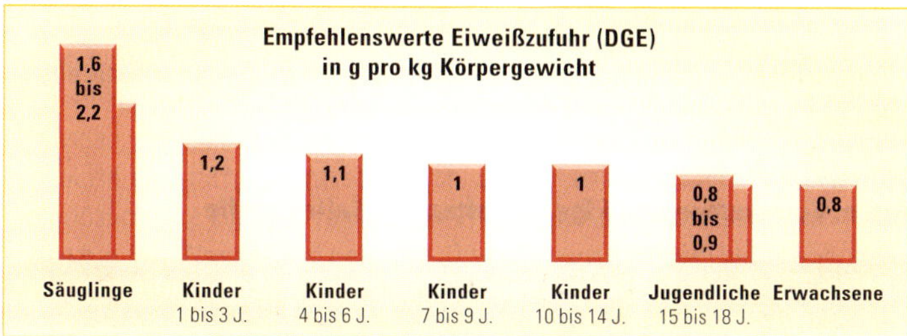

Bei der Deckung des Eiweißbedarfs muss die biologische Wertigkeit der aufgenommenen Nahrungseiweiße beachtet werden. Die biologische Wertigkeit eines Lebensmittels wird durch seinen Gehalt an essentiellen Aminosäuren bestimmt.

Tierische Eiweiße haben im Allgemeinen eine höhere biologische Wertigkeit als pflanzliche Eiweiße.

Die Nahrungseiweiße können sich gegenseitig in ihrem Gehalt an essentiellen Aminosäuren ergänzen. Durch richtige Kombination von tierischen und pflanzlichen Eiweißen kann man so eine Kost mit sehr hoher biologischer Wertigkeit zusammenstellen.

Einen guten Ergänzungswert haben:

- Kartoffeln + Ei, Milch, Fisch oder Fleisch
- Hülsenfrüchte + Ei, Fleisch, Fisch, Milch oder Getreide
- Getreide + Ei, Fleisch, Fisch oder Milch

Einen geringen Ergänzungswert haben:

- Kartoffeln + Hülsenfrüchte
- Getreide + Gemüse

AUFGABEN

1. *Wie viel Gramm Körpereiweiß werden aus 1 Liter Milch aufgebaut?*
2. *Sammeln Sie Kombinationen von Speisen für Mittagsmahlzeiten, die den Ergänzungswert des Eiweißes berücksichtigen.*

Luxuskonsum Fleisch

Durchschnittlich 100 kg Fleisch pro Kopf und Jahr werden in Deutschland verzehrt. Für die Erzeugung von 1 kg Fleisch sind durchschnittlich 7 kg pflanzliches Eiweiß nötig. Die Futtermittel stammen häufig aus Entwicklungsländern. Für die Erzeugung des Fleisches wird oft eine Tierhaltung durchgeführt, in der die Tiere nicht artgerecht gehalten werden und die die Umwelt belastet.

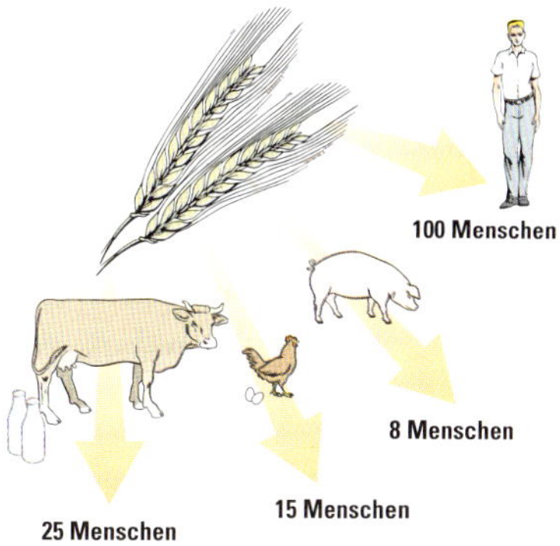

Die unterschiedliche Verwendung der gleichen Menge von Getreide macht verschieden viele Menschen satt.

Die biologische Wertigkeit gibt an, wie viel Gramm Körpereiweiß aus 100 g Nahrungseiweiß gebildet werden können.

Biologische Wertigkeit wichtiger eiweißhaltiger Lebensmittel	
Ei	94 %
Rotbarschfilet	80 %
Rindfleisch	76 %
Milch	86 %
Sojabohnen	72 %
Kartoffeln	67 %
Hülsenfrüchte	30 %
Weizenmehl	35 %
Vollkornreis	36 %

Beispiel: Milch hat eine biologische Wertigkeit von 86 %, das bedeutet: Aus 100 g Milcheiweiß können 86 g Körpereiweiß aufgebaut werden.

1.4.5 SEKUNDÄRE PFLANZENSTOFFE

Frisches Obst und Gemüse sind reich an sekundären Pflanzenstoffen

Sekundäre Pflanzenstoffe in Gemüse und Obst fördern zusammen mit den enthaltenen Vitaminen, Mineralstoffen, Spurenelementen und Ballaststoffen die körperliche Gesundheit. In frisch zubereiteter Rohkost sowie in schonend gegarten Gemüsen bleiben sie weitgehend erhalten.

Pflanzliche Nahrungsmittel enthalten neben Wasser, Nähr- und Wirkstoffen eine Vielzahl an **sekundären Pflanzenstoffen**. Bisher sind etwa 30.000 bekannt, davon kommen 5.000 bis 10.000 in der Nahrung vor. Bei einer gemischten Kost werden täglich etwa 1,5 g sekundäre Pflanzenstoffe aufgenommen, bei einer vegetarischen Ernährung kann die Aufnahme deutlich höher liegen. In vielen Lebensmitteln werden sekundäre Pflanzenstoffe als so genannte »bioaktive Substanzen« künstlich zugesetzt, z. B. in Fruchtsäften und Joghurtzubereitungen.

Die sekundären Pflanzenstoffe
- sind keine Nährstoffe
- kommen in den Pflanzen nur in sehr geringen Mengen vor
- haben eine pharmakologische medikamentöse Wirkung

Viele sekundäre Pflanzenstoffe können unter den üblichen Verzehrgewohnheiten im Organismus gesundheitsfördernde Wirkungen entfalten:
- töten Krankheitserreger (Bakterien, Viren, Pilze) ab
- aktivieren das Immunsystem
- hemmen die Bildung von schädlichen Stoffwechselprodukten
- fördern die Verdauung
- wirken entzündungshemmend
- senken den Blutcholesterinspiegel
- regulieren den Blutzuckerspiegel
- verhindern die Bildung von Blutgerinnseln
- wirken der Entstehung von Krebs entgegen (antikanzerogen)

Nach ihrem chemischen Aufbau und ihren Eigenschaften lassen sich die sekundären Pflanzenstoffe in verschiedene Gruppen aufgliedern, so z. B.:

Carotinreiche Gemüsesorten

- **Carotinoide** (Alpha- und Beta-Carotin, Lutein), die als Farbstoffe in Obst und Gemüse die gelbe und rote Farbe bewirken. Sie kommen reichlich in Paprika, Tomaten, Karotten, Aprikosen, Grünkohl und Spinat vor. Sie schützen den Körper vor Infektionen und unterstützen die körpereigene Abwehr. Carotinoide werden aus schonend erhitzten und fein zerkleinerten Lebensmitteln besser als aus rohen Lebensmitteln aufgenommen. Da Carotinoide fettlöslich sind, müssen sie zusammen mit Fetten verzehrt werden (s. S. 63). Carotinoide werden durch langes Erhitzen und Warmhalten der Speisen zerstört. Carotinoide sind empfindlich gegenüber Licht und Sauerstoff – bei

Flavonoidgehalte verschiedener Obst- und Gemüsesorten
in mg/100 g Frischgewicht bzw. in mg/100 ml Fruchtsaft

Lebensmittel	Flavonoid (Querzetin)
Apfel	3,6
Aprikose	2,5
Kirsche	3,2
Rote Johannisbeere	1,3
Orangensaft	0,3
Pampelmusensaft	0,5
Traubensaft	0,4
Zitronensaft	0,7
Kopfsalat	1,4
Tomate	0,8
Zwiebel	bis 35

Sulfid in Zwiebelgewächsen

längerem »Stehenlassen« fertig zubereiteter Speisen, z.B. Möhrenrohkost oder frischer Tomatensaft, gehen sie verloren.

- **Phytosterine** kommen in fettreichen Pflanzenteilen, insbesondere in Sonnenblumenkernen, Sojabohnen und Getreidekeimlingen, vor. Sie senken den Cholesterinspiegel und beugen der Krebsentstehung vor.
- **Flavonoide** kommen reichlich in Grünkohl, Brokkoli, Endivien, Sellerie, Preiselbeeren und Kresse vor. Einen mittleren Gehalt haben Kopfsalat, Tomaten, roter Paprika, Äpfel, Weintrauben, Rotwein und Tee. In den Sommermonaten gereiftes Obst und Gemüse weisen durch die höhere Sonneneinstrahlung die höchsten Gehalte auf. Flavonoide wirken als **Antioxidantien**, d.h., sie verhindern die chemische Zerstörung der menschlichen Zellen durch oxidative Prozesse. Damit schützen sie vor Krebs und Herz-Kreislauf-Erkrankungen.
- **Schwefelhaltige Substanzen** (Sulfide) in Knoblauch und Zwiebelgewächsen regen das Immunsystem und die Verdauungstätigkeit an. Sie beeinflussen die Blutgerinnung, senken die Blutfette und beugen der Entstehung von Gefäßverschlüssen und Kreislauferkrankungen vor.
- **Polyphenole** kommen in den Randschichten von Gemüse, Obst und Getreide vor. Der Anbau im Freiland führt zu höheren Polyphenolgehalten als der Gewächshausanbau. Reif geerntetes Obst und Gemüse haben die höchsten Gehalte. Polyphenole entfalten im Körper verschiedene gesundheitliche Wirkungen.

»Obst und Gemüse – Nimm 5 am Tag« (DGE-Regeln s. S. 138)

Carotinoidgehalt verschiedener Gemüsesorten
(in µg/100 g verzehrbarer Anteil)

Lebensmittel	β-Carotin
Blumenkohl	7
Brokkoli	300
Chicorée	3430
Erbsen	360
Feldsalat	3980
Grünkohl	8680
Karotte	8480
Mais	48
Spargel	1
Tomate	610
Wirsing	4700

Carotinoidgehalt verschiedener Obstsorten
(in µg/100 g verzehrbarer Anteil)

Lebensmittel	β-Carotin
Apfel	35
Aprikose	800
Birne	7
Grapefruit	590
Mango	1230
Nektarine	370
Oliven, grün	280
Papaya	380
Sauerkirsche	400
Wassermelone	230
Zwetschge	105

Die Deutsche Krebsgesellschaft empfiehlt in ihrer Kampagne, dass fünfmal am Tag Obst und Gemüse verzehrt werden sollten.

Bei der Auswahl ist zu beachten:
- *heimisches Obst und Gemüse bevorzugen*
- *Lebensmittelauswahl nach der Jahreszeit richten*
- *Freilandanbau bevorzugen*
- *regionale Anbieter bevorzugen*
- *nur reife Lebensmittel verwenden*
- *auf vielfältige Auswahl an Obst und Gemüse achten*

Sekundäre Pflanzenstoffe und ihre Wirkungen

Sekundäre Pflanzenstoffe	Hinweise für folgende Wirkungen								
	A	B	C	D	E	F	G	H	I
Carotinoide	■		■		■				
Phytosterine	■							■	
Saponine	■	■			■			■	
Gluconisolate	■	■						■	
Polyphenole	■	■	■	■	■	■	■		■
Protease-Inhibitoren	■		■						■
Monoterpene	■								
Phytoöstrogene	■		■						
Sulfide	■	■	■	■	■	■	■	■	
Phytinsäure	■		■		■			■	■

A = antikanzerogen
B = antimikrobiell
C = antioxidativ
D = gerinnungshemmend
E = immunmodulierend
F = entzündungshemmend
G = Blutdruck-regulierend
H = Cholesterin-senkend
I = Blutglukose-regulierend

Bedarf und ernährungsphysiologische Bedeutung

In den westlichen Industrieländern wird eine starke Zunahme von ernährungsabhängigen Krankheiten – Herz-Kreislauf- und Krebserkrankungen – beobachtet. Ein hoher Verzehr von Obst und Gemüse kann vorbeugend wirken, da der Körper hierdurch mit sekundären Pflanzenstoffen versorgt wird. Die Deutsche Gesellschaft für Ernährung empfiehlt täglich einen Verzehr von mindestens 375 g Obst und Gemüse. Fehlen sekundäre Pflanzenstoffe in der Ernährung, führt dies zwar nicht zu akuten Mangelsymptomen, das Risiko für verschiedene Krankheiten steigt dann jedoch an.
Damit Obst und Gemüse ihre gesundheitsfördernde Wirkung im Körper entfalten können, ist eine schonende küchentechnische Verarbeitung (s. S. 80 f.) eine wesentliche Voraussetzung. Die Lebensmittel sollten möglichst frisch zubereitet und unmittelbar verzehrt werden. Viele der sekundären Pflanzenstoffe gehen sonst verloren. Manche sekundäre Pflanzenstoffe haben gesundheitsschädigende Wirkungen, z. B. das Solanin. Die entsprechenden Gemüsesorten, z. B. Bohnen und Kartoffeln, dürfen nicht in rohem Zustand verzehrt werden. Solanin wird durch Erhitzen zerstört.

1.4.6 VITAMINE

Vorkommen

Vitamine sind lebenswichtige Wirkstoffe, die in kleinsten Mengen wirksam sind. Da der Körper die Vitamine gar nicht oder nicht in ausreichender Menge bilden kann, müssen sie regelmäßig mit der Nahrung aufgenommen werden. Vitamine sind für den ungestörten Ablauf vieler Stoffwechselvorgänge unentbehrlich und dabei nicht durch andere Wirkstoffe zu ersetzen. Bei Fehlen oder Unterversorgung treten Mangelkrankheiten auf. Vitamine kommen in pflanzlichen und in tierischen Lebensmitteln vor. Sie liefern keine Energie wie Eiweiße, Kohlenhydrate und Fette. Eine ausgewogene Mischkost sichert eine ausreichende Versorgung. Einige Vitamine, die so genannten Provitamine, liegen in den Nahrungsmitteln als unwirksame Vorstufen vor, aus denen der Körper selbst Vitamine bilden kann (z. B. Beta-Carotin zu Vitamin A).
Vitamine unterscheiden sich in ihrer Löslichkeit. Sie werden daher in fettlösliche und wasserlösliche Vitamine eingeteilt.

Nach der Vitaminversorgung des Körpers unterscheidet man:

- ***Hypovitaminose (Unterversorgung):*** *tritt bei zu niedriger Vitaminzufuhr auf und hat Mangelkrankheiten zur Folge.*
- ***Hypervitaminose (Überversorgung):*** *tritt bei zu hoher Vitaminzufuhr auf. Sie führt bei fettlöslichen Vitaminen zu Krankheitserscheinungen.*
- ***Avitaminose (starke Unterversorgung):*** *führt zu schweren Krankheitsbildern, wie z. B. Skorbut oder Rachitis.*

fettlösliche Vitamine
A, D, E, K

wasserlösliche Vitamine
B_1, B_2, B_6, B_{12}, C, Biotin, Folsäure, Pantothensäure, Niacin

Fettlösliche Vitamine werden im Körper im Fettgewebe gespeichert. Bei einer kurzfristigen Vitaminunterversorgung wird der Bedarf über eigene Reserven abgedeckt. Extrem hohe Dosierungen können sich gesundheitsschädigend auswirken und sollten vermieden werden. **Wasserlösliche Vitamine** können nicht gespeichert werden, sie müssen dauernd mit der Nahrung zugeführt werden. Überschüssig aufgenommene Vitamine werden mit dem Harn ausgeschieden.

Überblick Vitamine

Vitamin	Tagesbedarf*	Vorkommen	Bedeutung	Mangel
fettlösliche Vitamine				
A Retinole Provitamin A (Carotin)	0,8 bis 1,1 mg	Leber, Eigelb, Butter Carotin: Möhren, grüne Gemüse, Paprika	Beteiligung am Sehvorgang, Zellwachstum	Nachtblindheit, Verhornung von Haut und Schleimhäuten, Wachstumsstörung
D Calciferole	5 µg	Leber, Eigelb, Butter, Milch, Fischöle	Festigung der Knochen	Rachitis, Knochenerweichung
E Tocopherole	12 bis 15 mg	Keimöle, Leber, Vollkornprodukte, Blattgemüse	antioxidative Wirkung	beim Menschen unbekannt
K	65 bis 80 µg	Leber, Blattgemüse, Fleisch	Blutgerinnung	Blutgerinnungsstörungen
wasserlösliche Vitamine				
C Ascorbinsäure	100 mg	Obst, Gemüse, Kartoffeln, Sanddorn, Sauerkraut	Bindegewebsaufbau, Stoffwechselfunktion, Wundheilung	Infektanfälligkeit, verzögerte Wundheilung, Zahnfleischblutungen
B_1 Thiamin	1,0 bis 1,3 mg	Kartoffeln, Schweinefleisch, Vollkornprodukte	Kohlenhydratstoffwechsel	Nervenstörungen, Muskelschwäche, Wachstumsstörungen
B_2 Riboflavin	1,2 bis 1,5 mg	Milch, Milchprodukte, Gemüse, Ei, Seefisch	Energiestoffwechsel	Hautveränderungen, Nervenstörungen
B_6 Pyridoxin	1,2 bis 1,6 mg	Getreide, Blattgemüse, Fisch, Fleisch	Eiweißstoffwechsel	Hautveränderungen
B_{12} Cobalamin	3 µg	Fleisch, Fisch, Leber, Ei, Milch	Bildung der roten Blutkörperchen	Anämie, Nervenstörungen
Biotin	30 bis 60 µg	Eier, Getreideprodukte, Innereien, Haferflocken	Kohlenhydrat-, Fettstoffwechsel	Hautveränderungen

* für gesunde Erwachsene

AUFGABEN

1. *Welche möglichen Ursachen hat die häufig bei Jugendlichen auftretende Vitamin-B_1-Unterversorgung?*
2. *Warum erhalten Babys regelmäßig Vitamin-D-Tabletten?*
3. *Stellen Sie Lebensmittel für ein Vitamin-B_1-reiches Frühstück und Mittagessen zusammen.*
4. *Katja hat eine Vorliebe für Fertiggerichte und Fastfood. Seit einiger Zeit fühlt sie sich sehr müde und glaubt, dass sie Vitaminmangel hat. Wie kann sie ihre Speisen im Vitamingehalt aufwerten?*
5. *»Ein Möhrenrohkostsalat wird mit Öl oder Sahne zubereitet.« Erläutern Sie den Grund dieser Zubereitungsart.*

Ursachen von Vitaminmangel:
- **einseitige Kost (z. B. Fastfood)**
- **falsche Zubereitungstechnik**
- **falsche Lagerung der Lebensmittel**
- **schlechte Vitaminresorption bei Magen-Darm-Erkrankungen**
- **Einnahme von Antibiotika**

Raucher haben einen höheren Vitamin-C-Bedarf.

Starke Raucher (ca. 20 Zigaretten/Tag) haben einen um 50 % erhöhten Vitamin-C-Bedarf.

a) Wie viel mg Vitamin C sollte demnach ein starker Raucher täglich aufnehmen?

b) Stellen Sie Vitamin-C-reiche Lebensmittel für einen Tageskostplan zusammen, die diesen Vitamin-C-Bedarf decken.

Küchentechnische Eigenschaften der Vitamine

Vitamine sind empfindlich gegenüber der Einwirkung von Licht, Luft (Sauerstoff) und Hitze. Wasserlösliche Vitamine werden ausgelaugt. Die Vitaminverluste richten sich nach Dauer und Bedingungen der Lebensmittellagerung und -verarbeitung.

Empfindlichkeit der Vitamine gegenüber äußeren Einflüssen

Vitamin	Fettlöslichkeit	Wasserlöslichkeit	Hitze	Licht	Sauerstoff	Säuren
A	++	–	+	++	++	++
D	++	–	–	+	+	+
B_1	–	++	++	–	++	–
B_2	–	++	+	++	+	–
C	–	++	++	++	++	–
E	+	–	–	++	++	–

++ sehr empfindlich, + empfindlich, – beständig

Wasserlösliche Vitamine werden durch Wasser ausgelaugt. Durch langes Waschen, Wässern oder Garen in viel Flüssigkeit kann es, vor allem dann, wenn die Lebensmittel vorher zerkleinert wurden, zu hohen Vitaminverlusten kommen.
Fettlösliche Vitamine werden nicht durch Wasser ausgelaugt, sie sind nur in Fett löslich. Salate und Gemüse müssen daher mit Speiseöl zubereitet werden, damit die fettlöslichen Vitamine im Verdauungstrakt resorbiert (Resorption = Aufnahme in das Blut) und für den Körper verwertbar werden.

Vitamin B_1 und Vitamin C werden leicht durch **Hitze** zerstört. Durch kurze, schonende Garverfahren und die Vermeidung langer Warmhaltezeiten können die Vitaminverluste reduziert werden. Je höher die Warmhaltetemperatur, umso höher ist der Vitaminverlust. Es empfiehlt sich daher, die Speisen schnell abzukühlen und bei Bedarf schnell zu erwärmen.

Vitaminschonend zubereiten heißt:

- *Lebensmittel frisch verwenden*
- *erst kurz vor dem Verzehr verarbeiten*
- *kurz waschen*
- *nur grob schneiden*
- *schonende Garverfahren wählen, z. B. Dünsten, Dämpfen, Garen im Schnellkochtopf*
- *Garflüssigkeit weiterverwenden*
- *Speisen bis zum Wiederaufwärmen kühl stellen*

Vitamin A und Vitamin C sind besonders **sauerstoff- und lichtempfindlich**. Insbesondere dann, wenn die Lebensmittel zerkleinert gelagert werden, kommt es zu hohen Vitaminverlusten. Zur Vitaminerhaltung sollten die Lebensmittel dunkel und unter Luftabschluss aufbewahrt und unmittelbar nach der Zubereitung verzehrt werden.

Lebensmitteleigene Enzyme führen insbesondere in frischen Gemüsen, Salaten und Früchten zu einem Abbau der Vitamine. Werden die Lebensmittel sofort nach der Ernte kühl gelagert oder tiefgefroren, können die Vitaminverluste reduziert werden. Das Blanchieren zerstört die hitzeempfindlichen Enzyme, es wird oft vor dem Tiefkühlen durchgeführt.

Vitaminverluste in Abhängigkeit von der Warmhaltezeit/-temperatur am Beispiel Vitamin C und B_1

Vitamin-C-Gehalt im Gemüse = 100 %	
Blumenkohl, gekocht	25 %
■ nach 15 Minuten Warmhalten	36 %
■ nach 30 Minuten Warmhalten	47 %
■ nach 60 Minuten Warmhalten	56 %

Quelle: Einführung in die Ernährungslehre, Kofranyi, 1975

Vitamin-C-Verluste bei verschiedenen Gartechniken

Gemüseart	Dünsten	Dämpfen	Kochen
Blumenkohl	–	22 %	24 %
Buschbohnen	36 %	30 %	43 %
Gemüseerbsen	26 %	41 %	40 %
Rosenkohl	34 %	30 %	35 %
Spinat	35 %	50 %	–
Weißkohl	40 %	–	65 %

Quelle: Veränderungen bei der haushaltsmäßigen Zubereitung Ernährungslehre und Diätetik III, Zacharias, 1974

Vitamin-C-Verlust beim Wässern		
Kartoffeln, geschält, ganz	nach einer Stunde	4 %
	nach fünf Stunden	8 %
Kartoffeln, geschält, geviertelt	nach einer Stunde	6 %
	nach fünf Stunden	12 %

Vitamin-C-Verlust durch Wegschütten des Kochwassers	
bei Blumenkohl	19 %
bei Spitzkohl	44 %
bei Spinat	52 %
bei Wirsing	46 %
Kartoffeln	ca. 37 %

▶ Kochwasser – wenn möglich – nicht weggießen, sondern mitverwenden

Bedarf und ernährungsphysiologische Bedeutung

Vitamine wirken schon in kleinen Mengen – so liegt der tägliche Bedarf mit Ausnahme des Vitamin C (100 mg) unterhalb von 10 mg.

Bei Heranwachsenden, Schwangeren und Stillenden sowie alten oder kranken Menschen, ebenso bei hoher körperlicher und seelischer Belastung kann der Vitaminbedarf erhöht sein. Durch Alkohol wird die Verwertung der Vitamine C, B_1, B_6 und Folsäure verschlechtert. Außerdem schädigt Alkohol die Leber, den wichtigsten Vitaminspeicher, der Vitaminbedarf steigt. Die Deutsche Gesellschaft für Ernährung hat Referenzwerte für die tägliche Vitaminzufuhr herausgegeben (s. S. 79).

Ungenügende Vitaminaufnahme führt zu Mangelerscheinungen, die sich zunächst in allgemeinen Störungen des Wohlbefindens wie Müdigkeit, Appetitlosigkeit und mangelnder Leistungsfähigkeit äußern. Bei lang anhaltendem Vitaminmangel kann es zu gesundheitlichen Störungen kommen.

Erhöhter Vitamin-B_1-Bedarf!
Hoher Zuckerkonsum, z. B. durch Süßspeisen, Limonadengetränke oder Süßigkeiten, erhöht den Vitamin-B_1-Bedarf um ca. 40 %.

Lernsituation:

Nehmen Sie Stellung zu der Empfehlung »Zu jeder Mahlzeit sollten frisches Obst oder Gemüse verzehrt werden«. Erstellen Sie einen Tageskostplan.

Der Vitamingehalt der Lebensmittel verringert sich mit steigendem Bearbeitungsgrad

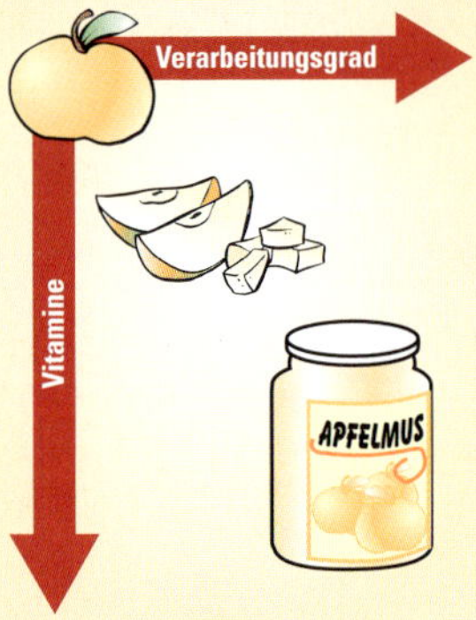

Vitaminpräparate sind meist überflüssig. Während wasserlösliche Vitamine bei Überdosierung vom Körper ausgeschieden werden, werden fettlösliche Vitamine gespeichert und können gesundheitliche Schädigungen auslösen. Vitaminpräparate sollen daher nur in Ausnahmefällen, z.B. bei der Durchführung einer Reduktionsdiät, eingesetzt werden.

Durch eine abwechslungsreiche, schonend zubereitete Kost mit einem hohen Anteil an Gemüse, Vollkornprodukten, Milch und Milchprodukten sowie rohen Salaten und Früchten wird der Vitaminbedarf im Allgemeinen gedeckt.

Mahlzeiten können mit Vitaminen aufgewertet werden:

- *Obst- und Gemüsesäfte*
- *Zugabe frischer Kräuter*
- *vitaminreiche Zwischenmahlzeiten*
- *Keimlinge in Salaten, pikanten Quarkspeisen etc.*

Bedeutung der Lebensmittelgruppen als Vitamin- und Mineralstofflieferanten

Vitamin/ Mineralstoff	Getreideprodukte	Kartoffeln	Gemüse	Hülsenfrüchte	Obst	Milch(produkte)	Fleisch	Innereien	Fisch	Eier	Fette/Öle
Vitamin A			■■		■			■■			■
Vitamin D									■■	■■	■
Vitamin E											■■
Vitamin K	■		■■				■				
Vitamin C		■■	■■		■■						
Vitamin B_1	■	■		■			■■				
Vitamin B_2	■					■■					
Vitamin B_6	■■	■	■				■■		■		
Vitamin B_{12}						■	■■	■■	■	■	
Folsäure	■		■■		■■			■■			
Biotin	■		■						■		
Niacin	■			■		■	■		■	■	
Pantothensäure						■	■		■	■	
Natrium, Chlorid	■		■	■		■	■				
Kalium	■	■■	■■		■■	■	■				
Calcium	■		■			■■					
Magnesium	■■			■		■	■■				
Phosphat	■					■	■			■	
Eisen	■		■	■			■■	■■			
Jod						■■	■		■■		
Zink	■■					■	■■		■	■	

■■ = besonders bedeutende Nährstofflieferanten ■ = bedeutende Nährstofflieferanten

AUFGABEN

1. *Frisch geernteter Spinat ist einzufrieren. Planen Sie den Arbeitsablauf so, dass die Vitamine A und C weitgehend erhalten bleiben.*
2. *Informieren Sie sich, welchen Lebensmitteln »künstliche« Vitamine zugesetzt werden.*
3. *Ermitteln Sie mithilfe einer Nährwerttabelle den Vitamin-C-Gehalt in 250 ml Multivitaminsaft und 250 ml frisch gepresstem Orangensaft. Vergleichen Sie die Werte mit dem Tagesbedarf.*
4. *Machen Sie Vorschläge für ein Schulfrühstück, das viel Vitamin B_1, C und D enthält.*

1.4.7 MINERALSTOFFE

Vorkommen

Mineralstoffe sind anorganische Nahrungsbestandteile. Sie wirken z.B. als **Baustoffe**, wie Calcium und Phosphor in Knochen und Zähnen. Sie sind Bestandteil von Enzymen und Hormonen (z.B. Jod im Schilddrüsenhormon), roten Blutkörperchen (Eisen) und Vitaminen (Cobalt in Vitamin B_{12}). Viele Mineralstoffe gehören zu den **Wirkstoffen**. So beeinflusst Calcium die Blutgerinnung und Erregungsleitung. Kalium und Natrium regulieren den Wasserhaushalt. Wird durch die Nahrung zu viel Kochsalz (Natriumchlorid) aufgenommen, entzieht das Natrium den Zellen verstärkt Wasser, und es kommt zu Wasseransammlungen im Gewebe (Ödeme).
Mineralstoffe müssen täglich in ausreichender Menge mit der Nahrung aufgenommen werden. Durch Schweiß und andere Ausscheidungen verliert der Körper nicht nur Wasser, sondern auch die darin gelösten Mineralstoffe. Der Mensch scheidet bei einer gemischten Kost täglich 15 bis 20 g Mineralstoffe aus.
Diese Menge muss durch die Nahrung wieder ersetzt werden. Fehlt ein Mineralstoff oder wird zu wenig davon aufgenommen, kommt es zunächst zu Leistungseinbußen, langfristig zu Funktionsstörungen und Krankheiten. Insbesondere Heranwachsende und ältere Menschen weisen häufig einen Mangel an den Mineralstoffen Calcium, Kalium, Magnesium und Eisen auf, der auf eine einseitige oder auch zu geringe Nahrungsaufnahme zurückzuführen ist. Jodmangel ist bei allen Altersgruppen weit verbreitet.

Ursachen für Mineralstoffmangel:
- einseitiges Essen
- hoher Verzehr von Fastfood oder Fertiggerichten
- falsche Nahrungszubereitung
- hoher Mineralstoffverlust, z.B. durch Schwitzen

Zu hoher Kochsalzverzehr begünstigt Bluthochdruck!
- *5 bis 7 g Kochsalz/Tag sollen wir aufnehmen.*
- *10 bis 15 g Kochsalz/Tag nehmen wir auf.*

Durch salzarme Ernährung lässt sich ein bestehender Bluthochdruck senken.

Mineralstoffe werden nach ihrem Gehalt im Körper in zwei Gruppen eingeteilt:

Mengenelemente	Spurenelemente
Calcium, Phosphor, Magnesium, Natrium, Chlor, Kalium	Eisen, Jod, Zink, Chrom, Kupfer, Selen, Cobalt, Molybdän, Mangan, Fluor

Der Körperbestand der Mengenelemente liegt bei rund 5 % des Körpergewichtes. Die Gesamtmenge der Spurenelemente im Körper ergibt nur etwa 10 g.

Mineralwässer haben ganz verschiedene Gehalte an Mengen- und Spurenelementen. Achten Sie auf die Kennzeichnung!

AUFGABEN

1. *Ermitteln Sie aus der Nährwerttabelle Lebensmittelgruppen mit einem hohen Gehalt an*
   a) Eisen,
   b) Jod,
   c) Calcium.
2. *Durch die Lebensmittelverarbeitung geht ein hoher Mineralstoffanteil verloren. Vergleichen Sie den Gehalt an Mineralstoffen in*
   a) Vollkornreis/geschältem Reis,
   b) Weizenmehl Type 1700/405,
   c) Möhren, frisch/sterilisiert.
3. *Machen Sie Vorschläge, wie man in der täglichen Ernährung Kochsalz einsparen kann.*
4. *Nennen Sie Gemüsesorten mit einem hohen Eisengehalt.*

Übersicht Mineralstoffe

Mineralstoff	Tagesbedarf*	Vorkommen	Bedeutung	Mangel
Mengenelemente				
Calcium	1,0 bis 1,2 g	Milch, Milchprodukte, grüne Gemüse, Vollkornprodukte	Knochenaufbau, Zahnaufbau, Blutgerinnung, Muskelerregung	Rachitis, Knochenbrüchigkeit, Krämpfe
Phosphor	0,7 bis 1,25 g	Milch, Fleisch, Fisch, Kartoffeln, Ei, Feinkostsalate, -gerichte	Knochen- und Zahnaufbau, Energiegewinnung	unbekannt
Natrium Chlorid	550 mg 830 mg	Fleisch, Fisch, Käse, Wurst, Fertiggerichte, Kochsalz	Regelung des osmotischen Druckes/ Wasserhaushalts	Blutdrucksenkung, Störung der Reizleitung
Kalium	2 g	Vollkornprodukte, Gemüse, Obst (Banane), Fleisch, Fisch	Erregbarkeit von Nerven und Muskeln, Regelung des osmotischen Druckes	Muskel- und Herzmuskelschwäche, Ödeme
Magnesium	0,4 g	grüne Gemüse	Erregbarkeit von Muskeln/Nerven, Enzymbestandteil	Muskelkrämpfe, Nervenstörungen
Spurenelemente				
Eisen	10 bis 15 mg	grüne Gemüse, Fleisch, Ei	Sauerstofftransport im Blut	Blutarmut, Müdigkeit, Infektionsanfälligkeit
Fluorid	2,9 bis 3,2 mg	schwarzer Tee, fluoridiertes Trinkwasser, Speisesalz	Härtung des Zahnschmelzes	Kariesanfälligkeit
Jod	150 bis 200 µg	Seefisch, Milch, Jodsalz	Aufbau des Schilddrüsenhormons	Kropfbildung, verzögerte geistige Entwicklung, Wachstumsstörung
Zink	7 bis 10 mg	Rindfleisch, Leber, Getreide, Erbsen	Insulinbildung, Enzymbestandteil	Diabetes, Zwergwuchs

* für gesunde Erwachsene

So decken Sie Ihren Jodbedarf:

- *2- bis 3-mal pro Woche Seefisch essen (Schellfisch, Seelachs).*
- *Nur Jodsalz verwenden.*
- *Auch mit Jodsalz sparsam salzen.*
- *Möglichst mit Jodsalz gesalzene Ware beim Bäcker oder Metzger kaufen.*
- *Bei verpackten Lebensmitteln auf das Etikett oder das Jodsalzsiegel achten.*

Bei der Nahrungszubereitung sollte Jodsalz verwendet werden. Jodsalz enthält 15 bis 25 mg Jod je Kilogramm. Bei einem Durchschnittsverbrauch von 5 g Salz/Tag und dem Verzehr von mit Jodsalz hergestellten Lebensmitteln wie Brot und Wurst wird die Hälfte des Jodbedarfs abgedeckt. Auf den Speiseplänen in der Gemeinschaftsverpflegung sollte auf die Verwendung von Jodsalz hingewiesen werden.

Die täglich empfohlene Jodzufuhr von 150 bis 200 µg ist enthalten in:

- 100 g Seelachs
- 100 g Kabeljau
- 300 g Scholle

Calciumgehalt in ausgewählten Lebensmitteln:		
200 g	Grünkohl	424 mg
250 ml	Vollmilch	300 mg
30 g	Emmentaler	306 mg
30 g	Gouda	246 mg
200 g	Brokkoli	210 mg
150 g	Weizenvollkornbrot	95 mg
50 g	Magerquark	46 mg

Natriumgehalt in ausgewählten Lebensmitteln:		
10 g	Tomatenketchup	1200 mg
100 g	Bismarckhering	1030 mg
150 g	Weizenmischbrot	830 mg
100 g	Dosenwürstchen	711 mg
30 g	Schinken, roh	420 mg
30 g	Gouda 45 % F.i.Tr.	261 mg
100 g	Obst, Gemüse oder Salate, Getreide	< 10 mg

(5 g Kochsalz = 2 g Natrium)

Eisengehalt in ausgewählten Lebensmitteln:		
100 g	Schweineleber	20,0 mg
100 g	Rindfleisch	3,0 mg
200 g	Spinat	8,2 mg
200 g	Fenchel	5,4 mg
150 g	Roggenvollkornbrot	5,0 mg
200 g	Kartoffeln	1,6 mg

Eigenschaften und technologische Bedeutung

Mineralstoffe sind wasserlöslich und können bei der Verarbeitung der Nahrungsmittel ausgelaugt werden. Während kurzes **Waschen** in kaltem Wasser bei unzerkleinerten Lebensmitteln nur zu unwesentlichen Verlusten führt, wird bei lang dauerndem Waschen in warmem Wasser ein hoher Anteil der Mineralstoffe ausgelaugt. Langes Wässern führt insbesondere bei klein geschnittenen oder kleinblättrigen Salaten oder Gemüsen zu hohen Mineralstoffverlusten. Das Einweichwasser von getrockneten Hülsenfrüchten sollte bei der Zubereitung der Speisen mitverwendet werden.

Beim **Garen** von Gemüse, Reis, Hülsenfrüchten und Kartoffeln kann es zu hohen Kalium-, Magnesium- und Eisenverlusten kommen, die je nach Gargut und Garbedingungen bis zu 75 % betragen können. Beim Kochen sind die Mineralstoffverluste im Gargut fast doppelt so hoch wie beim Dämpfen oder Dünsten. Wird die Garflüssigkeit für die Zubereitung von Suppen oder Soßen verwendet, können die Mineralstoffverluste niedrig gehalten werden. Bei trockener Hitze, z. B. Backen, Grillen oder Foliengaren, bleiben von den Mineralstoffen mehr als 88 % erhalten.

Das **Blanchieren** von Gemüse und Obst wird vor allem vor dem Tiefgefrieren angewandt, um lebensmitteleigene Enzyme zu inaktivieren. Besonders das konventionelle Blanchieren in Wasser führt zu hohen Auslaugverlusten an Mineralstoffen.

Bitte beachten:
Verluste an Mineralstoffen und wasserlöslichen Vitaminen treten besonders durch Auslaugen auf.

Waschen in stehendem Wasser führt besonders bei klein geschnittenem Gemüse zu hohen Vitamin- und Mineralstoffverlusten

Mit dem Kochwasser gehen wertvolle Vitamine und Mineralstoffe verloren (s. a. S. 81)

AUFGABEN

1. *Stellen Sie verschiedenen Zubereitungsformen für*
   a) Kartoffeln,
   b) Möhren,
   c) Brokkoli vor.
   Bei welchen Zubereitungsarten bleiben die Vitamine und Mineralstoffe jeweils am besten erhalten?
2. *Als Nachspeise soll ein Obstsalat aus folgenden Obstsorten zubereitet werden: Äpfel, Bananen, Pfirsiche, Weintrauben. Erstellen Sie einen Arbeitsplan. Begründen Sie Ihr Vorgehen bei der Vor- und Zubereitung des Obstes im Hinblick auf die Erhaltung von Vitaminen und Mineralstoffen.*

		Täglich 1000 mg Calcium:	*Calcium*
■	1	Becher Joghurt, 3,5 % Fett i.Tr. (à 150 g)	180 mg
+	1	Glas Milch (200 ml)	240 mg
+	1	Scheibe Emmentaler, 45 % Fett i.Tr. (40 g)	408 mg
+	1	Portion Eiscreme (150 ml)	210 mg
oder			
■	¼ l	Milch	300 mg
+	2	Scheiben Gouda, 45 % Fett i.Tr. (60 g)	492 mg
+	2	Scheiben Vollkornbrot à 50 g	43 mg
+	200 g	Brokkoli	210 mg
oder			
■	1	Portion Nudeln, roh (100 g)	27 mg
+	3 EL	geriebenen Parmesankäse (30 g)	387 mg
+	1	Scheibe Tilsiter, 45 % Fett i.Tr. (40 g)	343 mg
+	200 g	Quark	240 mg
+	300 ml	Mineralwasser	ca. 100 mg

Getreide, Obst und Milchprodukte enthalten viele Vitamine und Mineralstoffe

Projektaufgabe:

Nehmen Sie zu dieser Werbekampagne für Calciumbrausetabletten Stellung!

Bedarf und ernährungsphysiologische Bedeutung

Bei einer gemischten Kost mit einem hohen Anteil an frischem Obst, Salaten, Gemüse, Milch und Vollkornprodukten wird der Mineralstoffbedarf normalerweise ausreichend gedeckt. Der Tagesbedarf wird jeweils durch Alter und Geschlecht bestimmt. Kinder und Jugendliche sowie Frauen während der Schwangerschaft und Stillzeit (s. a. S. 130) haben einen höheren Bedarf an bestimmten Mineralstoffen. Im Alter werden die Mineralstoffe aus der Nahrung schlechter resorbiert, sodass älteren Menschen ebenso eine höhere Mineralstoffzufuhr empfohlen wird. Veränderte Ernährungsgewohnheiten führen heute dazu, dass insbesondere die Mineralstoffe Calcium, Eisen, Jod und Kalium nicht immer bedarfsgerecht zugeführt werden. Der Konsum von Mineralstoffpräparaten kann hier keine Abhilfe bieten. Bei falscher Anwendung kann er sogar zu erheblichen Nebenwirkungen führen.

Calcium- und Eisenbedarf in unterschiedlichen Lebensaltern (mg/Tag)

Alter	Calcium	Magnesium		Eisen	
Kinder		m	w	m	w
1 bis unter 4 Jahre	600	80	80	8	8
4 bis unter 7 Jahre	700	120	120	8	8
7 bis unter 10 Jahre	900	170	170	10	10
10 bis unter 13 Jahre	1100	230	250	12	15
13 bis unter 15 Jahre	1200	310	310	12	15
Jugendliche und Erwachsene		m	w	m	w
15 bis unter 19 Jahre	1200	400	350	12	15
19 bis unter 25 Jahre	1000	400	310	10	15
25 bis unter 51 Jahre	1000	350	300	10	15
51 bis unter 65 Jahre	1000	350	300	10	10
65 Jahre und älter	1000	350	300	10	10

AUFGABEN

1. *Gemüse, Milch und Getreide enthalten reichlich Vitamine und Mineralstoffe. Sammeln Sie Rezepte, bei denen Gemüse oder Milch- und Getreideprodukte als Hauptgericht vorkommen.*
2. *Machen Sie Vorschläge, wie man in der täglichen Ernährung Kochsalz einsparen kann. Erstellen Sie dazu Plakate oder Infoblätter.*
3. *Frau Schmidt ist berufstätig. In ihrer 2-stündigen Mittagspause bereitet sie regelmäßig ein Mittagessen für sich und ihre zwei schulpflichtigen Kinder (12, 14 Jahre) zu.*
   a) Stellen Sie mineralstoff- und vitaminreiche Gerichte, die Frau Schmidt in ihrer Mittagspause schnell zubereiten kann, zusammen.
   b) Frau Schmidt verwendet häufig Convenience-Produkte. Überlegen Sie, ob hierbei der Vitamin- und Mineralstoffbedarf gedeckt werden kann. Machen Sie gegebenenfalls Vorschläge zur Aufwertung des Mittagessens.

1.4.8 WASSER

Vorkommen und chemischer Aufbau

Wasser ist der wichtigste Baustoff aller Lebewesen und Pflanzen und als solcher lebensnotwendig.

Wasser besteht aus **2 Teilen Wasserstoff** und **1 Teil Sauerstoff**. Je nach der Bodenbeschaffenheit enthält es Mineralstoffe, wie z.B. Natrium, Kalium, Calcium, Jod, Magnesium und Eisen.

Die Trinkwasserverordnung regelt die Anforderung an das Trinkwasser:

- *klar und farblos*
- *kühl, frei von Geschmacksstoffen*
- *ohne krankheitserregende Keime*
- *frei von giftigen Stoffen*
- *enthält geringe Mengen an gelösten Salzen*

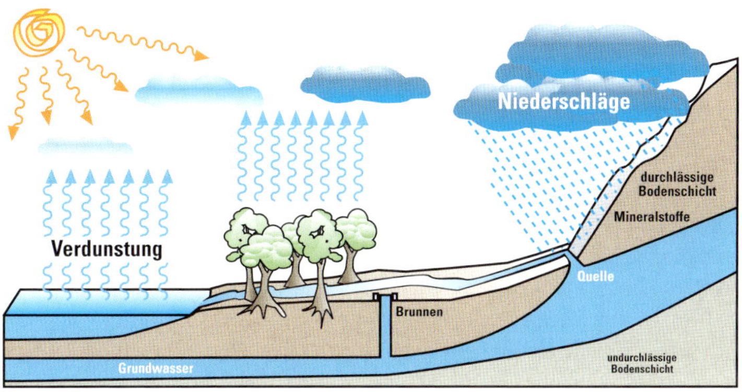

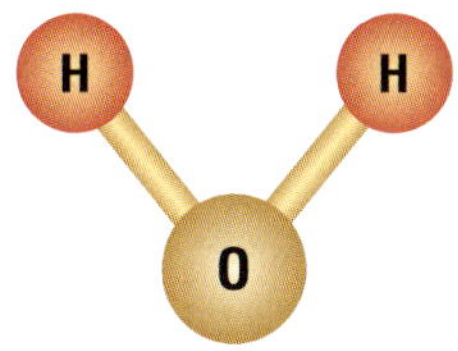

Wasser besteht aus einem Atom Sauerstoff und zwei Atomen Wasserstoff

Die Erdoberfläche besteht zu ¾ aus Wasser, aber nur ein kleiner Teil davon, 0,27 %, steht als Trinkwasser zur Verfügung. Der Pro-Kopf-Wasserverbrauch der Bundesbürger beträgt durchschnittlich 150 l pro Tag. Nur etwa 4 Liter werden tatsächlich zum Essen und Trinken verwendet. Der größte Teil dient der Körperpflege und Reinigungsarbeiten oder geht durch die Toilettenspülung in die Kanalisation.

Wasser befindet sich in einem ständigen Kreislauf. Das **Oberflächenwasser** verdunstet, verdichtet sich zu Wolken und bildet Niederschläge. Wasser, das im Boden versickert, nimmt dabei Mineralstoffe auf und bildet **Grundwasser** und **Quellwasser**, die für den Menschen wichtige Trinkwasservorräte bilden. Oberflächenwasser aus Seen und Flüssen wird etwa zu einem Viertel zur Trinkwassergewinnung herangezogen.

Durch die Umweltbelastung steigt der Nitratgehalt im Trinkwasser. Als zulässiger Höchstwert gelten 50 mg Nitrat/1 l Trinkwasser.

Gebrauchtes Wasser aus Haushalten, Landwirtschaft und Industrie enthält verschiedene Schadstoffe, z.B. Speisereste, Düngemittel, Schwermetalle. Dieses Abwasser wird in der Kläranlage in verschiedenen Stufen gereinigt.

Physikalische und küchentechnische Eigenschaften

Der Wassergehalt in Lebensmitteln reicht von 95 % bei frischen Gurken bis weniger als 1 % bei Speisefetten. Das enthaltene Wasser kommt als freies und gebundenes Wasser vor. Das freie oder aktive Wasser befindet sich in den Zellen oder Zellzwischenräumen und ist nicht an gelöste Stoffe, wie z. B. Salze oder Eiweiß, gebunden. Maßeinheit für die Wasseraktivität ist der a_w-Wert, dessen

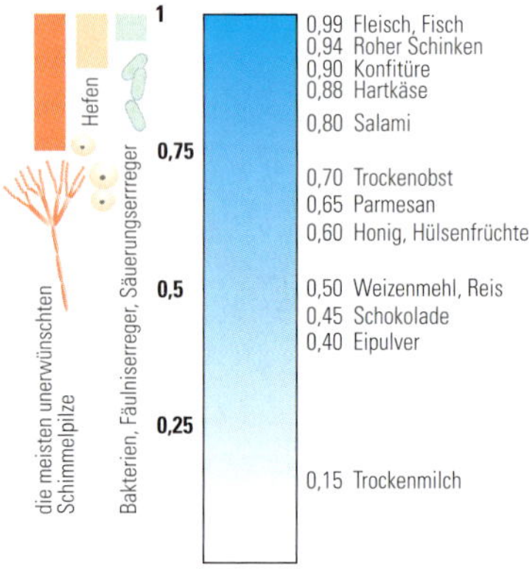

a_w-Werte einzelner Lebensmittel

Skala von 0 bis 1 reicht. Freies Wasser brauchen die Mikroorganismen zum Leben. Je höher der Anteil des freien Wassers, also der a_w-Wert ist, umso schneller erfolgt der Verderb durch Enzyme und Mikroorganismen (s. S. 4).
Zucker, Kochsalz, Eiweiß und Fett binden Wasser – dieses gebundene Wasser steht somit Mikroorganismen und Enzymen im Lebensmittel nicht zur Verfügung. Der a_w-Wert sinkt und die Lebensmittel sind länger haltbar.

Der Anteil an freiem Wasser (a_w-Wert) bestimmt die Verderblichkeit eines Lebensmittels!

Je höher der a_w-Wert, umso leichter verdirbt das Lebensmittel.
Je niedriger der a_w-Wert, umso länger ist das Lebensmittel haltbar.

Lange haltbar sind z. B.:

- Lebensmittel mit einem **hohen Zuckergehalt** (= niedriger a_w-Wert): kandierte Früchte, Marmelade, Trockenobst
- Lebensmittel mit einem **hohen Salzgehalt** (= niedriger a_w-Wert): Salzheringe, gepökeltes Fleisch, luftgetrockneter Schinken

Wasser **siedet** bei normalem Luftdruck (1013 mbar) **bei 100 °C**. Beim Dampfdrucktopf erhöht sich der Luftdruck über dem Wasser, der Siedepunkt steigt dadurch auf 120 °C an und die Gardauer verkürzt sich. Sinkt der Luftdruck ab, z. B. im Vakuumkochapparat, so siedet das Wasser schon bei 81 °C.
Der **Gefrierpunkt** des Wassers liegt bei normalem Luftdruck bei 0 °C. Er wird durch Zusatz von Salz herabgesetzt, was man bei der Herstellung von Kältemischungen nutzt. Wasser dehnt sich beim Gefrieren aus – gefriert z. B. ein Getränk in einer Glasflasche, so kann diese platzen.

Beim Tiefgefrieren werden Temperaturen von -40 °C erreicht. Dabei entstehen sehr kleine Eiskristalle, die die Zellmembran nicht verletzen – der Saftverlust beim Auftauen ist niedrig.

Die **Wasserhärte** wird durch den Gehalt an Calcium- und Magnesiumsalzen bestimmt. **Hartes Wasser** enthält viel, **weiches Wasser** nur wenig Calcium- und Magnesiumsalze. Hartes Wasser hat einen erfrischenden, weiches Wasser einen mehr faden Geschmack. Weiches Wasser ergibt bei der Zubereitung von Kaffee und Tee ein besonders gutes Aroma. Beim Kochen von hartem Wasser fallen Kalksalze aus und bilden Kesselstein, der sich an den Heizstäben von Heißwassergeräten, Kesseln oder Kaffeemaschinen absetzt und die Heizleistung beeinträchtigt.

Wasser wirkt als Lösungsmittel, z. B.

- *Zubereitung von Aufgussgetränken*
- *Wässern von Salzheringen*
- *Zubereitung von Gemüse- oder Fleischbrühen*
- *Herstellen von Obst- und Gemüsekonserven*

Wasser **löst** Stoffe, z. B. Zucker oder Salze. Erwärmen beschleunigt den Lösungsvorgang, deshalb sollten Zucker oder Salz an die noch heißen Speisen gegeben werden. Die Lösungseigenschaften des Wassers werden z. B. bei der Zubereitung von Aufgussgetränken, wie Kaffee oder Tee, sowie von Gemüse- und Fleischbrühe genutzt.

Wasser dient als **Quellmittel**. So werden Hülsenfrüchte vor der Zubereitung über Nacht eingeweicht – das Gewebe nimmt Wasser auf, wodurch die Garzeit verkürzt wird. Das Einweichwasser sollte beim Kochen mitverwendet werden.

Bedarf und ernährungsphysiologische Bedeutung

Der menschliche Körper besteht zu 60 bis 70% aus Wasser, das entspricht einem Wassergehalt von ca. 38 l bei 60 kg Körpergewicht.

Wasser erfüllt im menschlichen Körper verschiedene Aufgaben:
- als Baustoff, z.B. von Zellen, Blut und Gewebeflüssigkeit
- als Lösungs- und Transportmittel, z.B. von Nähr-, Abfallstoffen
- als Temperaturregler, durch Schwitzen wird Wärme abgeführt

Täglich verlieren wir ca. 2,8 l Wasser durch Stuhl, Urin, Schweiß und Atmung. Dieser Flüssigkeitsverlust muss durch Nahrung und Getränke wieder ersetzt werden.

Pro Tag werden durchschnittlich 2,8 l Flüssigkeit benötigt:
- Etwa 1 bis 1,5 l werden über Getränke,
- ca. 1 l wird über die Nahrung zugeführt
- 0,3 l Wasser entstehen beim Abbau der Nährstoffe in den Zellen

Wasserbilanz eines Erwachsenen

Wasseraufnahme	ml/Tag	Wasserabgabe	ml/Tag
Getränke	1500 ml	Urin	1500 ml
Speisen	800 ml	Haut, Lunge	1000 ml
Oxidationswasser	500 ml	Stuhl	300 ml
insgesamt:	2800 ml		2800 ml

Die Flüssigkeitsaufnahme pro Tag kann so aussehen:

3 Tassen Kräutertee	*450 ml*
2 Tassen Kaffee	*300 ml*
1 Tasse Bouillon	*150 ml*
1 Glas Mineralwasser	*200 ml*
2 Gläser Buttermilch	*400 ml*
1 Glas Orangensaft	*200 ml*
	1700 ml

oder so:

4 Tassen Kaffee	*600 ml*
3 Gläser Cola	*600 ml*
1 Flasche Bier	*500 ml*
	1700 ml

Tipps zur Getränkeauswahl

Ungeeignete Getränke:
Zucker- und alkoholreiche sowie coffeinhaltige Getränke, z.B. Cola- und Limonadengetränke, Kaffee, Bier, Wein, Sekt, Spirituosen

Geeignete Getränke:
Mineralwasser, Kräutertees, Obst- und Gemüsesäfte sowie (fettarme) Milch oder Buttermilch

Wasseraufnahme und Wasserabgabe halten sich unter normalen Umständen das Gleichgewicht. Sinkt der Wassergehalt des Körpers, tritt ein Durstgefühl auf, das zum Trinken anregt. Stark gesalzene Speisen steigern den Durst. Der erhöhte Kochsalzgehalt im Blut muss durch eine gesteigerte Flüssigkeitszufuhr ausgeglichen werden. Durch Schweißbildung bei schwerer körperlicher Arbeit, Hitze und Fieber kann der Wasserbedarf auf das 3- bis 5fache ansteigen. Nimmt man über längere Zeit weniger als 1 Liter Wasser zu sich, entsteht Flüssigkeitsmangel, der zu Müdigkeit, Appetitlosigkeit, Kopfschmerzen und trockener Haut führt. Ein Flüssigkeitsverlust von mehr als 20% führt zum Tode.

Der Flüssigkeitsbedarf des Menschen ist nicht immer gleich. Er ist u.a. von **Alter, Klima, Salzgehalt der Nahrung** und der **körperlichen Arbeit** abhängig. Säuglinge und Kleinkinder haben durch die hohe Stoffwechselaktivität einen erhöhten Wasserbedarf.

Getränke haben einen sehr hohen Stellenwert in der täglichen Ernährung und sind deshalb auch Bestandteil des Ernährungskreises (s. S. 119)

Zusatzstoffe haben viele Aufgaben:

- **Verlängerung der Haltbarkeit, z. B. Konservierungsstoffe, Antioxidantien**
- **Verbesserung des Geschmacks, z. B. Geschmacksverstärker, Aromastoffe, Süßstoffe**
- **Verbesserung des Aussehens, z. B. Farbstoffe, Bleichmittel, Farbstabilisatoren, Klärhilfsmittel**
- **Verbesserung der Beschaffenheit, z. B. Geliermittel, Dickungsmittel, Emulgatoren**
- **Erhöhung des Nährwertes, z. B. Vitamine, Mineralstoffe**

Die Zutatenliste führt alle Zutaten und Zusatzstoffe eines Lebensmittels in mengenmäßig absteigender Reihenfolge auf.
Die Zusatzstoffe müssen mit der Gruppenbezeichnung (wenn vorhanden), gefolgt von der Einzelbezeichnung oder der E-Nummer (z. B. Antioxidationsmittel, Sorbinsäure) aufgeführt werden.
Die Lebensmittelverordnung regelt die Angaben auf der Zutatenliste.

1.4.9 ZUSATZSTOFFE

Bei einem Colagetränk kann man folgende Zutatenliste lesen: Wasser, Zucker, Kohlensäure, Farbstoff E 150, Säuerungsmittel E 338, Coffein, natürliche Aromastoffe. Außer »natürlichen« Inhaltsstoffen enthält das Getränk so genannte **Zusatzstoffe**, die Aussehen und Geschmack wesentlich bestimmen. Die Zusatzstoffe werden durch **E-Nummern** gekennzeichnet.

Zusatzstoffe werden den Lebensmitteln zur Beeinflussung ihrer Beschaffenheit oder zur Erzielung bestimmter Eigenschaften oder Wirkungen zugesetzt (§ 2 des Lebensmittel- und Bedarfsgegenständegesetzes).
Zusatzstoffe sind keine natürlichen Roh- oder Inhaltsstoffe. Sie sind kennzeichnungspflichtig. Ihre Verwendung ist im Lebensmittelrecht festgelegt.

Ohne **Konservierungsstoffe** würden viele Lebensmittel frühzeitig verderben. Süßspeisen, Cremes, Soßen und Suppen könnten ohne den Einsatz von **Dickungsmitteln** nicht hergestellt werden. Light-Getränke erhalten durch Süßstoffe ihre »Süße ohne Kalorien«.

Der Einsatz der Zusatzstoffe wird sowohl hinsichtlich der erlaubten Menge, die einem Lebensmittel zugesetzt werden darf, als auch bezüglich der Anwendungsbereiche streng geregelt. Eine Zulassung erfolgt nur dann, wenn die Verwendung des Zusatzstoffes

- technologisch notwendig ist
- gesundheitlich unbedenklich ist
- nicht zur Täuschung des Verbrauchers führt

Lebensmittelzusatzstoffe werden nur dann zugelassen und dürfen eingesetzt werden, wenn durch vorausgegangene Untersuchungen ihre gesundheitliche Unbedenklichkeit nachgewiesen wurde.

Die WHO (World Health Organization) hat für alle Zusatzstoffe so genannte **ADI-Werte** festgelegt. Der ADI-Wert (acceptable daily intake = tolerierbare Tagesdosis) gibt die Menge eines Stoffes in mg pro kg Körpergewicht an, die ein Mensch ohne gesundheitliche Bedenken pro Tag aufnehmen kann.

Beispiel:
Der ADI-Wert für Natriumnitrit (Zusatzstoff beim Pökeln von Fleisch) beträgt 0,2 mg. Ein 60 kg schwerer Mensch darf pro Tag (60 x 0,2 mg =) 12 mg Natriumnitrit aufnehmen. Brüh- und Kochwurst darf je kg Wurstwaren höchstens 100 mg Natriumnitrit enthalten; demnach können pro Tag (12 x 1000/100 =) 120 g Brüh- und Kochwurst verzehrt werden.

Farbstoffe

In den Lebensmitteln kommt es während der Lagerung durch die Einwirkung von Licht, Sauerstoff und Wärme zu unerwünschten Farbveränderungen. Zur Erhaltung eines appetitlichen Aussehens werden bestimmte Lebensmittel mit Farbstoffen gefärbt. Nach ihrer Herkunft werden die Farbstoffe unterschieden in:

- natürliche Farbstoffe, die in der Natur vorkommen
- naturidentische Farbstoffe, die künstlich hergestellt werden und den natürlichen Farbstoffen entsprechen
- synthetische Farbstoffe, die in der Natur nicht vorkommen
- anorganische Farbstoffe, die aus Mineralien oder Metallen gewonnen werden

Ziel der Verwendung von Farbstoffen ist:
- eine gleichmäßige Farbgebung, z. B. bei Gemüse und Obstkonserven
- eine intensivere Färbung, z. B. bei Konfitüre, Bonbons, Cremespeisen
- eine Wiederherstellung der Farbe, die durch Lagerung und Verarbeitung verblasst ist, z. B. bei Gemüse- oder Obstkonserven
- eine Färbung von farblosen Produkten, z. B. Margarine, Puddingpulver, Käse

Nach dem Lebensmittelrecht sind u. a. die Farbstoffe Vitamin B_2, auch Riboflavin genannt (E 101), und Beta-Carotin (E 160) sowie E 162 Betanin für alle Lebensmittel zugelassen. Die übrigen zugelassenen Farbstoffe dürfen nur bestimmten in der Zusatzstoff-Zulassungsverordnung namentlich aufgeführten Lebensmitteln zugesetzt werden. Von den heute verwendeten Farbstoffen gehören die meisten zu den Vitaminen, Provitaminen oder natürlichen Farbstoffen wie Chlorophyll, Carotinoide und Rote-Bete-Farbstoff. Sie sind gesundheitlich unbedenklich und müssen nur dann auf der Packung deklariert werden, wenn durch den Zusatz eine bessere Lebensmittelqualität vorgetäuscht werden kann (z. B. ein höherer Eigehalt bei Nudeln, denen Vitamin B_2 zugesetzt wird – sie müssen den Hinweis »eingefärbt« tragen). Ansonsten erfolgt die Kennzeichnung nur auf der **Zutatenliste** (s. oben).
Synthetische Lebensmittelfarbstoffe werden vor der Zulassung untersucht, sodass keine Gesundheitsgefahr für den Verbraucher besteht.

Zusatzstoffe in Lebensmitteln

Lebensmittel	Farbstoffe	Aromastoffe	Emulgatoren	Gelier-, Verdickungsmittel	Konservierungsstoffe	Antioxidantien
Süßwaren Konditoreiwaren	■	■	■	■	■	■
Fertigsuppen Fertigsoßen	–	■	■	■	■	■
Dessert- und Cremespeisen	■	■	■	■	■	–
Wurst- und Fleischwaren	–	■	■	■	■	■
Brot	■	–	–	–	■	■
Bier, Fruchtsaft, Milch	–	–	–	–	–	–

Zutaten: Glukosesirup, Zucker, Gelatine, Dextrose, Säuerungsmittel: Zitronensäure, färbende Auszüge aus Früchten und Pflanzen, Aroma, Öl pflanzlich, Überzugsmittel: Bienenwachs gelb, Canaubawachs, Karamellsirup

Zutatenliste einer Fruchtgummipackung

Wie werden die Farbstoffe auf der Verpackung gekennzeichnet?
- *Hinweis »gefärbt« oder »mit Farbstoff« in unmittelbarer Nähe der Verkehrsbezeichnung, z. B. »Himbeerbonbons – mit Farbstoff«.*
- *auf der Zutatenliste als E-Nummer oder chemische Bezeichnung*

Farbstoffe dürfen nicht zugesetzt werden, um eine höhere Lebensmittelqualität vorzutäuschen. Z. B. Zuckercouleur (bewirkt eine intensive Braunfärbung) darf für Brot und Kleingebäck, ebenso bei allen Lebensmitteln, aus deren Verkehrsbezeichnung hervorgeht, dass sie mit Malz, Karamell, Schokolade, Kaffee oder Tee hergestellt werden, nicht mehr verwendet werden.

Synthetische Farbstoffe können allergische Reaktionen auslösen!

Bitte beachten:
Die zugelassenen Süßstoffe gelten als gesundheitlich unbedenklich!
Die tolerierbare Tagesdosis (ADI-Wert, s. S. 90) sollte nicht überschritten werden! Um diese Höchstmengen nicht zu überschreiten, verwenden die Hersteller oft Süßstoffmischungen.

Bei Kindern kann der ADI-Wert von 11 mg/kg Körpergewicht beim Trinken von mit Cyclamat gesüßten Erfrischungsgetränken leicht überschritten werden.

Achtung!
Der Süßstoff Aspartam (und damit gesüßte Lebensmittel) darf von Personen mit Phenylketonurie nur sehr sparsam verzehrt werden!

Folgende Süßstoffe sind zur Zeit zugelassen:

Süßstoffe		Süßkraft in Relation zur Saccharose (= 1)
Saccharin	E 954	350- bis 450fache
Cyclamat	E 952	35- bis 45fache
Aspartam	E 951	200fache
Acesulfam	E 950	200fache

Lebensmittel, die Süßstoffe enthalten, müssen z. B. den Hinweis **»mit Süßstoff gesüßt«** tragen. Der Name des verwendeten Süßstoffes muss in der Zutatenliste aufgeführt sein. Saccharin hat mit zunehmender Konzentration einen unangenehmen bitteren Nachgeschmack. Der Handel bietet daher Gemische aus Cyclamat und Saccharin im Verhältnis 10 : 1 an (s. S. 151).

Süßstoffe werden vor allem bei **Diabetikerlebensmitteln** sowie bei energiereduzierten Lebensmitteln, so genannten **Light-Produkten**, eingesetzt.

Folgenden Lebensmitteln dürfen Süßstoffe zugesetzt werden:

- brennwertverminderten Erfrischungsgetränken
- Kaugummi
- brennwertverminderten Milcherzeugnissen
- süßen Suppen, Soßen, Puddings, Gelee- oder Cremespeisen
- Zuckerwaren, Marzipan- und Nougaterzeugnissen
- Mayonnaise, Feinkostsalaten, Salatsoßen
- Meerrettich, Speisesenf, Würzsoßen
- Gemüse-/Sauerkonserven, Obstkonserven

Relative Süßkraft der Zuckeraustauschstoffe im Vergleich zu Saccharose

Saccharose	1,0
Sorbit, E 420	0,6
Xylit, E 967	1,0
Mannit, E 421	0,5
Fruktose	1,2

Zuckeraustauschstoffe

Hierzu gehören u. a. Fruktose, Sorbit, Mannit und Xylit. Zuckeraustauschstoffe werden aus Einfachzuckern (z. B. Sorbit aus Glukose) gewonnen. Sie besitzen den gleichen Energiewert wie die Kohlenhydrate (1 g = 17 kJ), können jedoch im Unterschied zu den Zuckern ohne das Hormon Insulin verstoffwechselt werden (s. S. 151). Zuckeraustauschstoffe werden im Dünndarm nur langsam resorbiert und führen bei übermäßigem Verzehr zu Durchfällen.

Die Zuckeraustauschstoffe werden vor allem bei der Herstellung von Diabetikererzeugnissen verwendet. Da sie dieselbe Energiemenge wie Haushaltszucker liefern, sind sie für energiereduzierte Lebensmittel ungeeignet.

Zuckerwaren, Marzipan, Kaugummi und Nougaterzeugnisse mit mehr als 10 % Zuckeraustauschstoffen müssen den Hinweis tragen »kann bei übermäßigem Verzehr abführend wirken!«

Verwendung der Zuckeraustauschstoffe:

Sorbit	in Diabetikermarmelade und -gebäck, Konfekt
Mannit	in Eiscreme, Süßigkeiten
Xylit	in Kaugummi

Xylit kann bei übermäßigem Verzehr abführend wirken.

Mit Sorbit hergestellte Diabetikermarmelade

- natürliche Farbstoffe, die in der Natur vorkommen
- naturidentische Farbstoffe, die künstlich hergestellt werden und den natürlichen Farbstoffen entsprechen
- synthetische Farbstoffe, die in der Natur nicht vorkommen
- anorganische Farbstoffe, die aus Mineralien oder Metallen gewonnen werden

Zutaten: Glukosesirup, Zucker, Gelatine, Dextrose, Säuerungsmittel: Zitronensäure, färbende Auszüge aus Früchten und Pflanzen, Aroma, Öl pflanzlich, Überzugsmittel: Bienenwachs gelb, Canaubawachs, Karamellsirup

Zutatenliste einer Fruchtgummipackung

Ziel der Verwendung von Farbstoffen ist:
- eine gleichmäßige Farbgebung, z.B. bei Gemüse und Obstkonserven
- eine intensivere Färbung, z.B. bei Konfitüre, Bonbons, Cremespeisen
- eine Wiederherstellung der Farbe, die durch Lagerung und Verarbeitung verblasst ist, z.B. bei Gemüse- oder Obstkonserven
- eine Färbung von farblosen Produkten, z.B. Margarine, Puddingpulver, Käse

Nach dem Lebensmittelrecht sind u.a. die Farbstoffe Vitamin B_2, auch Riboflavin genannt (E101), und Beta-Carotin (E160) sowie E162 Betanin für alle Lebensmittel zugelassen. Die übrigen zugelassenen Farbstoffe dürfen nur bestimmten in der Zusatzstoff-Zulassungsverordnung namentlich aufgeführten Lebensmitteln zugesetzt werden. Von den heute verwendeten Farbstoffen gehören die meisten zu den Vitaminen, Provitaminen oder natürlichen Farbstoffen wie Chlorophyll, Carotinoide und Rote-Bete-Farbstoff. Sie sind gesundheitlich unbedenklich und müssen nur dann auf der Packung deklariert werden, wenn durch den Zusatz eine bessere Lebensmittelqualität vorgetäuscht werden kann (z.B. ein höherer Eigehalt bei Nudeln, denen Vitamin B_2 zugesetzt wird – sie müssen den Hinweis »eingefärbt« tragen). Ansonsten erfolgt die Kennzeichnung nur auf der **Zutatenliste** (s.oben).
Synthetische Lebensmittelfarbstoffe werden vor der Zulassung untersucht, sodass keine Gesundheitsgefahr für den Verbraucher besteht.

Wie werden die Farbstoffe auf der Verpackung gekennzeichnet?

- *Hinweis »gefärbt« oder »mit Farbstoff« in unmittelbarer Nähe der Verkehrsbezeichnung, z.B. »Himbeerbonbons – mit Farbstoff«.*
- *auf der Zutatenliste als E-Nummer oder chemische Bezeichnung*

Farbstoffe dürfen nicht zugesetzt werden, um eine höhere Lebensmittelqualität vorzutäuschen. Z.B. Zuckercouleur (bewirkt eine intensive Braunfärbung) darf für Brot und Kleingebäck, ebenso bei allen Lebensmitteln, aus deren Verkehrsbezeichnung hervorgeht, dass sie mit Malz, Karamell, Schokolade, Kaffee oder Tee hergestellt werden, nicht mehr verwendet werden.

Synthetische Farbstoffe können allergische Reaktionen auslösen!

Zusatzstoffe in Lebensmitteln

Lebensmittel	Farbstoffe	Aromastoffe	Emulgatoren	Gelier-, Verdickungsmittel	Konservierungsstoffe	Antioxidantien
Süßwaren Konditoreiwaren	■	■	■	■	■	■
Fertigsuppen Fertigsoßen	–	■	■	■	■	■
Dessert- und Cremespeisen	■	■	■	■	■	–
Wurst- und Fleischwaren	–	■	■	■	■	■
Brot	■	–	–	–	■	■
Bier, Fruchtsaft, Milch	–	–	–	–	–	–

Konservierungsstoffe

Konservierungsstoffe **verhindern** oder **verzögern den mikrobiellen Verderb** in Lebensmitteln. Sie **hemmen die Mikroorganismen** (Bakterien, Hefen, Pilze) in ihrem Wachstum oder töten sie sogar ab. Die Haltbarkeit wird verlängert. Bei den Konservierungsstoffen unterscheidet man:

Oberflächenbehandlungsstoffe:
Sie dürfen nur auf der Oberfläche von Lebensmitteln aufgebracht werden, z. B. bei Zitrusfrüchten und Bananen, um Schimmelbildung zu verhindern. Sie müssen mit der Bezeichnung des verwendeten Konservierungsstoffes kenntlich gemacht werden – »konserviert mit« oder »mit Konservierungsstoffen«.

Oberflächenbehandlungsstoffe:

- *Z. B. Diphenyl, E 230, Orthophenylphenol, E 231, sind zur Behandlung von Zitrusfrüchten und ihren Schalen zur Herstellung von Orangeat und Zitronat zugelassen.*
- *Z. B. Thiabendazol, E 233, ist nur für die Schalenoberfläche zugelassen. Es darf nicht mitverzehrt werden!*

Konservierungsstoffe, die dem Lebensmittel zugesetzt und verzehrt werden, z. B.:

- **Sorbinsäure, Sorbate** (z. B. in Feinkostprodukten und Margarine)
- **Benzoesäure, Benzoate** (z. B. in Gemüse-, Obstkonserven, Marinaden)
- **PHB-Ester** (in Fischkonserven)

Da kein Konservierungsstoff gleichermaßen gegen alle Mikroorganismen wirkt, werden in der Lebensmittelverarbeitung oft mehrere Konservierungsstoffe gleichzeitig zugesetzt.

Schweflige Säure (Sulfit, E 220) wird dem Wein schon seit über 200 Jahren als Konservierungsstoff zugesetzt. Sulfite wirken als Farbstabilisator und **hemmen das Wachstum von Wildhefen**, die zu Fehlgärung führen können. Einen sehr hohen Gehalt an schwefliger Säure haben Trockenobst (Pfirsiche, Aprikosen, Birnen – 2000 mg/kg) und Weinbeeren.

Der Zusatz von Sulfit im Wein muss nicht auf dem Etikett angegeben werden. Der Gehalt an Sulfit ist in vielen Weinen so hoch, dass mit 2 Gläsern schon die tolerierbare Tagesdosis an Sulfit erreicht ist.

Natriumnitrit (E 250) führt in Wurst, Schinken und Fleischwaren zur Ausbildung der **Pökelröte**. Die Pökelung von Fleischwaren stellt auch heute noch das wirksamste Verfahren zur **Verhütung von Lebensmittelvergiftungen** durch das gefährliche Bakterium **Clostridium botulinum** dar, das durch Erhitzung nicht abgetötet werden kann (s. S. 4).

Nitrit bildet insbesondere unter Hitzeeinwirkung zusammen mit Eiweißbaustoffen Krebs auslösende Nitrosamine, z. B. beim Überbacken von Salami oder gekochtem Schinken mit Käse (Pizza oder Toast-Hawaii). Der Käse sollte also erst kurz vor Ablauf der Garzeit darüber gegeben werden.

Zutatenliste auf Konservierungsstoffe prüfen – Allergiker oder allergiegefährdete Personen sollten Konservierungsstoffe wie Benzoesäure oder PHB-Ester meiden!
Schalen behandelter Zitrusfrüchte dürfen auch nach dem Waschen nicht verzehrt werden.

In den internationalen Markt werden zukünftig immer mehr Lebensmittel einbezogen, die durch Bestrahlung konserviert wurden. In Deutschland ist bisher nur die Bestrahlung von getrockneten und aromatischen Kräutern und Gewürzen mit entsprechender Kennzeichnung erlaubt. Eine Kennzeichnung bestrahlter Lebensmittel wird von den Verbraucherverbänden gefordert, ist aber bisher nicht vorgeschrieben. Bestrahlte Lebensmittel sollten gemieden werden.

- *Gepökelte Fleischwaren, z. B. Kasseler, rohen oder gekochten Schinken, selten anbieten!*
- *Gepökelte Wurst und Fleischwaren nicht braten oder grillen!*
- *Mit Käse überbackene Gerichte wie Pizza oder Toast-Hawaii einschränken! – Nitrosaminbildung!*
- *Ggf. nitritarmen Käse, z. B. Emmentaler, verwenden.*

Antioxidantien

Nicht nur Mikroorganismen, auch Sauerstoffeinwirkung kann zu einem Verderb von Lebensmitteln führen. Antioxidantien binden den Sauerstoff der Luft und erhalten die Lebensmittelqualität. Ohne Antioxidantien kommt es zu hohen Verlusten der Vitamine A und C, Speisefette werden schneller ranzig und die lebensmitteleigenen Farbstoffe in Obst und Gemüse werden abgebaut.

Antioxidantien werden z. B. Margarine, Ölen, Wurst, Käse, Fruchtsaftgetränken und Obst- und Gemüsekonserven zugesetzt.

Man unterscheidet u. a.:

- **natürliche Antioxidantien**, z. B.:
  Vitamin C (Ascorbinsäure), E 300
  Vitamin E (Tocopherol), E 306 bis 309
  Milchsäure, E 270
  Citronensäure, E 330

Sie haben keine negativen Auswirkungen auf die Gesundheit, da sie natürliche Bestandteile von Lebensmitteln sind und im Körper abgebaut werden können.

- **synthetische** (künstliche) **Antioxidantien**, z. B.
  Gallate, E 310 bis 312

Sie können allergische Reaktionen auslösen und sollten möglichst gemieden werden.

So kann das Ranzigwerden von Speisefetten verhindert werden!

- *Kühllagerung oder Tiefkühlung unter luftdichter Verpackung*
- *Dunkellagerung*
- *Frittierfett nicht öfter als 3-mal erhitzen*
- *Fette nicht in Metallgefäßen oder Alufolie aufbewahren*

Emulgatoren

Emulgatoren sind Stoffe, die Wasser und Fetttröpfchen stabil miteinander vermischen.

Die wichtigsten Emulgatoren sind:

- **Lecithin**, E 322
- **Mono- und Diglyceride** von Speisefetten, E 470

Es gibt natürliche Emulgatoren, z. B. Lecithin aus dem Eidotter. Die meisten Emulgatoren sind synthetische Emulgatoren.

Emulgatoren werden im menschlichen Körper wie Fettsäuren abgebaut – sie sind gesundheitlich unbedenklich.
Der wasserfreundliche Teil des Emulgators taucht in die Wasserphase ein. Das fettfreundliche Ende taucht in die Fettphase ein.

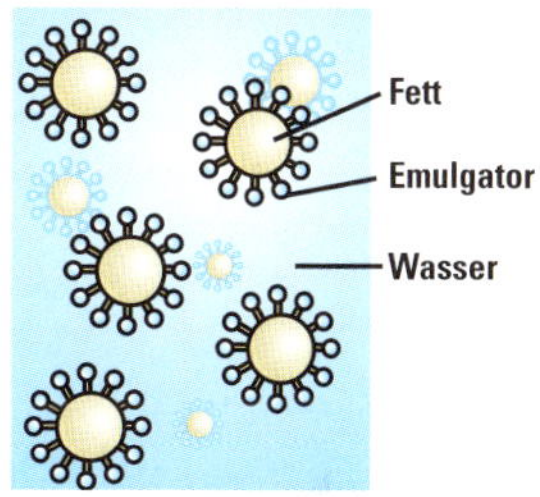

Wirkung eines Emulgators

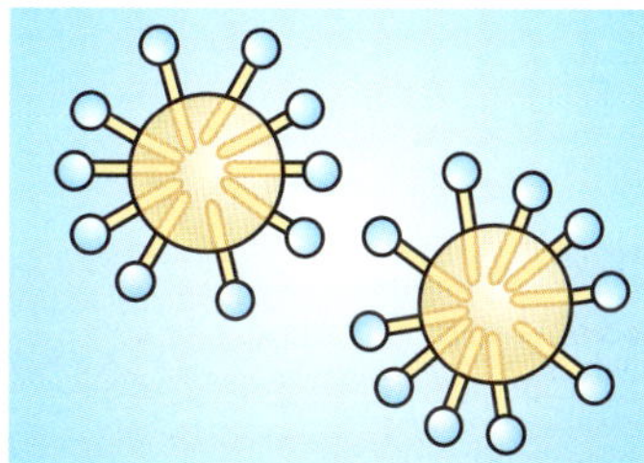
Fett-in-Wasser-Emulsion (Milch)

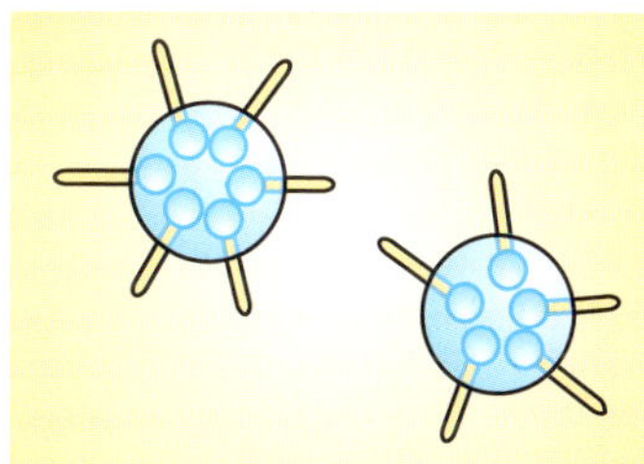
Wasser-in-Fett-Emulsion (Butter)

Einsatz der Emulgatoren in der Lebensmittelverarbeitung:

Margarine	stabile Verteilung von Wasser und Fettphase
Wurstwaren	verhindert Fettabscheidung während der Lagerung
Schokolade	gleichmäßige Verteilung der Kakaobutter in der Schokoladenmasse – keine Fettreifbildung
Backwaren	bessere Porung, lockere Krumenstruktur, das vorzeitige Weichwerden der Kruste wird verhindert
Desserts	schaumige, cremige Beschaffenheit bleibt erhalten

Süßstoffe und Zuckeraustauschstoffe

Süßstoffe sind chemisch sehr unterschiedliche natürliche oder synthetische Verbindungen, die eine erheblich höhere Süßkraft als der Haushaltszucker aufweisen.

Süßstoffe

- sind praktisch energiefrei
- sind für die Ernährung von Übergewichtigen und Diabetikern geeignet
- werden aus natürlichen oder synthetischen Stoffen hergestellt

Süßstoffe niedrig dosieren!

- *Ab einer bestimmten Dosierung bleibt die Süßkraft auch bei weiterer Süßstoffzugabe konstant.*
- *Bei gleichzeitiger Verwendung von zwei oder mehr Süßstoffen (z. B. Saccharin und Cyclamat) wird eine höhere Süßkraft erreicht.*
- *Saccharin und Aspartam werden durch Hitze zerstört. Sie sollen daher erst nach dem Kochen den Speisen zugesetzt werden.*

Bitte beachten:
Die zugelassenen Süßstoffe gelten als gesundheitlich unbedenklich! Die tolerierbare Tagesdosis (ADI-Wert, s. S. 90) sollte nicht überschritten werden! Um diese Höchstmengen nicht zu überschreiten, verwenden die Hersteller oft Süßstoffmischungen.

Bei Kindern kann der ADI-Wert von 11 mg/kg Körpergewicht beim Trinken von mit Cyclamat gesüßten Erfrischungsgetränken leicht überschritten werden.

Achtung!
Der Süßstoff Aspartam (und damit gesüßte Lebensmittel) darf von Personen mit Phenylketonurie nur sehr sparsam verzehrt werden!

Relative Süßkraft der Zuckeraustauschstoffe im Vergleich zu Saccharose

Saccharose	1,0
Sorbit, E 420	0,6
Xylit, E 967	1,0
Mannit, E 421	0,5
Fruktose	1,2

Zuckerwaren, Marzipan, Kaugummi und Nougaterzeugnisse mit mehr als 10 % Zuckeraustauschstoffen müssen den Hinweis tragen »kann bei übermäßigem Verzehr abführend wirken!«

Xylit kann bei übermäßigem Verzehr abführend wirken.

Folgende Süßstoffe sind zur Zeit zugelassen:

Süßstoffe		Süßkraft in Relation zur Saccharose (= 1)
Saccharin	E 954	350- bis 450fache
Cyclamat	E 952	35- bis 45fache
Aspartam	E 951	200fache
Acesulfam	E 950	200fache

Lebensmittel, die Süßstoffe enthalten, müssen z. B. den Hinweis **»mit Süßstoff gesüßt«** tragen. Der Name des verwendeten Süßstoffes muss in der Zutatenliste aufgeführt sein. Saccharin hat mit zunehmender Konzentration einen unangenehmen bitteren Nachgeschmack. Der Handel bietet daher Gemische aus Cyclamat und Saccharin im Verhältnis 10 : 1 an (s. S. 151).

Süßstoffe werden vor allem bei **Diabetikerlebensmitteln** sowie bei energiereduzierten Lebensmitteln, so genannten **Light-Produkten**, eingesetzt.

Folgenden Lebensmitteln dürfen Süßstoffe zugesetzt werden:
- brennwertverminderten Erfrischungsgetränken
- Kaugummi
- brennwertverminderten Milcherzeugnissen
- süßen Suppen, Soßen, Puddings, Gelee- oder Cremespeisen
- Zuckerwaren, Marzipan- und Nougaterzeugnissen
- Mayonnaise, Feinkostsalaten, Salatsoßen
- Meerrettich, Speisesenf, Würzsoßen
- Gemüse-/Sauerkonserven, Obstkonserven

Zuckeraustauschstoffe

Hierzu gehören u. a. Fruktose, Sorbit, Mannit und Xylit. Zuckeraustauschstoffe werden aus Einfachzuckern (z. B. Sorbit aus Glukose) gewonnen. Sie besitzen den gleichen Energiewert wie die Kohlenhydrate (1 g = 17 kJ), können jedoch im Unterschied zu den Zuckern ohne das Hormon Insulin verstoffwechselt werden (s. S. 151). Zuckeraustauschstoffe werden im Dünndarm nur langsam resorbiert und führen bei übermäßigem Verzehr zu Durchfällen.

Die Zuckeraustauschstoffe werden vor allem bei der Herstellung von Diabetikererzeugnissen verwendet. Da sie dieselbe Energiemenge wie Haushaltszucker liefern, sind sie für energiereduzierte Lebensmittel ungeeignet.

Verwendung der Zuckeraustauschstoffe:

Sorbit	in Diabetikermarmelade und -gebäck, Konfekt
Mannit	in Eiscreme, Süßigkeiten
Xylit	in Kaugummi

Mit Sorbit hergestellte Diabetikermarmelade

Verdickungsmittel

Verdickungsmittel sind in der Lage, Wasser aufzunehmen. Durch das **Binden von Wasser quellen** die damit behandelten Produkte auf und bilden Gele. Wichtige Anwendungsgebiete sind: Suppen, Cremespeisen, Puddings, Desserts, Joghurt und Milchprodukte. Dickungsmittel verringern durch die Wasseraufnahme die Energiedichte (Kilokalorien je 100 Gramm Lebensmittel) und werden daher bei der Produktion von kalorienreduzierten Lebensmitteln eingesetzt.

Natürliche Dickungsmittel	Verwendung in Lebensmitteln
Agar-Agar E 406	Eiscreme, tiefgefrorene Kleingebäcke mit Himbeeren, Cremeschnitten
Alginate E 400 bis 405	Desserts, Eiscreme, Pudding, Barbecue-Soßen, Dressings
Obstpektine E 440	Desserts, Gelees, Konfitüren, Obstkuchen, Puddings, Marmelade
Johannisbrotkernmehl E 410	Geleeanteil in Kleingebäck, fertige Salate, Salatcreme
Guarkernmehl E 412	Fertigsoßen, fertige Salate, Milchshakes, Fruchtgetränke
Traganth E 413	Salatdressing, Schmelzkäse, Kuchendekoration
Carrageen E 407	Biskuits, Desserts, Babynahrung, Eiscreme, Salatdressings
Gummi arabicum E 414	fertige Kuchenmischungen
Gelatine	Desserts, Fruchtgummi, Obst- und Sahnetorten

Viele Lebensmittelrohstoffe enthalten natürliche Dickungs- und Gelierstoffe (z. B. Beerenfrüchte und Äpfel das Pektin). Dies wird bei der Herstellung von Konfitüre genutzt.

Chemisch veränderte natürliche Verdickungsmittel:
Methylcellulose, E 461 Cremesuppen in Dosen, Backzutaten, fertige Kuchenmischungen
modifizierte Stärke Cremes, Desserts, Füllungen, Geleeartikel, Gummibonbons

Beim Verzehr von natürlichen Dickungsmitteln wurden bisher keine gesundheitlichen Nebenwirkungen beobachtet.

Chemische Lockerungsmittel

Chemische Lockerungsmittel werden vor allem bei der Herstellung von Backwaren eingesetzt. Sie entwickeln während des Backens Gase, z. B. Kohlenstoffdioxid und Wasserdampf, die sich mit zunehmender Erwärmung ausdehnen und zu einer Lockerung des Gebäcks führen – das Gebäckvolumen vergrößert sich. Die bekanntesten chemischen Lockerungsmittel sind Backpulver (Natriumhydrogencarbonat), Hirschhornsalz (ABC-Trieb = Ammoniumbicarbonat) und Pottasche (Kaliumcarbonat).
Für eine phosphatverminderte Ernährung für Kinder mit hyperkinetischem Syndrom (»Zappelphilipp«) sind Rührteige mit Backpulver ungeeignet. Der Handel bietet jedoch auch Weinsteinbackpulver ohne Phosphat an.

Chemische Lockerungsmittel müssen genau dosiert werden!
Zu niedrige Zugabe führt zu wenig gelockerten, dichten Gebäcken, zu hohe Zugabe führt zu breitlaufenden, aufgetriebenen Gebäcken.

Zusatzinformationen:

Pottasche *setzt Kohlenstoffdioxid nur bei Säureeinwirkung frei; sie wird in fein gesäuerten Lebkuchenteigen verwendet und gibt dem Gebäck einen laugigen Geschmack.*
Hirschhornsalz *bildet beim Erhitzen Kohlenstoffdioxid, Ammoniak und Wasserdampf. Da Ammoniak in feuchten Gebäcken gesundheitsschädlichen Salmiakgeist bildet, darf Hirschhornsalz nur in flachen Trockengebäcken verwendet werden.*
Natron wird zur Lockerung in leicht sauren Teigen eingesetzt. Die Säure setzt das Kohlenstoffdioxid aus dem Natron frei.
Backpulver *enthält neben Natron auch Phosphat und andere saure Salze.*

Rührmasse

Zutaten:
250 g Margarine
200 g Zucker
10 g Vanillezucker
4 Eier (240 ml Vollei)
500 g Weizenmehl
6 g Backpulver
125 ml Trinkmilch (1,5 %)

a) Ergänzen Sie die Herstellung des Rührteiges.
b) Stellen Sie eine Auswahl von Gebäcken zusammen, die mit einer Rührmasse hergestellt wurden.

Chemische Lockerungsmittel	Verwendung
Backpulver	Massen- und Mürbeteiggebäcke
Hirschhornsalz	flache Mürbeteig- und Lebkuchengebäcke
Pottasche	Lebkuchen
Natron	fein gesäuerte Lagerteige, z. B. Lebkuchen

AUFGABEN

1. *Informieren Sie sich im Supermarkt über das Angebot an Fertiggebäcken und die in ihnen enthaltenen Lockerungsmittel. Wie wirken die enthaltenen Lockerungsmittel jeweils?*
2. *Ein Gast beschwert sich, dass bei der Herstellung des Marmorkuchens chemische Lockerungsmittel verwendet werden. Er befürchtet, dass im Gebäck gesundheitsschädliche Stoffe zurückbleiben.*
   Welche Auskunft geben Sie dem Gast?
3. *Informieren Sie sich über die Verarbeitungseigenschaften der verschiedenen chemischen Lockerungsmittel.*

Wie schmeckt die Erdbeere wirklich?

Personen, die den Geschmack von zwei Erdbeerfruchtzubereitungen testen sollten, konnten zwischen natürlichen und naturidentischen Aromen nicht unterscheiden – viele bevorzugten die mit naturidentischen Aromen pürierten Früchte.

Aromastoffe und Geschmacksverstärker

Aromastoffe sind konzentrierte Zubereitungen, die den Lebensmitteln einen besonderen Geruch und Geschmack verleihen. Sie sind zum direkten Verzehr nicht geeignet.

Die **Aromastoffe** werden in drei Gruppen unterschieden:

- **Natürliche Aromastoffe** werden aus natürlichen pflanzlichen oder tierischen Rohstoffen gewonnen, z. B. Vanille.
- **Naturidentische Aromastoffe** werden synthetisch hergestellt und sind chemisch gleich aufgebaut wie die natürlichen Aromastoffe.
- **Künstliche Aromastoffe** werden chemisch hergestellt und konnten in natürlichen Rohstoffen bisher noch nicht nachgewiesen werden.

Künstlich aromatisierte Lebensmittel werden oft wegen ihres sehr intensiven Geschmacks gegenüber den natürlichen Lebensmitteln bevorzugt.
Aromatisierte Lebensmittel regen den Appetit an – so läuft einem schon bei dem Geruch, z. B. von Vanille, das Wasser im Munde zusammen.

200 g JOGHURT MILD MIT ERDBEERZUBEREITUNG
MIT 3,5 % FETT IM MILCHANTEIL
ZUTATEN: JOGHURT MILD, 19 % ERDBEERZUBEREITUNG (CALCIUMLACTAT, MAGNESIUMCITRAT, VITAMIN E, NATÜRLICHE AROMEN), ZUCKER

Geschmacksverstärker verstärken den Geschmack und/oder den Geruch eines Lebensmittels bzw. mindern Geschmacksfehler. Als Geschmacksverstärker werden u. a. verwendet:

- Glutaminsäure E 620
- Natriumglutamat E 621
- Natriuminosinat E 631

Geschmackspapillen auf der Zunge nehmen fünf Geschmacksrichtungen wahr: salzig, sauer, süß, bitter und umami (umami = wohlschmeckend).

Natriumglutamat, ein weißes Pulver ohne Eigengeschmack, ist der am häufigsten verwendete Geschmacksverstärker. Ob süß, salzig, sauer oder bitter, Glutamat gibt allen Speisen – Fertiggericht, Tütensuppe oder Fischkonserven – das gewünschte Geschmacksprofil. Der Gehalt an Glutamat ist durch das Lebensmittelgesetz jeweils festgelegt. Glutamat muss auf Lebensmittelverpackungen nur als »Geschmacksverstärker« gekennzeichnet sein.

AUFGABEN

1. *Wie unterscheiden sich Aromastoffe und Geschmacksverstärker?*
2. *Welche Bedeutung haben Zuckeraustauschstoffe in Lebensmitteln?*
3. *Wie unterscheiden sich Süßstoffe und Zuckeraustauschstoffe?*
4. *Welche Dickungs- und Geliermittel werden bei der Lebensmittelherstellung häufig verwendet? Nennen Sie Lebensmittelgruppen, in denen sie eingesetzt werden, und erläutern Sie ihre Wirkung als Zusatzstoff in diesen Lebensmitteln. Welche Dickungs- und Geliermittel verwenden Sie in Ihrem Betrieb? In welchen Speisen werden Sie jeweils eingesetzt?*
5. *Sorbinsäure hat den ADI-Wert 25.*
   Erläutern Sie die Bedeutung dieses ADI-Wertes für die Ernährung (s. S. 90). Verwenden Sie dazu Beispiele von Lebensmitteln, die diese Konservierungsstoffe enthalten.
6. *Erläutern Sie die Verwendung von »Emulgatoren« bei der Lebensmittelverarbeitung.*

AUFGABEN

Praktische Aufgaben zur Sensorik und Lebensmittelqualität:

1. *Was ist drin in den Kartoffelchips?*
   a) Vergleichen Sie verschiedene Sorten von Kartoffelchips anhand ihres Geschmacks. Welche Sorte schmeckt Ihnen am besten?
   b) Vergleichen Sie die in den Chips jeweils enthaltenen Zusatzstoffe.
2. *Dips statt Chips!*
   Gestiftete Möhren, Paprika und Gurken, dazu leckere Dips – eine Alternative zu den gewohnten Fernsehknabbereien Chips und Flips!
   a) Suchen Sie nach geeigneten Rezepten für die Herstellung von Dips und schreiben Sie diese auf.
   b) Vergleichen Sie den Energiegehalt und den Nährstoffgehalt von Chips und Dips. Was fällt Ihnen dabei auf?
   c) Stellen Sie verschiedene Dips her und bieten Sie diese zu Gemüse an.
3. *Untersuchen Sie die folgenden Lebensmittel daraufhin, welche Stoffe sich außer den in der Produktionsbezeichnung genannten Stoffen noch in dem Lebensmittel befinden:*
   Fertiggerichte, z. B. Hühnerfrikassee, Gyros, Gulasch etc., Tüten- und Dosensuppen, z. B. Spargelcremesuppe, Backmischungen, Feinkostsalate, z. B. Pusztasalat, Fleisch-, Heringssalat etc.
   Welche Unterschiede können Sie im Vergleich zu den selbst hergestellten Speisen feststellen?

Vanillegeschmack

Natürliche »Vanille« gewinnt man aus den Schoten der Orchideenart Vanilla planifolia. Der Aromastoff wird künstlich hergestellt und dann als »Vanillin« bezeichnet.

1. *Vergleichen Sie Vanillezucker und Vanillinzucker nach Geruch, Geschmack und Aussehen.*
2. *In welchen Lebensmitteln ist Vanille oder Vanillin verarbeitet? Vergleichen Sie die Preise dieser Produkte.*

Das Lebensmittelgesetz regelt den Gehalt an Natriumglutamat:

- *in Lebensmitteln: maximal 1 % (10 g pro kg)*
- *in Soßen: maximal 2 %*
- *in Würzmitteln: maximal 50 %*
  Babykost darf kein Glutamat enthalten!

Geschmacksverstärker Glutamat

Das »Essen beim Chinesen« kann bei empfindlichen Personen Kopfschmerzen, Krämpfe, Schweißausbrüche, sogar Asthmaanfälle auslösen. Glutamat ist meist der Auslöser. Empfindliche Menschen reagieren schon auf 1 bis 2 g Glutamat mit allergischen Reaktionen, bei allergieunempfindlichen Personen ist kein schädigender Einfluss zu erwarten. Beachten Sie dies auch in Ihrer Küche!

Lebensmittelqualität auf den ersten Blick? Optisch unterscheiden sich die Getränke wenig. Die sensorische Prüfung und genaue Analyse der Inhaltsstoffe zeigt die unterschiedliche Qualität.

Sensorische Beurteilung von Getränken

Füllen Sie jeweils Orangensaft, -nektar und Orangenfruchtsaftgetränk in verdeckt markierte Becher.

a) Verkosten Sie die einzelnen Proben und beurteilen Sie diese nach Farbe, Süßegrad und Fruchtigkeit .

b) Vergleichen Sie Ihre sensorische Beurteilung mit der Kennzeichnung auf der Lebensmittelverpackung. Informieren Sie sich über die Qualitätsunterschiede.

Gütezeichen *(CMA-Gütezeichen bei Fleisch, Deutscher Adler Gütezeichen u.a. bei Eiern, Käse)* ***Warenzeichen*** *(»Bioland«, »Demeter«, »Eco vin« für Lebensmittel aus ökologischem Landbau) kennzeichnen die Lebensmittelqualität auf rechtlicher Grundlage.*

Güteklassen *sind Bestandteil der Qualitätsnormen und gelten im gesamten EG-Bereich. Neben diesen EG-Verpackungsnormen gibt es für einige ausgewählte Obst- und Gemüsesorten (z.B. Brombeeren, Feldsalat) noch deutsche* ***Handelsklassen****, deren Angabe jedoch freiwillig ist.*

1.5 LEBENSMITTELQUALITÄT

Die Qualität umfasst die Summe aller Eigenschaften und Merkmale eines Lebensmittels. Erzeuger, Verbraucher und Lebensmittel verarbeitende Betriebe stellen jeweils andere Anforderungen an die Qualität, wenn sie ein Lebensmittel beurteilen.

1.5.1 QUALITATIVE BEURTEILUNG VON LEBENSMITTELN

Der Genusswert umfasst alle Merkmale eines Lebensmittels, die der Verbraucher mit seinen Sinnen (sensorisch) wahrnimmt, z.B. Farbe, Aroma (Geschmack und Geruch) und Konsistenz.

Der Nähr-/Gesundheitswert beurteilt den Gehalt an wertgebenden Inhaltsstoffen und die gesundheitliche Bedeutung eines Lebensmittels, z.B.

- Nährstoffdichte und Energiegehalt
- Gehalt an Ballaststoffen und gesundheitsfördernden Stoffen, wie z.B. Vitaminen und Mineralstoffen
- Bekömmlichkeit, Verdaulichkeit
- Gehalt an wertmindernden Schadstoffen, Mikroben, Zusatzstoffen

Der ökologische Wert gewinnt im Hinblick auf die steigende Umweltbelastung eine größere Bedeutung – Einsatz von Pflanzenschutz- und Tierarzneimitteln, Energieverbrauch bei Produktion und Transport sowie Massentierhaltung stören nachhaltig unser Ökosystem.

Der Eignungswert hat je nach Zielgruppe verschiedene Merkmale, z.B.

- für den Verbraucher: Preis, Haltbarkeit, küchentechnische Eignung
- für den Landwirt: Ertragsfähigkeit, Ernteeigenschaften, Marktwert
- für den Fabrikanten: Lagerfähigkeit, Verarbeitungseigenschaften, Sensorik

Für Obst und Gemüse, das nach Güteklassen angeboten wird, gelten folgende Mindesteigenschaften: Es muss ganz, gesund, frisch, sauber, frei von fremdem Geruch oder Geschmack und frei von übermäßiger äußerer Feuchtigkeit sein. Die Güteklassen gliedern sich wie folgt:

- **Klasse Extra** – hervorragende Qualität, sortentypisch in Form, Größe und Färbung
- **Klasse I** – gute Qualität, typische Merkmale der Sorte, ganz leichte Fehler
- **Klasse II** – fehlerhafte Ware, die jedoch die oben genannten Mindestanforderungen erfüllt
- **Klasse III** – Verarbeitungsware, grundsätzlich im Handel verboten

Klasse I – dicht stehende Blume

Klasse II – etwas lose stehende Blume, leichte Quetschung

1.5.2 EINFLUSSFAKTOREN AUF DIE LEBENSMITTELQUALITÄT

Die Lebensmittelqualität wird maßgeblich durch Züchtung und Erzeugung, Transport und Lagerung sowie durch die Lebensmittelverarbeitung bestimmt. Auf einige Einflussfaktoren soll beispielhaft eingegangen werden:

Züchtung und Erzeugung

In der **konventionellen Landwirtschaft** führen die Züchtung neuer, ertragreicher Sorten und ein hoher Einsatz von Mineraldünger und Pestiziden zu einem höheren Gehalt an Nitrat und Pestiziden als in ökologisch produzierten Nahrungsmitteln. Die Fleischqualität wird durch die Art der Tierhaltung sowie durch die Fütterung maßgeblich beeinflusst.

Ökologisch arbeitende Landwirte verzichten auf leicht lösliche Mineraldünger, synthetische Pflanzenschutzmittel und Masthilfsmittel. Als Düngemittel dienen Kompost, Humus und Gesteinsmehle. Für Produkte des ökologischen Landbaus gibt es das »Bio-Siegel«.

Der **Treibhausanbau** stellt ganzjährig ein vielfältiges Angebot an Gemüse und Obst zur Verfügung. Treibhausware weist jedoch meist höhere Nitratgehalte auf als Freilandgemüse und -salate.

Ausländisches Obst und Gemüse werden für den Transport in unreifem Zustand geerntet und mit Konservierungsstoffen behandelt (s. a. S. 92).

Die **Gentechnik** hat bisher in Deutschland noch keine praktische Bedeutung in der Lebensmittelproduktion. Gentechnisch veränderte Pflanzen und Nutztiere sowie Milch- und Wursterzeugnisse werden aber bereits in den Versuchslabors entwickelt (s. S. 101).

Transport und Lagerung

Gemüse, Salate und Obst sind nach der Ernte am wertvollsten. Transport und Lagerung führen bei den meisten Lebensmitteln zu Qualitätsverlusten, z. B. Farbveränderungen, Verlust an Aromastoffen und Vitaminen, Welken und Austrocknen bis hin zum Verderb. Die Qualitätseinbußen sind abhängig von der **Lagerdauer, Lagertemperatur** und **Luftfeuchtigkeit, Verpackung** sowie von der **Behandlung** der gelagerten Lebensmittel. Eine sofortige Verarbeitung vermindert den Wertverlust.

Lebensmittelverarbeitung

Das Waschen von Gemüse und Kartoffeln, das Kühlen der Milch, das Zuschneiden garfertiger Fleischteile sind Maßnahmen, die der Verbraucher als qualitätsverbessernd schätzt. Gesundheitsschädliche Stoffe werden durch mechanische und thermische Bearbeitung vermieden oder entfernt. Die Verdaulichkeit vieler roher Lebensmittel wird durch das Erhitzen erhöht, die Nährstoffe können dadurch besser ausgenutzt werden.

Die Lebensmittelverarbeitung führt also zu vielen erwünschten Qualitätsveränderungen:

Je nach Prozessführung kommt es aber auch zu Verlusten an wertgebenden Inhaltsstoffen, z. B. Vitaminen und Mineralstoffen durch Schälen, Auslaugen oder Erhitzen (s. S. 80 f.). Verarbeitete Lebensmittel weisen daher oft niedrigere Gehalte an essentiellen Nahrungsinhaltsstoffen auf.

*Das **Lebensmittelrecht** schützt den Verbraucher vor wirtschaftlichen und gesundheitlichen Schädigungen. Es orientiert sich an dem **Lebensmittel- und Bedarfsgegenständegesetz (LMBG)**, das verbietet*

1. ***»Lebensmittel für andere derart herzustellen, dass ihr Verzehr geeignet ist, die Gesundheit zu schädigen«.***
2. ***»Stoffe, deren Verzehr geeignet ist, die Gesundheit zu schädigen, als Lebensmittel in den Verkehr zu bringen«.***

- *Die Höchstmengenverordnung legt Höchstmengen an Rückständen in pflanzlichen und tierischen Lebensmitteln auf der Grundlage der ADI-Werte fest.*

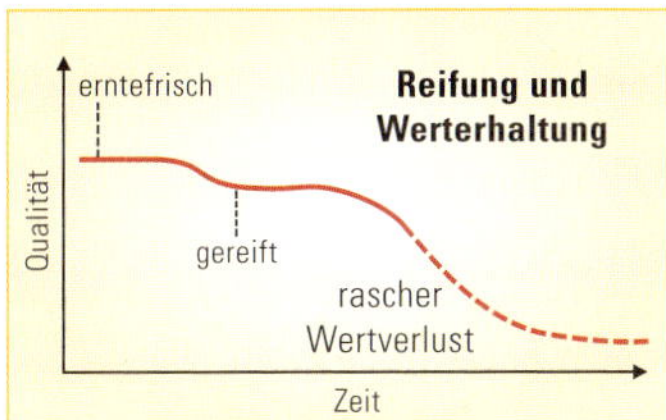

Lernsituation:

Legen Sie sich ein Fachwortverzeichnis, das wie ein Vokabelheft aufgebaut ist, oder einen Karteikasten mit Fachbegriffen an.
Erschließen Sie sich zunächst folgende Begriffe anhand von Fachliteratur:

- Nitrat, Pestizide
- essentiell (essentielle Nahrungsinhaltstoffe – suchen Sie Beispiele)
- transgen

Erweitern Sie dieses Verzeichnis mit Begriffen, die Ihnen nicht bekannt sind.

Hauptkriterien	Teilkriterien	
	Art	**Ziele**
Eignungswert	Angebotsvielfalt und Abwechslung	differenzierte Lebensmittelauswahl, vielfältige Zubereitung, definierte Angebotshäufigkeiten
	Portionsgrößensicherung	angemessene und definierte Portionsgrößen, exakte Portionierung
	kosten- und preisgünstiges Angebot	Vollkostendeckung (einschl. Gewinn) bei geringen Kosten und niedrigem Preis
Gesundheitswert	ausreichende Energie- und Nährstoffzufuhr	Zufuhr von Energie und Nährstoffen im Durchschnitt pro Woche gemäß DGE-Empfehlungen
	Begleitstoffminimierung oder -vermeidung	Vermeidung von Lebensmitteln mit allergener Potenz, Vermeidung von Zusatzstoffen
	Keim- und Toxinminimierung	Wareneingangskontrolle, fachgerechte und planmäßige Verarbeitung, Einsatz funktioneller und hygienischer Betriebsmittel, Maßnahmen der Personalhygiene
Genusswert	angemessene sensorische Qualität	Einhaltung einer mindestens mittleren Qualitätsstufe bei Farbe, Form, Konsistenz, Geruch und Geschmack von Speisen
	ansprechende Darbietung der Speisen	ansprechende Garnierung, ausreichende Gefäßgröße und Serviertemperatur, keine Kleckse
	Berücksichtigung von Verzehrsgewohnheiten	Berücksichtigung von Wünschen, Vorlieben und Abneigungen aufgrund regionaler und altersabhängiger Präferenzen

AUFGABEN

1. *Sie sollen soeben gelieferte Lebensmittel vorschriftsmäßig im Vorrat lagern: Mehl, Zucker, Kartoffeln, Kopfsalat, Erdbeeren, Äpfel, Möhren, Rindfleisch, frische Pilze, Frischmilch und Frischfleisch. Wie müssen die Lebensmittel gelagert werden, um Qualitätsverluste zu vermeiden?*
2. *Informieren Sie sich in einem Supermarkt über das Angebot an Gemüse aus konventionellem, ökologischem und Treibhausanbau. Vergleichen Sie jeweils Aussehen, Geschmack und Preise der Lebensmittel.*
3. *Die Verpflegungsqualität wird auch von den Erwartungen der Essensteilnehmer bestimmt.*
   a) Erstellen Sie einen Katalog mit Gästeerwartungen.
   b) Wie werden die Erwartungen in der Praxis (Betrieb) berücksichtigt?

1.5.3 NOVEL FOOD

Die **Novel-Food-Verordnung** trat am 15. Mai 1997 in Kraft und regelt die Zulassung von neuartigen Lebensmitteln und Lebensmittelzutaten (Novel Food). In neuen Produktionsverfahren werden aus pflanzlichen und tierischen Rohstoffen gezielt Grundbausteine, z. B. Fette, Eiweiße oder Kohlenhydrate, isoliert und daraus maßgeschneiderte neuartige Lebensmittel hergestellt. Nicht mehr die Qualität der Rohwaren, sondern technische Möglichkeiten bestimmen die geschmacklichen und sonstigen Eigenschaften. Der Zusatz von Aroma- und Süßstoffen, Farbstoffen, Fettersatz- u. a. Zusatzstoffen ermöglicht, dass Aussehen und Geschmack immer gleich sind.

Novel Food sind Lebensmittel, die
- *nach neuen Produktionsverfahren hergestellt werden*
- *aus Mikroorganismen, Pilzen oder Algen bestehen oder aus diesen isoliert werden*
- *aus gentechnisch veränderten Organismen hergestellt werden*
- *eine neue molekulare Zusammensetzung aufweisen*

Beispiele:
- ***Olestra** – unverdaulicher Fettersatzstoff*
- ***Joghurt** mit transgenen Kulturen*
- ***Quorn** – Fleischersatz aus Schimmelpilzkulturen*

Neuartige Lebensmittel dürfen nur dann in den Verkehr gebracht werden, wenn keine Gefahr für den Verbraucher besteht!

Gentechnisch erzeugte Lebensmittel

Gentechnisch hergestellte Lebensmittelzusatzstoffe, Süßstoffe, Enzyme (Labersatz in der Käseherstellung) und Mikroorganismen (Backhefe) werden bereits in der Lebensmittelproduktion eingesetzt – inzwischen müssen sie gekennzeichnet sein.

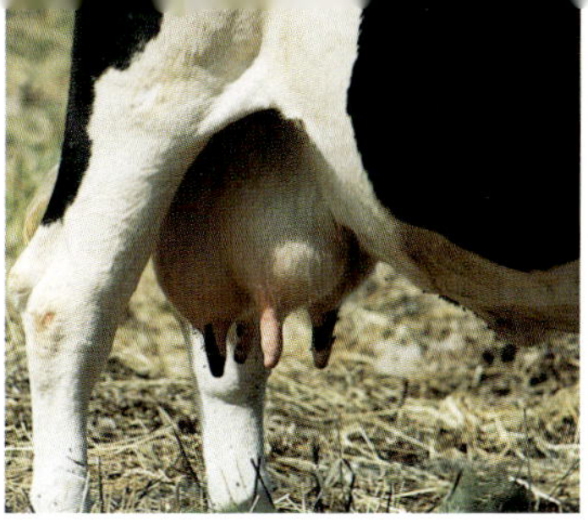

25 % mehr Milchausbeute durch gentechnische Züchtung

Die Gentechnik kann die Züchtung und den Produktionsaufwand in der Landwirtschaft vereinfachen und die Erträge steigern – so kann bei pflanzlichen Lebensmitteln der Nährstoffgehalt erhöht, der Geschmack verbessert und die Resistenz gegen Pflanzenkrankheiten verbessert werden. Der Fleischansatz und die Milchleistung von Nutztieren können wesentlich gesteigert werden und die Tiere erreichen in kürzerer Zeit ihr Schlachtgewicht in der landwirtschaftlichen Produktion. Der Einsatz der Gentechnik am Erbgut von Pflanzen und Tieren ist in Deutschland bisher verboten.

Die Langzeitwirkung von gentechnisch veränderten Organismen auf Umwelt und Gesundheit ist bisher noch nicht ausreichend untersucht, mögliche Risiken müssen noch abgeklärt werden!

Im Interesse der Verbraucher sollte die Kennzeichnung von gentechnisch veränderten Lebensmitteln noch deutlicher werden und auch Zusatzstoffe und technologische Hilfsmittel erfassen.

Schöpfung aus dem Gentechnik-Labor – Sinn oder Unsinn?

- *krankheitsresistente Zuckerrübe*
- *Antimatschtomate*
- *Kühe mit höherer Milchleistung*
- *Schweine mit 40 % höherem Fleischansatz*
- *cholesterinarmes Hühnerei*

So arbeitet die Gentechnologie

Gene (= Erbmaterial im Zellkern) mit bestimmten erwünschten Eigenschaften werden den Zellen eines Organismus entnommen und in vermehrungsfähige Zellen eines anderen Organismus eingebracht. Der Stoffwechsel und die Eigenschaften dieser Zellen werden dabei gezielt verändert – die Zelle entwickelt neue Eigenschaften, die der Mensch für seine Zwecke nutzen kann. Über Zellkulturen werden die gentechnisch gewonnenen Organismen mit den neuen Eigenschaften vermehrt.

Lernsituation:

Überlegen Sie Vor- und Nachteile, die gentechnisch veränderte Lebensmittel für Verbraucher, Produzenten und Handel bringen. Stellen Sie die Vor- und Nachteile in einer Pro-Contra-Diskussion gegenüber.

- Bilden Sie dazu zwei Gruppen, die Pro-Gruppe und die Contra-Gruppe.
- Sammeln Sie in Ihrer Gruppe die entsprechenden Argumente auf Metaplankarten.
- Wählen Sie einen Diskussionsleiter, der als Moderator auftritt.
- Stellen Sie Ihre Argumente vor und befestigen Sie die Metaplankarten jeweils an einer Stellwand.
- Reagieren Sie auf die Argumente der anderen Gruppe.

1.5.4 FUNCTIONAL FOOD

»Functional Foods« sind in der Regel natürliche Lebensmittel, die mit bestimmten **Nährstoffergänzungen** – Antioxidantien, Mineralstoffen, Vitaminen, sekundären Pflanzenstoffen – angereichert worden sind. Sie haben zusätzlich zu ihrem **üblichen Ernährungswert** eine **positive Wirkung auf die Gesundheit und Leistungsfähigkeit**. Auch Lebensmittel, bei denen bestimmte Inhaltsstoffe (Immunogene), die z. B. eine Lebensmittelunverträglichkeit auslösen können, entfernt worden sind, gehören zu den Functional Foods.

In Deutschland sind die so genannten **probiotischen Lebensmittel** Wegbereiter für funktionelle Lebensmittel.

Probiotische Lebensmittel stellen die größte Lebensmittelgruppe dar, zu der Joghurterzeugnisse, Quark, Käse, Müslis, Salami und Fruchtsäfte gehören. Sie enthalten bestimmte Arten von Milchsäurebakterien, die den Weg durch den Magen-Darm-Trakt größtenteils überleben und sich vorübergehend im Dickdarm ansiedeln. Sie üben einen positiven Einfluss auf die Gesundheit aus und wirken Darmstörungen entgegen.

ACE-Getränke sind Erfrischungsgetränke, vorwiegend aus Mischungen von Orangen- und Karottensaft. Sie werden mit antioxidativen Vitaminen – Beta-Carotin, Vitamin C und E – angereichert (das »A« in ACE bezieht sich auf das Beta-Carotin, eine Vorstufe des Vitamin A). Diese Wirksubstanzen fangen freie Radikale (= bestimmte Sauerstoffverbindungen) ab und beugen dadurch vermutlich

»Functional Food« in Deutschland:

- *probiotische Joghurts, Quarkzubereitungen, Hüttenkäse, Schnittkäse, Milchfruchtgetränke, Müslis*
- *mit Kräutern angereicherte Trinkmilch, Joghurt, Quarkzubereitungen*
- *Wellness-Drinks, ACE-Drinks*
- *Müsliriegel mit Vitaminzusätzen*
- *Margarine mit Vitaminzusätzen und Omega-3-Fischöl-Extrakt*

Bei der Werbung für Functional Food sind gesundheitsbezogene Aussagen, z. B. »gut für die Gesundheit« oder »stärkt die Abwehrkräfte«, nicht erlaubt.
§ 17 LMBG (Irreführungsverbot) und § 18 LMBG (Verbot der krankheitsbezogenen Werbung) müssen beachtet werden!

der Entstehung von Krebs und Herz-Kreislauf-Erkrankungen vor. Neu auf dem Markt sind tiefgefrorene Gemüsemischungen mit einem hohen Gehalt an antioxidativen Vitaminen.

Wellness-Produkte enthalten neben Vitaminen Zusätze von Kräuterauszügen, wie z. B. Melisse und Johanniskraut. Sie sollen für ein verbessertes Wohlbefinden sorgen. Auch sekundäre Pflanzenstoffe werden eingesetzt, so z. B. in Joghurt oder Fruchtsaft, der mit Grüntee-Extrakt angereichert wird.

Eine andere Gruppe funktioneller Lebensmittel enthält Zusätze von bestimmten mehrfach ungesättigten Fettsäuren, den **Omega-3-Fettsäuren,** und soll vor Herz-Kreislauf-Erkrankungen schützen.

Energy Drinks werden vor allem zur Leistungssteigerung eingesetzt. Ihre belebende Wirkung geht vom Coffein aus, das darin in etwa der doppelten Menge wie in herkömmlichen Erfrischungsgetränken (z. B. Cola-Getränke) enthalten ist. Einige Energy Drinks enthalten Taurin, das laut Werbung eine belebende Wirkung haben soll. Weitere Inhaltsstoffe sind Zucker und Zuckerabkömmlinge.

In Deutschland gibt es zurzeit noch keine spezielle Regelung für das In-Verkehr-Bringen – der Begriff »Functional Food« ist nicht geschützt. Nach bundesdeutschem Lebensmittelrecht sind jedoch Aussagen, die sich auf die Beseitigung, Linderung oder Verhütung von Krankheiten beziehen, im Zusammenhang mit den Lebensmitteln verboten. In der Europäischen Union werden funktionelle Lebensmittel lebensmittelrechtlich wie herkömmliche Lebensmittel behandelt.

Funktionelle Lebensmittel und ihre Wirkungen

Wirksubstanzen	angestrebte Wirkungen	Beispiele
probiotische Milchsäurebakterien	wirken positiv auf die Darmbakterien	Milchprodukte, Salami, Müslis (= probiotische Lebensmittel)
Ballaststoffe	fördern die Vermehrung der Darmbakterien	Joghurterzeugnisse, Müslis, Margarine
Antioxidantien	schützen vor freien Radikalen	ACE-Getränke, spezielle Gemüsemischungen
Omega-3-Fettsäuren	schützen vor Herz-Kreislauf-Erkrankungen	Omega-Eier, Omega-Brot, Erfrischungsgetränke
Kräuterauszüge	steigern das Wohlbefinden	Joghurterzeugnisse, Erfrischungsgetränke

Energy Drinks sind für Kinder und coffeinempfindliche Personen nicht geeignet. Sie sollen nicht zusammen mit Alkohol getrunken werden. Da sie in Dosen angeboten werden, sind sie für die Umwelt problematisch.

AUFGABEN

1. *Erstellen Sie eine Liste über das Angebot an funktionellen Lebensmitteln in Ihrem Supermarkt. Charakterisieren Sie die Lebensmittel jeweils nach den enthaltenen Wirksubstanzen und ihren angestrebten Wirkungen.*
2. *Leisten funktionelle Lebensmittel in einer vollwertigen Ernährung einen wichtigen Beitrag? Diskutieren Sie diese Frage in der Klasse.*

1.5.5 CONVENIENCE-PRODUKTE

Wörtlich übersetzt heißt Convenience Food »bequeme Lebensmittel«. Convenience-Produkte sind vorgefertigte Lebensmittel, die in großer Auswahl als Halbfertig- und Fertigprodukte angeboten werden. Sie ersparen zeit- und personalaufwändige Vor- und Zubereitungsarbeiten und erleichtern die Lagerung und Vorratshaltung.

Appetitliche Gerichte sind mit Convenience-Produkten schnell zubereitet. Rohkostsalate und Obst- oder Gemüsesäfte gleichen mögliche Vitaminverluste der Convenience-Produkte aus.

Halbfertigprodukte sind vorbereitete Nahrungsmittel, die in der Küche noch fertig zubereitet und gegart werden müssen. Nach dem Aufbereitungsgrad unterscheidet man:

- **Küchenfertige Lebensmittel**
  Die Vorbereitungsarbeiten sind bereits abgeschlossen; sie müssen mit Zutaten fertig zubereitet und gegart werden.
  Beispiele:
  Gefriergemüse, Backmischungen, geputzte Blattsalate, ausgenommenes Geflügel/Fisch

- **Garfertige Lebensmittel**
  Die Vor- und Zubereitungsarbeiten sind durchgeführt; sie müssen noch gegart werden.
  Beispiele:
  gewürzte/panierte Fleischstücke, Teigwaren, Trockensuppen, vorfrittierte Pommes frites, Kartoffelklöße im Kochbeutel, backfertiger Kuchen

Bitte beachten:
Gefrierobst hat einen hohen Vitamin-C-Gehalt.

Fertigprodukte bezeichnen aufbereitfertige und verzehrfertige Erzeugnisse. Sie werden entweder kalt verzehrt oder müssen noch erhitzt werden.

- **Aufbereitfertige Lebensmittel**
  Sie sind fertig vorbereitet und gegart und müssen nur noch aufgewärmt und angerichtet werden. Einige Erzeugnisse, wie z. B. Feinkostsalate, Pasteten und Desserts, können sofort nach dem Portionieren und Anrichten serviert werden.
  Beispiele:
  Instantbreie, Dosen- und Tiefkühlgerichte, Fleischgerichte, Suppen, Tiefkühlkuchen, Soßen- und Cremepulver

- **Verzehrfertige Lebensmittel**
  Sie können nach dem Auspacken sofort verzehrt werden.
  Beispiele:
  Obstkonserven, Kuchen, Desserts, Wurst- und Fischkonserven, Puddings

Deutsche verwenden häufig Convenience-Produkte
Fast jeder 2. Haushalt verwendet wenigstens 2-mal in der Woche Convenience-Produkte zum Mittagessen. Zusätzlich kommen abends zwei- bis siebenmal wöchentlich Fertigprodukte oder Fertiggerichte, z. B. Pizzen, Nudelgerichte, auf den Tisch. Besonders stark zugenommen hat die Nachfrage nach Tiefkühlkost sowie nach Komplettmenüs.

Ob in der Küche vorgefertigte oder frische Ware eingesetzt werden sollte, kann nur durch einen Vergleich von Kosten, Arbeitszeit und Speisenqualität entschieden werden. Bei dem Aspekt Qualität muss bedacht werden, dass frische Lebensmittel durch Lagerung und Transport höhere Qualitätsverluste aufweisen können als Convenience-Prdodukte, die sofort nach der Ernte zu Tiefkühlkost verarbeitet werden.

Der Einkauf von Convenience-Produkten ist jedoch nur kostensparend, wenn gleichzeitig die Personalkosten reduziert werden. Ansonsten steigen die Wareneinsatzkosten.

Schonende technologische Herstellungsverfahren (z. B. Gefriertrocknen, Tiefkühlen) ermöglichen eine weitgehende Erhaltung der Lebensmittelinhaltsstoffe und verlängern die Haltbarkeit. Luftdichte Verpackungen schützen die Produkte vor negativen Veränderungen und garantieren Nährwerterhaltung und Hygiene.

Die Lebensmittelverarbeitung bestimmt den Nährwert. Mit zunehmender Verarbeitung sinkt insbesondere der Gehalt an wertvollen Vitaminen und Mineralstoffen (s. a. S. 82).

Kartoffeln bilden den idealen Rohstoff für Convenience-Produkte, ihre Verarbeitung zu Convenience Food soll hier beispielhaft dargestellt werden. Nach der technologischen Herstellung unterscheidet man drei verschiedene Produktgruppen:

- **Tiefkühlprodukte**

Tiefkühlen ist die vielseitigste Methode zum Konservieren.
Tiefkühlprodukte enthalten keine chemischen Zusätze oder Konservierungsmittel.

- **Wärmebehandelte Produkte**

Eine Wärmebehandlung bei Temperaturen von ca. 100 °C macht die Produkte keimfrei.
In Dosen aus Weißblech halten sich die Inhalte besonders gut. Mit Innenlackierung sind sie zusätzlich geruchsneutral.
Kunststoff-Verbundbeutel mit Aluminiumschicht sind ebenfalls beliebte Behälter.
Für relativ kurzfristige Bevorratung werden auch vakuumierte Kunststoffbeutel benutzt.

- **Trockenprodukte**

Dafür eignen sich besonders Produkte aus pürierten Kartoffeln, denen das Wasser entzogen wurde, oder auch Chips.
Heute gibt es vorbereitete Mahlzeiten, die ebenfalls getrocknet wurden.

Je nach Aufbereitungsgrad unterscheidet man 4 Fertigungsstufen:

- **küchenfertig**

z. B. vorfrittierte, tiefgekühlte oder unter kontrollierter Atmosphäre lagernde Pommes frites

- **garfertig**

z. B. Kartoffelflocken für Kartoffelpüree

- **aufbereitet**

z. B. Kroketten, lose tiefgekühlt, Rösti in der Dose oder im Beutel

- **tischfertig/verzehrfertig**

z. B. Pommes chips, Kartoffelsalat im Beutel

Vorteile der Convenience-Produkte:

- *Einsparung von Zeit/Arbeitskraft/Energie*
- *niedrigere Wareneinsatzkosten*
- *leichtere Vorratshaltung*
- *ein von der Jahreszeit unabhängiges Nahrungsmittelangebot*
- *kürzere Garzeiten*
- *Energieeinsparung*
- *Vereinfachung schwieriger Herstellungsprozesse*
- *gleich bleibende Qualität*
- *konsequente Hygiene- und Laborkontrolle in allen Prozessstufen*

Nachteile der Convenience-Produkte:

- *höherer Preis als frische Waren*
- *höherer Gehalt an Zusatzstoffen*
- *Einbußen in Aroma und Geschmack*
- *weniger Variationsmöglichkeiten*
- *niedrigerer Vitamin- und Mineralstoffgehalt als bei frischen Lebensmitteln*
- *niedrigere Nährstoffdichte*
- *vorgegebene Geschmacksrichtung*

Für die Herstellung von schmackhaften und qualitativ ansprechenden Speisen müssen die verwendeten vorgefertigten Produkte bei den nachfolgenden Arbeitsschritten durch besondere Zutaten vervollständigt und verfeinert werden.

Beispiel: Verfeinerung von Tiefkühlgemüse
Zur Verfeinerung des Geschmacks können Gewürze, Butter, Kräuter, Sahne, Crème fraîche oder angeschwitzte Speck- oder Zwiebelwürfel zugegeben werden.
Beim Anrichten werden die Gemüse je nach Sorte mit Schinkenscheiben umwickelt, frittiert oder gebraten, überbacken oder in andere Gemüse, z.B. Paprika/Tomaten, gefüllt.

Auch in der Großküche selbst können vorgefertigte Produkte im Voraus hergestellt werden, z.B.

- Salatsoßen, in Behälter gefüllt und gekühlt
- Suppen, portionsweise gekühlt, sterilisiert oder tiefgekühlt
- Blattsalate, in dichten Behältern gekühlt
- gegartes Fleisch, portionsweise mit/ohne Soße gekühlt oder tiefgekühlt

Convenience-Produkte belasten die Umwelt:

- *aufwändige Verpackung (Kunststoff, Aluminium, Papier)*
- *hoher Energieverbrauch durch Erzeugung und Lagerung*
- *lange Transportwege bis zum Endverbraucher*
- *hohe Nährstoffverluste bei der Verarbeitung*

AUFGABEN

1. *Welche Convenience-Produkte werden in Ihrem Betrieb verwendet? Erörtern Sie, wie diese Convenience-Produkte bei der Verarbeitung verfeinert werden können.*
2. *Welche Vorteile bietet die Verwendung von Convenience-Produkten im Vergleich zu frischen Lebensmitteln? Begründen Sie anhand Ihrer Praxiserfahrungen.*
3. *Erkunden Sie das Angebot an Convenience-Produkten in Ihrem Supermarkt. Beurteilen Sie Nährwert, Zeitersparnis bei der Speisenherstellung, Verpackungsanfall im Vergleich zu konventionell aus Rohwaren zubereiteten Speisen.*
4. *Stellen Sie ein vollständiges Mittagsmenü aus Convenience-Produkten zusammen. Welche Überlegungen müssen bei der Herstellung des Mittagessens sowie bei den übrigen Mahlzeiten berücksichtigt werden, damit die Versorgung mit Vitaminen gedeckt wird?*
5. *Sie möchten zum Mittagessen einen Gemüseeintopf anbieten. In welchen Fertigungsstufen werden Convenience-Produkte angeboten? Vergleichen Sie Qualität, Preise und den für die Speisenherstellung notwendigen Arbeitseinsatz.*
6. *Wie können die folgenden Halbfertigprodukte – Suppen, Soßen, Kartoffelklöße – bei der Weiterverarbeitung verfeinert werden?*
7. *Welche Erzeugnisse können kostengünstiger im eigenen Betrieb vorgefertigt werden?*

Convenience-Produkte

1.6 LEBENSMITTELAUSWAHL UND SPEISENANGEBOTE

Bei der Planung der Mahlzeiten müssen beachtet werden:
- **der Energie- und Nährstoffbedarf der Essensteilnehmer**
- **die Wünsche der Essensteilnehmer**
- **bestimmte Anforderungen an die Ernährungsform, z.B. bei Diäten, Nahrungsmittelunverträglichkeiten**
- **die Jahreszeit mit entsprechenden Lebensmittelangeboten**
- **Geld, Zeit und Arbeitskraft, die für die Speisenzubereitung zur Verfügung stehen**

Mit der Nahrung erhält der Körper die Nährstoffe, die er zum Leben braucht. Außerdem schaffen ein fantasievoll zusammengestellter Speiseplan und appetitlich angerichtete Speisen eine Atmosphäre, die das Wohlbefinden steigert, Genuss bereitet und Stress abbaut. Die gemeinsame Mahlzeit ermöglicht Geselligkeit und stellt soziale Kontakte her.

1.6.1 MAHLZEITENGESTALTUNG

- *Obst und Gemüse der Jahreszeit aus regionalem Anbau bevorzugen*
- *Auf weniger aufwändige Lebensmittelverpackungen achten*
- *Weniger Fleisch und Wurstwaren, mehr Obst, Gemüse und Getreideprodukte verzehren*

Die Leistungsfähigkeit des Menschen wird durch die Ernährung beeinflusst. Eine **bedarfsgerechte Kost** mit fünf kleineren, gleichmäßig über den Tag verteilten Mahlzeiten vermeidet Leistungstiefs und beugt Ermüdungserscheinungen vor. Daher sollten neben den drei **Hauptmahlzeiten** – Frühstück, Mittag- und Abendessen – zwei **Zwischenmahlzeiten** – 2. Frühstück und Nachmittagsimbiss – verzehrt werden. Die Mahlzeiten sollten in Ruhe und in angenehmer Atmosphäre eingenommen werden.

Regeln zum Aufstellen, Zusammenstellen und Planen von Mahlzeiten

1. **Lebensmittel der Saison/Region bevorzugen**
   Diese sind preisgünstig, außerdem qualitativ hochwertig in Aroma, Aussehen und Geschmack.

2. **Abwechslung bei der Lebensmittelauswahl und Farbgestaltung**
   »Das Auge isst mit« – die Mahlzeit sollte optisch ansprechend gestaltet werden.

3. **Ausgewogenheit von leichten und schweren Speisen**
   Beispiel für ein unausgewogenes 1. Frühstück:
   Rührei mit gebratenem Speck, Wurst, Schinken, Butter, Brötchen, Kaffee
   Beispiel für ein ausgewogenes 1. Frühstück:
   Rührei, Brot/Brötchen, Butter, Quark, Marmelade, frisches Obst, Milch oder Joghurt, Kaffee

4. **Bekömmlichkeit der Speisen**
   Sie ist von den Ernährungsgewohnheiten, dem Gesundheitszustand und dem Lebensalter abhängig und wird von jedem Menschen unterschiedlich beurteilt. Lebensmittelauswahl, Menge und Zubereitungsart müssen daher auf die Bedürfnisse der Essensteilnehmer abgestimmt werden.

Verteilung der Energiezufuhr auf 5 Mahlzeiten

Tagesenergiebedarf in %	
1. Frühstück	20 bis 25
2. Frühstück	10
Mittagessen	30 bis 35
Imbiss	10
Abendessen	25

Bei der Zusammenstellung der Mahlzeiten soll auf eine **vollwertige Ernährung** mit einem hohen Anteil an Nahrungsmitteln hoher Nährstoffdichte geachtet werden (s. S. 138). Die Energiezufuhr soll entsprechend den individuellen Leistungsanforderungen auf den Tag verteilt (vgl. Aufstellung links) und an den **persönlichen Energiebedarf** angepasst werden.

Zusätzlich sind der Ernährungskreis (s. S. 119) sowie die 10 Regeln der DGE (s. S. 138) zu beachten.

1.6.2 FRÜHSTÜCK – PAUSENFRÜHSTÜCK

Ein ausgewogenes Frühstück ist eine gute Grundlage für den Start in den neuen Tag. Es hilft außerdem, den hohen Leistungsanforderungen in Schule, Ausbildung und Beruf gewachsen zu sein. Während in Großverpflegungseinrichtungen, wie z. B. Krankenhäusern, Altenheimen oder Kantinen, meist nur ein Frühstück angeboten wird, gibt es im Familienhaushalt häufig ein erstes und ein zweites Frühstück.

Frühstücksangebote

Das Frühstück sollte aus verschiedenen Brot- oder Kleingebäcksorten, Butter, Marmelade oder Honig bestehen. Als Eiweißträger bieten sich Käse, Quark, Wurst, Schinken und Eier an. Eine Auswahl an Obst und Gemüse sowie Obst- und Gemüsesäfte decken den Vitaminbedarf.

Man unterscheidet

- das einfache Frühstück aus verschiedenen Brot- und Kleingebäcksorten, Butter, Marmelade, Honig und einem Heißgetränk, z. B. Kaffee, Tee, Kakao oder Milch,
- das erweiterte Frühstück, das außerdem Wurst, Schinken, Käse, Eierspeisen, Frischobst und Gemüse, Fruchtsäfte und Müsli beinhaltet.

Einfaches Frühstück für eine Person	
Kaffee, Kakao oder Tee	2 Tassen, ca. ¼ Liter
Kondensmilch	10 g (= 2 Kaffeelöffel)
Zucker/Würfelzucker	10 g (= 2 Kaffeelöffel oder 2 St.)
Brot/Kleingebäck	80 g
1 Portion Butter	20 g
1 Portion Marmelade/Honig	20 g (= 2 Teelöffel)

Erweitertes Frühstück für eine Person	
1 Portion Käse	25 g (= 1 Scheibe)
1 Portion Wurst	25 g (= 1 Scheibe)
1 Portion Quark	50 g (= 1 gehäufter Esslöffel)
1 Frühstücksei/Rührei	50 g
Müsli + Milch/Joghurt	50 g

Frühstück – so oder so! ?

Beispiel 1: deftig-kräftig
1. Frühstück
1 Weizen- oder Sesamvollkornbrötchen
10 g Butter
1 Scheibe gekochter Schinken
1 Glas Orangensaft/1 Tasse Kakao

Pausenfrühstück
1 Scheibe Vollkornbrot (40 g)
10 g Butter
20 g Frischkäse
Schnittlauchröllchen/Radieschen

Beispiel 2: für »Süße«
1. Frühstück
2 EL Getreideflocken 6-Korn-Mischung
1 TL Honig
1 Becher Naturjoghurt
150 g Frischobst der Saison
1 Tasse Milchkakao

Pausenfrühstück
1 Vollkorncroissant (50 g)
1 Apfel/Birne/Obst der Jahreszeit

Beispiel 3: für Frühstücksmuffel
1. Frühstück
1 Glas Vollmilch (⅛ l) oder Kakao
Orangensaft oder Früchtemilch aus:
100 g Erdbeeren oder Bananen ...
1 TL Honig, etwas Zitronensaft
⅛ l Milch

Pausenfrühstück
z. B. Obst. Milchprodukte, Vollkornbackwaren

Qualität statt Quantität

Vollkornbackwaren
Müsli (frisch geschrotet)
Frischobst/Obst-, Gemüsesäfte
Buttermilch, Kefir, Quark
Honig, Konfitüre
Käse, mageres Fleisch/Wurst
leichte Eierspeisen

Im Krankenhaus werden die einzelnen Komponenten für die Mahlzeiten vom Patienten auf einer Auswahlkarte zusammengestellt.

Mo	Di	Mi	Do	Fr	Sa	So

Vollkost Früh — Name: *Frau Schulze* — Zimmer: *S 10*

KA	Station	Getränke			Brot
■	1	Bohnenkaffee ☒	Butter 10 g ☒	Quark ☐	Mischbrot 1 2 3 4
	2	Kaffee entkoff. ☐	Butter 20 g ☐	Käse ☐	Weißbrot 1 2 3 4
	3	Früchtetee ☐	Diätmargarine 10 g ☐	gek. Ei ☒	Vollkornbrot 1 2 3 4
	4	schwarzer Tee ☐	Diätmargarine 20 g ☐	Wurst ☐	Leinsamenbrot ☒ 2 3 4
	☒ 5	Pfefferminztee ☐	Konfitüre ☐		Knäckebrot 1 2 3 4
	6	heiße Milch ☐	Diätkonfitüre ☐		Zwieback 1 2 3 4
	7	Zucker ☐	Honig ☒		Brötchen ☒ 2 3 4
	8	Süßstoff ☐			
	9	Kondensmilch 2x ☒			

Pausenfrühstück so – oder so?

Schokoriegel, Milchschnitte und Backwaren sind als 2. Frühstück beliebt, haben aber wegen ihres hohen Zuckergehaltes viele Nachteile:

- *kariogene Wirkung*
- *niedriger Vitamin-/Mineralstoff- und hoher Energiegehalt*
- *geringer Sättigungswert*
- *machen müde und unkonzentriert*
- *begünstigen Übergewicht*

Frühstücksbuffet

In der Gemeinschaftsverpflegung, in Tagesstätten und Altenheimen wird das Frühstück meist als Buffet angeboten (s. S. 245). Leicht verdauliche, vollwertige Nahrungsmittel und Speisen sind im Trend und werden von den Kunden gerne verzehrt.

Pausenfrühstück – praktische Tipps

Es sollte attraktiv zubereitet und schonend verpackt sein

- Brotsorte, Belag und Obst-, Gemüsebeilage öfter mal wechseln
- saftige Beilagen (Quarkzubereitungen, Feinkostsalate, geschnittenes Gemüse) nicht auf das Brot, sondern in separate Dosen legen
- Schulfrühstück in Pergamentpapier und Frühstücksbox verpacken (Klarsichtfolie und Alufolie belasten als Abfall die Umwelt!)
- als Getränk Saftschorlen oder Mineralwasser anbieten
- es kann schon am Abend zubereitet und im Kühlschrank verpackt aufbewahrt werden – so bleibt es appetitlich frisch!

Zwischenmahlzeiten

Sie verhindern das Absinken der Leistungsfähigkeit. Sie sollen auffrischen, ohne zu belasten – darum dürfen sie nicht zu schwer und zu umfangreich sein. Einige Vorschläge für gesunde Zwischenmahlzeiten:

- **Obst der Saison, z.B. Äpfel, Birnen, Bananen, Apfelsinen** (sie sind im Unterschied zu Beerenobst gut transportfähig!)
- rohes Gemüse (ganz, geschnitten), z.B. Möhren, Radieschen, Kohlrabi, Tomaten
- Milch und Milcherzeugnisse, evtl. mit frischem Obst zubereitet – als Richtmaße gelten 150 g (Kinder), 250 g (Erwachsene)
- Vollkornbackwaren mit Käse, Wurst oder Schinken
- Müsli aus Getreideflocken, Nüssen, Früchten, Milch

AUFGABE

Sie machen die Bestellung für das Frühstücksbuffet und die Lunchpakete einer Gruppe von 40 Schulkindern der 4. Klasse für den nächsten Tag fertig. Erstellen Sie einen Vorschlag für die Zusammenstellung der Lebensmittel (Auswahl, Mengen, Zubereitung).

1.6.3 MITTAGESSEN

Es besteht meist aus drei Gängen, **Vorspeise**, **Hauptgang** und **Nachspeise**, die in Aussehen, Geschmack, Nährwert und Zubereitung sinnvoll aufeinander abzustimmen sind. Bei der Zusammenstellung der Speisen sind zu berücksichtigen:

Jahreszeit, z. B.:
- **saisonbedingte Rohwaren** bevorzugen mithilfe eines Saisonkalenders
- je nach Jahreszeit unterschiedliche Speisen anbieten:
  in der warmen Jahreszeit: leicht verdauliche, frische Gerichte, z. B. kalte Vorspeisen, Auswahl an Salaten, kurz gebratene kleine Fleischgerichte, Eis oder frisches Obst als Dessert,
  in der kalten Jahreszeit: kräftige, wärmende Speisen, z. B. warme Vorspeisen (Suppen), Fleischgerichte mit kräftiger Soße, Gemüse- und stärkehaltige Beilagen, Cremespeise oder Crêpe als Dessert

Personenorientierung, z. B.:
- **ältere Menschen** bevorzugen leicht verdauliche, fett- und energiearme Speisen
- **Patienten im Krankenhaus** benötigen eine Auswahl verschiedener Menüs, z. B. Normalkost, leichte Vollkost, Diabetes-Diät
- **Kinder in einer Ganztagesbetreuung** bevorzugen kindgerechte Gerichte.
- **Teilnehmer eines Kongresses** erwarten leichte, ausgewählte Speisen und Gerichte in kleinen Mengen
- **Veganer** verzehren nur Speisen aus pflanzlichen Lebensmitteln

Ernährungsphysiologische Gesichtspunkte, z. B.:
- **Energie- und Nährstoffgehalt** müssen auf die Essensteilnehmer abgestimmt werden
- **Nahrungsmittelunverträglichkeiten** oder **ernährungsbedingte Krankheiten** sind zu berücksichtigen

Beispiele für Speisenfolgen eines Mittagessens in einer/m

betreuten Grundschule	Altenheim	Kantine (Bank)
Tomatensuppe	Kraftbrühe	Kraftbrühe
Putenschnitzel (paniert)	Hühnerfrikassee	Putenbrustfilet
Kartoffelpüree	Reis	Kroketten
Erbsen und Möhren	Kopfsalat	gemischter Salat
Vanillepudding	Schokoladencreme	Obstsalat

AUFGABE

1. *Erstellen Sie einen Wochenspeiseplan für Mai für das Mittagessen*
   a) in einem Jugendgästehaus mit 100 Jugendlichen (ca. 10 Vegetarier),
   b) in einer Einrichtung der stationären Altenhilfe.
   Welche Getränke sollten angeboten werden?
2. *Erstellen Sie eine Auswahl an kleinen Gerichten, die den Verpflegungsteilnehmern in einer Senioreneinrichtung mit Restaurant anstatt des Speisenangebotes aus der Wochenkarte zur Verfügung gestellt werden können.*

Gut abgestimmte Speisenfolge

Kraftbrühe
Fleischgericht mit Pilzen
gemischter Salat
Kroketten
Buttermilchgelee mit Obst

Fehlerhaft abgestimmte Speisenfolge

Spargelcremesuppe
Hühnerfrikassee
Kartoffelpüree
bunte Gemüseplatte
Vanillecreme und Sahne

Sommer-Wochenspeiseplan

Montag:
Tomatensuppe
Kräuteromelett mit Pilzen
grüner Salat
Beerenquarkspeise

Dienstag:
Fleischbrühe
Paprika-Gulasch, Reis
gemischter Salat
Stachelbeercreme

Mittwoch
gemischter Salat
Reis-Gemüse-Pfanne
Dessertpfannkuchen mit Beerenobst

Donnerstag
Spargelcremesuppe
Filetsteaks, Folienkartoffeln
gemischte Gemüse der Saison
Frischobst

Freitag
Spinatsuppe
gebr. Fischfilet, Kartoffel-Gurken-Salat
Birnen in Schokoladensoße

Samstag
Gemüseeintopf
rote Grütze mit Sahne

Sonntag
Rinderkraftbrühe
Schweinebraten in Kräuterkruste
Herzoginkartoffeln, Brokkoli
Buttermilchspeise mit Himbeerpüree

Serviervorschlag
für ein Abendessen

1.6.4 ABENDESSEN

Das Abendessen soll vollwertig, leicht verdaulich und nicht zu umfangreich sein. Neben einer Auswahl an verschiedenen Brotsorten, Wurst und Käse sollten auch Gemüse oder Obst angeboten werden. Ein ergänzendes Angebot an Salaten oder einfachen, leicht bekömmlichen warmen Gerichten sorgt für Abwechslung und regt den Appetit an. Kräuter- oder Früchtetee, Saftschorlen und Mineralwasser decken den Flüssigkeitsbedarf und sind anregenden oder zuckerreichen Getränken vorzuziehen.

Hier ein paar Vorschläge:

- Brot, Butter, Käse, Wurst, Kräuterrührei, Gemüsebeilage
- Brot, Butter, Käse, Wurst, Gemüsetorte, Obst
- Kräuterbaguette, Mozzarella mit Tomaten
- Kräuterquark mit Pellkartoffeln
- überbackener Toast, Salate
- Reissalat oder Schinkenreis, gemischter Salat

Es sollten verschiedene Brotsorten, z.B. Mischbrot, Vollkornbrot, Grahambrot etc., angeboten werden.

Menüs werden nach der Auswahl der Speisen und dem Anlass unterschieden:

- *Grundmenü: aus 3 Gängen*
- *erweitertes Menü: aus 4 bis 6 Gängen*
- *Menüangebot für den Alltag aus 3 Gängen; enthält auch einfachere Gerichte*
- *Menüangebot für Sonn-, Feiertage aus 3, seltener 4 Gängen; mit ausgewählteren Gerichten*
- *Menüangebote für besondere Anlässe, z.B.*
  - *Familienfeiern*
  - *Sommerfest*
  - *Empfänge*
- *Speisen und Gerichte mit hohem Qualitätsanspruch (Preis)*

AUFGABE

Erstellen Sie einen Wochenkostplan für das Abendessen in einem Altenpflegeheim. Berücksichtigen Sie dabei auch, dass einige Essensteilnehmer ein schlechtes Kauvermögen haben.

Kosten

Im Privat- und im Großhaushalt wird im Allgemeinen durch eine rationelle Einkaufsplanung sowie durch einen Wechsel von einfacheren und anspruchsvolleren Speisen in der Wochenspeiseplanung ein günstiges Preis-Leistungs-Verhältnis des Speisenangebotes erreicht, vgl. Wochenspeiseplan (S. 109).

1.6.5 ZUSAMMENSTELLEN VON GERICHTEN UND MENÜS

Beim Zusammenstellen von Gerichten und Menüs sollten die Jahreszeit, die Erwartung der Gäste sowie ernährungsphysiologische Gesichtspunkte beachtet werden (s. S. 106f. und S. 119f.). Ein weiteres Kriterium ist der Anlass, der wesentlich die Auswahl und Ausgestaltung der Speisen bestimmt.

Unterscheiden Sie folgende Begriffe:

- **Speise**

Sie wird aus einzelnen Nahrungsmitteln zubereitet, z.B. Pellkartoffeln, Kartoffelklöße, Kartoffelpüree.

- **Gericht**

Mehrere Speisen werden kombiniert, z.B. Pellkartoffeln und Heringssalat.

- **Menü**

Mehrere Speisen und Gerichte werden in einer harmonischen Reihenfolge zusammengestellt, z.B. Vorspeise, Hauptgericht, Nachspeise, Kaffee.

Auswahl	Anzahl der Gänge						
	3		4		5		6
kalte Vorspeise		■	■			■	■
Suppe	■		■	■	■	■	■
warme Vorspeise				■	■	■	■
Hauptgericht	■	■	■	■	■	■	■
Zwischengericht					■		■
Nachspeise	■	■	■	■	■	■	■

Bei der Planung eines Menüs sollten die folgenden Regeln beachtet werden:

1. **Das Hauptgericht wird zuerst festgelegt.**
   Danach werden Vorspeise und Dessert, je nach Anlass weitere Gänge geplant.
2. **Lebensmittel der Saison werden bevorzugt.**
   Erdbeeren im Januar, Spargel im Dezember sollten vermieden werden.
3. **Abwechslung in der Speisenfolge**
   - in der **Auswahl der Rohwaren** (nicht: Tomatensuppe – gefüllte Tomaten als Hauptgericht)
   - bei der **Speisenherstellung** (nicht: überbackene Zwiebelsuppe – Lasagne als Hauptgericht)
   - in der **Bindung** (nicht Spargelcremesuppe – Fisch in Weinsoße als Hauptgericht)
4. **Ergänzung der Mahlzeitenbestandteile**
   - Zu **kurz gebratenen Fleischgerichten** passen Beilagen wie Kartoffelkroketten, Gratinkartoffeln.
   - Zu **soßenhaltigen Fleischgerichten** eignen sich Reis, Nudeln, Klöße, die Soße aufnehmen.
5. **Abwechslung und Harmonie der Speisenfarben**
   - fördern den Appetit und Genuss beim Verzehr.
   - Nach einer hellen Speise sollte eine dunkle oder farblich hervorgehobene Speise folgen, z.B. klare Ochsenschwanzsuppe, Kalbsmedaillons in Rahmsoße, Spätzle, bunte Gemüse, Obstsalat.
6. **Leichte und schwere Speisen wechseln sich ab**
   Genuss und Bekömmlichkeit werden erhöht – lästige Pfunde vermieden, z.B. Tomatensuppe – Schweinerückensteak mit Kräuterbutter, Folienkartoffeln, gemischter Salat, rote Grütze mit Vanillesoße.

Bei der Versorgung von Personen zu unterschiedlichen Anlässen sind zusätzlich die Menüregeln von S. 188 zu beachten.

Menügestaltung

Übung 1:

Das folgende Herbstmenü entspricht nicht den Menüregeln:

- *Spargelcremesuppe mit Sahnehaube*
- *Pilze in Kräuterrahmsoße, Kroketten*
- *Brokkoli mit Sauce Hollandaise*
- *Vanillecreme mit Sahne, Himbeermus*

Verbessern Sie den Menüvorschlag!

Übung 2:

Speisenauswahl für ein 4-Gänge-Menü mit 20 geladenen Gästen zum 70. Geburtstag der Bewohnerin einer Seniorenresidenz

Stellen Sie ein geeignetes Menü zusammen!

1. *Hauptgericht festlegen: ...?*
2. *Auswahl der Suppe: ...?*
3. *Auswahl der kalten Vorspeise: ...?*
4. *Auswahl der Nachspeise: ...?*

AUFGABEN

1. *Erläutern Sie die Empfehlung, 5 Mahlzeiten am Tag zu verzehren.*
2. *Warum sollen Kinder keine süßen Lebensmittel als Ersatz für ein zweites Frühstück erhalten?*
3. *Machen Sie Vorschläge für ein vollwertiges Pausenfrühstück*
   - *für einen 10-jährigen Jungen, der herzhafte Kost bevorzugt,*
   - *für einen 10-jährigen Jungen, der gerne »süß« isst.*
4. *Herr F. arbeitet als Verwaltungsangestellter und nimmt die Mittagsmahlzeit häufig am Imbiss ein. Entwickeln Sie Kriterien und Vorschläge für die Gestaltung seines Abendessens.*
5. *Erläutern Sie die Kriterien, die bei der Planung eines Menüs zu beachten sind. Sie sollen ein Abendessen für eine Gesellschaft von 25 Personen zusammenstellen. Anlass: Feier eines 60. Geburtstages. Die Gastgeberin wünscht ein leichtes 3-Gänge-Menü, da sie überwiegend ältere Gäste eingeladen hat.*

Lernsituation:

Erstellen Sie einen geeigneten Menüvorschlag (im Februar/Mai) für eine Kindertagesstätte unter Berücksichtigung der Menüregeln und Menüfehler von S. 188.

2 PERSONEN VERPFLEGEN

»Essen und Trinken halten Leib und Seele zusammen.« Mit der Nahrung erhält der Körper die Nährstoffe, die er zum Leben braucht. Essen und Trinken steigern aber auch unser »Wohlbefinden«. Über gemeinsame Mahlzeiten werden soziale Bindungen hergestellt und neue Kontakte geknüpft. Die Ernährung hat damit einen großen Einfluss auf das körperliche, geistige und soziale Wohlbefinden des Menschen.

Die Ernährungsweise des Menschen wird von Kindheit an von seiner sozialen und kulturellen Umwelt geprägt. Die Ernährungserziehung hat bei der Hinführung zu einer gesunden Ernährung eine große Bedeutung. Um heute bei dem großen Angebot an Nahrungsmitteln die richtige Wahl treffen zu können, ist eine umfassende Information erforderlich.

Projektideen für dieses Lernfeld:

- Sie sollen für eine Ausbildertagung in Ihrer Schule ein vollwertiges Mittagessen sowie Kaffee und Kuchen herstellen. Stellen Sie Überlegungen zur Raumgestaltung, Planung von Menü und Kaffeeangebot, Service etc. an und erstellen Sie einen Arbeitsplan.
- Erstellen Sie ein Konzept für die Einführung eines vollwertigen Frühstücksbuffets im Kindergarten.
- Stellen Sie die regionalen Angebote für das »Essen auf Rädern« zusammen. Analysieren und vergleichen Sie die verschiedenen Mahlzeitenangebote im Hinblick auf eine vollwertige Ernährung.
- Erstellen Sie einen Wochenkostplan für das Mittag- und Abendessen in einer Jugendherberge, die täglich neben der Normalkost vegetarische Kost anbietet.
- Entwickeln Sie ein Informationsblatt für die Ernährung
  a) bei Diabetes mellitus,
  b) bei Übergewicht,
  c) bei Fettstoffwechselstörungen.
  Erstellen Sie einen Wochenkostplan für das Mittagessen mit den zugehörigen Rezepten. Achten Sie bei der Kostzusammenstellung auch darauf, dass die Mahlzeiten (mit kleinen Variationen) auch von »gesunden Essensteilnehmern« verzehrt werden können.
- Sie wollen in Ihrer Kantine eine Aktion »gesunde Vollwertkost« durchführen. Planen Sie diese Aktion im Hinblick auf
  - Gestaltung der Werbung
  - Angebot an Speisen und Getränken
  - Rezeptauswahl, Einkauf, Zubereitung/Organisation
  - Präsentation des Speisenangebotes
  - Kalkulation
  - Gestaltung, Beschaffung von Info-Broschüren
  - Vorträge im Rahmen der Aktionstage

2.1 ERNÄHRUNG UND GESUNDHEIT

20 Milliarden Krankenkosten durch zu dicke Bäuche

»Der Mensch ist, was er isst.«

Essen – ein Vergnügen oder ein Problem?

Mein Schmerbauch gehört mir

An manchen Tagen denk' ich nur ans Essen

Milliarden für Essen und Trinken

Kräuterbutter streichelt Ihren Gaumen

Fettverliebt aus tiefer Seele

Nur eine Hand voll Reis

Fasten und Einnahme von Abführmitteln hilft Magersüchtigen ihren Körper von dem Essen zu reinigen.

Sattsein macht erst mal glücklich und zufrieden

Chronische Eiweißunterernährung in den ersten Lebensjahren kann zur verminderten Entwicklung von Gehirnzellen führen

Dicke leben gefährlich!

Zu viel, zu süß, zu fett

Unglückliche Menschen essen mehr als ...

Essen heute – Genuss oder Selbstmord mit Messer und Gabel?

Der Ernährungsbericht 2000 der DGE* weist auf eine zu hohe Zufuhr von Energie, Fetten, Zucker und Alkohol hin. Gleichzeitig ist ein hoher Anteil der Bevölkerung nicht ausreichend mit Vitaminen, Mineralstoffen und Ballaststoffen versorgt. So empfiehlt die DGE die Einhaltung der 10 Regeln für ein langes und gesundes Leben und mehr Lebensqualität (s. S. 138). Neben einer vollwertigen Ernährung werden hier jetzt auch Bewegung und Sport sowie sinnvolles Essverhalten empfohlen.

Eine zu hohe Energieaufnahme führt zu **Übergewicht** und dieses wiederum begünstigt die Entstehung anderer ernährungsabhängiger Krankheiten, s.a. S. 145 f.

Zusätzlich ist der **Kochsalzkonsum** sehr hoch. Dadurch steigt das Risiko, an Bluthochdruck zu erkranken. Insbesondere Fertiggerichte, Feinkostprodukte und Fastfood enthalten viel Kochsalz.

Ein zu niedriger Verzehr von Vollkornerzeugnissen, Kartoffeln und Gemüse führt zu einem Mangel an **Ballaststoffen**. Dies kann zu **Obstipation** (Verstopfung) führen.

* DGE = Deutsche Gesellschaft für Ernährung

Einige Ursachen ernährungsabhängiger Erkrankungen:

zu viel	Folgen
Energie, Fett	Arteriosklerose
Cholesterin	Herzinfarkt, Fettsucht
Zucker	Karies
Kochsalz	Bluthochdruck
Purine	Gicht
Alkohol	Leberzirrhose

zu wenig	Folgen
Ballaststoffe	Verstopfung
Jod	Kropf
Calcium	Osteoporose
Eisen	Anämie (Blutarmut)

Ernährungsprobleme heute!

- **Überernährung:**
  Die Energiezufuhr ist höher als der Energiebedarf. Die überschüssige Energie wird als Fett gespeichert (Übergewicht).

- **Einseitige Ernährung:**
  Der Energiebedarf wird gedeckt, die Zufuhr an lebensnotwendigen Nährstoffen reicht jedoch nicht aus. Mangelerscheinungen treten auf.

- **Nahrungsmittelallergie:**
  Dies ist eine Überreaktion der körpereigenen Abwehr, die auf harmlose Stoffe in Nahrungsmitteln mit Juckreiz, Hautausschlag, Durchfall etc. reagiert. Allergene im Lebensmittel lösen die Allergie aus. Die allergischen Symptome treten oft erst beim zweiten Kontakt mit dem Lebensmittel auf.

- **Nahrungsmittelunverträglichkeit:**
  Sie ist meist die Folge einer fehlenden/zu geringen Bildung bestimmter Verdauungsenzyme.

Auslöser einer Allergie oder Unverträglichkeit können sein:

pflanzliche Lebensmittel:
- Steinobst
- Getreide
- Hülsenfrüchte
- Sojabohnen
- Nüsse
- exotische Früchte
- Gewürze
- Tomaten

tierische Lebensmittel:
- Kuhmilch bei Säuglingen
- Eier
- Schalentiere

Zusatzstoffe:
- Konservierungsstoffe
- Geschmacksverstärker
- Farbstoffe
- Schwefelverbindungen

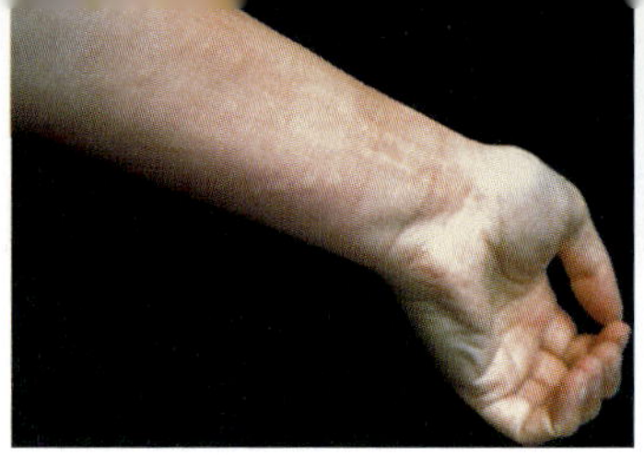

Hautausschläge bei einer Nahrungsmittelallergie

Unter den Mineralstoffen ist **Calcium** ein besonders kritischer Nährstoff. Nur eine calciumreiche Ernährung mit Milch und Milchprodukten, die möglichst schon in jungen Jahren beginnen sollte, beugt einer erhöhten Knochenbrüchigkeit vor.

Eine zu niedrige **Jodzufuhr** kann zur Entstehung eines Kropfes durch Schilddrüsenunterfunktion führen. Mindestens einmal wöchentlich Seefisch auf dem Speiseplan und die Verwendung von Jodsalz bei der Speisenzubereitung können Abhilfe schaffen.

Die **Eisenversorgung** von jungen Frauen reicht oft nicht aus. Es kommt zu **Anämien** (Blutarmut) mit Blässe und Müdigkeit. Grüne Blattgemüse und Fleisch enthalten gut verfügbares Eisen. Durch den gleichzeitigen Verzehr von Vitamin-C-reichem Gemüse oder Obst wird die Eisenaufnahme verbessert.

Viele **Gesundheitsstörungen** werden durch bestimmte Nahrungsinhaltsstoffe ausgelöst.
Karies entsteht durch den Verzehr von zuckerhaltigen Lebensmitteln bei gleichzeitiger fehlender Mundhygiene.
Nahrungsmittelallergien und **Nahrungsmittelunverträglichkeiten** nehmen zu. Mögliche Ursachen können z. B. sein:
- die zunehmende Verwendung von Zusatzstoffen bei der Herstellung von Lebensmitteln,
- der Trend zum Verzehr vorgefertigter Speisen und Speisenhilfen sowie von Feinkost- und Fertiggerichten,
- der steigende Verzehr exotischer Früchte und Gemüse.

Diese Lebensmittel können eine Allergie auslösen

Essen heute: Fastfood, Süßigkeiten und Limonade

AUFGABEN

1. *Finden Sie in der linken Abbildung heraus, welche Nahrungsinhaltsstoffe in den abgebildeten Lebensmitteln hauptsächlich enthalten sind. Welche lebensnotwendigen Inhaltsstoffe fehlen?*
2. *Welche Folgen könnte diese Ernährung langfristig für die Gesundheit haben?*
3. *Nennen Sie weitere Beispiele für eine einseitige Ernährung.*

2.1.1 VERDAUUNG UND STOFFWECHSEL

Die Nahrung liefert dem Körper **Energie- und Baustoffe** für den Aufbau von Körperzellen. In der Form, in der die Nährstoffe mit der Nahrung aufgenommen werden, kann sie der Körper nicht verwerten. Sie müssen zuerst durch die **Verdauung** in ihre Grundbausteine zerlegt werden. Diese transportiert das Blut dann zu den Körperzellen.
Im so genannten **Zellstoffwechsel** werden sie in den Körperzellen zur **Energiegewinnung** oder zum Aufbau von **körpereigenen Stoffen** verwertet.

Die Verdauung hat folgende Funktionen:
- mechanische Zerkleinerung der Nahrung
- chemischer Abbau der Nahrung in ihre kleinsten Bausteine
- Aufnahme der Nährstoffe ins Blut und in die Lymphflüssigkeit
- Ausscheidung von unverdaulichen Nahrungsbestandteilen

Die Verdauung erfolgt in dem etwa sechs Meter langen **Verdauungstrakt**.
Die verschiedenen Verdauungsorgane produzieren Verdauungssäfte von unterschiedlicher enzymatischer Zusammensetzung. Diese sind jeweils auf den Abbau bestimmter Nahrungsinhaltsstoffe spezialisiert.
Im **Mund** wird die Nahrung durch Kauen zerkleinert und mit **Speichel** vermischt, den die Speicheldrüsen absondern. Das Speichelenzym **Amylase** baut die Stärke zu kleinen Bruchstücken und zum süß schmeckenden Malzzucker ab. Die Schluckbewegungen befördern den Speisebrei durch die Speiseröhre in den Magen.
Im **Magen** wird die Nahrung mit dem **Magensaft** vermischt. Er enthält Schleim, der die Magenschleimhaut vor der Selbstverdauung schützt, sowie Salzsäure und das Enzym **Pepsin**. Die Salzsäure führt zu einer Gerinnung der Eiweißstoffe. Dadurch werden die Eiweißstrukturen aufgelockert und können durch das Pepsin besser in kleinere Eiweißbruchstücke gespalten werden. Je nach Zusammensetzung bleibt der Speisebrei zwei bis vier Stunden im Magen, besonders fettreiche Nahrung, z.B. Ölsardinen, bis zu neun Stunden. Der Schließmuskel des Magens, der **Pförtner**, gibt die Nahrung in Portionen an den obersten Dünndarmabschnitt, den **Zwölffingerdarm**, ab.
In den **Zwölffingerdarm** münden die **Gallenblase** sowie die **Bauchspeicheldrüse** und geben ihre Verdauungssäfte ab. Der Gallensaft, der in der Leber produziert und in der Gallenblase gespeichert wird, emulgiert die Fette in kleine Tröpfchen. Diese können von dem Fett spaltenden Enzym **Lipase** besser zerlegt werden. Der **Bauchspeichel** enthält Enzyme für den Abbau der Kohlenhydrate, Fette und Eiweiße – im Zwölffingerdarm werden also alle Nährstoffe weiter abgebaut.
Durch die Darmbewegungen (Peristaltik) wird der Speisebrei in den zweiten Abschnitt des **Dünndarms** transportiert. Die Dünndarmschleimhaut sondert den **Darmsaft** ab, dessen Enzyme den Abbau der Nährstoffe abschließen.

Verdauungssaftproduktion pro Tag		
		1,0 l Speichel
	+	2,5 l Magensaft
	+	0,9 l Bauchspeichel
	+	0,7 l Gallensaft
	+	1,5 l Darmsaft
	=	**6,6 Liter insgesamt**

(nach: Elmadfa/Leitzmann: Ernährung des Menschen)

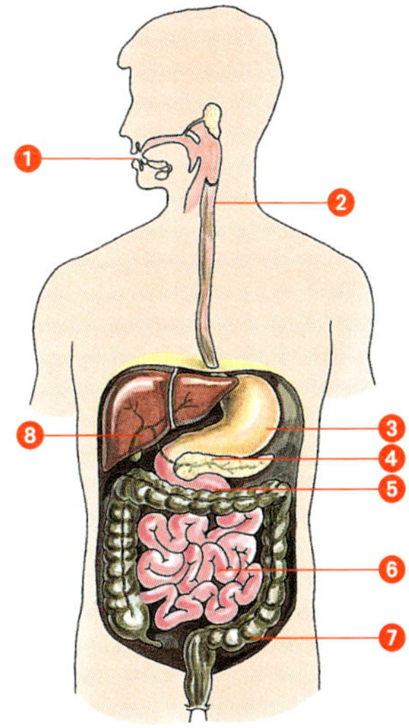

Die Verdauungsorgane

1 Mund
2 Speiseröhre
3 Magen
4 Bauchspeicheldrüse
5 Zwölffingerdarm
6 Dünndarm
7 Dickdarm
8 Gallenblase

Wichtige Begriffe:

Enzyme = *sind zusammengesetzte Eiweißstoffe, die in Drüsenzellen gebildet werden. Sie bauen die Nährstoffe in ihre kleinsten Bestandteile ab, ohne sich selbst zu verbrauchen.*
Die Enzymwirkung ist abhängig von dem pH-Wert der Umgebung und der Enzymmenge.

Verdauung = *Zerkleinerung und Abbau der Nahrung in ihre kleinsten Bestandteile*

Resorption = *Aufnahme der verdauten Nahrungsbestandteile ins Blut und in die Lymphe*

Zellstoffwechsel = *Aufbau körpereigener Stoffe und Energiegewinnung in den Körperzellen*

Verdauungsenzyme = *Bestandteile der Verdauungssäfte, die die Nährstoffe in ihre kleinsten Bestandteile zerlegen*

Versuch 1:
Gut gekaut – halb verdaut!

Kauen Sie ein Stück Weißbrot zwei Minuten gut durch.
Wie verändert sich der Geschmack? Wie erklären Sie dies?

Versuch 2:

Wir untersuchen das Weißbrot/den Speisebrei.

a) Geben Sie jeweils in ein Reagenzglas
  - *etwas Weißbrot,*
  - *ein wenig gut gekautes Weißbrot,*
  - *etwas Traubenzucker.*

  Fügen Sie jeweils 1 ml Wasser und 1 ml Fehling I- und Fehling II-Lösung zu.
  Schütteln Sie durch und erhitzen Sie kurz (Schutzbrille tragen!).

b) Erklären Sie Ihre Beobachtungen.

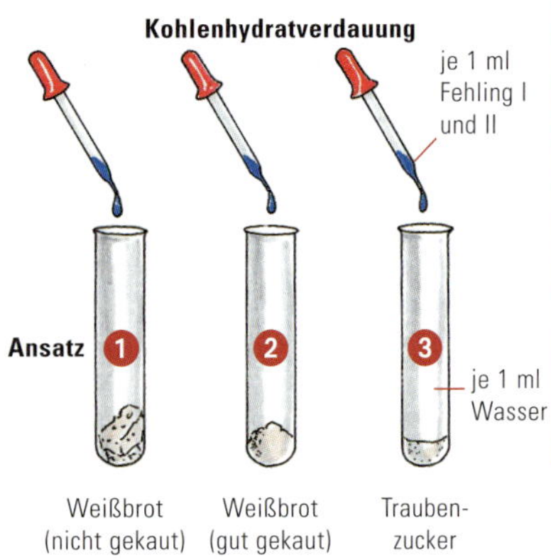

Bei der Verdauung werden
- Kohlenhydrate in Einfachzucker
- Eiweiße in Aminosäuren
- Fette in Glycerin und Fettsäuren zerlegt

Die kleinsten Nahrungsbausteine und Wasser werden durch die Dünndarmwand an das **Blut** (z. B. Einfachzucker, Aminosäuren, Glycerin, kurzkettige Fettsäuren) oder an die **Lymphe** (z. B. langkettige Fettsäuren) abgegeben (resorbiert). Von hier gelangen sie zu den Körperzellen, in denen sie **verstoffwechselt** werden. Kohlenhydrate und Fette sind wichtige **Energielieferanten**: Brennstoffe. Eiweiß, Wasser und Mineralstoffe dienen als **Baustoffe** zum Aufbau von Körperzellen. Vitamine und Mineralstoffe **regulieren die Stoffwechselvorgänge**.

Im **Dickdarm** werden die unverdaulichen Nahrungsbestandteile durch Darmbakterien weiter zerlegt. Der Speisebrei wird noch weiter eingedickt und durch den **Mastdarm** als Stuhl ausgeschieden.

Verdauung und Zellstoffwechsel der Nährstoffe

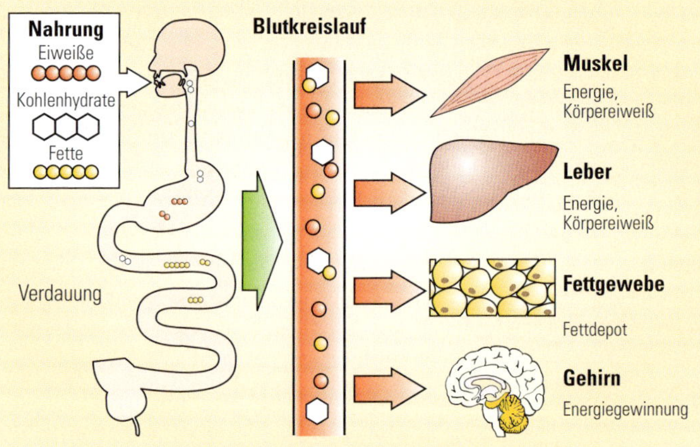

AUFGABEN

1. *Nennen Sie Speisen, die*
   a) leicht verdaulich,
   b) schwer verdaulich sind.
2. *Eine Ältere-Damen-Runde wünscht für ein Mittagessen drei Angebote für ein leicht verdauliches 4-Gänge-Menü. Erstellen Sie Auswahlkriterien und erarbeiten Sie drei Menüvorschläge.*

2.1.2 HUNGER UND SÄTTIGUNG

Im Gehirn regelt die Hirnanhangdrüse den Bedarf des Körpers an Nahrung über **Hunger** und **Sättigung**.
Hunger entsteht bei niedrigem **Blutzuckerspiegel** (z. B. nach langen Esspausen oder körperlicher Arbeit). Steigt der Blutzucker nach einer kohlenhydratreichen Mahlzeit wieder an, tritt eine Sättigung ein.
Auch der **Füllungszustand des Magens** beeinflusst die Nahrungsaufnahme. Ein leerer Magen signalisiert Hunger (Magenknurren). Ballaststoffe, Eiweiße und höherer Fettgehalt verlängern die Verweildauer der Speisen im Magen und führen zu einer lang anhaltenden Sättigung.
Stress, Langeweile, Kummer und Schönheitsideale führen dazu, dass viele Menschen Hunger und Sättigung nicht mehr richtig wahrnehmen können. Diese Außensignale lösen **Appetit** aus oder »schlagen uns auf den Magen«. Auch der Verstand übernimmt eine bewusste Steuerung des Essverhaltens. Jugendliche mit Essstörungen wie Magersucht unterdrücken das Hungergefühl und verweigern die Nahrungsaufnahme.

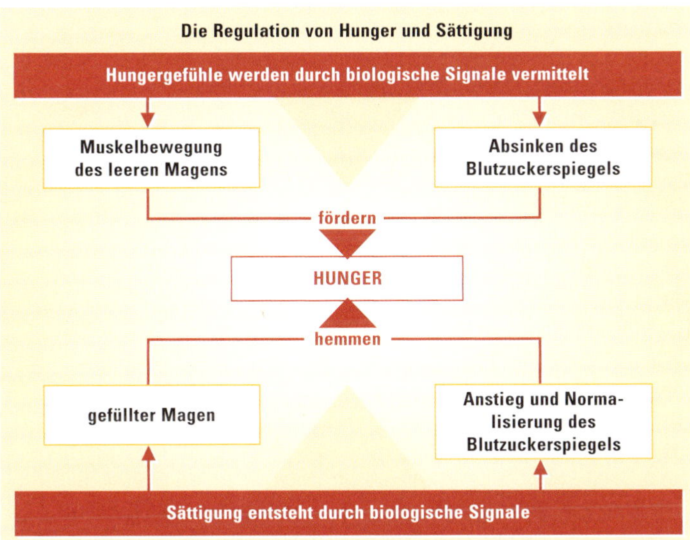

AUFGABEN

1. *Alte Menschen und Kinder leiden öfter unter anhaltender Appetitlosigkeit. Überlegen Sie mögliche Ursachen. Welche Maßnahmen gegen Appetitlosigkeit schlagen Sie vor?*
2. *Stellen Sie Lebensmittel zusammen, die eine*
   – lang anhaltende Sättigung bewirken,
   – nur kurze Zeit sättigen.
3. *Überlegen Sie mögliche Fehler in der Ernährungserziehung von Kindern, die zu einer Störung der Hunger-Sättigungs-Regulation führen können.*

***Hunger** entsteht, wenn dem Körper Nährstoffe und Energie fehlen.*
***Appetit** ist ein Verlangen des Körpers nach Nahrung, ohne dass eine Mangelsituation vorliegt.*

Süße Versuchung – Außensignale lösen Appetit aus

Die Hunger-Sättigungs-Regulation wird über Hormone – Insulin, Schilddrüsenhormon und Wachstumshormon – beeinflusst.

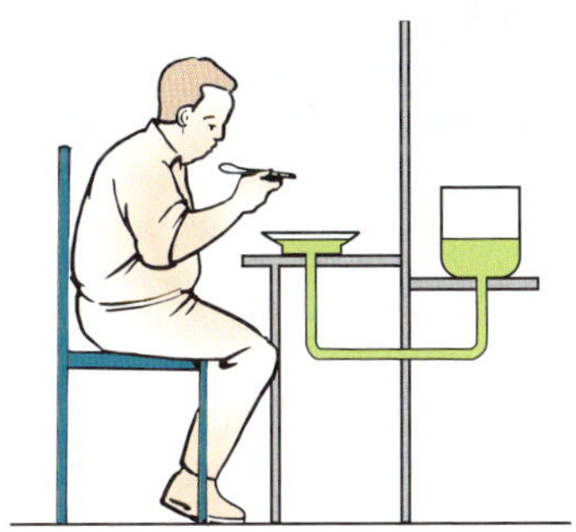

Versuchspersonen essen Suppe aus einem Teller, der durch eine Öffnung im Boden ständig mit neuer Suppe gefüllt wird. Insbesondere Personen mit Gewichtsproblemen aßen weiter – ohne ein Sättigungsgefühl zu verspüren.

2.1.3 ERNÄHRUNGSGEWOHNHEITEN

Ernährungsverhalten wird durch die Erziehung geprägt!

- *Mahlzeitenrhythmus*
- *Form und Regeln beim Einnehmen der Mahlzeiten*
- *Lebensmittelauswahl und Essensvorlieben*

Essen wird durch Herkunft und Religion geprägt!

Hindus *essen kein Kalb- und Rindfleisch.*
Moslems *sind Schweinefleisch und Alkohol verboten.*
Juden *essen kein Schweinefleisch; Fleisch- und Milchprodukte werden nicht zusammen gegessen.*

Essen wird regional geprägt!

Süddeutschland:
z.B. Teigwaren, Mehlspeisen, Leberknödel
Norddeutschland:
Kartoffelgerichte, Fisch, Fleischgerichte, Kohlspeisen
Italien:
Pasta, Pizza, Salate und Gemüsegerichte mit Olivenöl, Käse

Ernährungsgewohnheiten und Esskultur werden in der Kindheit erlernt und durch das Essverhalten der Erwachsenen geprägt. Fehler in der Erziehung, wie z.B. Belohnung mit Süßigkeiten, haben zur Folge, dass selbst in späteren Lebensjahren über den eigentlichen Bedarf hinaus gegessen wird.
Veränderte Lebensformen führen dazu, dass Kinder heute häufig allein essen. Mahlzeiten an der Imbissbude, Snacks und Tellergerichte ersetzen das gemeinsame Essen mit der Familie. Dabei werden oft Lebensmittel mit einem hohen Energiegehalt und einer niedrigen Nährstoffdichte verzehrt, die nicht lange sättigen – Übergewicht ist eine häufige Folge.
Beim Eintritt in den **Kindergarten** und die **Schule** lernt das Kind neue Ernährungsweisen kennen, die es gerne nachahmt. So wünscht sich der kleine Max, der bisher Salat nicht mochte, als Pausenfrühstück ein belegtes Brot mit Salatblatt und Radieschen. Die kindliche Neugier »vielleicht schmeckt das Müsli ja doch lecker?« und die Fähigkeit, Zusammenhänge zu erkennen: »wenn ich viele Bonbons esse, werden meine Zähne krank«, bieten eine große Chance, das Ernährungsverhalten positiv zu beeinflussen. Bei Jugendlichen haben die Essgewohnheiten der Freunde und die Werbung einen hohen Einfluss.
Das Speisenangebot und die Essgewohnheiten in Deutschland sind durch das Zusammenleben vieler Kulturen in den letzten Jahren vielseitig erweitert worden. Religiös oder kulturell bedingte Ablehnungen bestimmter Nahrungsmittel und Speisen müssen in der Gemeinschaftsverpflegung berücksichtigt werden.

Tagesempfehlung für einen Erwachsenen

(etwa 9600 kJ/2300 kcal)

- 250 g Brot (4 bis 6 Scheiben)
- 200 g Kartoffeln oder 35 g Reis, roh oder 35 g Nudeln, roh
- 200 g Gemüse
- 75 g Salat
- 200 bis 250 g Obst
- ca. 500 g Milch- oder Milchprodukte, z.B. ¼ l Milch + 1 Glas Buttermilch + 2 Scheiben Käse
- 2-mal/Woche Fleisch (max. 150 g)
- 3-mal/Woche Wurst (max. 50 g)
- 1- bis 2-mal/Woche Fisch (ca. 150 g)
- nicht mehr als 3 Eier/Woche
- etwa 35 g sichtbares Fett, z.B. 20 g Streichfett (Butter, Margarine) + 15 g Kochfett: 10 g Butter/Margarine + 5 g Öl

Frühstück einmal ganz anders

AUFGABEN

1. *Überlegen Sie, welche Bedeutung die Ernährung in Ihrem Leben hat. Wodurch wurde Ihr Ernährungsverhalten besonders geprägt?*
2. *Sammeln Sie Beispiele dafür, wie unsere Ernährung heute durch andere Kulturen geprägt wird.*
3. *Welche Aspekte müssen bei der Zubereitung eines Mittagessens für eine Kindergruppe, zu der auch türkische Kinder gehören, berücksichtigt werden?*
4. *Welche Speisen und Getränke würden Sie anlässlich einer »Italienischen/Französischen Woche« in einer Kantine anbieten?*

2.2 NÄHRSTOFF- UND ENERGIEBEDARF

Nur eine vielseitige und ausgewogene Ernährung versorgt den Körper bedarfsdeckend mit allen lebensnotwendigen Stoffen. Nährstoffbedarf und Energiebedarf müssen individuell an Lebensalter, körperliche Aktivität und Gesundheitszustand angepasst werden. So können ernährungsbedingte Krankheiten vermieden und die körperliche Leistungsfähigkeit gefördert werden.

2.2.1 ERNÄHRUNGSKREIS

Der Ernährungskreis der Deutschen Gesellschaft für Ernährung (DGE) teilt die Lebensmittel in sieben Gruppen ein.
Für eine ausgewogenen Ernährung empfiehlt die DGE, täglich Lebensmittel aus allen sieben Gruppen zu verzehren. Dabei sollen reichlich Lebensmittel aus den Gruppen eins bis vier und sieben sowie weniger Lebensmittel aus den Gruppen fünf und sechs gegessen werden. Lebensmittel aus der Gruppe sechs sollten konsequent abgewechselt werden. Frische Lebensmittel sind zu bevorzugen.

1. Getreide, Getreideprodukte, Kartoffeln
2. Gemüse und Hülsenfrüchte
3. Obst

4. Milch, Milchprodukte
5. Fleisch, Fisch, Geflügel, Eier
6. Fett, Öle
7. Getränke

AUFGABEN

1. *Charakterisieren Sie die verschiedenen Gruppen des Ernährungskreises.*
2. *Stellen Sie ein 1. und ein 2. Frühstück nach dem Ernährungskreis zusammen.*
3. *Überlegen Sie anhand Ihres bisher erworbenen Wissens, welche Nährstoffe/Lebensmittelgruppen heute*
   - *zu viel,*
   - *zu wenig aufgenommen werden.*
4. *Welche Informationen bietet der Ernährungskreis für die Gestaltung von Tageskostplänen?*

Menüvorschlag für ein Mittagessen:
- Petersilienkartoffeln
- gedünsteter Fisch im Gemüsebett
- bunter Salatteller mit Joghurtdressing
- Früchtequark
- Mineralwasser oder Obstsaftschorle

Trinken Sie täglich 2,0 bis 2,5 l Flüssigkeit!

Mineralwasser, ungesüßte Kräuter- und Früchtetees bevorzugen. Fruchtsäfte, Limonaden- und Colagetränke enthalten viel Zucker:
0,2 l Limonade
= 8 St. Würfelzucker
0,33 l Cola
= 11 St. Würfelzucker
0,2 l Traubensaft
= 12 St. Würfelzucker

Alkoholische Getränke meiden!

Regelmäßiger Konsum von 40 bis 60 g Alkohol (Mann) bzw. 20 g (Frau) begünstigen Leberschäden.
20 g Alkohol entsprechen:
1 Flasche Bier mit 0,5 l
1 Glas Wein mit 0,25 l
3 Glas Weinbrand mit je 0,02 l

2.2.2 ENERGIEBEDARF

Grundumsatz
ist die Energiemenge, die ein Mensch an einem Tag bei völliger Ruhe 12 Stunden nach der letzten Nahrungsaufnahme bei 20 °C durchschnittlich verbraucht. Er ist z. B. von Geschlecht, Körpergröße und Gesundheitszustand abhängig.

Der Mensch benötigt zur Aufrechterhaltung der Körperfunktionen Energie, die er mit der Nahrung aufnimmt. Der Energiegehalt der Nahrung wird in **Kilojoule** (kJ) oder **Kilokalorien** (kcal) gemessen.

Im menschlichen Körper liefern
- 1 g Fett = 37 kJ
- 1 g Eiweiß = 17 kJ
- 1 g Kohlenhydrate = 17 kJ

1 kcal = 4,2 kJ
1 kJ = 0,239 kcal

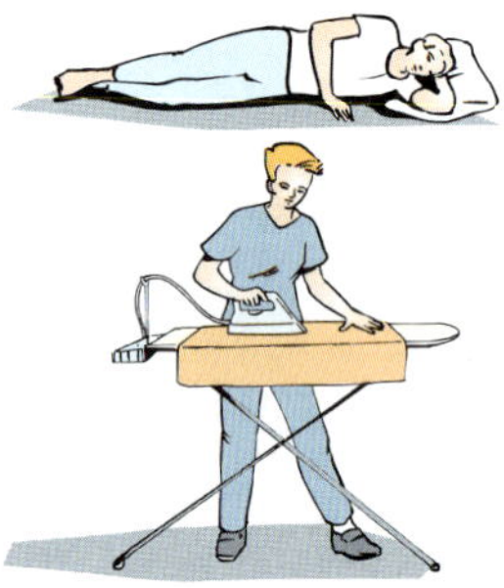

Der Gesamtenergiebedarf setzt sich zusammen aus dem

	Grundumsatz	= Energie zur Erhaltung der Körperfunktionen
+	Leistungsumsatz	= Energie für Bewegung, körperliche und geistige Arbeit
+	Thermogenese	= Energie für Verdauung, Resorption und Stoffwechsel (ca. 8 bis 10 % der aufgenommenen Energie)
=	**Gesamtenergiebedarf**	

Als Faustregel für die Berechnung des Grundumsatzes gilt:

4,2 kJ pro kg Körpergewicht und Stunde

Bei der Berechnung wird das Normalgewicht (s. S. 145) zugrunde gelegt.

Beispiel: Ein Normalgewicht von 60 kg ergibt einen Grundumsatz von

$$60 \times 4{,}2 \text{ kJ} \times 24 = 6048 \text{ kJ}$$

Leistungsumsatz bei Tätigkeiten in der Freizeit (Kraut, Wirths u. a.)

Tätigkeiten	Energieverbrauch
Fernsehen	0,4 kJ/min
Schreiben	2,1 kJ/min
Wäsche mangeln	20,5 kJ/min
Betten machen	12 kJ/min
Fenster putzen	14 kJ/min
Staub saugen	13,4 kJ/min
Gehen	5,4 kJ/min
Rad fahren	13,4 kJ/min
Gymnastik	16 kJ/min
Schwimmen	19 kJ/min
Fußball spielen	50 kJ/min

Folgende Tabelle gibt einige Beispiele für den Grundumsatz:

Grundumsatz je Tag (nach DGE)

Alter	Körpergewicht (kg)		Grundumsatz (kJ/Tag)		Grundumsatz (kcal/Tag)	
	m	w	m	w	m	w
15 bis unter 19 Jahre	67	58	7 600	6,1	1 820	1 460
19 bis unter 25 Jahre	74	60	7 600	5,8	1 820	1 390
25 bis unter 51 Jahre	74	59	7 300	5,6	1 740	1 340

Ein erheblicher Teil des Energieumsatzes beruht auf dem Energiebedarf aus körperlichen Aktivitäten.
Der Gesamtenergiebedarf pro Tag wird in Abhängigkeit von der körperlichen Arbeit und von anderen Leistungen in Mehrfachen des Grundumsatzes (= PAL-Wert) angegeben.

$$\text{PAL (= körperliche Aktivität)} = \frac{\text{durchschnittlicher täglicher Energieumsatz}}{\text{Grundumsatz}}$$

Unter üblichen Lebensbedingungen liegt der PAL -Wert zwischen 1,2 und 2,4; vgl. folgende Tabelle:

Gesamtenergiebedarf pro Tag nach DGE (in kJ)

Arbeitsschwere und Freizeitverhalten	PAL[1,2]	Beispiele
ausschließlich sitzende oder liegende Lebensweise	1,2	alte, gebrechliche Menschen
ausschließlich sitzende Tätigkeit mit wenig oder keiner anstrengenden Freizeitaktivität	1,4 bis 1,5	Büroangestellte, Feinmechaniker
sitzende Tätigkeit, zeitweilig auch zusätzlicher Energieaufwand für gehende und stehende Tätigkeiten[2]	1,6 bis 1,7	Laboranten, Kraftfahrer, Studierende, Fließbandarbeiter
überwiegend gehende und stehende Arbeit[2]	1,8 bis 1,9	Hausfrauen, Verkäufer, Kellner, Mechaniker, Handwerker
körperlich anstrengende berufliche Arbeit[2]	2,0 bis 2,4	Bauarbeiter, Landwirte, Waldarbeiter, Bergarbeiter, Leistungssportler

1 PAL (= physical activity level), durchschnittlicher täglicher Energiebedarf für körperliche Aktivität als Mehrfaches des Grundumsatzes

2 Für sportliche Betätigungen oder für anstrengende Freizeitaktivitäten (30 bis 60 Minuten, 4- bis 5-mal je Woche) können zusätzlich pro Tag 0,3 PAL-Einheiten zugelegt werden

Wird mit der Nahrung mehr Energie aufgenommen als der Körper verbraucht, spricht man von **positiver Energiebilanz**. Sie führt zu einer Gewichtszunahme.
Bei einer **negativen Energiebilanz** wird das gespeicherte Fett abgebaut.

AUFGABEN

1. *Ermitteln Sie Ihren persönlichen Energiebedarf am Tag.*
2. *Vergleichen Sie Ihre Energieaufnahme für einen Tag mit Ihrem Energiebedarf.*
3. *Ermitteln Sie den durchschnittlichen täglichen Energiebedarf der Personengruppe(n), die Sie in Ihrem Betrieb zu versorgen haben.*
4. *Berechnen Sie den Energiebedarf einer Hauswirtschafterin (25 Jahre, 60 kg) bei 4 Stunden gehender/stehender Arbeit (PAL 1,8), 4 Stunden sitzender Tätigkeit (PAL 1,4), 8 Stunden körperlich anstrengender Hausarbeit (PAL 2,0).*
5. *Informieren Sie sich über die Nahrungsmittelpyramide!*

Mögliche Zwischenmahlzeiten:

1 Glas Buttermilch (200 ml)	*290 kJ*
1 Früchtejoghurt (175 g)	*490 kJ*
1 Apfel, mittelgroß (125 g)	*260 kJ*
1 Banane, klein (125 g)	*420 kJ*
250 g Erdbeeren	*350 kJ*
1 Vollkornbrot mit Frischkäse	*440 kJ*
1 Stück Obstkuchen (100 g)	*930 kJ*
1 Glas Apfelsaft (200 ml)	*390 kJ*
1 Glas Orangensaft (200 ml)	*410 kJ*
100 ml Milch mit 10 g Cornflakes	*400 kJ*
1 Vollkornbrötchen mit 25 g Geflügelwurst	*490 kJ*

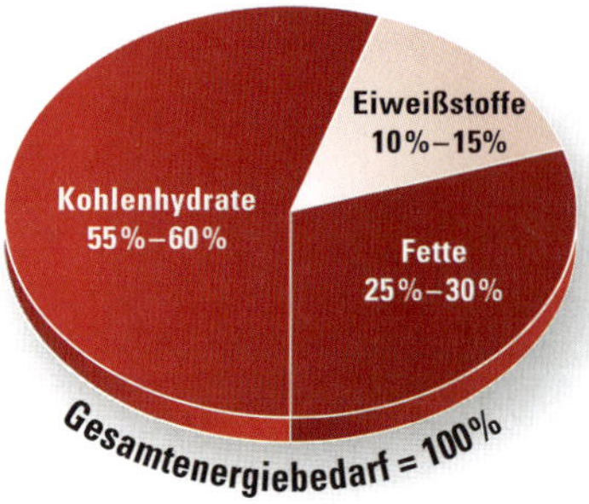

Verteilung des Gesamtenergiebedarfs auf die Nährstoffe

2.2.3 NÄHRSTOFFBEDARF

Der tägliche Nährstoffbedarf kann auf zwei Arten berechnet werden:

Berechnung nach dem Gesamtenergiebedarf:
Der Energiebedarf sollte zu

- 55 bis 60 % mit Kohlenhydraten,
- 10 bis 15 % mit Eiweiß,
- 25 bis 30 % mit Fett gedeckt werden.

Beispiel: Berechnung des Eiweißbedarfs (in Gramm) für einen 15-jährigen Jungen mit einem Gesamtenergiebedarf von 12 550 kJ

10 % bis 15 % des Energiebedarfs durch Eiweiß gedeckt:

$$100\,\% = 12\,550\text{ kJ}$$

$$10\,\% = \frac{12\,550\text{ kJ} \times 10\,\%}{100\,\%} = 1255\text{ kJ}$$

$$15\,\% = \frac{12\,550\text{ kJ} \times 15\,\%}{100\,\%} = 1882\text{ kJ}$$

1 g Eiweiß = 17 kJ

$$1\,255\text{ kJ} = \frac{1\text{ g} \times 1\,255\text{ kJ}}{17\text{ kJ}} = 74\text{ g}$$

$$1\,882\text{ kJ} = \frac{1\text{ g} \times 1\,882\text{ kJ}}{17\text{ kJ}} = \mathbf{110\text{ g}}$$

Der tägliche Bedarf für den 15-Jährigen beträgt 74 bis 110 g Eiweiß.

Die Notwendigkeit einer verminderten Energiezufuhr lässt sich mit dem Body-Mass-Index (s. S. 145) feststellen. In wenigen Fällen wird das Gewicht noch nach Broca berechnet.

Broca-Gewicht
für Männer:
Körpergröße in cm – 100

für Frauen:
Körpergröße in cm – 100 –10 %

Der Ernährungsbericht weist darauf hin, dass die Bundesbürger im Durchschnitt zu viel Fett und Eiweiß und zu wenig Kohlenhydrate aufnehmen. Auch der hohe Anteil an zuckerhaltiger Nahrung, die viel Energie, aber nur wenig Vitamine und Mineralstoffe enthält, wirkt sich ungünstig auf die Nährstoffversorgung aus.

Nährstoffbedarf am Tag je kg Körpergewicht

Berechnung nach dem Körpergewicht:
Sie wird bei Personen mit einem niedrigen Energiebedarf empfohlen. Ausgehend von dem Normalgewicht sollte die tägliche Nahrung bei Erwachsenen folgende Zusammensetzung haben:
pro Kilogramm Körpergewicht:

- 0,8 g Eiweiß
- 0,7 bis 0,8 g Fett
- 4 bis 7 g Kohlenhydrate

Beispiel: Berechnung des Fettbedarfs für einen 170 cm großen Mann

Berechnung des Normalgewichts nach Broca: 170 – 100 = 70 kg
Fettbedarf pro kg Körpergewicht = 0,7 bis 0,8 g Fett

0,7 g × 70 = **49 g Fett** 0,8 × 70 = **56 g Fett**

Der tägliche Bedarf dieses Mannes beträgt 49 bis 56 g Fett.

Bitte beachten:
Eiweißbedarf in g/kg Körpergewicht pro Tag:

Neugeborene	*∅ 2,2*
Kinder	*∅ 1,0*
Schwangere (ab 4. Monat)	*0,8 (+ 10 g)*
Stillende	*0,8 (+ 15 g)*

Nährstoffe wie Vitamine, Mineralstoffe und sekundäre Pflanzeninhaltsstoffe (bioaktive Substanzen) werden als Schutz- und Reglerstoffe benötigt (Wirkstoffe). Sie liefern keine Energie.

Vitamine und Mineralstoffe haben im Organismus steuernde Aufgaben. Der Körper kann sie nicht selbst herstellen. Sie müssen daher täglich in ausreichender Menge mit der Nahrung zugeführt werden.

Der tägliche **Ballaststoffbedarf** wird mit 30 g pro Tag angegeben.

Die Referenzwerte der DGE stellen Empfehlungen für die Nährstoffzufuhr dar.

Zufuhren in Höhe der Referenzwerte sollen sowohl nährstoffspezifische Mangelkrankheiten und Mangelsymptome als auch eine Überversorgung mit Energie und bestimmten Nährstoffen wie Fett und Alkohol verhüten.

AUFGABEN

1. *Berechnen Sie Ihren persönlichen täglichen Nährstoffbedarf.*
2. *Nennen Sie wesentliche Kriterien zur Qualitätsbeurteilung einer Mahlzeit.*

Berechnung von Nahrungsenergie und Nährstoffgehalt:

Beispiel 1: Berechnen Sie mithilfe einer Nährwerttabelle den Energiegehalt des folgenden Frühstücks:

2	Brötchen	(je 40 g)	= 932 kJ
20 g	Butter	3156 × 0,2	= 631 kJ
25 g	Honig		= ?
30 g	Gouda, 45 % Fett i. Tr.		= ?
200 ml	Milch, 3,5 %		= ?
	Gesamtenergie		= ?

Rechenbeispiel:

$$100 \text{ g Brötchen} \mathrel{\hat{=}} 1165 \text{ kJ}$$

$$80 \text{ g Brötchen} \mathrel{\hat{=}} \frac{1165 \cdot 80}{100} = 932 \text{ kJ}$$

Vorschlag für ein Frühstück

Beispiel 2:

Die Lebensmittelauswahl und die Zubereitung bestimmen den Energie- und Fettgehalt für je eine Portion, z. B.

50 g Speisequark, mager	= 162 kJ	= kein Fett
50 g Speisequark, 40 %	= 350 kJ	= 5,5 g Fett
25 g Salami	= 548 kJ	= ? g Fett
25 g Geflügelwurst	= 120 kJ	= ? g Fett
150 g Pellkartoffeln	= 427,5 kJ	= 0 g Fett
150 g Bratkartoffeln	= 735 kJ	= ? g Fett
150 g Pommes frites	= 1695 kJ	= ? g Fett

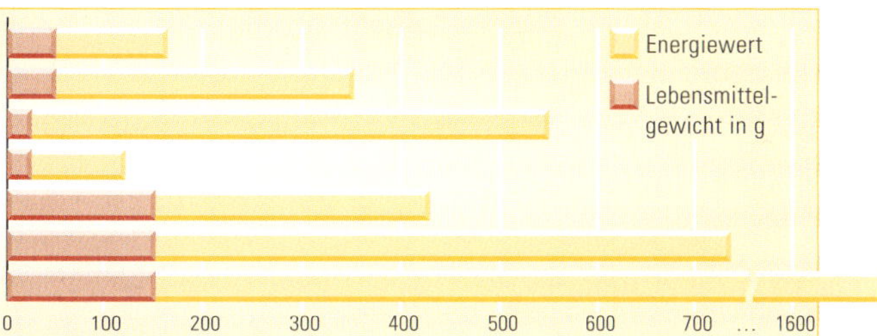

Berechnen Sie den Fettgehalt und den Vitamin-C-Gehalt des obigen Frühstücks mithilfe einer Nährwerttabelle.

Nährstoffe und Energie sollten nach Möglichkeit auf fünf Mahlzeiten verteilt werden.
Die empfehlenswerte Aufteilung der Energie- und Nährstoffzufuhr:

1. Frühstück	*25 %*
2. Frühstück	*10 %*
Mittagessen	*30 %*
Nachmittag	*10 %*
Abendbrot	*25 %*

Beachtet werden sollte dabei die DGE-Regel *(s. S. 138)**:*
»Obst und Gemüse – Nimm 5 am Tag.«
In jeder der fünf Mahlzeiten sollte also eine Portion Obst oder Gemüse sein.

Der Tageskostplan

Lebensmittel	E (kJ)	EW (g)	F (g)	K (g)
Frühstück				
100 g Vollkornbrot	808	6,8	1,2	39
15 g Butter	475	0,1	12,5	–
1 Sch. Schnittkäse	296	7	4,2	–
20 g Honig	272	–	–	16
2 Tassen Kaffee mit 10 g Zucker	168	–	–	10
Mittagessen				
150 g Hackfleischsoße	1630	10	18	47
150 g Kartoffeln	438	3	0,2	22
150 g Möhren mit 5 g Fett	284	0,9	4,7	5
130 g Birne	300	0,7	0,4	16
Kaffee				
1 St. Obstkuchen	930	3,9	3,5	32
2 Tassen Kaffee mit 10 g Zucker	168	–	–	10
Abendessen				
100 g Grahambrot	832	?	?	40
15 g Butter	475	0,1	?	–
20 g Bierschinken	141	?	?	–
30 g Edamer (40 % Fett i.Tr.)	415	?	?	–
2 Tassen Tee mit 10 g Zucker	168	–	–	10
Gesamtzufuhr	**7812 kJ**	?	?	**248 g**

Fitmacher für zwischendurch

Vollkornbrot mit Käse und Radieschen/Tomate

Müsli mit frischen Früchten

AUFGABEN

1. *Berechnen Sie den täglichen Energie- und Nährstoffbedarf einer 75-jährigen Frau, die 68 kg wiegt. Sie ist gehbehindert und verrichtet nur wenig leichte körperliche Arbeit.*
2. *Berechnen Sie die Fett- und Eiweißzufuhr in dem Tageskostplan.*
3. *Vergleichen Sie die Nährstoff- und Energiezufuhr im Tageskostplan mit dem tatsächlichen Energie- und Nährstoffbedarf der alten Dame.*
4. *Machen Sie konkrete Vorschläge, wie die Frau ihren Kostplan bedarfsdeckend gestalten könnte.*

2.3 ERNÄHRUNG IN VERSCHIEDENEN LEBENSPHASEN

Jede **Lebensphase** des Menschen stellt an die Ernährung besondere Anforderungen. So unterscheidet sich der Stoffwechsel von Kindern und Jugendlichen von dem des Erwachsenen deutlich durch die Anforderungen des körperlichen Wachstums.
Der Nährstoffbedarf muss außerdem individuell an die **körperliche Aktivität** und den **Gesundheitszustand** angepasst werden.

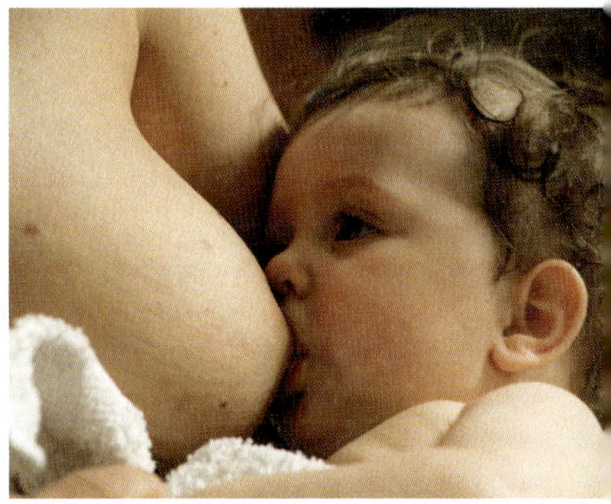
Stillkind

2.3.1 ERNÄHRUNG DES SÄUGLINGS

Der Säugling hat aufgrund seines **starken Wachstums** – im ersten Lebensjahr verdreifacht sich das Geburtsgewicht – einen besonders hohen Nährstoffbedarf.
Muttermilch ist für den Säugling in den ersten Lebensmonaten die optimale Nahrung. Sie enthält alle notwendigen Nährstoffe in einer Zusammensetzung, die an das Wachstum und die noch begrenzte Verdauungsleistung des Säuglings ideal angepasst ist. Die in ihr enthaltenen Abwehrstoffe (Immunglobuline) schützen das Kind vor Infektionskrankheiten. Das Eiweiß der Muttermilch wird gut vertragen, sodass Allergien, die häufig bei einem zu frühen Verzehr von Kuhmilch auftreten, nicht entstehen. Der Säugling kann auf **Verlangen gestillt werden**, ohne dass die Gefahr einer Überfütterung besteht. Das Stillen stärkt die **Mutter-Kind-Beziehung** und wirkt sich positiv auf die spätere soziale und emotionale Entwicklung aus. Obwohl die Muttermilch mit Umweltschadstoffen belastet ist, überwiegen in den ersten Lebensmonaten die Vorteile des Stillens.

Wird nicht gestillt, kann das Kind mit **Fertigmilchnahrungen**, die in ihrer Zusammensetzung der Muttermilch angepasst sind, ausreichend ernährt werden. Sie werden überwiegend aus Kuhmilch hergestellt, haben einen bedarfsgerechten Nährstoffgehalt und sind weniger mit Rückständen belastet als Muttermilch.

Der Nährstoffgehalt in Muttermilch und Kuhmilch:

	Muttermilch	Kuhmilch
Kohlenhydrate	6,9 g	4,7 g
Fette	4,1 g	3,5 g
Eiweiße	1,2 g	3,3 g
Wasser	87,6 g	87,5 g

Empfohlene wöchentliche Gewichtszunahme im ersten Lebensjahr:

1. Quartal	*200 g*
2. Quartal	*150 g*
3. Quartal	*100 g*
4. Quartal	*75 g*

Nährstoffbedarf im 1. Lebensjahr

Energie
Die Gesamtenergiezufuhr muss altersgemäße Gewichtszunahme ermöglichen (ca. 2300 bis 3300 kJ).

Fette
decken ca. 45 % der Energiezufuhr ab; ca. 6 bis 8 g Fett pro kg Körpergewicht täglich.

Kohlenhydrate
decken 45 % der Energiezufuhr ab; ausreichende Versorgung ist Voraussetzung für optimalen Aufbau von Körpereiweiß.

Eiweiß
Eiweißbedarf sinkt von der Geburt bis zum 12. Monat von 2,7 auf 1,1 g pro kg Körpergewicht am Tag; Eiweiß in Muttermilch ist biologisch hochwertiger als in Kuhmilch.

Wird Milch zu früh durch Obst/Gemüsebreie ersetzt, ist Eiweißunterversorgung möglich!

Vitamin- und Mineralstoffbedarf im 1. Lebensjahr

Vitamine

Vitamin A 0,5 bis 0,6 mg:
zusätzliche Gabe von Karottensaft

Vitamin D 10 µg:
Mutter- und Kuhmilch enthalten nicht genug Vitamin D; Vitamin-D-Gabe als Tablette

Vitamin B_1 0,2 bis 0,4 mg:
Muttermilch deckt den Bedarf; Kuhmilch mit Haferflocken anreichern

Vitamin C 50 bis 55 mg:
Muttermilch deckt den Bedarf; bei Kuhmilchernährung Gabe von Obst- und Gemüsesäften

Mineralstoffe

Calcium ca. 220 bis 400 mg:
Muttermilch deckt den Calciumbedarf, wenn Vitamin D ausreichend ist; Vitamin D und Milchzucker erhöhen Calciumaufnahme; 500 ml Kuhmilch = Bedarf

Eisen ca. 6 bis 8 mg:
Eisenvorrat des Säuglings reicht für ca. 3 Mon.; Milchnahrung deckt den Bedarf nicht – Gabe von Obst-/Gemüsesaft, ab 6. Mon. 2-mal wöchentlich Fleisch

Fluorid ca. 0,25 bis 0,5 mg;
Fluoridtabletten empfohlen

Beachten Sie bei der Zubereitung von Milchnahrungen:

- *die Angaben des Herstellers*
- *die Qualität des Trinkwassers:*
  - *Nitratgehalt < 20 mg/l*
  - *bakteriologisch einwandfrei*
  - *nicht zu hohe Wasserhärte*

Säuglingsmilchnahrungen werden in Deutschland aufgrund der Kohlenhydratkomponenten in zwei Gruppen eingeteilt:

- **»Pre«** (früher »adaptierte Milch«)
Diese Nahrung enthält Laktose als einziges Kohlenhydrat und ist in ihrer Zusammensetzung dem Nährstoffgehalt der Muttermilch angepasst. Sie dient als erste Nahrung bei nicht gestillten Säuglingen oder zusätzliche Nahrung neben der Muttermilch.

- **»1«** (früher: »teiladaptierte Milch«)
Sie enthält außer Laktose zusätzlich Stärke und ggf. weitere Kohlenhydrate (meist Maltodextrine, selten Saccharose) und sättigt länger. Ein Mahlzeitenrhythmus sollte eingehalten werden.

Fertigmilchnahrungen

- **Folgenahrung**
Folgenahrung wird als **»2«/»3«** bezeichnet und kann ab dem 5./8. Monat gefüttert werden. Sie besteht zu ⅔ bis ¾ aus Kuhmilchmischung mit modifizierten Fett- und Stärkekomponenten sowie Zusätzen an Vitaminen und Mineralstoffen.

- **Hypoallergene »HA«-Nahrung**
Sie enthält speziell veränderte Eiweiße und ist besonders für allergiegefährdete Säuglinge geeignet. Sie wird je nach Alter der Säuglinge in »1« und »2« angeboten.

Selbst zubereitete Milchnahrungen

Wird die Milchnahrung selbst zubereitet, ist Folgendes zu beachten:

- Im ersten Monat darf nur Halbmilch (gleiche Teile Milch und Wasser) gefüttert werden, vgl. Rezept.
- Ab dem zweiten Monat wird Zweidrittelmilch (zwei Drittel Milch und ein Drittel Wasser) gegeben, vgl. Rezept.

Halbmilch:

50 ml	Vollmilch
50 ml	Wasser, abgekocht
4 g	Milchzucker
2 g	Mehle/Schleime
2 g	Maiskeim- oder Sonnenblumenöl

Zweidrittelmilch:

66 ml	Vollmilch
33 ml	Wasser, abgekocht
4 g	Milchzucker
2 g	Mehle/Schleime
2 g	Maiskeim- oder Sonnenblumenöl

- Für die Herstellung der Milchnahrung soll pasteurisierte oder ultrahocherhitzte Milch mit 3,5 % Fett verwendet werden. Aus hygienischen Gründen darf keine Rohmilch verwendet werden.

Vollmilch darf ab dem 7. Monat verwendet werden (mit dem Kinderarzt absprechen!).

Das schmeckt gut!

Beikost ersetzt ab dem 5. Monat schrittweise einen Teil der Milch. Hierzu zählen verschiedene Breie, Obstmus, Tee, Mineralwasser und Säfte. Meist wird zuerst reines Karottenmus gefüttert, das später mit Kartoffeln, leicht verdaulichen Gemüsen sowie Zugabe von Fleisch ergänzt wird. Ab dem 6. Monat erhält das Kind einen Vollmilchgetreidebrei mit Obst. Getreideerzeugnisse wie Gerste, Roggen, Hafer und Weizen dürfen erst im 6. Lebensmonat gegeben werden. Sie enthalten **Gluten** (Klebereiweiß), das bei zu früher Einführung in der Ernährung **Zöliakie** (Schädigung des Darms mit Verdauungsstörungen) auslösen kann. Für eine gute Kieferentwicklung ist der Säugling mit einem Löffel zu füttern.

Am Ende des 1. Lebensjahres, sobald das Kind die ersten Zähne hat, wird die Breimahlzeit allmählich durch Brot, Gemüsegerichte und Obst ersetzt.

Für die Entwicklung und Erhaltung gesunder Zähne sollten dem Säugling weder Zucker noch zuckerhaltige Lebensmittel angeboten werden. **Vitamin D** und **Fluorid** werden täglich als Tablette (vom Kinderarzt verordnet) gegeben.

Bei allergiegefährdeten Säuglingen wird eine 6-monatige Vollstillzeit und eine spezielle Einführung der Beikost empfohlen.

Ernährungsfahrplan für einen nicht gestillten Säugling

Alter Monate	Milchmahlzeiten Anzahl/Menge	Breie	Obst
1.	6 (100 bis 120 g)	–	–
2.	5 bis 6 (120 bis 140g)	–	–
3.	5 (160 bis 180 g)	–	–
4.	5 (180 bis 200g) zusätzlich Karottensaft	–	–
5.	4 (200 g)	Gemüsebrei	Obstmus
6. bis 7.	3 (200 g)	Gemüse-Kartoffel-Fleisch-Brei, Milch-Getreide-Brei	Obstmus Obstsaft
8. bis 10.	1 bis 2 (200 g)	Gemüse, Kartoffeln, Fleisch, Fisch, Obstbrei, Milchbrei	Obst, Obstmus
11 bis 12.	langsamer Übergang zur Kleinkindernährung mit einem erhöhten Anteil an nicht pürierter Kost		

Rezepte für Babybreie:

Gemüse-Kartoffel-Fleisch-Brei
(ab 5.–7. Monat):

20 bis 20 g	mageres Fleisch in wenig Wasser weich kochen
90 bis 100 g	Gemüse klein schneiden und mit
40 bis 60 g	Kartoffeln (schälen und klein schneiden) dünsten
8 bis 10 g	Pflanzenöl untermengen und pürieren

Vollmilch-Getreide-Brei
(ab 6.–8. Monat):

200 ml	Vollmilch 3,5 % mit
20 g	Vollkorn-Getreideflocken (Haferflocken, Grieß) aufkochen
20 g	Obstsaft oder Obstpüree (Vitamin-C-reich) unterrühren

Getreide-Obst-Brei
(ab 7.–9. Monat):

20 g	Vollkorn-Getreideflocken (Haferflocken, Grieß) mit
90 g	Wasser aufkochen
100 g	Obstpüree (Vitamin-C-reich) zugeben und
5 g	Butter oder Pflanzenöl unterrühren

Vollmilch-Getreide-Flasche
(ab 7. Monat):

225 ml	Vollmilch
5 g	Getreide (lösliche Haferflocken)
7 g	Milchzucker

Die Hälfte der Milch kochen, Getreideflocken einstreuen und kurz aufkochen. Milchzucker unterrühren, restliche Milch zugeben und kräftig aufschütteln.

Beachten Sie die Regeln für eine nährstoffschonende Zubereitung!

Calcium-Quellen

Ausreichende Calciumzufuhr ist besonders wichtig!

1000 mg Calcium stecken in:

1 Becher Joghurt
\+ 1 Glas (200 ml) Milch
\+ 1 Scheibe (40 g) Emmentaler
\+ 1 Portion (150 g) Eis

oder

150 ml Milch
\+ 2 Scheiben (60 g) Gouda
\+ 2 Scheiben (100 g) Vollkornbrot
\+ 200 g Brokkoli

Der empfohlene Nährstoffbedarf pro Tag in der Schwangerschaft und Stillzeit

Nährstoff	Erwachsene (60 kg)	Schwangere	Stillende
Energieliefernde Nährstoffe:			
Eiweiß	0,8 g/kg	58 g/d	63 g/d
Fett (% der Energie)	30	30–35	30–35
Kohlenhydrate (% der Energie)	50–55	50–55	50–55
Mineralstoffe:			
Calcium (mg)	1000	1000	1000
Phosphor (mg)	700	800	900
Magnesium (mg)	300	310	390
Eisen (mg)	10	30	20
Jod (µg)	200	230	260
Vitamine:			
A (mg)	0,9	1,1	1,5
D (µg)	5	5	5
B_1 (mg)	1,1	1,2	1,4
B_6 (mg)	1,3	1,9	1,9
B_{12} (µg)	3,0	3,5	4,0
C (mg)	100	110	150
Folsäure (µg)	400	600	600

AUFGABEN

1. *Fassen Sie die wesentlichen Empfehlungen für die Ernährung der schwangeren und stillenden Frau zusammen und erstellen Sie eine Checkliste mit praktischen Tipps für ihre tägliche Ernährung.*
2. *Frau M. hat in der 1. bis 12. Schwangerschaftswoche 5 kg an Gewicht zugenommen. Beurteilen Sie die Gewichtszunahme und beraten Sie.*
3. *Frau H. ist im 7. Monat schwanger und hat einen Eisenmangel. Da sie an Verstopfung leidet, möchte sie keine Eisentabletten einnehmen. Mit welchen Nahrungsmitteln könnte sie ihren Eisenbedarf decken?*

2.3.3 ERNÄHRUNG VON KINDERN UND JUGENDLICHEN

Fehlernährung gefährdet die Gesundheit der Jugendlichen
Jugendliche bevorzugen Fastfood, Snacks und Fertiggerichte, dazu Limonaden- und Colagetränke. Nur jeder zweite Schüler im Alter von 12 bis 15 Jahren frühstückt morgens zu Hause, nur jeder vierte nimmt ein Pausenbrot mit in die Schule. Vom 13. bis zum 21. Lebensjahr steigt der Alkoholkonsum stark an. Gesundheitliche Probleme wie Übergewicht, Infektanfälligkeit, Essstörungen und Leistungsschwäche stellen sich ein. *(HZ, 11.01)*

Ernährungserziehung bei Kindern – Checkliste:

- 5 Mahlzeiten am Tag anbieten
- 1. Frühstück zu Hause einnehmen
- Gemeinsam in netter Atmosphäre essen
- Nicht vor den Mahlzeiten naschen
- Süßigkeiten nicht als Erziehungsmittel einsetzen
- Altersgemäße Kost beachten
- Nicht zum Essen zwingen
- Vollwertige Kost, die Geschmacksvorlieben berücksichtigt, anbieten

Das Ernährungsverhalten wird entscheidend in der Kindheit geprägt. Eltern, Kindergarten und Schule sowie Freunde wirken auf die Essgewohnheiten ein, vgl. Kap. 2.1.3.
In der Wachstumsphase ist eine bedarfsorientierte Ernährung eine wesentliche Voraussetzung für eine gesunde körperliche und geistige Entwicklung. Der im Aufbau befindliche Körper braucht viel Eiweiß, **Mineralstoffe** und **Vitamine**, der Energiebedarf ist hoch.
Der Energiebedarf steigt in Abhängigkeit vom Wachstum (hoher Grundumsatz) und der körperlichen Aktivität der Heranwachsenden an, vgl. Tab. S. 120.

Richtwerte für die durchschnittliche Energiezufuhr pro Tag

Alter	MJ/Tag		kcal/Tag	
	m	w	m	w
Kinder				
1 bis unter 4 Jahre	4,7	4,4	1 100	1 000
4 bis unter 7 Jahre	6,4	5,8	1 500	1 400
7 bis unter 10 Jahre	7,9	7,1	1 900	1 700
10 bis unter 13 Jahre	9,4	8,5	2 300	2 200
13 bis unter 15 Jahre	11,2	9,4	2 700	2 200
Jugendliche				
15 bis unter 19 Jahre	13,0	10,5	3 100	2 500

(1 MJ = 1000 kJ)

Lernsituation:

Diskutieren Sie die Ernährungssituation der Heranwachsenden. Beziehen Sie auch eigene Erfahrungen mit ein

Die Tabelle gibt nur **Richtwerte** an, die sich auf normalgewichtige Kinder und Jugendliche beziehen.

Der **Kohlenhydratbedarf** sollte 50 bis 60 % des Energiebedarfs decken. Zu bevorzugen sind stärke- und ballaststoffhaltige Kohlenhydrate wie Vollkornprodukte, Gemüse, Hülsenfrüchte, Kartoffeln oder Reis und Obst. Ein hoher Zuckerkonsum begünstigt die Entstehung von Übergewicht und Zahnkaries. 75 % der Schulkinder haben Karies.

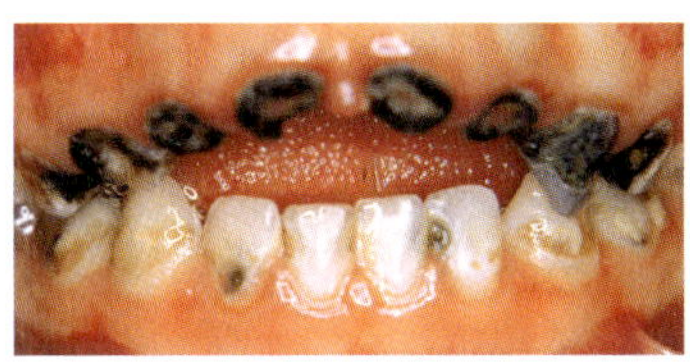
Karies durch süße Kindertees

Der **Fettbedarf** liegt bei 30 bis 35 % des Gesamtenergiebedarfs und deckt den durch das Wachstum bedingten höheren Energiebedarf ab. Hochwertige Fette sind zu bevorzugen, vgl. S. 63 f.

Süße Quarkspeisen mit Früchten, Obstsalat, Milchshakes oder Vollkornkekse stillen auch den Appetit auf »Süßes«.

Rezept: Power-Knusper
(für etwa 50 Stück)

70 g Sonnenblumenkerne
70 g Sesam
200 g Honig
75 g Butter oder Margarine
200 g Haferflocken, blütenzart
½ Teelöffel Vanillepulver
½ Teelöffel Zimt

So wird's gemacht:

- *Sonnenblumenkerne und Sesam in einer Pfanne ohne Fett rösten, bis der Sesam zu springen beginnt.*
- *Honig und Butter in einen Topf geben und bei niedriger Hitze schmelzen.*
- *Haferflocken und die gerösteten Kerne zum Honig-Butter-Gemisch geben. Vanillepulver und Zimt hinzufügen. Alles gut verrühren.*
- *Das Backblech mit Backpapier auslegen. Mit zwei Teelöffeln kleine Häufchen auf das Backblech setzen. Die Plätzchen bei 175 °C etwa 20 Minuten backen. Auf einem Abkühlgitter auskühlen lassen.*

Durchschnittliche empfohlene Trinkmenge pro Tag:

Kleinkind (1 bis 4 Jahre)	*0,8 l*
Kind (4 bis 8 Jahre)	*0,9–1 l*
Kind (9 bis 13 Jahre)	*1,2 l*
Jugendlicher	*1,5 l*

* Referenzwerte

Der Verzehr von **versteckten Fetten**, z.B. in Fastfood, Snacks, Süßigkeiten oder Chips, führt oft zu einer zu hohen Fettaufnahme – etwa 30 % der Kinder sind übergewichtig.

Der **Eiweißbedarf** von Kindern und Jugendlichen wird durch das Wachstum bestimmt. Er sinkt altersabhängig von 1,0 g pro Kilogramm Körpergewicht bei Ein- bis Vierjährigen auf 0,9 g pro Kilogramm Körpergewicht bei älteren Kindern. Eine gemischte Kost aus tierischem und pflanzlichem Eiweiß ist für die Deckung des Eiweißbedarfs am besten geeignet. Eine **vegane** Kost, die ganz auf tierische Proteine verzichtet, deckt häufig nicht den Bedarf an **essentiellen Aminosäuren** und ist für Kinder ungeeignet.

Mineralstoffe und **Vitamine** müssen für eine normale Entwicklung in ausreichender Menge aufgenommen werden.
Das Wachstum von Knochen und Zähnen erfordert viel Calcium. So verfügt das Neugeborene nur über etwa 25 bis 30 g Calcium, der Erwachsene hat 800 bis 1300 g Calcium in seinen Knochen gespeichert. Bis zum Ende des Jugendalters werden 90 % der Knochenmasse angelegt. Ein Liter Milch täglich entspricht dem Calciumbedarf.

Der **Eisenbedarf** ist oft nicht ausreichend gedeckt. Ein Mangel führt zu Müdigkeit und Leistungsschwäche. Fleisch, Wurstwaren, Vollkornprodukte und grüne Gemüse sind wichtige Eisenquellen.

Jodmangel tritt häufig in der Pubertät auf und kann zur Ausbildung eines Kropfes führen. Durch regelmäßigen Verzehr von Seefisch sowie die Verwendung von Jodsalz wird der Jodbedarf gedeckt. In Absprache mit dem Arzt können auch Jodtabletten eingenommen werden.

Richtwerte für die Fettzufuhr *

Alter	Fett (% der Energie)
Kinder	
1 bis 3	30 bis 40
4 bis15	30 bis 35
Jugendlicher	
15 bis 18	30

Empfohlene Eiweißzufuhr *

Alter	Eiweißzufuhr Eiweiß (g/Tag) m	w
1 bis 3	14	13
4 bis 6	18	17
7 bis 9	24	24
10 bis 12	34	35
13 bis 15	46	45
15 bis 19	60	46

* bezogen auf das Referenzgewicht (= Normalgewicht)

Der **Flüssigkeitsbedarf** pro Kilogramm Körpergewicht ist umso größer, je jünger das Kind ist. Er liegt bei etwa 1500 ml beim kleinen Kind, ältere Kinder und Jugendliche benötigen 2000 bis 2500 ml Flüssigkeit. Rund die Hälfte sollte durch Getränke gedeckt werden. Geeignet sind Mineralwasser, verdünnte Obstsäfte oder ungesüßte Tees. Milch enthält wertvolles Eiweiß und Calcium, Kinder sollten daher täglich bei den Zwischenmahlzeiten einen halben Liter Milch trinken.

Empfohlene tägliche Zufuhr an Vitaminen und Mineralstoffen

Alter	Calcium mg	Eisen mg	Iod µg	Vit. A mg	Vit. D µg	Thiamin mg	Ascorbinsäure mg
Kinder/Jugendliche							
1 bis unter 4 Jahre	600	8	100	0,6	5	0,6	60
4 bis unter 7 Jahre	700	8	120	0,7	5	0,8	70
7 bis unter 10 Jahre	900	10	140	0,8	5	1,0	80
10 bis unter 13 Jahre	1 100	14	180	0,9	5	1,2	90
13 bis unter 19 Jahre	1 200	14	200	1,0	5	1,3	100

Der **Vitaminbedarf** kann durch eine gemischte Kost, die reichlich frisches Obst, Salate und Gemüse (Vitamin C) sowie Vollkornprodukte (Vitamin B_1) enthält, ausreichend gedeckt werden.

AUFGABEN

1. *Vergleichen Sie Fastfood-Gerichte mit anderen Zwischenmahlzeiten.*
   Vergleichen Sie die Energieaufnahme mit der empfohlenen Energiezufuhr für eine Zwischenmahlzeit, vgl. 2.2.3.
   Beurteilen Sie die verschiedenen Gerichte.
   Machen Sie Vorschläge für geeignete Zwischenmahlzeiten.
2. *Die Fettzufuhr vieler Jugendlicher übersteigt die Empfehlungen der DGE.*
   Nennen Sie mögliche Ursachen dafür.
   Zeigen Sie Möglichkeiten auf, wie Fett eingespart werden kann.
3. *Viele Kinder sind übergewichtig. Schon ein Zuviel von nur 440 kJ/Tag führt in zwei Monaten zu einer Gewichtszunahme von 1kg.*
   Welcher Lebensmittelmenge entsprechen jeweils 440 kJ?
   a) ? g Weizenmischbrot b) ? g Salami c) ? g Gouda, 45 % F. i. Tr.
   d) ? g Vollmilchjoghurt mit Früchten e) ? g Schokolade
   f) ? g Pommes frites g) ? g Eiscreme
4. *Kati, 14 Jahre, fühlt sich seit einiger Zeit ständig müde und lustlos.*
   Ihr Frühstück: 1 Brötchen mit Margarine und Nusscreme, Kaffee.
   Ihr Mittagessen: 1 Brötchen mit Margarine und Salami, ein Plunderstückchen, Kaffee mit Milch und Zucker.
   Das warme Abendessen wird gemeinsam mit der Familie eingenommen.
   Stellen Sie das Frühstück und die Mittagsmahlzeit von Kati neu zusammen.
5. *Erstellen Sie einen Tageskostplan bestehend aus 5 Mahlzeiten für ein 7- bis 9-jähriges Kind.*

Energiegehalt von Fastfood-Gerichten:

Bratwurst mit Pommes	*3 560 kJ*
Bratwurst mit Brötchen	*2 900 kJ*
Pommes mit Mayonnaise	*1 900 kJ*
Hamburger	*1 090 kJ*
Chicken McNuggets	*1 200 kJ*
Salat mit Käse, Schinken und Dressing	*1 345 kJ*
Cola-Getränk (0,3 l)	*550 kJ*
Milchshake (0,3 l)	*1 630 kJ*
Schlemmerbaguette mit Schinken, Käse, Salat	*1 850 kJ*

Projektaufgaben:

Planung der Bewirtung bei einem Kindergeburtstag mit 6- bis 8-jährigen Kindern

Frühstück und Mittagsverpflegung in einem Kinderhort mit 3- bis 6-jährigen Kindern

Ausstellung »Zuckerreiche Kleinigkeiten«

Ausgewogene Zwischenmahlzeiten

Verteilung des Gesamtenergiebedarfs des älteren Menschen:

9500 kJ 2300 kcal	7500 kJ 1800 kcal

15 % Eiweiß
30 % Fett
55 % Kohlenhydrate
30 g Ballaststoffe
verteilt auf 5 Mahlzeiten

Lernsituation:
Beurteilen Sie die Ernährungsweise von Frau S.
Wie ernähren sich alte Menschen heute? Tauschen Sie Ihre Erfahrungen in der Klasse aus.

Die Körperzusammensetzung verändert sich mit dem Alter:

ein 25-Jähriger hat ca.
45 % Muskelmasse
26 % Fettgewebe

ein 70-Jähriger hat ca.
27 % Muskelmasse
41 % Fettgewebe

Die individuelle Körperzusammensetzung wird wesentlich durch den Trainingszustand des Menschen bestimmt.

Der Grundumsatz sinkt mit dem Lebensalter

30- bis 55-Jährige:
alle 10 Jahre um 5 %

56- bis 75-Jährige:
alle 10 Jahre um 8 %

76-Jährige und älter:
alle 10 Jahre um 10 %

Alter Jahre	Frau kJ	Mann kJ
25 bis 50	5 600	7 300
51 bis 64	5 300	6 600
> 65	4 900	5 900

(bezogen auf das Referenzgewicht)

2.3.4 ERNÄHRUNG DES ÄLTEREN MENSCHEN

Frau S., 72 Jahre alt, lebt seit dem Tode ihres Mannes vor zwei Jahren allein in ihrer Mietwohnung. Das Gehen fällt ihr sehr schwer, sie ist mager und blass; ein Einkaufsdienst besorgt einmal wöchentlich ihre Lebensmittel. Frau S. berichtet: »Das Mittagessen koche ich noch selbst, oft für zwei oder drei Tage auf Vorrat, dann muss ich das Essen nur noch aufwärmen. Häufig habe ich gar keinen Appetit, dann esse ich nur, weil ich muss. Sonntags speise ich in der Gaststätte gegenüber, da schmeckt es immer noch so gut wie früher. Meinen Nachmittagskaffee lasse ich mir nicht nehmen. Dazu bringt mir meine Nachbarin jeden Tag ein gutes Stück Torte mit. Abends brauche ich nicht mehr viel – ein Stück Butterbrot und eine Tasse Tee reichen mir meistens!«

Bei älteren Menschen verschlechtert sich der Ernährungszustand oft durch eine **einseitige Ernährung**. Die Ursachen hierfür können vielseitig sein, z.B. Kauprobleme, schlechte Augen, Verwirrtheit, Unlust zum Kochen oder Einsamkeit. Es treten **Mangelerscheinungen** auf, die den Alterungsprozess beschleunigen und die körperliche und geistige Leistungsfähigkeit einschränken.
Das Essen kann auch bei vielen alten Menschen plötzlich eine hohe Bedeutung im Leben haben. Als Folge tritt **Überernährung** auf, die die Entstehung von Diabetes, Bluthochdruck und anderen Stoffwechselkrankheiten begünstigt.
Der Energiebedarf sinkt mit zunehmendem Lebensalter, da der Grundumsatz und meist auch die körperliche Aktivität abnehmen. Der Gesamtenergiebedarf des älteren Menschen beträgt durchschnittlich 1 800 bis 2 300 Kalorien oder 7500 bis 9 500 kJ. Grundsätzlich entscheidet aber die persönliche Verfassung über den Bedarf an Nahrungsenergie und Nährstoffen. Aufgrund des relativ niedrigen Gesamtenergiebedarfs des alten Menschen müssen verstärkt Lebens mittel mit hoher Nährstoffdichte (s. S. 138) ausgewählt werden.

Besonders wichtige Nährstoffe im Alter
- hochwertiges Eiweiß
- die Vitamine A und D, B-Vitamine und Vitamin C
- die Mineralstoffe Calcium, Eisen und Magnesium

Der Eiweißbedarf bleibt konstant und beträgt 0,8 g pro Kilogramm Körpergewicht. Der Verzehr von Fleisch, Wurst und Eiern sollte eingeschränkt werden, da sie viel Cholesterin, Fett und Purine enthalten. Bei der Kostzusammenstellung sollte der Ergänzungswert von pflanzlichen und tierischen Eiweißen ausgenutzt werden und Gerichte aus Kartoffeln, Getreide und Hülsenfrüchten mit fettarmen Milchprodukten berücksichtigt werden. Durch die Verarbeitung von Eiklar in Aufläufen oder Suppen kann der Proteingehalt aufgewertet werden.

Der Kohlenhydratbedarf liegt bei 50 bis 60 % des Gesamtenergiebedarfs. Mit zunehmendem Alter lässt die **Insulinproduktion** nach. Einfach- und doppelzuckerhaltige Lebensmittel, wie Kuchen, Mehlspeisen und Süßigkeiten, sollten nur eingeschränkt verzehrt werden, da sie schnell zu einem hohen Blutzuckeranstieg führen. Dadurch wird die Entstehung eines **Altersdiabetes** begünstigt. Bei der Zubereitung süßer Gerichte können gegebenenfalls Süßstoffe verwendet werden.
Die Kost sollte reichlich Vollkornprodukte, Obst, Gemüse und Salate enthalten und auf fünf bis sechs Mahlzeiten verteilt sein.

Fett hat den höchsten Energiegehalt, deshalb muss die Fettzufuhr insbesondere im Alter auf maximal 60 g Fett pro Tag reduziert werden. Damit die empfohlene Fettzufuhr nicht überschritten wird, müssen vor allem die **»versteckten Fette«** in Käse, Fleisch und Wurstwaren eingeschränkt werden. Viele dieser Nahrungsmittel gibt es auch in mageren Zusammensetzungen.

Der **Vitamin- und Mineralstoffbedarf** erhöht sich teilweise im Alter.
Die Fähigkeit der Haut zur Vitamin-D-Bildung ist im Alter herabgesetzt; nur durch eine vermehrte Vitamin-D-Zufuhr können ein Vitamin-D-Mangel und damit ein Knochenabbau verhindert werden. Lebertran, Fettfische (Hering und Makrele), angereicherte Margarine und Eigelb enthalten viel Vitamin D.
Vitamin B$_{12}$ wird im Alter schlechter resorbiert. Eine höhere Zufuhr ist daher erforderlich. Fleisch, Fisch, Eier, Milch und Käse sind ergiebige Vitamin-B$_{12}$-Lieferanten.
Vitamin-A-Mangel tritt bei vielen Senioren auf und kann zu Hautschäden und Sehstörungen führen.
Die **Vitamin-C**-Resorption im Alter ist reduziert. Die besten Vitamin-C-Quellen sind Obst und Gemüse und die aus ihnen hergestellten Säfte.

Medikamente, Alkohol und Rauchen begünstigen einen Vitaminmangel, besonders bei den Vitaminen C, B$_2$, B$_6$ und Folsäure.

Der **Mineralstoffbedarf** ist im Alter unverändert. Auf eine ausreichende **Calciumzufuhr** muss besonders geachtet werden, um der Altersknochenbrüchigkeit vorzubeugen.

Natürliche Vitamin-C-Quellen:
1. frische oder tiefgefrorene Kräuter
2. Obst- und Gemüsesäfte
3. Rohkostsalate zu den Mahlzeiten
4. Zitrussäfte für Kompotte, z. B. Nachspeisen
5. Frischobst oder Obstsalate

Altersbedingte Veränderungen:
- *Kaufähigkeit ist beeinträchtigt*
- *Verdauungssaftproduktion sinkt*
- *Geschmacksempfinden nimmt ab*
- *Darmperistaltik ist verlangsamt*
- *Nährstoffresorption nimmt ab*
- *erhöhter Flüssigkeitsverlust*
- *Grundumsatz sinkt*
- *Knochenbrüchigkeit steigt*
- *Appetit nimmt ab*
- *Verstopfungsneigung tritt auf*
- *Durstempfinden nimmt ab*

Mittagsverpflegung für einen alten Menschen – so oder so?

Welche der abgebildeten Mahlzeiten würden Sie einem alten Menschen mit geringem Appetit und Neigung zu Verstopfung anbieten? Begründen Sie Ihre Meinung.

Lernsituation:
Frau Müller klagt über Müdigkeit, häufige Erkältungen und schlechte Wundheilung. Sie erzählt, dass sie sich wegen Kauproblemen fast nur von Suppen, weich gekochter Nahrung und Breien ernährt.
- Auf welchen Nährstoffmangel lassen die Symptome schließen?
- Welche Lebensmittel empfehlen Sie Frau Müller?

Empfehlungen für die Vitamin- und Mineralstoffzufuhr pro Tag:

Nährstoffe	Frau/Mann
Vitamine	
A	0,8 mg/1,0 mg
D	10 µg
B_1	1,0 mg
B_2	1,2 mg
B_6	1,2 mg/1,4 mg
B_{12}	3,0 µg
C	100 mg
Mineralstoffe	
Calcium	1000 mg
Kalium	2000 mg
Magnesium	300 mg/350 mg
Eisen	10 mg
Jod	180 µg

»Essen auf Rädern«

- *regelmäßige Versorgung mit vollwertigem Mittagessen*
- *abwechslungsreiche, appetitlich angerichtete Kost*
- *Sonderkostformen, z.B. natriumvermindertes Menü Hühnerfrikassee*

Beispiel für den Menüservice eines Anbieters von »Essen auf Rädern«:

14-tägige Lieferung von Tiefkühlmenüs:

- *Standard in Menübeuteln (Vollkost und Diabetikerkost)*
- *à la carte in Menüschalen (Angebot verschiedener Kostformen, Auswahl aus einem Bildkatalog)*
- *Wochenkarton in Menüschalen (Vollkost und Diabetikerkost)*
- *Suppen (12-Stück-Sortiment)*
- *Desserts (12-Stück-Sortiment)*
- *Tiefkühlbox und Aufwärmgerät werden gegen Leihgebühr zur Verfügung gestellt.*

Der **Flüssigkeitsbedarf** im Alter entspricht einer **Trinkmenge von 1,5 bis 2 l täglich**. Der Wasserbestand des Körpers nimmt im Alter von etwa 75 % auf 50 % ab. Es kommt zu einem größeren Flüssigkeitsverlust über die Haut als bei jüngeren Menschen. Da das Durstgefühl des alten Menschen abnimmt, muss besonders auf eine ausreichende Flüssigkeitszufuhr geachtet werden. Getränke wie Gemüsesäfte, Mineralwasser, Kräutertees und verdünnte Fruchtsäfte sollten immer zu den Mahlzeiten angeboten werden. Obst und Milchprodukte als Zwischenmahlzeit unterstützen die Flüssigkeitszufuhr.

Mobile Mahlzeitendienste

Viele alte Menschen können sich und ihre Angehörigen nicht mehr selbst mit Mahlzeiten, insbesondere mit einem warmen Mittagessen, verpflegen. »Essen auf Rädern« unterstützt die Selbstständigkeit zu Hause durch das Angebot von Mahlzeiten.

Die Unternehmen halten unterschiedliche Angebote bereit, z. B. tägliche Lieferung von frisch zubereiteten, warmen portionierten Menüs oder wöchentlich gelieferte, tiefgefrorene Menüs, die selbst erwärmt werden müssen. Die Standardangebote bestehen aus einer Vorspeise (Suppe), einem Hauptgericht und einem Dessert (Suppe und Dessert müssen jedoch oft extra bezahlt werden).

Kriterien bei der Entscheidung für »Essen auf Rädern«:

- Welche Lager- und Aufwärmmöglichkeiten hat der Haushalt?
- Ist der alte Mensch noch in der Lage, sich die Menüs aufzuwärmen?
- Welche Kostformen werden angeboten, z.B. Diabetesdiät, pürierte Kost, Vollwertkost etc.?
- Welche Auswahlmöglichkeiten gibt es (Standard oder à la carte)?
- Wie sieht das Preis-Leistungs-Verhältnis aus (Qualität, Service und Lieferbedingungen des Menüangebotes)?

Da der Anteil an frischem Obst, Gemüse und Salaten bei »Essen auf Rädern« häufig sehr niedrig ist, muss bei den übrigen Mahlzeiten auf eine ausreichende Versorgung mit diesen vitamin- und mineralstoffreichen Lebensmitteln geachtet werden.

AUFGABEN

1. *Wie unterscheidet sich der Nährstoffbedarf des alten Menschen von dem des jüngeren Erwachsenen?*
2. *Warum sinkt der Energiebedarf im höheren Lebensalter?*
3. *Frau W. leidet unter Appetitlosigkeit. Welche Maßnahmen können ihren Appetit anregen?*
4. *Machen Sie für Frau S. im Fallbeispiel auf S. 134 einen Vorschlag für ein geeignetes Mittagessen.*
5. *Viele ältere Menschen leiden unter Austrocknung, da sie zu wenig Flüssigkeit zuführen. Wie könnte die tägliche Ernährung die Flüssigkeitsaufnahme steigern?*
6. *Erstellen Sie eine Checkliste mit praktischen Tipps für eine altersgerechte Ernährung.*
7. *Erkunden Sie das Angebot an mobilen Mahlzeitendiensten in Ihrer Region und erstellen Sie eine Übersicht.*

2.4 KOSTFORMEN

Eine **Kostform** bezeichnet die Zusammensetzung der Nahrung in Bezug auf die Auswahl, Qualität und Menge der verzehrten Lebensmittel. Immer mehr Menschen bevorzugen heute eine Alternative zu der **»normalen Kost«** und ernähren sich mit **alternativen Kostformen**, die sich von der üblichen Nahrungsmittelerzeugung und -verarbeitung unterscheiden und eine überwiegend pflanzliche Ernährung beinhalten. Die vegetarische Ernährung, die Vollwerternährung sowie die Makrobiotik sind Beispiele hierfür.
Vor allem gesundheitliche, ökologische, ethische und religiöse Gründe beeinflussen die Entscheidung für eine alternative Ernährung. Alternative Kostformen bieten viele positive Ansätze für eine gesunde und bedarfsgerechte Versorgung. Ihr alleiniger Einsatz ist jedoch nicht für alle Personen und Altersgruppen geeignet.

2.4.1 VOLLKOST

Die Vollkost ist eine **ausgewogene Mischkost,** die den Energie-, Nährstoff- und Wirkstoffbedarf deckt. Sie ermöglicht eine vielseitige Ernährung mit **pflanzlichen und tierischen Lebensmitteln**.
Eine abwechslungsreiche Zusammenstellung des Speiseplans sowie eine **nährwertschonende Zubereitung** der Lebensmittel, vgl. S. 40 ff., S. 80 f. und S. 85, gewährleisten eine vollwertige Ernährung.

Eiweiß wird täglich ca. 0,8 g pro kg Körpergewicht (Normalgewicht!) benötigt. Etwa die Hälfte des täglichen Eiweißverzehrs sollte von pflanzlichen Lebensmitteln stammen. Eine Ergänzung mit Milchprodukten und magerem Fleisch, Geflügel und Fisch wertet das pflanzliche Eiweiß auf und sichert eine bedarfsgerechte Eiweißversorgung, vgl. S. 73 und S. 122.

Kohlenhydrate sollen 55 % des täglichen Energiebedarfs decken, mindestens zwei Drittel davon in Form von Vielfachzuckern in Kartoffeln, Gemüse, Obst und Getreideprodukten. Ballaststoffreiche Lebensmittel sind zu bevorzugen. Maximal ein Drittel soll aus Einfach- und Doppelzuckern in Zucker, Süßwaren und Limonaden bestehen, vgl. S. 56 ff.

Fette sollten sparsam verwendet werden, vgl. S. 67. Der Verzehr von pflanzlichen Fetten, die reich an mehrfach ungesättigten Fettsäuren sind, ist zu bevorzugen. Aber auch Butter und andere tierische Fette können bei der Vollkost verwendet werden.

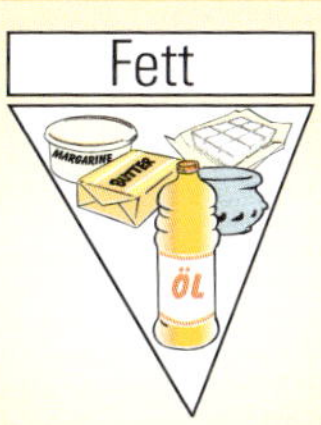

25 bis 30 % der täglichen Energie sollten aus Fetten stammen

Fall 1:
Familie mit Kindern (4, 8 Jahre) – strenge vegane Kost

Fall 2:
Waldorfschule mit Vollwertkost

Informieren Sie sich über diese Kostformen.
Beurteilen Sie diese Kostformen im Hinblick auf eine bedarfsgerechte Ernährung der Essensteilnehmer.

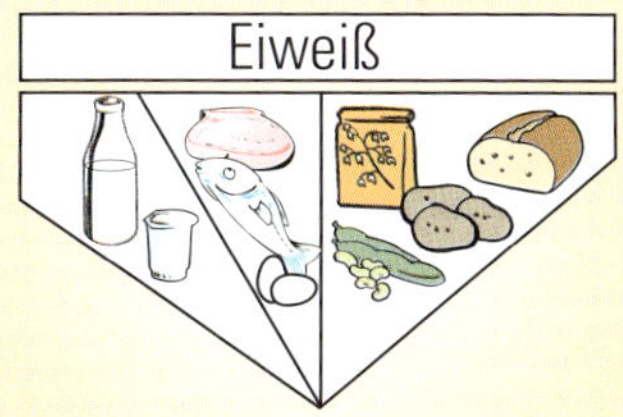

Täglich benötigen wir ca. 0,8 g Eiweiß für jedes Kilo Körpergewicht

Durch Kombination von pflanzlichem und tierischem Eiweiß kann der Eiweißbedarf auch mit wenig Fleisch gedeckt werden:

- *Milch-Kartoffelbrei*
- *Pellkartoffeln mit Quark*
- *Brot mit Käse*
- *Reis mit gedünstetem Fisch*
- *Getreideflocken mit Milch*

Mehr als die Hälfte der täglichen Energie sollte aus Kohlenhydraten bestehen.

hoher Ballaststoffgehalt:

- *ungeschälter Reis, Vollkornnudeln*
- *Vollkornbrot, Gemüse*
- *Obst, Weizenvollkornmehl*

Mediterrane Ernährung – was verbirgt sich dahinter?

Die in den Konsensus-Konferenzen als gesundheitsfördernd empfohlene mediterrane Ernährung ist eine traditionelle Ernährungsform, wie sie in den 60er-Jahren insbesondere in den Olivenanbaugebieten Kretas und den mittleren und südlichen Regionen Italiens anzutreffen war.

Diese traditionelle Kost besteht im Wesentlichen aus pflanzlichen Lebensmitteln wie verschiedenen Getreideprodukten, Gemüse (inkl. Salaten, Hülsenfrüchten) und Obst, die täglich und reichlich verzehrt werden. Olivenöl ist das hauptsächlich verwendete Zubereitungsfett. Nussöle (z.B. Walnussöl) sind Alternativen zum Olivenöl, insbesondere in Jahren schlechter Olivenernte oder in den höheren Regionen, die sich klimatisch für Olivenbäume weniger gut eignen.

Als tierische Produkte stehen täglich Käse (z.B. Feta, Mozzarella), mehrmals wöchentlich Geflügel, Eier und Fisch auf dem Speiseplan. Rotes Fleisch (wie Lamm, Hammel, Schwein) wird eher selten verzehrt.

Weitere Merkmale dieser traditionellen Ernährung sind der niedrige Verarbeitungsgrad der Produkte (wenig versteckte Fette), die Bevorzugung saisonal verfügbarer Produkte, der regelmäßige Rotweinkonsum, der eher mäßige Süßwarenkonsum und der Verzehr von Oliven, Nüssen, Kernen oder Rosinen als »Snacks«. (Verbraucherdienst 45-4/00)

Lernsituation:
Informieren Sie sich weiter über die mediterrane Ernährung. Überlegen Sie einen Wochenspeiseplan in einer Werkskantine nach diesen Erkenntnissen.

Für ein langes Leben und mehr Lebensqualität sollten die **10 Regeln der Deutschen Gesellschaft für Ernährung** (DGE) beachtet werden. Neben einer ausgewogenen, vollwertigen Ernährung haben auch Bewegung und Sport eine große Bedeutung. Auch kulturelle und soziale Aspekte des Essens sind für Wohlbefinden und Gesundheit und für die Ausprägung eines sinnvollen Essverhaltens von großer Bedeutung:

1. **Vielseitig essen**
2. **Getreideprodukte – mehrmals am Tag und reichlich Kartoffeln**
3. **Gemüse und Obst – nimm 5 am Tag**
4. **Täglich Milch und Milchprodukte, einmal in der Woche Fisch; Fleisch, Wurstwaren und Eier in Maßen**
5. **Wenig Fett und fettreiche Lebensmittel**
6. **Zucker und Salz im Maßen**
7. **Reichlich Flüssigkeit**
8. **Schmackhaft und schonend zubereiten**
9. **Nehmen Sie sich Zeit, genießen Sie Ihr Essen**
10. **Achten Sie auf Ihr Gewicht und bleiben Sie in Bewegung**

Vitamine und Mineralstoffe werden bei einem täglichen Verzehr von frischem Gemüse, Salaten, Obst und Vollkornprodukten sichergestellt.

Kochsalz sollte sparsam verwendet werden. Stattdessen erfolgt eine schmackhafte Zubereitung der Speisen mit Kräutern und Gewürzen.

Je mehr lebenswichtige Nährstoffe ein Lebensmittel im Verhältnis zu seinem Kaloriengehalt enthält (= hohe Nährstoffdichte), umso wertvoller ist es für eine gesunde Ernährung.

$$\text{Nährstoffdichte} = \frac{\text{Nährstoffgehalt (mg/g/100 g)}}{\text{Brennwert (kJ/MJ/100 g)}}$$

Fünf kleinere Mahlzeiten sind bekömmlicher als drei große Hauptmahlzeiten und erhalten die Leistungsfähigkeit, vgl. 2.2.3.

Das **Frühstück** füllt die Energiespeicher, die während der Nachtruhe verbraucht wurden, auf und sichert die Leistungsfähigkeit für den Tag. Das übliche Frühstück mit Brötchen, Butter, Marmelade und Kaffee deckt zwar den Energiebedarf, es enthält jedoch nur wenig Eiweiß, Vitamine und Mineralstoffe. Es

Ein vollwertiges Frühstück schafft einen guten Start in den Tag

Tropen-Müsli

Rezept: Tropen-Müsli
(für 4 Personen)
2 Kiwis, 2 Nektarinen, 2 Bananen, 1 Apfel, 1 EL Zitronensaft, 200 g Dickmilch, 8 EL Haferflocken, 1 EL Honig

sollten daher auch Milch, Joghurt oder Quark, Obstsaft oder frisches Obst verzehrt werden. Lang anhaltend sättigend und nährstoffreich ist ein Müsli, vgl. Abb.

Das **zweite Frühstück** sollte aus Brot (möglichst Vollkornbrot) mit Wurst oder Käse, Milch und Milchprodukten oder frischem Obst und Gemüse bestehen. Gebäck oder Süßigkeiten sowie Limonadengetränke sind ungeeignet (s. S. 108).

Das **Mittagessen** wird meist als warme Mahlzeit mit drei Gängen – Vorspeise, Hauptgericht und Nachspeise – eingenommen. Es sollte leicht verdaulich, abwechslungsreich und appetitlich zubereitet sein und in Ruhe verzehrt werden.

Bis zu zweimal in der Woche sollte Fleisch und einmal in der Woche Seefisch auf dem Speiseplan stehen.

Als **Imbiss** können Obst, Milchprodukte, Knäckebrot mit leichtem Belag oder Vollkornbackwaren angeboten werden.

Das **Abendessen** ergänzt die Nährstoffzufuhr des Tages. Die Einnahme sollte nicht zu spät am Abend liegen. Es kann warm oder kalt zubereitet werden (je nach Mittagessen). Fettarme, leicht bekömmliche Lebensmittel sind zu bevorzugen. Salate und Gemüsebeilagen ergänzen die Vitamin- und Mineralstoffzufuhr.

AUFGABEN

Fallbeispiel:

Sie sind als Hauswirtschafterin in einem Privathaushalt tätig:
Herr E.: 40 Jahre, leichte körperliche Tätigkeit als Kaufmann
Frau E.: 38 Jahre, leichte körperliche Tätigkeit als Sekretärin
Petra: 8 Jahre, turnt in der Freizeit, normalgewichtig
Fritz: 12 Jahre, leicht übergewichtig, keine sportliche Aktivität
Die Familie nimmt die drei Hauptmahlzeiten gemeinsam ein.

1. *Erstellen Sie einen Wochenspeiseplan für die drei Hauptmahlzeiten.*
2. *Geben Sie Tipps, wie der unterschiedliche Energie- und Nährstoffbedarf der Familienmitglieder bei der Zubereitung der Mahlzeiten berücksichtigt werden kann.*

Buchweizenschnitten mit Kräuterquark

Vollwert-Menü

2.4.3 VOLLWERTERNÄHRUNG

»Die Nahrung soll so natürlich wie möglich sein« – so lautet die Grundregel der Vollwerternährung nach ihrem Begründer Werner Kollath (1942). Jede Verarbeitung vermindert den Gehalt an Inhaltsstoffen. Je frischer und je weniger verarbeitet, je naturbelassener ein Lebensmittel ist, desto mehr wichtige Bestandteile enthält es.

Die Vollwerternährung ist eine **überwiegend ovo-lacto-vegetabile Kost** mit einem hohen Gehalt an Ballaststoffen, Vitaminen und Mineralstoffen, in der gering verarbeitete Lebensmittel bevorzugt werden. Auszugsmehle und isolierte Kohlenhydrate wie Haushaltszucker sind zu meiden. Zum Süßen werden Honig, Fruchtdicksäfte und Ahornsirup verwendet. Auf extrahierte und raffinierte Fette wie Margarine und Speiseöl wird verzichtet, stattdessen werden naturbelassene Fette wie Butter und kaltgepresste Pflanzenöle verwendet.

Es werden möglichst Erzeugnisse aus kontrolliert biologischem, regionalem Anbau sowie Erzeugnisse der Saison verwendet. Weiterhin werden unverpackte oder umweltschonend verpackte Lebensmittel bevorzugt sowie umweltverträgliche Produkte verwendet. Landwirtschaftliche Produkte, die unter sozial verträglichen Bedingungen erzeugt, verarbeitet und vermarktet werden, sind zu bevorzugen (nach v. Koerber, Männle, Leitzmann 1993).

Zusammensetzung der Vollwerternährung

Die Vollwerternährung verwendet hauptsächlich:
- Vollkornprodukte
- Gemüse und Obst
- Kartoffeln
- Hülsenfrüchte
- Milch und Milchprodukte
- ungehärtete Pflanzenfette

Sie enthält auch geringe Mengen an:
- Fleisch, Fisch und Eiern

Stark bearbeitete Lebensmittel, isolierte und raffinierte Produkte sollten gemieden werden:
- Fertigprodukte
- Auszugsmehle (Type 405)
- Stärke
- Zucker und Zuckerwaren
- Limonaden und Fruchtsaftgetränke
- alkoholische Getränke

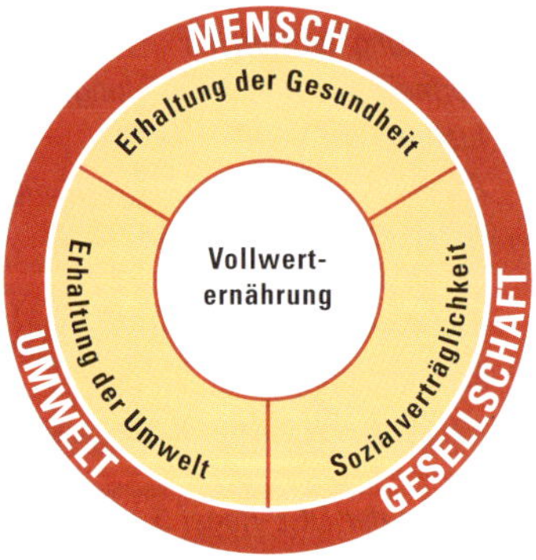

Aspekte der Vollwerternährung

Etwa die Hälfte der Nahrung besteht aus unerhitzter Frischkost. Die Zubereitung erfolgt schonend mit wenig Fett und aus frischen Nahrungsmitteln. Gegarte Speisen sollten unmittelbar verzehrt und nicht warm gehalten werden. Nahrungsmittel mit Zusatzstoffen wie Farb- und Aromastoffe werden gemieden.

Mit dieser Ernährungsweise wird eine optimale Versorgung des Körpers mit allen lebenswichtigen Nährstoffen erreicht. Die Leistungsfähigkeit sowie die körpereigene Abwehr lassen sich dadurch steigern.

Die Vollwerternährung deckt den Bedarf an Nährstoffen und Energie und ist als **Dauerkost geeignet**. Neben dem **gesundheitlichen Aspekt** berücksichtigt sie auch den **ökologischen Aspekt** – Schonung der Umwelt und der natürlichen Ressourcen – sowie den **gesellschaftlichen Aspekt** – fairer Handel mit Entwicklungsländern. Sie stellt damit eine zeitgemäße Ernährungsweise dar.

Die Vollwerternährung spricht keine Verbote aus, sondern nur die Empfehlung, »minderwertige« Produkte zu meiden.

Bei der Lebensmittelauswahl wird eine Einteilung in vier Wertstufen vorgenommen. Sie soll dem Verbraucher die praktische Umsetzung erleichtern.

Einteilung der Lebensmittel nach Wertstufen

Wertstufe	Zustand des Nahrungsmittels	Empfohlene Zufuhrmenge	Beispiele
I Sehr empfehlenswert	Unerhitzte Lebensmittel	Etwa die Hälfte der Nahrungsmenge	Gekeimtes Getreide, Vollkornschrot, unerhitztes Frischgemüse, Frischobst, gekeimte und blanchierte Hülsenfrüchte, Nüsse, Samen, Ölfrüchte, Vorzugsmilch, Rohmilchkäse, Mineralwasser, Kräuter- und Früchtetee, frische Kräuter
II Ebenfalls empfehlenswert	Erhitzte Lebensmittel	Etwa die Hälfte der Nahrungsmenge	Vollkornprodukte, erhitztes Gemüse, Obst- und Gemüsesäfte, Kartoffeln, erhitzte Hülsenfrüchte, Butter, kaltgepresste und unraffinierte Öle, pasteurisierte Milch und Milchprodukte, Fleisch und Eier (je 1- bis 2-mal pro Woche), Fisch (1-mal pro Woche), Leitungswasser, Getreidekaffee, getrocknete Kräuter, jodiertes Salz, unerhitzter Honig
III Weniger empfehlenswert	Stark verarbeitete Lebensmittel	Nur selten verzehren	Auszugsmehlprodukte, Gemüsekonserven, Kartoffelprodukte, Sojamilch, Tofu, extrahierte und raffinierte Öle, H-Milch, Fleisch- und Wurstwaren, Fleisch- und Fischkonserven, Tafelwasser, Bohnenkaffee, schwarzer Tee, Kakao, Bier, Wein, Gewürzextrakte, Kochsalz, erhitzter Honig, Melasse, Zuckerrübensaft
IV Nicht empfehlenswert	Isolierte Lebensmittelbestandteile	Möglichst vermeiden	Isolierte Stärke, Farbstoffe oder Vitamine und Mineralstoffe, Sojakonzentrat, gehärtete Margarine, Sterilmilch, Kondensmilch, Milchpuver, Eipulver, Schmelzkäse, Innereien, Limonaden, Instant-Getränke, Spirituosen, Süßwaren, Süßstoffe

AUFGABEN

1. *Erläutern Sie die Grundzüge der Vollwerternährung.*
2. *Ordnen Sie die folgenden Lebensmittel den zugehörigen Wertstufen zu: Gefriergemüse, Kartoffelkloßmehl, Weißbrot, Schokoladenpudding, geschälter Reis, Erbsen (sterilisiert), Putenbrust (gegrillt), H-Milch, Orangenfruchtsaftgetränk, Mineralwasser. Begründen Sie Ihre Zuordnung.*
3. *Stellen Sie die Unterschiede zwischen einer gemischten Kost und der Vollwerternährung dar.*
4. *Vollwerternährung kann von jedermann als Dauerkost praktiziert werden. Welche Bedingungen für die Lebensmittelauswahl und Zubereitung müssen bei der Ernährung von kleinen Kindern oder älteren Menschen berücksichtigt werden?*

Lernsituation:

Vollwertkost in einer Einrichtung

- Informationen über die Möglichkeiten der Lebensmittelbeschaffung sammeln
- Vergleichen von Vollwertprodukten mit herkömmlichen Lebensmitteln bzgl. Kosten, Geschmack und Nährstoffgehalt
- Wochenkostplan für das Mittagessen erstellen

Makrobiotik

Yin – *Pflanzen, die über der Erde wachsen*

Yang – *tierische Lebensmittel und unterirdische Pflanzenteile*

Zusammensetzung der Hay'schen Kost

vorwiegend kohlenhydrathaltige Lebensmittel, z.B.:
Vollkornprodukte, Naturreis, Kartoffeln, Bienenhonig, getrocknete Früchte

mische mit

neutrale Lebensmittel, z.B.:
Fette, Käse, Oliven, Eigelb, Milchprodukte, Gemüse, Gewürze, Kräuter, Nüsse

mische mit

vorwiegend eiweißhaltige Lebensmittel, z. B.:
Fleisch, Wild, Geflügel, Fisch, Magerkäse, Eier, Sojamehl

mische mit

saures Obst, z. B.:
Beeren-, Kern- und Steinobst, Zitrusfrüchte, Kiwi, Ananas, Melone

Die Energieleiter (Fit for life)

2.4.4 SONSTIGE ALTERNATIVE KOSTFORMEN (ÜBERBLICK)

Kostform	Durchführung	Bewertung
Makrobiotik	Überwiegend pflanzliche Kost mit hohem Getreideanteil; geringer Verzehr von Milch und Milchprodukten, Fleisch, Geflügel, Obst, Auszugsmehl, Zucker, Konserven, wenig Flüssigkeit; Ausgewogenes Verhältnis zwischen **Yin und Yang**	**positiv:** hoher Ballaststoffgehalt, niedriger Fett-, Zucker- und Genussmittelkonsum **negativ:** Mangel an Calcium, Eisen, Vitamin D und C sowie Eiweiß **Einseitige Kostform**
Anthroposophische Ernährung	Weitgehend lacto-vegetabile Kostform mit Produkten aus biologisch-dynamischem Anbau; schonende Nahrungszubereitung, hoher Rohkostanteil	**positiv:** vergleiche lacto-vegetabile Kost (Vorteile) **negativ:** Mangelversorgung bei reiner Pflanzenernährung **Als Dauerkost geeignet!**
Hay'sche Trennkost	Getrennte Aufnahme von Kohlenhydraten und Eiweiß; Kombination beider Nahrungsmittelgruppen mit neutralen Lebensmitteln (siehe Tabelle), Verwendung von naturbelassenen Lebensmitteln ohne Zusatzstoffe; **Bevorzugung basischer Lebensmittel** wie Gemüse, Salate, Obst; **niedriger Verzehr von sauren Lebensmitteln** wie Brot, Getreide, Nudeln, Eiern, Milch und Milchprodukten; Verzicht auf Genussmittel	**positiv:** gute Versorgung mit Ballaststoffen, Vitaminen und Mineralstoffen; geringe Aufnahme von Fett, Purinen, Cholesterin **negativ:** Mangel an Calcium, Eisen und Jod; Trennung von Eiweiß und Kohlenhydraten ist unbegründet, der Ergänzungswert der Eiweiße geht dabei verloren **Als Dauerkost bedingt geeignet!**
Fit for Life	Getrennte Aufnahme von Eiweiß und Kohlenhydraten; Verzehr überwiegend wasserhaltiger Nahrungsmittel (rohes Gemüse, Salate, Obst); weniger Milch und Milchprodukte; die **»Energieleiter«** regelt die Ernährung	**negativ:** keine bedarfsdeckende Ernährung über einen längeren Zeitraum; wissenschaftlich unbegründete Grundlagen **Als Dauerkost ungeeignet!**

2.5 ERNÄHRUNGSABHÄNGIGE ERKRANKUNGEN – DIÄTEN UND SONDERKOSTFORMEN

Diät = eine nach bestimmten Anforderungen zusammengestellte Kost, die nach ärztlicher Anordnung für einen bestimmten Menschen erstellt wird (z. B. Diabetes-Diät mit 12 BE, 5800 kJ).

»Der Mensch ist, was er isst« – Essen beeinflusst Gesundheit und Wohlbefinden.
Falsche Ernährungsgewohnheiten führen zur Entstehung von **Zivilisationskrankheiten** wie Bluthochdruck, Fettstoffwechselstörungen und Gicht. Die Lebens- und Arbeitsbedingungen, die z. B. Bewegungsmangel und Stress verursachen, sowie genetische Anlagen und das höhere Lebensalter verstärken dieses Gesundheitsrisiko. Fast jeder 3. Bundesbürger stirbt heute an den Folgen von ernährungsabhängigen Erkrankungen.
Durch eine gesunde Ernährung und Lebensweise kann vielen dieser Erkrankungen vorgebeugt werden. Bei der Behandlung ernährungsabhängiger Krankheiten ist die Einhaltung einer Diät ein wichtiger Bestandteil.

Sonderkostform = eine Kost, die aus gesundheitlichen oder weltanschaulichen Gründen den Verzehr bestimmter Lebensmittel verbietet oder stark einschränkt (z. B. veganische Kost).

Ernährungsabhängige Krankheiten:

1. Mangelkrankheiten, z. B.
   - *Kropf – Jodmangel*
   - *Anämie – Eisenmangel*
   - *Osteoporose – Calciummangel*
2. Stoffwechselkrankheiten, z. B.
   - *Diabetes mellitus*
   - *Gicht*
   - *Fettstoffwechselstörungen*
3. Organerkrankungen, z. B.
   - *Lebererkrankungen*
   - *Gallensteine*

2.5.1 ÜBERGEWICHT

Nach dem Ernährungsbericht 2000 sind bundesweit 68 % der untersuchten Männer und Frauen übergewichtig. Ca. 15 % der Kinder im Alter von 6 bis 15 Jahren sind adipös (fettsüchtig). Zur Beurteilung des Körpergewichtes dient die Methode des Body-Mass-Index (BMI).

Der BMI berechnet das Verhältnis von Körpergewicht in Kilogramm zur Körpergröße in Meter zum Quadrat.

$$\text{BMI} = \frac{\text{Körpergewicht (kg)}}{(\text{Körpergröße in m})^2}$$

Normalgewicht:	BMI ist 19–25
Übergewicht:	BMI ist 25–30
Adipositas (Fettsucht):	BMI > 30

Aufgabe:
Katrin wiegt 70 kg und ist 1,80 m groß.
Beurteilen Sie Katrins Gewicht.

Body-Mass-Index-Normogramm

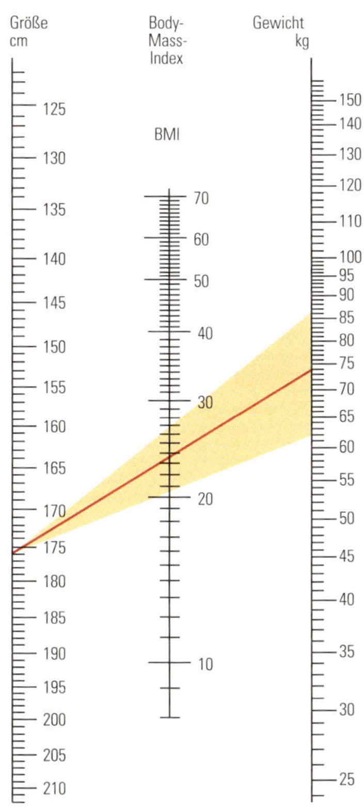

Bewertung des BMI nach der höchsten Lebenserwartung unter Berücksichtigung des Alters

Altersgruppe	erwünschter BMI
19 bis 24 Jahre	19 bis 24
25 bis 34 Jahre	20 bis 25
35 bis 44 Jahre	21 bis 26
45 bis 54 Jahre	22 bis 27
55 bis 64 Jahre	23 bis 28
> 64 Jahre	24 bis 29

Ursachen für Übergewicht:

1. *Bewegungsmangel*
2. *Erniedrigter Energiebedarf durch:*
   - *gesenkten Grundumsatz*
   - *höheres Lebensalter*
   - *Wechseljahre*
   - *Schilddrüsenunterfunktion*
   - *niedrige Wärmeabgabe des Körpers*
3. *Störung der Hunger-Sättigungs-Regulation durch:*
   - *falsche Ernährungserziehung*
   - *Essen bei Stress, aus Langeweile, Frust*

Wird mehr Energie aufgenommen als verbraucht, entsteht Übergewicht.

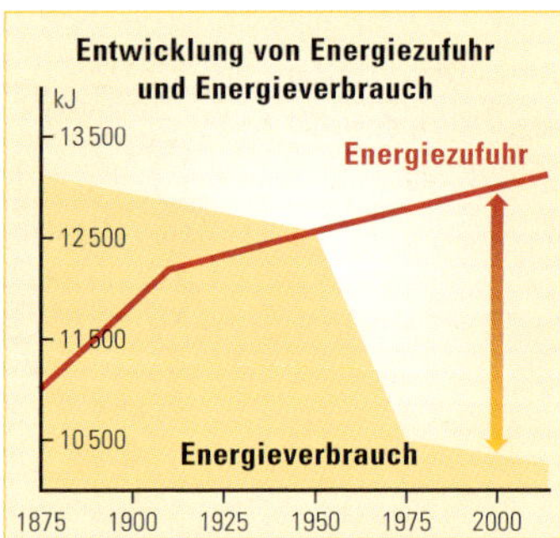

Übergewicht entsteht langsam!

Ein Kilogramm Fettgewebe speichert die Energie von ca. 25 000 kJ (6 000 kcal).

Schon eine Energiemenge von nur 250 kJ (60 kcal) pro Tag zu viel kann allmählich zu einer Gewichtszunahme von

- *10 g/Tag,*
- *70 g/Woche,*
- *280 g/Monat,*
- *3 360 g/Jahr*

und damit zu Übergewicht führen.

Ursache des Übergewichts ist eine **positive Energiebilanz**, d.h., es wird mehr Energie zugeführt, als der Körper tatsächlich verbraucht. Eine falsche Ernährungserziehung in der Kindheit ist dafür häufig verantwortlich, vgl. S. 118.
Oft wird auch der Energieverbrauch der täglichen Arbeiten überschätzt und mehr Nahrung zugeführt als tatsächlich verbraucht wird, vgl. S. 120.
Außenreize, z.B. die Werbung, verführen zum Essen. Übergewichtige werden hierdurch mehr angeregt als Normalgewichtige.
Die **genetische Veranlagung** beeinflusst die Entstehung des Übergewichtes. Etwa 70 % der Eltern von fettleibigen Kindern sind ebenfalls übergewichtig. Nur 9 % der Kinder normalgewichtiger Eltern weisen Übergewicht auf.
Übergewicht gilt als wichtigster **Risikofaktor vieler Krankheiten**, vgl. S. 113. Die durchschnittliche Lebenserwartung sinkt mit der Höhe des Übergewichtes.

Zur Vermeidung von Übergewicht muss
- die Kost bedarfsgerecht und vollwertig zusammengestellt,
- das Ernährungsverhalten richtig geschult,
- die körperliche Aktivität gesteigert werden.

Bei der Kostzusammenstellung ist es notwendig, die Nahrungsenergiezufuhr dem Energiebedarf anzupassen. Dabei muss vor allem der Fettgehalt der Nahrung von den heute üblichen 40 % auf 30 % gesenkt und der Alkoholkonsum stark reduziert werden. Außerdem sollten mehr ballaststoffreiche Lebensmittel verzehrt werden.

Veränderung des Nahrungsmittelverbrauchs von 1850 bis heute

AUFGABEN

1. *Machen Sie eine Ernährungsumfrage in Ihrer Klasse: Wie gesund ernähren sich Jugendliche heute?*
2. *Welche Diäten und Sonderkostformen haben Sie selbst schon einmal durchgeführt? Berichten Sie.*
3. *Ermitteln Sie anhand des BMI-Index, ob Sie übergewichtig sind.*
4. *Welche Ernährungsursachen führen heute häufig zu Übergewicht? Überprüfen Sie daraufhin Ihre eigene Ernährung.*
5. *Nennen Sie fünf Getränke, die bei einer Reduktionsdiät eingeschränkt werden sollten.*
6. *Welchen Brotbelag würden Sie für eine Reduktionsdiät empfehlen?*
7. *Ermitteln Sie in der Nährwerttabelle, welche Mengen ausgewählter Lebensmittel 250 kJ (60 kcal) enthalten.*

Reduktionsdiäten werden nach ihrer Zusammensetzung eingeteilt:

Extremdiäten sind Modediäten mit fett-, eiweiß- oder kohlenhydratbetonter Kost. Sie verwenden vorrangig eine Lebensmittelgruppe (z. B. Schroth-Kur, Eier-Mayo-Diät, Atkins-Diät). Sie erzielen anfangs eine rasche Gewichtsabnahme. Bei längerer Anwendung treten jedoch Nährstoffmangel und Gesundheitsstörungen auf.

Formuladiäten bestehen aus pulverisierten oder flüssigen Nährstoffgemischen mit konstantem Nährstoffgehalt. Der Gehalt an Vitaminen, Mineralstoffen, Eiweiß und die Nährstoffrelation sind genau bilanziert. Die Diäten sollten maximal sechs bis acht Wochen angewendet werden.

Nulldiäten sind nur bei extremem Übergewicht zu empfehlen und sollten nur unter **ärztlicher Leitung** durchgeführt werden. Es werden keine Nährstoffe (0 Kilojoule) aufgenommen. Wasser, Mineralstoffe, Spurenelemente und Vitamine müssen ausreichend zugeführt werden. Nach Absetzen der Nulldiät ist eine energiereduzierte Mischkost zu empfehlen.

Energiereduzierte Mischkost (z. B. Brigitte-, Brotdiät) ist eine ausgewogene Kostform mit einem hohen Nährstoffgehalt und geringer Energiedichte. Der hohe Ballaststoffgehalt gewährleistet eine gute Sättigung. Da das Wiegen und Kalorienberechnen der Lebensmittel entfällt, ist sie leicht durchführbar. Sie bewirkt eine langfristige Gewichtsabnahme.

Alle **Reduktionsdiäten**, die einen hohen Gewichtsverlust in kurzer Zeit versprechen, sind nicht zu empfehlen. Der Stoffwechsel reagiert auf den zu hohen Nahrungsentzug genauso wie auf einen **Hungerzustand**: Er scheidet vermehrt Wasser aus, das Körperfett wird anfangs schnell, dann immer langsamer abgebaut. Der **Grundumsatz sinkt** stark ab. Wird nach der Diät wieder normal gegessen, werden die Fettdepots sofort wieder aufgefüllt und das Körpergewicht schnellt in die Höhe (**Jo-Jo-Effekt**).

AUFGABEN

1. *Stellen Sie verschiedene Reduktionsdiäten aus Zeitschriften auf Plakaten zusammen. Besprechen Sie diese Diäten in Kleingruppen und stellen Sie die wichtigsten Ergebnisse der Klasse vor.*
2. *Informieren Sie sich über die Durchführung der Atkins-Diät/Formula-Diät/Brot-Diät.*

Diäten versprechen eine schnelle Gewichtsabnahme

Bewertung ausgewählter Reduktionsdiäten

Eierkur
einseitig, hohe Cholesterinzufuhr, Nährstoffmangel bei längerer Anwendung; nicht zu empfehlen!

Atkins-Diät
einseitig, bei längerer Anwendung gesundheitsgefährdend; nicht zu empfehlen!

Formuladiät
geringe Geschmacksvariation, teuer, keine Verhaltensänderung; als Einstieg bei hohem Übergewicht geeignet!

Nulldiät
als Einstieg bei extremem Übergewicht geeignet; Höchstdauer 6 bis 8 Wochen

Brigitte-Diät
ausgewogen, relativ zeitaufwändig; guter Dauererfolg!

Brotdiät
Mischkost mit erhöhtem Brotanteil, ausgewogen; empfehlenswert!

Aspekte einer geeigneten Reduktionskost:

- *energiearme Lebensmittel mit hoher Nährstoffdichte (s. S. 138)*
- *ballaststoffreiche Kost*
- *mindestens 4200 kJ/1000 kcal täglich*
- *fettarme, nährstoffschonende Zubereitung*
- *fünf kleine Mahlzeiten pro Tag*
- *hohe Flüssigkeitszufuhr – keinen Alkohol!*
- *langsam essen, gut kauen*

Der richtige Weg zum Normalgewicht??

1. Frühstück:
2 Tassen Kaffee, Kondensmilch (10 % Fett), 1 Brötchen, Butter, Honig, 1 Ei
490 kcal/ 2048 kJ

2. Frühstück
1 Banane *96 kcal/ 405 kJ*

Mittagessen
Spargelcremesuppe, gebratenes Rotbarschfilet, Kartoffelsalat, grüner Salat in Öl-Marinade, Vanillepudding
924 kcal/ 3862 kJ

Kaffee
2 Tassen Kaffee/Tee mit 2 Stück Würfelzucker und Kondensmilch, 2 Stück Apfeltorte mit Schlagsahne
741 kcal/ 3114 kJ

Abendessen
1 Sch. Mischbrot mit Rührei, 1 Sch. Schwarzbrot mit Mettwurst, 2 kleine Tomaten, 1 Flasche Bier

Tagesbilanz: *802 kcal/ 3419 kJ*
3053 kcal/12848 kJ

Ist das der richtige Weg zum Normalgewicht?
Wie würden Sie den Tageskostplan verändern?

Die am besten **geeignete Reduktionskost ist** eine **energiereduzierte Mischkost**, die dem Körper alle essentiellen Nährstoffe und Flüssigkeit bedarfsgerecht zuführt. Ziele sind eine **langsame Gewichtsabnahme** (100 bis 150 g/Tag) und eine **langfristige Umstellung des Ernährungsverhaltens**.

Tageskostplan für eine Reduktionskost (1380 kcal, 5770 kJ)

	kcal	kJ
1. Frühstück: (385 kcal/1600 kJ)		
1 Brötchen (45 g) oder 2 Sch. Toast/1 Sch. Mischbrot (je 50 g)	125	522
10 g Butter oder 20 g Halbfettmargarine	75	314
20 g Honig oder 20 g Konfitüre	50	209
30 g Schinken oder 15 g Salami oder 30 g Käse (45 % F. i. Tr.)	85	355
100 g Apfel oder 200 g Grapefruit oder 0,2 l Gemüsesaft	50	209
2. Frühstück: (110 kcal/460 kJ)		
150 g Orange oder 100 g Birne oder 100 g Joghurt natur	50	209
1 Scheibe Knäckebrot (10 g), 15 g Putenbrust	60	251
Mittagessen: (390 kcal/1630 kJ)		
125 g Rind- oder 135 g Schweinefleisch, sehr mager, oder 50 g Bratwurst oder 220 g Kabeljaufilet	170	710
5 g Butter oder 4 g Öl oder 5 g Margarine	40	167
120 g Kartoffeln oder 75 g Nudeln oder 90 g Reis, gekocht	100	418
150 g Blumenkohl oder Rotkohl oder Paprika oder 220 g Tomaten oder 50 g grüne Erbsen oder 50 g Schwarzwurzeln	40	167
(Blattsalate, Gurken, Chicorée ohne Berechnung)		
4 g Öl oder 10 g Sahne	40	167
Kaffee: (120 kcal/502 kJ)		
1/2 Brötchen, 5 g Butter, 20 g Diätkonfitüre oder 100 g Naturjoghurt und 50 g Apfel und 50 g Birne oder 1/4 l Buttermilch und 2 St. Butterkekse oder 50 g Obstkuchen	120	502
Abendessen: (325 kcal/1359 kJ)		
1 Sch. Vollkornbrot (50 g) oder 3 Sch. Knäckebrot (30 g)	125	522
10 g Butter oder 20 g Halbfettmargarine	75	314
20 g Kochschinken und 35 g Cornedbeef oder 25 g Leberwurst oder 1 Spiegelei (mit 1 TL Öl) oder 100 g Hüttenkäse	110	460
65 g Gewürzgurke oder 90 g Tomate oder 80 g Radieschen	15	63
Spätmahlzeit		
Obst oder Gemüsesaft	50	209
(Kaffee, Tee und Mineralwasser ohne Berechnung)		

AUFGABEN

1. *Erstellen Sie eine Liste mit Lebensmitteln, die für eine Reduktionsdiät geeignet sind. Begründen Sie Ihre Auswahl.*
2. *Erstellen Sie einen Tageskostplan mit 5000 kJ/1200 kcal für einen Übergewichtigen mit überwiegend sitzender Tätigkeit.*

Verführerischer Snack am Abend?

2.5.2 DIABETES MELLITUS (ZUCKERKRANKHEIT)

Über fünf Millionen Menschen sind in der Bundesrepublik Deutschland von der Zuckerkrankheit, Diabetes mellitus, betroffen. Die Bauchspeicheldrüse des Diabetikers produziert zu wenig oder überhaupt kein **Insulin** mehr. Fehlt Insulin, kann die Glukose aus dem Blut nicht in die Körperzellen gelangen, wo sie zur Energiegewinnung benötigt wird. Der Zuckerstoffwechsel ist dadurch gestört und der **Blutzuckerspiegel steigt über den Normalwert** an.

Die **Regulation des Blutzuckerspiegels** ist eine wichtige Voraussetzung für die Leistungsfähigkeit und das Wohlbefinden. Der normale Blutzuckerspiegel beträgt **80 bis 120 mg Glukose/100 ml Blut**. Er wird durch die Hormone Insulin und Glukagon reguliert. Beide Hormone werden in der Bauchspeicheldrüse gebildet.

Insulin senkt den nach einer kohlenhydratreichen Mahlzeit angestiegenen Blutzuckerspiegel, indem es die Glukoseaufnahme in die Zelle fördert. Sinkt der Blutzuckerspiegel nach längerem Fasten oder bei körperlicher Aktivität unter den Normalwert ab, scheidet die Bauchspeicheldrüse **Glukagon** aus. Dieses veranlasst in der Leber den Abbau von Glykogen zu Glukose – der Blutzuckerspiegel steigt und pendelt sich so wieder auf den Normalwert ein.

Zwei Hauptformen des Diabetes mellitus werden unterschieden:
Der **Typ-I-Diabetes** (Jugenddiabetes) tritt meist bei Kindern und Jugendlichen auf. Die Bauchspeicheldrüse bildet kein Insulin. Während des ganzen Lebens muss regelmäßig Insulin gespritzt werden.

Der **Typ-II-Diabetes** betrifft vor allem ältere Menschen. Es wird zwar noch Insulin produziert, aber zu wenig. Übergewicht und falsche (zuckerreiche) Ernährung haben zu einer Erschöpfung der Insulin produzierenden Zellen geführt. Bei Normalisierung des Körpergewichts und Einhaltung einer Diabetesdiät reicht die körpereigene Insulinproduktion häufig wieder aus.

Wird die Blutzuckerkrankheit nicht behandelt, treten Stoffwechselentgleisungen auf, die zu typischen Symptomen (Krankheitsmerkmalen), z. B. Durst, Müdigkeit, Gewichtsverlust und Leistungsschwäche, führen. Langfristig entstehen **Spätschäden** wie Sehstörungen, Nierenschäden und Durchblutungsstörungen.

Diabetes ist nicht heilbar. Bei einer konsequenten **Behandlung** mit **ausreichender Insulinversorgung, ausgewählter Kost und Bewegung** kann der Diabetiker aber ein relativ normales Leben führen.

Die **Diabetesdiät** ist ein Schwerpunkt bei der Behandlung. Sie soll starke Schwankungen im Blutzuckerspiegel verhüten und außerdem das normale Körpergewicht erhalten oder bei Übergewicht wieder herstellen.

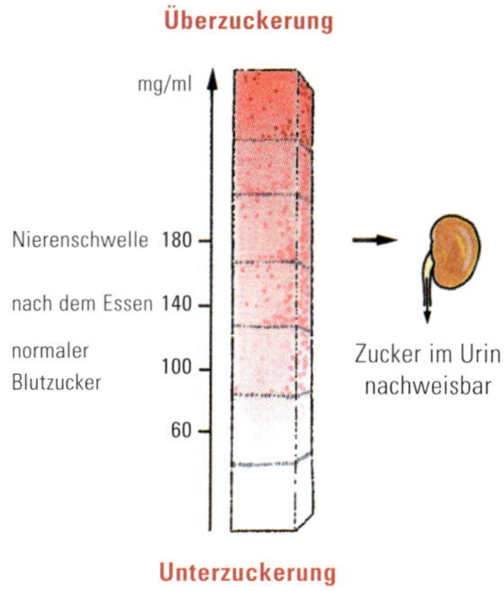

Der Blutzuckerspiegel:
Unter 60 mg/100 ml liegt eine Unterzuckerung, über 140 mg/100 ml eine Überzuckerung vor. Ab 180 mg/100 ml Blutzucker wird Glukose im Urin ausgeschieden.

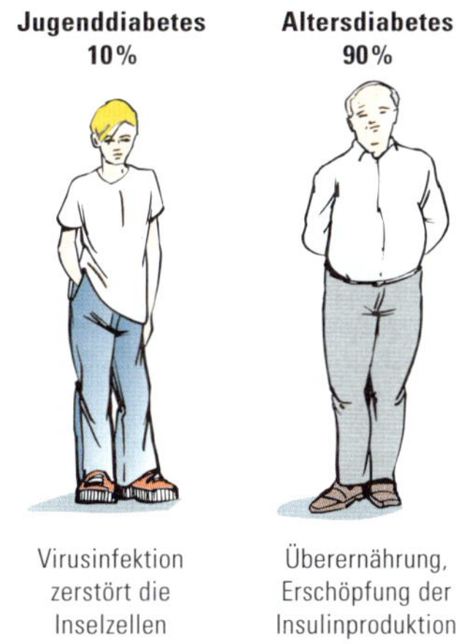

Die beiden Diabetes-Typen: Typ I und Typ II

Projektaufgabe:

Führen Sie ein Ernährungsprotokoll für einen Diabetiker aus Ihrem Bekanntenkreis.

Gesunde Kost für Diabetiker

Die moderne **Diabetikerkost** ist eine vollwertige Mischkost mit einem vergleichsweise hohen Kohlenhydratanteil. Sie enthält nach den Empfehlungen der Deutschen Gesellschaft für Ernährung:

- 50 bis 60 % Kohlenhydrate,
- bis 30 % Fett,
- bis 20 % Eiweiß

bezogen auf die Gesamtenergiezufuhr.

Vor allem ballaststoffreiche Lebensmittel wie Vollkornprodukte, Gemüse, Obst und stärkehaltige Kohlenhydrate sollen bevorzugt werden. Sie führen zu einem langsamen Blutzuckeranstieg. Bei Obst muss der Gehalt an Kohlenhydraten beachtet werden. Auf Zucker, Honig und auf damit gesüßte Lebensmittel sollte weitgehend verzichtet werden, da sie zu einem schnellen Blutzuckeranstieg führen.

Sechs bis sieben kleinere Mahlzeiten ermöglichen eine gleichmäßige Kohlenhydrataufnahme, starke Blutzuckerschwankungen können hierdurch leichter vermieden werden.

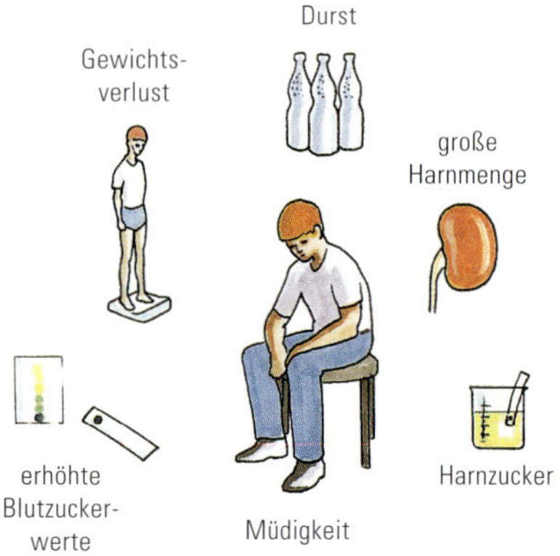

Krankheitssymptome bei Diabetes

Die **Kalorienmenge** ist auf den persönlichen Energiebedarf abzustimmen. Bei Übergewicht wird oft eine Reduktionsdiät empfohlen.

Der **Fettverzehr** ist einzuschränken. Fettreiche Milchprodukte sowie Wurst- und Fleischwaren sollten durch fettarme Produkte ersetzt werden. Hochwertige Pflanzenöle und Margarine enthalten wertvolle ungesättigte Fettsäuren und sollten wegen ihrer günstigen Auswirkungen auf die Blutgefäße bevorzugt auf dem Speiseplan stehen.

Die mit der Nahrung aufgenommenen Kohlenhydrate erhöhen den Blutzuckerspiegel. Sie können daher nur in bestimmten Mengen verzehrt werden. Die Berechnung der aufgenommenen Kohlenhydratmenge erfolgt in **Broteinheiten** oder **Kohlenhydrateinheiten** (BE oder KE).

> 1 Broteinheit = 12 g Kohlenhydrate = ca. 1 Scheibe Brot
> 1 Kohlenhydrateinheit = 10 g Kohlenhydrate

Kohlenhydrataustauschtabellen geben an, welche Nahrungsmittelmengen genau einer BE entsprechen. Mithilfe dieser Austauschtabellen kann sich der Diabetiker seinen persönlichen Speiseplan zusammenstellen.

Viele Salate und Gemüsesorten enthalten so wenig Kohlenhydrate, dass sie in beliebiger Menge verzehrt werden können. In der **»Freien Liste«** sind diese Lebensmittel aufgeführt.

Ohne Anrechnung der Kohlenhydrate sind erlaubt, z. B.:

in beliebiger Menge	bis 200 g/Tag	bis 100 g/Tag
Chinakohl, Eisbergsalat, Blattsalat, Gurke, Tomate, Spinat, Radieschen, Spargel, Kohlrabi, Brokkoli, Blumenkohl, Wirsing, Pilze, Sellerie	Möhren, Bohnen, Paprika, Kürbis, Lauch, Zucchini, Aubergine, Rote Bete, Rotkohl, Grünkohl, Steinpilz	Artischocke, grüne Erbsen, Mais, Fenchel, Oliven, Schwarzwurzeln, Meerrettich, Zwiebeln

Die Aufteilung der BE auf den Tag

Ein normalgewichtiger Erwachsener mit leichter körperlicher Arbeit benötigt am Tag etwa 15 BE. Die BE sollten gleichmäßig auf sechs bis sieben Mahlzeiten verteilt werden, z. B.:

7 Uhr	*1. Frühstück*	*3 BE*
10 Uhr	*2. Frühstück*	*2 BE*
13 Uhr	*Mittagessen*	*3 BE*
16 Uhr	*Kaffee*	*2 BE*
19 Uhr	*Abendessen*	*3 BE*
21 Uhr	*Spätimbiss*	*2 BE*

Die erlaubten Lebensmittelmengen können mit einer **Diätwaage** genau abgewogen werden.
Süßstoffe werden als Ersatz für Zucker zum Süßen von Getränken und Speisen verwendet. Süßstoffe sind u. a. **Saccharin, Cyclamat, Aspartam** und **Acesulfam**. Im Handel gibt es auch Mischungen aus Saccharin und Cyclamat. Manche Süßstoffe können mitgebacken oder gekocht werden, andere erhalten hierbei einen bitteren Geschmack und können daher nur in kalten Speisen und Getränken verarbeitet werden. Süßstoffe haben keine Kalorien und müssen nicht berechnet werden.
Zuckeraustauschstoffe, z. B. **Fruchtzucker, Sorbit** und **Mannit,** enthalten im Gegensatz zu den Süßstoffen **Energie** und müssen bei der Diät berechnet werden. Da sie ohne Insulin im Körper verwertet werden, sind sie aber gut zum Süßen von Diabetikerkost geeignet.

Süßstoffe

Handelsnamen von Süßstoffen:

»Natreen Süße«	Cyclamat/ Saccharin
»Süssin Tabletten«	Saccharin
»Sukrinetten«	Saccharin
»Assugrin Nutra Sweet«	Aspartam
»Schneekoppe Süßkraft«	Cyclamat/ Saccharin

Diabetikerspezialprodukte sind für »Diabetiker geeignete Produkte« wie Konfitüren, Schokolade, Gebäck und Pudding, die anstatt Zucker Süßstoffe oder Zuckeraustauschstoffe enthalten. Sie müssen in der Diät berechnet werden.

AUFGABEN

1. *Ermitteln Sie am Beispiel des Tageskostplanes, welche Lebensmittel bei eine Diabetesdiät eingesetzt werden sollen.*
2. *Was ist eine Broteinheit?*
3. *Erstellen Sie eine Checkliste für die Diabetikerdiät.*
4. *Stellen Sie die im Handel angebotenen Diabetikerspezialprodukte auf einer Liste zusammen. Welche dieser Produkte würden Sie einem Diabetiker empfehlen?*
5. *Erläutern Sie den Unterschied zwischen Süßstoffen und Zuckeraustauschstoffen.*
6. *Erstellen Sie einen Diabetiker-Tageskostplan mit 16 BE, 60 g Fett, 1700 kcal.*
7. *Ein Diätjoghurt mit einem Gewicht von 250 g enthält insgesamt 30 g Kohlenhydrate. Sie möchten aber nur 1,5 BE essen.*
8. *Stellen Sie zwei Vorschläge für ein 1. Frühstück (2 BE) sowie ein Schulfrühstück (3 BE) für einen 12-jährigen Jungen zusammen.*
9. *Entwickeln Sie mehrere Beispiele für geeignete Zwischenmahlzeiten mit jeweils 1 BE/mit jeweils 2 BE.*

Kohlenhydrataustauschtabelle (Auszug)

1 BE entspricht (in Gramm):

15 g	*Reis oder Grieß oder Teigwaren*
60 g	*Kartoffeln*
20 g	*Erbsen oder Linsen oder Bohnen*
30 g	*Roggen- oder Misch- oder Graham- oder Vollkornbrot*
20 g	*Weißbrot oder Knäckebrot*
100 g	*Birne oder Apfel*
250 g	*Milch oder Dickmilch oder Joghurt*

Tageskostplan für einen Diabetiker (13 BE, 50 g Fett, 1510 kcal/6312 kJ)

Lebensmittel	BE	kcal	kJ
1. Frühstück: 60 g Roggenschrotbrot 10 g Halbfettmargarine 30 g Geflügelwurst 1 Tomate	2	190	794
2. Frühstück: 50 g Roggenbrot 10 g Halbfettmargarine 30 g Truthahnwurst 1 Apfel	3	220	920
Mittagessen: Rindsgulasch 30 g Naturreis 100 g Kopfsalat in Joghurts. 150 g Diätfruchtjoghurt	3	570	2 383
Kaffee: ¼ l Buttermilch 160 g Erdbeeren	2	150	627
Abendessen: Tomatensuppe Griechischer Salat 1 Vollkornbrötchen	2	340	1 421
Spätmahlzeit: 130 g Grapefruit oder 100 g Apfel	1	40	167,2

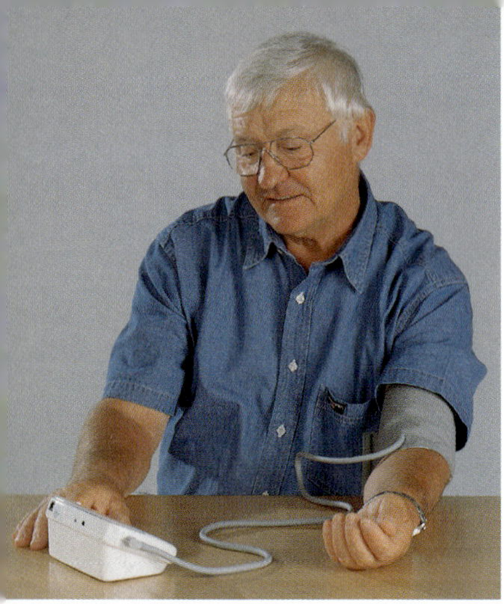

Bei einem Blutdruckwert von mehr als 160/90 mm Hg liegt Bluthochdruck vor

2.5.3 BLUTHOCHDRUCK (HYPERTONIE)

Etwa 15 Prozent der Bevölkerung haben Bluthochdruck, zunehmend auch Kinder und Jugendliche. Der Arzt spricht vom Bluthochdruck, sobald der Blutdruck ständig über **160/90 mm Hg*** liegt. **Übergewicht, Alkohol, hoher Kochsalzverbrauch, Rauchen** und **Stress** sind an der Entstehung beteiligt.
Bluthochdruck gilt als wichtiger Risikofaktor für die Entstehung von Herzinfarkt, Schlaganfall und Nierenerkrankungen.

Die **Diät bei Bluthochdruck** ist ein wichtiger Teil der Behandlung.

Merkmale der Bluthochdruckdiät:

- kochsalzarm und kaliumreich
- bedarfsgerechte Energiezufuhr
- Reduktionsdiät bei Übergewicht
- niedriger Anteil an leicht verdaulichen Kohlenhydraten
- weniger als 30 % Fett (hoher Anteil essentieller Fettsäuren)
- wenig Alkohol

Kochsalz sollte pro Tag nicht mehr als 3 bis 6 g aufgenommen werden. Tatsächlich werden etwa 10 bis 15 g Kochsalz verzehrt. Das ist die 2- bis 3fache Menge, die der Körper benötigt.

Chemisch ist Kochsalz Natriumchlorid (NaCl), eine Verbindung aus Natrium (Na) und Chlor (Cl). Natrium hat ein beträchtliches Bindungsvermögen für Wasser; **1 g Kochsalz bindet etwa 100 g Wasser.** Eine hohe Kochsalzaufnahme führt daher zu einer Zunahme der Flüssigkeitsmenge in den Geweben (Ödeme) und in der Blutflüssigkeit – es kommt zu einem Blutdruckanstieg.

Kalium senkt den Blutdruck. Kaliumreiche Lebensmittel, wie z. B. frisches Gemüse und Obst (besonders Bananen) sowie Nüsse, sollten daher in der täglichen Kost nicht fehlen.

Übergewicht begünstigt Bluthochdruck. Eine energiereduzierte Kost führt meist zu einer Normalisierung des Blutdrucks.

Ein **niedriger Fettverzehr** mit einem hohen Anteil an **essentiellen Fettsäuren** wirkt Blutdruck normalisierend.

Diätprodukte, die speziell ohne Salz hergestellt sind, werden mit der Bezeichnung **»natriumarm«** oder **»für natriumarme Diät geeignet«** gekennzeichnet. Als Ersatzmittel für Salz bietet der Handel **Diätsalz** an, das anstelle von Natrium Kalium oder Magnesium enthält. Der Geschmack weicht jedoch deutlich von dem des Kochsalzes ab.

Kochsalzreduzierte Diäten:

Kochsalzarme Diät:
Sie enthält 3 g Kochsalz/Tag, dies entspricht 1200 mg Natrium/Tag.

Streng kochsalzarme Diät:
Sie enthält nur 1 g Kochsalz/Tag, dies entspricht 400 mg Natrium/Tag (1 TL Kochsalz = 5 g Kochsalz).

Salzreiche Lebensmittel

in 100 g Nahrungsmittel sind enthalten:	g Salz
Schinken, roh	4,5
Wurst, im Durchschnitt	1,5 bis 2
Hartwurst	3,5
Bückling	1,8
Matjesfilet	6,4
Doppelrahmfrischkäse	1,5
Schnittkäse	1,5 bis 3,3
Camembert	1,8 bis 2,4
Schmelzkäse	3,1
Brot	0,7 bis 1,1
Salzstangen	4,6
Gewürzgurken	2,4

* Angabe, wie viel Millimeter einer Quecksilbersäule bei der Messung hochgedrückt werden, abgekürzt in mm Hg

Salzreiche Lebensmittel	Salzarme Lebensmittel
gepökelte, geräucherte Fleischwaren (z. B. Kasseler, Schinken)	alle rohen Fleischsorten (Tatar, Schnitzel, Steak)
Wurstwaren	salzarme Wurstsorten
Käse	salzarme Frischkäse
marinierter, gesalzener, geräucherter Fisch, Fischkonserven	Fisch, frisch/tiefgefroren
viele Gemüsekonserven	Gemüse, frisch/tiefgefroren
Fertigsuppen, -soßen, -salate, -gewürze	Kräuter, Gewürze
Brot, Backwaren, z. B., Salzstangen, Laugengebäck, Käsegebäck, Pizza	salzarmes Brot und Gebäck
gesalzene Nüsse, Chips etc.	Obst, frisch/tiefgefroren, als Kompott oder Saft

Weniger Salz in der Kost, d.h. ...

- *kein Kochsalz zum Kochen, stattdessen Kräuter, Gewürze, Zwiebeln oder Knoblauch verwenden,*
- *bei Tisch nicht nachsalzen,*
- *auf fertige Gewürzmischungen, Senf, Ketchup, Fleischextrakt und Salatdressing verzichten,*
- *salzreiche Lebensmittel meiden,*
- *frische Lebensmittel bevorzugen,*
- *auf Fertiggerichte verzichten,*
- *Garverfahren, die den Eigengeschmack der Lebensmittel erhalten, bevorzugen,*
- *natriumarmes Mineralwasser auswählen – Kennzeichnung beachten!*

Salzarmes Brot

Bitte beachten:
Das Geschmacksempfinden für Salz steigt beim dauerhaften Verzehr salzarmer Kost wieder an!

AUFGABEN

1. *Wie können die Speisen bei der Zubereitung einer streng kochsalzarmen Diät geschmacklich aufgewertet werden?*
2. *Stellen Sie geeignete Lebensmittel für ein kochsalzarmes Mittagessen/Abendessen zusammen.*
3. *Machen Sie Vorschläge, wie Fleisch- und Fischgerichte ohne Kochsalz und salzhaltige Fertigwürzen schmackhaft zubereitet werden können.*
4. *Fallbeispiel:*
   Frau Schmidt hat Bluthochdruck und soll eine kochsalzarme Diät einhalten. So sah ihr Tageskostplan bisher aus:

1. Frühstück:	*2 Scheiben Weizenmischbrot, 10 g Margarine, 30 g Gouda, Konfitüre, Kaffee*
2. Frühstück:	*1 Brötchen, 30 g gekochter Schinken, 40 g Essiggurken*
Mittagessen:	*150 g Kartoffeln, 100 g Sauerkraut, 125 g Bratwurst*
Abendessen:	*2 Scheiben Weizenvollkornbrot, 10 g Margarine, 30 g Salami, 75 g Brathering, 50 g Mixed Pickles, Kräutertee*
Imbiss:	*100 g Kartoffelchips*

a) Wie viel mg Natrium werden mit diesem Tagesmenü aufgenommen?
b) Wie muss Frau Schmidt ihren Tageskostplan ändern, damit er den Anforderungen einer natriumarmen Diät entspricht?
c) Erstellen Sie mithilfe einer Nährwerttabelle eine Liste mit Lebensmitteln, die bei einer natriumarmen Diät unbedingt gemieden werden müssen.

Brot mit natriumarmem Belag

Nahrungsfette enthalten Triglyceride und Cholesterin

Neutralfette oder Triglyceride
werden vom Körper zur Energiegewinnung und -speicherung gebraucht. Pflanzliche Fette sind wegen ihres Gehaltes an mehrfach ungesättigten Fettsäuren zu bevorzugen. Tierische Fette enthalten hohe Mengen an gesättigten Fettsäuren und Cholesterin.

Cholesterin
kommt nur in tierischen Lebensmitteln vor. Sein Anteil in der Nahrung beträgt 0,3 bis 0,8 g/Tag. Die Leber stellt etwa 1 bis 1,5 g/Tag selbst her.

Cholesterin erfüllt im menschlichen Körper wichtige Aufgaben:
- *Aufbau der Zellmembranen*
- *Vitamin-D-Bildung*
- *Bildung des Gallensaftes*
- *Aufbau von Hormonen*

Einfluss der Nahrung auf den Cholesterinspiegel:

STEIGT
- *zu viel Nahrungscholesterin*
- *zu viel gesättigte Fettsäuren*
- *zu hohe Energieaufnahme*

normaler Blutcholesterinwert: 200 mg/100 ml Blut

SINKT
- *ballaststoffreiche Kost*
- *hoher Anteil an ungesättigten Fettsäuren*
- *angepasste Energiezufuhr*

2.5.4 FETTSTOFFWECHSELSTÖRUNGEN

Zu hohe Blutfettspiegel, so genannte **Hyperlipoproteinämien**, treten bei etwa 35 % der Deutschen auf. In unserem Blut gibt es zwei Fettarten, die erhöht sein können, die Triglyceride und das Cholesterin. Ihre Normalwerte liegen beim Erwachsenen bei etwa 200 mg/100 ml Blut.

Wird über lange Zeit **zu viel Energie** in Form von **Fetten** und **zuckerreichen Lebensmitteln** aufgenommen, steigen die Triglyceride an. Auch zu viel Alkohol erhöht den Blutfettspiegel. Eine fettreiche Ernährung mit einem hohen Anteil an gesättigten (meist tierischen) Fetten führt zu einem Anstieg des Cholesteringehalts im Blut, vgl. S. 63.

Erhöhte Blutfettwerte verursachen zunächst keine Beschwerden. Über viele Jahre führen sie jedoch zu Durchblutungsstörungen, da sich Fett und Cholesterin an den Gefäßwänden ablagern und zu einer Gefäßverengung führen. Lebenswichtige Organe wie Herz und Gehirn werden nur noch ungenügend mit Blut versorgt. Herzinfarkt und Schlaganfall können die Folge sein.

Die **Diät** spielt eine wichtige Rolle bei der Senkung der Blutfette. Der Schwerpunkt der Ernährungsumstellung richtet sich danach, welcher der beiden Blutfettwerte erhöht ist.

Merkmale der Diät bei Fettstoffwechselstörungen

Maßnahmen	wirkt besonders auf Triglyceride	Cholesterin
Einschränkung der Energiezufuhr	+	+
geringer Verzehr gesättigter Fette	–	+
Vermeidung cholesterinreicher Lebensmittel	–	+
bevorzugter Verzehr von Fetten mit einem hohen Gehalt an mehrfach ungesättigten Fettsäuren	–	+
Einschränkung des Zucker- und Alkoholkonsums	+	–

+ wirkt – ohne Wirkung

Die **Fettzufuhr** muss reduziert werden. Magere Wurstsorten, wie z. B. Geflügelwurst, roher und gekochter Schinken, Fleischwaren in Aspik und Cornedbeef, sowie Käsesorten mit einem Fettgehalt unter 30 % sind daher am besten geeignet. **Fettarme Garverfahren** sollten bevorzugt werden. Als Streich- und Kochfette sind Margarine und Pflanzenöle wie Distel-, Sonnenblumen-, Maiskeim- oder Olivenöl, die **reichlich ungesättigte Fettsäuren** enthalten, anstelle von Butter, Schmalz oder Kokosfett zu verwenden.
Bei einem erhöhten Blutcholesterinspiegel sollten täglich **nicht mehr als 300 mg** Cholesterin aufgenommen werden.

Ballaststoffe senken den Blutfettspiegel. Deshalb sollte ballaststoffreiche Kost – z. B. eine große Portion Salat und Gemüse – jeden Tag verzehrt werden.

Mindestens **zwei Seefischmahlzeiten** pro Woche, z. B. Hering, Lachs und Makrele, wirken sich günstig auf den Blutfettspiegel aus.

Zuckerhaltige Speisen und **Alkohol** sind einzuschränken.
Übergewicht erhöht den Blutfettspiegel und muss deshalb reduziert werden. Viel Bewegung und eine medikamentöse Behandlung unterstützen die Behandlung.

Buttercremetorte, nein danke!!
Beschreiben Sie die Abbildung und nehmen Sie zu der Aussage Stellung.

Tipps für einen Tageskostplan bei erhöhtem Cholesterinspiegel

1. Frühstück:
Vollkorn- oder Graubrot, Halbfettmargarine, magerer Aufschnitt oder Käse (20 oder 30 % F. i. Tr.), Obst, magere Milchprodukte, Tee oder Kaffee; höchstens 2-mal in der Woche ein Ei

2. Frühstück:
fettarme Milchprodukte, Obst

Mittagessen:
Kartoffeln, Vollkornreis oder Vollkornnudeln; mageres Fleisch, Geflügel oder Fisch; Gemüse, Salat, fett- und zuckerarmer Nachtisch, z. B. Obstsalat, Kompott, Früchtequark etc.

Imbiss:
fettarme Milchprodukte, Obst, leichtes Vollkorngebäck

Abendessen:
Vollkorn- oder Graubrot; Halbfettmargarine, magerer Wurst- und Käseaufschnitt, Kräuterquark, Rohkostsalat, Obst, Tee, Mineralwasser

Empfehlungen für die Kost bei Fettstoffwechselstörungen:

- *niedrige Fettzufuhr (< 30 % der Gesamtenergiezufuhr)*
- *wenig gesättigte Fettsäuren*
- *hoher Anteil ungesättigter Fettsäuren*
- *viel Seefisch mit hohem Gehalt an mehrfach ungesättigten Fettsäuren (Omega-3-Fettsäuren)*
- *niedrige Cholesterinzufuhr*
- *hoher Anteil ballaststoffreicher Kost*
- *wenig zuckerhaltige Lebensmittel*
- *wenig Alkohol*
- *Gewichtsreduktion*

Lebensmittel mit hohem Cholesteringehalt

Lebensmittel (pro 100 g)	Cholesterin (mg)
Hühnerei (1 Ei: 280 mg)	417
Hühnereidotter	1 650
Fleisch	70
Bratwurst	150
Butter	280
Schlagsahne	110
Doppelrahmfrischkäse	100
Leber (Schwein)	340
Krabben	150
Mayonnaise (80 % Fett)	140
Eiernudeln	140
Biskuit	280
Speck	100

Menüvorschlag für eine fett- und cholesterinreduzierte Kost

AUFGABE

Ermitteln Sie mithilfe einer Nährwerttabelle Lebensmittel, die kein/wenig Cholesterin enthalten.

Ernährung bei Fettstoffwechselstörungen

z.B.	empfehlenswert	ungeeignet, z.B.
Brot/Getreideprodukte	Vollkornbrot, Knäckebrot, Hefeteig, Quark-Öl-Teig, Haferflocken, Naturreis	Weißbrot, Toast Kuchen, Torten, Pudding, Eierteigwaren
Milch/Milchprodukte	Fettarme Milch und Milchprodukte, fettarmer Käse	Kondensmilch, Sahne und Sahneprodukte, Käsesorten mit mehr als 30 % Fett, Eiscreme
Kartoffeln	Pellkartoffeln, gekochte und pürierte Kartoffeln	Rösti, Pommes frites, Bratkartoffeln, Kartoffelchips
Gemüse	Alle Sorten als Frischkost, mit wenig Pflanzenfett zubereitet	Gemüsezubereitungen in Konserven
Obst	Alle Arten	Gezuckertes und eingemachtes Obst
Fett/Öl	Distelöl, Sonnenblumenöl, Maiskeimöl, Diätmargarine	Schmalz, Butter, Speck, Palmkernfett, Mayonnaise
Fleisch	Mageres Fleisch	Fette Fleischsorten, Innereien
Wurst	Magere Schinken- und Bratensorten, fettarme Wurst (weniger als 15%)	Fetthaltige Wurst (mehr als 15%)
Fisch	Magere See- und Süßwasserfische	Fischkonserven in Soßen, Öl und Mayonnaise, Fischstäbchen, geräucherter Aal u. Ä.
Eier	Eiweiß	Eigelb
Getränke	Tee, mäßig Kaffee, Mineralwasser, naturreine Obstsäfte, Gemüsesäfte	Limonaden, Cola- und Fruchtsaftgetränke, alle alkoholischen Getränke

Es wurden noch nie so viele Obst- und Gemüsesorten angeboten wie heute; man muss die Vielfalt nur in der Küche nutzen.

AUFGABEN

1. *Ermitteln Sie in einer Nährwerttabelle je fünf fettarme Wurst- und Käsesorten und berechnen Sie jeweils den Fett- und Cholesteringehalt in einer Portion.*
2. *Erstellen Sie eine Liste mit Lebensmitteln, die*
   a) bei Fettstoffwechselstörungen geeignet sind,
   b) bei Fettstoffwechselstörungen ungeeignet sind.
3. *Erstellen Sie einen Tageskostplan mit fünf Mahlzeiten, der insgesamt 40 g Fett und 300 mg Cholesterin enthält.*
4. *Frau H. hat einen Blutcholesterinspiegel von 270 mg/100 ml. Zum Frühstück isst sie jeden Tag zwei frische Brötchen, dünn mit Butter bestrichen. Ihre Nachbarin rät ihr, auf die Butter zu verzichten. Was halten Sie davon? Welche Tipps würden Sie Frau H. geben?*
5. *Erläutern Sie die Kostzusammensetzung bei erhöhtem Blutfettspiegel.*
6. *Geben Sie praktische Tipps, wie der Fettverzehr gesenkt werden kann.*

2.5.5 GICHT (HYPERURIKÄMIE)

Die Stoffwechselkrankheit Gicht ist schon lange bekannt. In früheren Zeiten litt nur die wohlhabende Bevölkerung, die sich einen üppigen Lebensstil mit Völlerei, hohem Fleisch- und Alkoholkonsum leisten konnte, an Gicht. Heute ist die Gicht zur Volkskrankheit geworden – 5 bis 10 % der erwachsenen Männer haben erhöhte Harnsäurespiegel (Hyperurikämie), 3 % von ihnen erkranken im Laufe ihres Lebens an Gicht. Frauen sind selten betroffen.
Gicht unterteilt sich in die **primäre** und die **sekundäre** Gicht. Die sekundäre Form kann durch eine Nierenkrankheit ausgelöst worden sein. Die Entstehung der primären Gicht wird bei entsprechender Veranlagung durch **purinreiche Ernährung**, hohen **Alkoholkonsum** und **Übergewicht** gefördert.

Wilhelm Busch: »Das Zipperlein«

Wenn die Konzentration der Harnsäure im Blut über 6,4 mg/100 ml Serum ansteigt, kommt es zur Bildung von Harnsäurekristallen, die sich im Gewebe ablagern und dadurch einen Gichtanfall auslösen können.

Bei der Gicht lagern sich **Harnsäurekristalle** im Gewebe, in den Nieren und in den Gelenken ab und verursachen sehr schmerzhafte Entzündungen (das so genannte »Zipperlein«). Unter der Haut von Fingern, Ellenbogen und Ohrläppchen entstehen Gichtknoten. Im Laufe der Erkrankung können sich schmerzhafte Gelenkveränderungen entwickeln – die Beweglichkeit der betroffenen Gelenke ist dann stark eingeschränkt. In den Nieren bilden sich **Harnsäuresteine**, die Koliken auslösen und zu Nierenfunktionsstörungen führen können.

Die Normalwerte der Harnsäure im Blut liegen
- **bei Männern: 3,5 bis 7,0 mg Harnsäure/ 100 ml Serum**
- **bei Frauen: 2,5 bis 5,7 mg Harnsäure/ 100 ml Serum**

Harnsäure entsteht beim Abbau von Purinen. **Purine** sind Bestandteile des Zellkerns und kommen in allen lebenden Zellen vor. Ein Teil der im Blut gelösten Harnsäure entsteht im Körper selbst beim Abbau von Körperzellen; der andere Teil stammt aus der Nahrung. Tierische Lebensmittel wie Innereien und Fleisch enthalten besonders viele Purine, pflanzliche Lebensmittel wie Gemüse und Salate nur geringe Mengen.

Beim gesunden Menschen stehen die Bildung und Ausscheidung von Harnsäure in einem Gleichgewicht. Überschüssige Harnsäure wird über die Nieren ausgeschieden. Dadurch wird der Harnsäurespiegel im Blut auf einem Normalwert gehalten. Ist dieses Gleichgewicht gestört – wird mehr Harnsäure gebildet oder im Körper zurückgehalten –, steigt die Harnsäurekonzentration im Blut an.

1 mg Purine = 2,40 mg Harnsäure
1 mg Harnsäure = 0,42 mg Purine

Eine purinarme Ernährung bewirkt eine Senkung des Harnsäurespiegels im Blut. Purin- bzw. harnsäurearme Lebensmittel sollten deshalb bevorzugt werden. Purine kommen reichlich in Innereien sowie in Fleisch und Fisch vor. Täglich sollten daher nicht mehr als 100 bis 120 g Fleisch oder Fisch verzehrt werden, entweder als Bestandteil einer warmen Mahlzeit oder als Brotbelag. Auch der Puringehalt in pflanzlichen Lebensmitteln muss berücksichtigt werden, so enthalten z. B. grüne Erbsen, Spinat und Feldsalat beachtliche Purinmengen. **Lebensmitteltabellen** geben den Puringehalt umgerechnet in Harnsäure an, vgl. Tabelle S. 158.

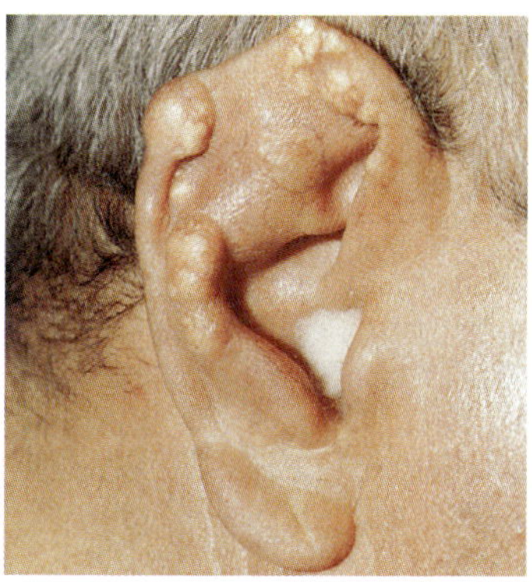

Gichtknoten am Ohr

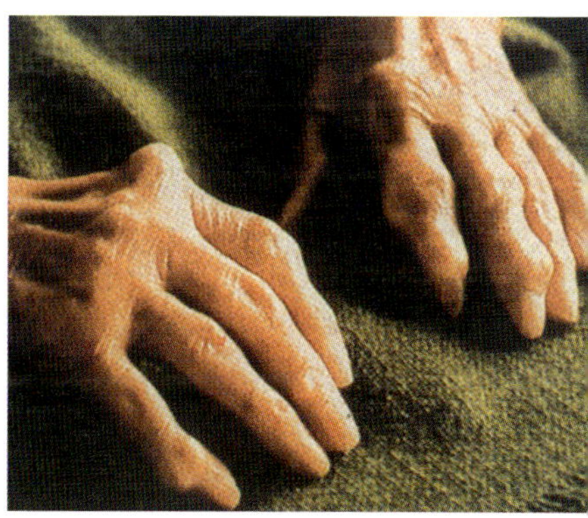

Gichtknoten an den Händen

Harnsäuregehalt in Lebensmitteln:

I *sehr hoher Harnsäuregehalt > 150mg/100g*

II *mittlerer Harnsäuregehalt > 75mg/100g*

III *niedriger Harnsäuregehalt < 75 mg/100g*

Harnsäuregehalt von Lebensmitteln

Lebensmittel (100 g)	Harnsäure (mg)
Fleisch	
Filet, Kotelett (Schwein)	150
Hackfleisch (halb/halb)	140
Roastbeef (Rind)	140
Leber	240
Kalbsbries	900
Geflügel	
Hähnchen gegrillt	240
Wurst	
Schinken	70
Bierschinken	140
Leberwurst	114
Fisch	
Seelachsfilet	70
Kabeljau	120
Heringsfilet	210
Thunfisch in Öl	290
Milch und Milchprodukte	
alle Milchprodukte	0
Käse	
alle Käsesorten	0
Eier	
1 Hühnerei, ca. 60 g	1
Fette	
Butter, Margarine, Öle	0
Backwaren	
Vollkorn-, Mischbrot	40
Weißbrot	20
Gemüse	
Bohnen, weiß	180
Spinat	70
Tomate, Paprika, Salat	10
Obst	0 bis 5
Nüsse	
Erdnüsse	100
Hasel-/Walnüsse, Mandeln	25

Die Diät bei Hyperurikämie und Gicht hat zum Ziel:
- Verringerung der Purinzufuhr mit der Nahrung
- Normalisierung des Körpergewichtes
- Einschränkung des Alkoholkonsums

Nach dem Puringehalt werden unterschieden:
- **streng purinarme Kost** mit 300 mg Harnsäure/Tag oder 2000 mg Harnsäure/Woche. Sie wird als Übergangskost nach einem Gichtanfall und bei sehr hohen Harnsäurewerten gegeben.
- **purinarme Kost** mit 500 mg Harnsäure/Tag oder 3000 mg Harnsäure/Woche. Sie ist als Dauerkost bei Hyperurikämie und Gicht geeignet.

Die **Normalisierung des Körpergewichts** führt meistens zu einer Senkung des Harnsäurespiegels. Das Übergewicht sollte langsam durch eine energiereduzierte Mischkost abgebaut werden. Eine Nulldiät kann zu einem hohen Anstieg des Harnsäurespiegels führen und sollte daher nicht durchgeführt werden.
Alkohol fördert die Harnsäurebildung und hemmt die Harnsäureausscheidung. Alkoholische Getränke sollten nur in kleinen Mengen eingenommen werden.
Täglich sollten 1,5 bis 2 l **Flüssigkeit** aufgenommen werden. Kalorienarme Getränke wie Mineralwasser, Kräuter- oder Früchtetee, Gemüsesäfte und verdünnte Fruchtsäfte sind zu bevorzugen.
Bei einem Gichtanfall hat der Betroffene meist keinen Appetit. Ausreichende Flüssigkeitszufuhr durch **Saftfasten** unterstützt die Genesung.

Tageskostpläne für eine Diät bei Hyperurikämie und Gicht

Beispiel 1:	Beispiel 2:
1. Frühstück (90 mg Hs): Brötchen, Vollkornbrot, Butter, Schinken, Kräuterquark, Honig, Kaffee/Tee	1. Frühstück (50 mg Hs): Toastbrot, Butter, Ei, Quark, Konfitüre, Kaffee/Tee
2. Frühstück (22 mg Hs): Croissant, Fruchtsaft (verdünnt)	2. Frühstück (0 mg Hs): Dickmilch, Apfelsaft
Mittagessen (187 mg Hs): Reis, Putengeschnetzeltes (aus: Putenbrust, Suppengemüse, Zwiebeln), Kopfsalat, frisches Obst, Mineralwasser	Mittagessen (70 mg Hs): Gemüsetopf (Weißkohl, Lauch Möhren, Paprika, Tomaten), Reis, Quarkspeise mit Früchten, Mineralwasser
Imbiss (12 mg Hs): Rührkuchen, Kaffee/Tee	Imbiss (0 mg Hs): Fruchtjoghurt, Kaffee/Tee
Abendessen (47 mg Hs): Käsesalat (aus: Emmentaler, Apfel, Gewürzgurke, Zwiebel, Joghurt), Mischbrot, Kräutertee	Abendessen (35 mg Hs): Rührei, Rohkostsalat (Gurke, Kopfsalat, Tomate, Joghurt) Käse, Toastbrot, Kräutertee

AUFGABEN

1. *Berechnen und vergleichen Sie den Harnsäuregehalt der beiden Tageskostpläne. Welche Lebensmittel würden Sie bei Beispiel 1 austauschen, um die Harnsäurezufuhr zu erniedrigen? Welche Lebensmittel würden Sie als Ersatz jeweils vorschlagen?*
2. *Wie könnte das Speisenangebot bei einem Sommerfest im Freien gestaltet werden, wenn Fleisch- und Fischgerichte nur eingeschränkt angeboten werden sollen?*

2.5.6 MAGEN- UND DARMBESCHWERDEN

M. Schmidt, Taxifahrer, hat häufig Magenbeschwerden. Vor allem, wenn er bei Stress viel Kaffee trinkt, raucht und sich keine Zeit zum Essen nimmt, hat er Schmerzen und ein unangenehmes Druckgefühl in der Magengegend. Sein Arzt stellt eine Magenschleimhautentzündung – Gastritis – fest.

Häufige Ursachen für Magen-Darm-Erkrankungen

Lernsituation:

Welche Störungen und Erkrankungen des Verdauungstraktes kennen Sie?
Welche Ursachen können diese Störungen auslösen?
Wie sieht die Ernährung bei Magen-Darm-Beschwerden aus?
Tauschen Sie Ihre Erfahrungen aus und klären Sie Fragen anhand des folgenden Textes.

Magen-Darm-Erkrankungen sind heute sehr häufig, jeder Dritte ist davon betroffen. Stress und Aufregung, aber auch falsche Ernährung, zu viel Alkohol, starker Kaffeegenuss – vor allem auf nüchternen Magen – und übermäßiges Rauchen sind die Ursachen.

Magenbeschwerden äußern sich durch Sodbrennen, Druckempfindlichkeit, Völlegefühl oder Appetitlosigkeit. Häufig wird zu viel Magensalzsäure produziert, die die empfindliche Magenschleimhaut angreift. Dadurch kann es zu einer Magenschleimhautentzündung oder langfristig sogar zu einem Magengeschwür kommen. Kaffee, Alkohol und Zigaretten fördern die Bildung von Magensalzsäure. Bei lang anhaltenden Beschwerden sollte immer der Arzt aufgesucht werden.
Ruhe und eine leichte Vollkost haben sich in der Behandlung von Magenerkrankungen bewährt.

Die **leichte Vollkost** entlastet die erkrankten Verdauungsorgane und fördert so den Heilungsprozess. Sie wird bei Magenschleimhaut-, Gallenblasen- und Leberentzündungen sowie bei Gallensteinen verordnet. Diese Kost ist eine vollwertige Ernährung, die sich von der »normalen« Ernährung dadurch unterscheidet, dass sie bestimmte Speisen, die nicht vertragen werden, eine Zeit lang meidet.

Fünf kleine Mahlzeiten über den Tag verteilt sind bekömmlicher als drei üppige Menüs.

Regelmäßige vollwertige Mahlzeiten, in Ruhe verzehrt, beugen Magen-Darm-Erkrankungen vor.

Folgende Empfehlungen sollten bei der leichten Vollkost beachtet werden:

- Keine zucker- und fettreichen Lebensmittel verarbeiten.
- Kohlensäurehaltige Getränke, Kaffee und Alkohol meiden.
- Auf Salz und scharfe Gewürze (Paprika, Pfeffer, Chili, Senf und Knoblauch) verzichten, stattdessen Kräuter einsetzen.
- Keine stark blähenden Lebensmittel wie Zwiebeln, Kohl, Gurken oder Hülsenfrüchte verwenden.
- Auf gebratene und geröstete Speisen verzichten.
- Zu heiße sowie zu kalte Speisen und Getränke meiden.
- Fünf bis sechs kleine Mahlzeiten am Tag einnehmen.
- Langsam essen und die Nahrung gut durchkauen.

Lebensmittelauswahl bei leichter Vollkost

Lebensmittel	empfehlenswert	nicht empfehlenswert
Gemüse, Salate	nicht blähende, leicht verdauliche Sorten (Möhren, Kohlrabi, Kopfsalat, Tomaten); fettarm und schonend gegart oder als Rohkost fein zerkleinert	blähende, schwer verdauliche Sorten (Kohl, Zwiebeln, Hülsenfrüchte)
Obst	nicht blähendes, reifes Obst (Bananen, Pfirsiche, Äpfel, Birnen, Erdbeeren); als Rohkost oder Kompott	unreifes, blähendes Obst (Pflaumen, Trauben, Feigen); zuckerhaltige Obstkonserven
Backwaren	fettarme Sorten, z. B. Hefegebäck, Biskuit	fettreiche Sorten, z. B. Blätterteig, Siedegebäck, Sahne- und Cremetorten
Fleisch	mageres Fleisch in Folie gegart, gekocht	fettes Fleisch, gebraten, geräuchert, scharf gewürzt
Wurstwaren	fettarme Sorten, z. B. Geflügelwurst, Sülzwurst, milder Schinken	fettreiche Wurstsorten, z. B. Mettwurst, Salami, Blutwurst, stark geräucherter Schinken
Fisch	Magerfisch, z. B. Seelachs, Kabeljau, Scholle, Forelle; gedünstet, gekocht	Fettfisch, z. B. Makrele, Aal, Hering, Räucherfisch
Milch und Milchprodukte	fettarme Milchsorten, fettarme Käsesorten	fettreiche, gezuckerte Milchprodukte, fettreiche, stark gesalzene Käsesorten
Kräuter	frische, tiefgefrorene, getrocknete Kräuter	
Gewürze	die Verträglichkeit ist bei jedem Menschen anders	Pfeffer, Paprika, Chili, Curry
Getränke	Mineralwasser, Kräutertee, Gemüse- und Fruchtsäfte (evtl. verdünnt)	Kaffee, schwarzer Tee, Limonaden- und Colagetränke, alkoholhaltige Getränke

Normalkost: Wochenspeiseplan für die Mittagsverpflegung eines Krankenhauses

Mo:	Flädlesuppe, Spätzle, Pilzragout, Kopfsalat, Apfelmus
Di:	Tomatensuppe, Reis, Schaschlik, Krautsalat, Vanillecreme
Mi:	Klare Möhrensuppe. Kartoffel-Spinat-Gratin, Spiegelei, Fruchtgelee
Do:	Minestrone, Apfelstrudel mit Vanillesoße
Fr:	Champignoncremesuppe, gebratener Goldbarsch, Kartoffeln, Gurkensalat, Schokoladenpudding
Sa:	Gemüsesuppe, Kartoffeln, Apfeldessert mit Sahne
So:	Brokkolicremesuppe, Kartoffeln, Rouladen, Rotkohl, Pflaumenkompott

Lernsituation:

Planen Sie einen Wochenspeiseplan für die Mittagsverpflegung (Normalkost) für eine Senioreneinrichtung/eine Kindertageseinrichtung!

AUFGABEN

1. *Entwickeln Sie ein Speisenangebot für die leichte Vollkost, das arbeitsorgnisatorische Überlegungen bei der Speisenherstellung berücksichtigt.*
2. *Stellen Sie Lebensmittel und kleine Gerichte für das Abendessen (leichte Vollkost) für eine Woche zusammen.*

Jeder 3. Bundesbürger leidet an Verstopfung

Tipps zur Selbsthilfe:
- *ballaststoffreiche Kost*
- *Nahrung gut durchkauen*
- *regelmäßige kleine Mahlzeiten*
- *mindestens 2 Liter/Tag trinken*
- *ausreichend Bewegung*
- *Abführmittel meiden*

Verstopfung (Obstipation) – nichts geht mehr

Verstopfung bedeutet, dass die Stuhlentleerung zu selten und oft auch unter Schmerzen erfolgt. Der Stuhl ist fest und trocken. Verstopfung wird meistens von Völlegefühl, Blähungen, Bauchschmerzen und Appetitlosigkeit begleitet. Anhaltende Verstopfung kann zu Hämorriden, Darmentzündungen und sogar Darmkrebs führen.
Häufige Ursachen der Verstopfung sind **unregelmäßige** und **ballaststoffarme Ernährung**, Hektik und Stress, Bewegungsmangel sowie Flüssigkeitsmangel.

Ballaststoffe füllen den Magen und regen die Darmtätigkeit an. Der Stuhl bleibt weich, die Durchgangszeit des Speisebreis im Darm wird verkürzt.
Erwachsene sollten täglich mindestens **30 bis 40 g Ballaststoffe** aufnehmen. Die Hälfte der Ballaststoffzufuhr sollte über Getreide und Getreideprodukte, der Rest über Obst und Gemüse erfolgen.
Tritt trotz ballaststoffreicher Kost eine Verstopfung auf, kann zusätzlich **Weizenkleie** in Pudding, Joghurt, Apfelmus, Suppe, Gemüse oder Ragout zugesetzt werden. Manchmal wirkt Kleie anfangs blähend. Die Menge sollte daher langsam von drei bis zu sechs Esslöffeln über den Tag verteilt gesteigert werden. Dazu muss reichlich Flüssigkeit zugeführt werden (pro Esslöffel Kleie 250 ml).

Verstopfung entsteht durch
- **zu wenig Ballaststoffe**
- **zu geringe Trinkmenge**

15 g Getreideballaststoffe sind enthalten in:

Ca. 4 Scheiben Roggenvollkornbrot

oder

1 Weizenbrötchen
\+ *1,5 Scheiben Roggenvollkornbrot*
\+ *2 Scheiben Graubrot*

oder

1 Roggenbrötchen
\+ *1 Scheibe Knäckebrot*
\+ *1 Scheibe Mehrkornbrot*
\+ *2 Scheiben Grahambrot*

oder

Frühstücksmüsli:
2 bis 3 EL grobe Haferflocken, 1 EL Leinsamen, 1 EL Weizenkleie, 1 geriebener Apfel, 1 Becher Joghurt

Ballaststoffreich

- Vollkorn-, Leinsamen-, Grahambrot
- Vollkornbackwaren (Kuchen, Kekse etc.)
- Zuckermais, Erbsen, Bohnen
- Linsen, Rosenkohl, Brokkoli
- Grünkohl, Sprossen, Keimlinge
- Kartoffeln
- Naturreis
- Vollkorngetreide (z. B. Hirse)
- Beerenobst
- Früchtedesserts, Kompotte
- Trockenobst (Pflaumen, Feigen, Aprikosen, Rosinen, Äpfel)
- Müsli
- Nüsse, Leinsamen

Ballaststoffarm

- Weißbrot, Brötchen, Toastbrot
- Backwaren (Kuchen, Biskuit, Baiser, Waffeln, Blätterteig, Torte)
- Kopfsalat,
- Gurken, Tomaten
- Teigwaren
- polierter Reis
- Banane
- Cremespeisen, Puddings

(Quelle: DGE Deutsche Gesellschaft für Ernährung)

Sauermilchprodukte, z. B. Joghurt, Kefir, Dickmilch und Buttermilch, ebenso **Sauerkrautsaft** enthalten keine Ballaststoffe, haben jedoch trotzdem eine abführende Wirkung.

Ballaststoffgehalt im Mehl:

Weizenmehl Type	(g/100 g)
405	2,2 bis 4,0
550	2,4 bis 4,2
812	4,7
1050	4,2 bis 5,2
1700	11,6

Roggenmehl Type	(g/100 g)
815	6,5 bis 11,3
997	7,3 bis 10,8
1150	8,0 bis 13,3
1370	9,0 bis 14,5
1800	10,9 bis 14,9

AUFGABEN

Fallbeispiel:

Frau Braun, 75 Jahre, leidet schon lange an Verstopfung. Sie lebt allein und kocht noch selbst. Seit einiger Zeit wird sie von der Sozialstation hauswirtschaftlich unterstützt.
Ihre tägliche Kost sieht folgendermaßen aus:

Frühstück: *2 Scheiben Toast, Butter, Gelee, Käse, 1 Tasse Kaffee*
Mittagessen: *1 Tasse Suppe, 2 Kartoffeln, 2 Löffel Gemüse (aus der Dose), Fleisch, Pudding*
Abendessen: *2 Scheiben Weißbrot, Butter, Wurst, Käse, 1 Tasse Tee*

1. *Worin könnten die Gründe für die Verstopfung von Frau Braun liegen?*
2. *Wie würden Sie die Tageskost umgestalten? Machen Sie dazu Vorschläge.*
3. *Warum leiden besonders ältere Menschen häufig unter Verstopfung? Erstellen Sie eine Checkliste mit Maßnahmen, die der Verstopfung entgegenwirken.*

Durchfallerkrankungen (Diarrhö)

Durchfall – nicht immer eine harmlose Darmstörung

Durchfallerkrankungen bei Säuglingen, Kleinkindern und älteren Menschen sollten unbedingt ärztlich behandelt werden. Durch den hohen Wasserverlust kommt es sehr schnell zu einer Austrocknung des Körpers, die zu schweren Gesundheitsstörungen bis hin zum Tod führen kann. Die Ursachen des Durchfalls können unterschiedlich sein: falsche Zusammensetzung der Nahrung, Nahrungsunverträglichkeiten oder Nahrungsmittelvergiftungen. Wegen des Flüssigkeits- und Mineralstoffverlustes muss viel getrunken werden. Bei anhaltendem Durchfall wird einen Tag lang auf feste Nahrung verzichtet und nur Getränke werden zugeführt. Bessert sich der Durchfall und hat der Patient wieder Appetit, kann wieder leicht verdauliche feste Nahrung angeboten werden.

Bei **Durchfall** ist die Aufnahme von Wasser und Mineralstoffen im Darm gestört. Der Stuhl ist breiig bis flüssig. In schweren Fällen kommt es bis zu 30 Stuhlentleerungen am Tag.
Durchfälle werden oft durch Darminfektionen, z. B. über den Verzehr verdorbener Speisen, verursacht. Aber auch Stress, Alkohol und Lebensmittelunverträglichkeiten (z. B. Milchzucker in Kuhmilch, vgl. S. 164) können Durchfall auslösen. Bei länger anhaltendem Durchfall sollte der Arzt verständigt werden.

Beachten Sie bei der Zusammenstellung der Tageskost!

- Stopfende Lebensmittel

Banane, Reis, Zucker, Weißbrot, Heidelbeeren, schwarzer Tee, Rotwein, Kakao, Schokolade

- Abführende Lebensmittel

Joghurt, Kefir, Buttermilch, Vollkornbrot, Sauerkraut, Frischobst, Apfelmus, Honig, Trockenobst, Kaffee

AUFGABEN

1. *Max, 2 Jahre alt, leidet seit zwei Tagen an Durchfall. Seine Mutter versorgt ihn mit Cola und Salzstangen. Nehmen Sie dazu Stellung.*
2. *Warum ist bei lang anhaltendem Durchfall ungezuckerter Tee als Getränk ungeeignet? Welche Getränke würden sie stattdessen empfehlen?*

Diät bei Durchfall:

1 Tag:
keine feste Nahrung, nur Flüssigkeit, z. B. gezuckerter Tee, gesalzene Brühe, Obstsäfte, Colagetränke oder Saft von fünf Orangen + 1 TL Salz + 10 TL Glukose

2. Tag:
Schleimkost, z. B. Hafer- oder Reisschleim, Karottensuppe, geriebener roher Apfel

3. Tag:
langsamer Kostaufbau, z. B. fettarmes Eiweiß (Magerquark, Frischkäse, Geflügel); ballaststoffarme Kohlenhydrate (Nudeln, Toast, Weißbrot, Karotten), leicht verdauliche Fette (Butter, Diätmargarine, Pflanzenöle)

4. Tag:
Übergang zu normaler Kost
- *leichte Vollkost*
- *bei Fettstühlen MCT-Fette (mittelkettige Fettsäuren, 8 bis 12 C-Atome), vgl. S. 62*

Rezepte:

- *Karottensuppe:*

500 g gekochte mit dem Kochwasser pürierte Karotten auf 1 Liter mit Wasser auffüllen und mit 3 g Kochsalz abschmecken

- *Apfeldiät:*

250 bis 300 g rohe mit der Schale geriebene Äpfel zu jeder Mahlzeit

Zöliakie oder Sprue (Glutenunverträglichkeit)

Zöliakie ist eine Erkrankung der Dünndarmschleimhaut, die durch eine **Unverträglichkeit von Gluten** verursacht wird und meist bei Säuglingen und Kleinkindern, seltener bei Erwachsenen auftritt.
Gluten ist ein Klebereiweiß, das in verschiedenen Getreidesorten, z. B. Weizen, Roggen, Hafer und Gerste, vorkommt. Gluten schädigt die Dünndarmschleimhaut, die Nährstoffe können dann nicht mehr ausreichend resorbiert werden.

Getreidesorten, die Gluten enthalten, sind verboten!
- Weizen
- Dinkel
- Grünkern
- Hafer
- Roggen
- Gerste

Verboten sind auch Lebensmittel, die Getreideprodukte enthalten!

- *Grieß, Flocken, Graupen, Kleie etc.*
- *Backwaren, Müsli*
- *Soßen, Suppen, panierte Speisen*
- *Teigwaren, Bier*
- *entsprechende Fertiggerichte*
- *entsprechende Fleischwaren*

Glutenfreie Getreidesorten sind erlaubt!

- **Mais, Reis**
- **Buchweizen, Hirse**
- **Amarant, Quinea**

\+ *damit hergestellte Lebensmittel, z. B. Brot, Backwaren, Mehl und Teigwaren*

\+ *adaptierte und teiladaptierte Säuglingsnahrung*

Laktosegehalt in Lebensmitteln

Lebensmittel	Laktose in g/100g
Kuhmilch, 3,5 % F. i. Tr.	4,5
Kondensmilch	9
Butter	0,5
Joghurt, 3,5 % F. i. Tr..	3
Gouda	2
Camembert	1,6
Schafkäse, Feta	0
Kekse	4,8
Milchschokolade	9,5

Ungeeignet bei Laktoseintoleranz:

- *Milch, Schokolade, Buttermilch*
- *Eiscreme, Sahne*
- *Kondensmilch, Milchpulver*
- *Fertiggerichte*
- *fettreduzierte Wurst*
- *laktosehaltige Brotsorten*

Geeignet bei Laktoseintoleranz:

- *Butter, Obst, Salate*
- *einige Käsesorten*
- *Fleisch, Fisch, Geflügel*
- *Sauermilchprodukte*

In der Folge treten Durchfälle, Blähungen, Appetitlosigkeit und Blutarmut auf. Die betroffenen Kinder zeigen Wachstums- und Entwicklungsstörungen.
Die Krankheit tritt dann auf, wenn der Säugling mit glutenhaltigen Getreidebreien gefüttert wird. Glutenhaltige Beikost sollte daher erst nach dem sechsten Lebensmonat gereicht werden.

Die **Diät bei Zöliakie** verzichtet auf glutenhaltige Getreidesorten und verwendet glutenfreie Getreide und Lebensmittel. Brot und Kuchen müssen aus Buchweizenmehl oder glutenfreiem Mehl hergestellt werden. Die glutenfreie Kost führt zu einer sofortigen Besserung der Krankheitssymptome. Die Diät muss lebenslang beibehalten werden.

Laktoseintoleranz (Milchzuckerunverträglichkeit)

Bei der Laktoseintoleranz fehlt das **Verdauungsenzym Laktase**, sodass der Milchzucker der Nahrung bei der Verdauung nicht genügend gespalten werden kann.
Nach dem Verzehr von Milch und Milchprodukten sowie von Lebensmitteln, die Milch, Milchpulver oder Milchzucker enthalten, treten daher Durchfälle und Blähungen auf. Diese Lebensmittel sollten in der Diät weggelassen werden. Butter und Käsesorten mit einem geringen Milchzuckergehalt werden hingegen meist vertragen und dürfen in geringen Mengen verzehrt werden, ebenso Sauermilch, Joghurt und Kefirerzeugnisse.
Beim **erworbenen Laktasemangel** hat sich das Enzym Laktase im Verlauf des Lebens zurückgebildet. Bei Zufuhr von geringen Mengen an Laktose wird die Bildung in vielen Fällen wieder aktiviert.

Diät bei Laktoseintoleranz:

- Laktosefreie Kost < 1 g Laktose/Tag
- Laktosearme Kost < 8 g Laktose/Tag

Die erlaubte Laktosezufuhr richtet sich nach der im Körper gebildeten Laktasemenge. Durchschnittlich nimmt der gesunde Erwachsene täglich 20 bis 30 g Laktose auf.

Beachtet werden müssen unbedingt die Verpackungsaufschriften von Keksen, Kuchen, Fertiggerichten und Feinkostprodukten, da sie häufig Milchpulver oder Molkepulver enthalten.
In Sauermilchprodukten ist ein großer Anteil der Laktose abgebaut.
Bei einem Verzicht auf Milch und Milchprodukte muss unbedingt auf eine ausreichende Versorgung mit Calcium geachtet werden, vgl. S. 85 f.

AUFGABEN

1. *Informieren Sie sich im Handel über das Angebot an glutenfreien Spezialprodukten und erstellen Sie dazu eine Liste.*
2. *Erstellen Sie eine Liste mit Lebensmitteln und Gerichten, die bei Zöliakie nicht verzehrt werden sollten.*
3. *Informieren Sie sich im Handel über das Angebot laktosefreier/-armer Spezialprodukte und erstellen Sie eine Liste.*

2.5.7 LEBER- UND GALLEERKRANKUNGEN

Lebererkrankungen

Die Leber stellt den für die Fettverdauung wichtigen **Gallensaft** her. Sie macht Fette, Eiweiß und Kohlenhydrate für den Organismus verwertbar und entgiftet Alkohol und körpereigene Stoffwechselprodukte.
Übermäßiger **Alkoholkonsum** (s. S. 119) sowie **Überernährung** führen häufig zu Schädigungen der Leber wie z. B. Fettleber, Leberentzündung oder Leberschrumpfung (Leberzirrhose). Die Funktion der Leber ist dadurch gestört.

Die Patienten haben oft wenig oder keinen Appetit. Die Ernährung sollte daher den individuellen Nahrungsvorlieben angepasst werden. Fettreiche, z. B. überbackene, gebratene oder frittierte Speisen werden meist nicht vertragen. **Leicht verdauliche Fette** sollten bevorzugt werden. Eine leichte Vollkost mit niedrigem Fett- und Zuckergehalt und **hochwertigem leicht verdaulichen Eiweiß** wird gerne angenommen und meistens gut vertragen. Auf alkoholische Getränke muss verzichtet werden. **Mehrere kleine Mahlzeiten** über den Tag verteilt können gut verdaut werden. Bei Übergewicht und Fettleber sollte eine **kalorienreduzierte Kost** verabreicht werden.

Galleerkrankungen

Gallensteine sind die häufigste Erkrankung der Gallenblase. Ihre Entstehung wird durch eine kalorienreiche Kost, die viel Fett, Eiweiß und Cholesterin enthält, gefördert. Gallensteine kommen bei Übergewichtigen dreimal so häufig vor. Sie werden oft erst bemerkt, wenn sie die Gallenwege verstopfen und dabei heftige Schmerzen, eine so genannte **Kolik**, auslösen.

Fette Speisen sowie Kaffee, Kakao, Spinat, Rhabarber, Eidotter und Alkohol können zu einer Kolik führen und sollten gemieden werden. Die Unverträglichkeit bestimmter Speisen kann jedoch individuell verschieden sein und muss von den Betroffenen ausgetestet werden.
Bei Gallensteinen sollte eine **leichte Vollkost** eingehalten werden. Bei Übergewicht ist es empfehlenswert, zusätzlich die **Energiezufuhr zu reduzieren**.

AUFGABEN

1. *Für Patienten mit Leber- und Galleerkrankungen ist eine Ernährung, die wenig Fett und leicht verdauliche Eiweiße enthält, gut geeignet. Welche Nahrungsmittel können in der Kost verwendet werden?*
2. *Erstellen Sie für einen Patienten mit einer Fettleber einen Vorschlag für ein geeignetes Mittagessen.*

Alkohol – Stress für die Leber!

Männer, die regelmäßig trinken, müssen ab einer täglichen Alkoholmenge von 60 g, Frauen schon ab 30 g, mit einem Leberschaden rechnen. 30 g Alkohol sind in einem Liter Bier enthalten.

Aufgabe:
Wie viele Gläser Wein enthalten
a) 30 g Alkohol?
b) 60 g Alkohol?

Das schadet der Leber!
- *fette und zuckerreiche Nahrung*
- *zu viel Alkohol, Nikotin und andere Genussgifte*
- *große energiereiche Mahlzeiten*
- *Stress*

Die Diät bei Lebererkrankungen
- *ist energetisch ausgewogen*
- *ist fettarm*
- *enthält leicht verdauliche Fette, z. B. Butter und Fette mit mittelkettigen Fettsäuren*
- *enthält biologisch hochwertiges, leicht verdauliches Eiweiß*
- *enthält ausreichend Mineralstoffe und Vitamine*

Die Diät bei Gallensteinen meidet
- *Fett und Cholesterin*
- *tierisches Eiweiß*
- *gebratene, geröstete oder frittierte Speisen*
- *Alkohol*
- *eiskalte Speisen und Getränke*

Leicht verdauliche Kost mit einem hohen Anteil an pflanzlichen Lebensmitteln bei Leber-Galle-Erkrankungen

Checkliste »Speiseplanung«

- *Zusammenstellen eines Menüs*
- *Rezeptauswahl und Bearbeitung*
- *Ermittlung des Materialbedarfs*
- *Planung des Personal-, Betriebsmittel- und Zeiteinsatzes*
- *Preiskalkulation*
- *Vorbereitung und Zubereitung*
- *Portionieren und Garnieren*
- *Speisenausgabe/Service*

Grunddateien erleichtern die Planung der Tagesproduktion

Die Arbeitsorganisation richtet sich nach:

- *dem Bearbeitungsgrad der eingesetzten Waren*
- *dem Herstellungsprozess*
- *der Geräteauswahl*
- *der Bindung an den zeitlichen Nachfrageverlauf (Kopplung – Entkopplung)*
- *Umfang und Art des Menüangebots*
- *der Anzahl der Mitarbeiter*

Bei der Menüauswahl sollte das regionale und jahreszeitliche Angebot berücksichtigt werden. Der Direktbezug der Lebensmittel von regionalen Erzeugern gewährleistet eine hohe Speisenqualität sowie eine günstigere Kostenkalkulation.

2.6 ARBEITSORGANISATION IN DER VERPFLEGUNG

Die Verpflegung von Personen stellt eine komplexe Dienstleistung dar, die in eine Vielzahl von Teilaufgaben gegliedert ist, die je nach Betriebsgröße von einzelnen oder mehreren Mitarbeitern durchgeführt werden. Nur mit einer Arbeitsplanung, einer sinnvollen Organisation durch Arbeitsteilung und einer ergonomischen Arbeitsgestaltung sowie guter Teamarbeit wird die Herstellung von qualitativ hochwertigen Speisen ermöglicht und die Arbeitsbelastung für die Beschäftigten verringert.

Die Arbeitsorganisation in der Verpflegung unterscheidet zwei Aspekte: die **Prozessorganisation**, sie umfasst den räumlich zeitlichen Arbeitsverlauf und den Herstellungsprozess, und die **Arbeitsorganisation**, die die Arbeitsverteilung auf die einzelnen Mitarbeiter, den Geräteeinsatz und die Mitarbeiterführung beinhaltet.

Projektideen:

1. **Ostermenü für 45 Gäste (32 Erwachsene und 13 Kinder im Alter von 4 bis 14 Jahren) in einem Ferienlandheim; fünf Familien sind Vegetarier.**
   - Wegen der Feiertage ist nur die Hälfte der Mitarbeiter in der Küche tätig. Welche Überlegungen müssen Sie daher zur Menüplanung und -zubereitung anstellen?
   - Machen Sie einen Menüvorschlag, der allen Gästen gerecht wird.
   - Überlegen Sie sich eine besondere Überraschung für die Kinder.
   - Erstellen Sie einen Arbeitsplan mit zeitlichem Ablauf für das ausgewählte Menü. Das Menü soll um 13.00 Uhr ausgabefertig sein.

2. **Mittagsverköstigung sowie Kaffee und Kuchen anlässlich einer Ausbildertagung in der Schule**
   - Stellen Sie Überlegungen zur Raumgestaltung, Planung von Menü und Kaffeeangebot, Service etc. an und erstellen Sie einen Arbeitsplan.

2.6.1 PLANUNG UND DURCHFÜHRUNG VON ARBEITSABLÄUFEN

Für die Arbeitsorganisation in Küchen werden je nach Umfang und Art des Speisenangebots der **Materialbedarf**, der **Betriebsmitteleinsatz** sowie die **Arbeitszeit** geplant und der Arbeitsablauf organisiert. Dieser Plan ist eine Zielvorgabe. Er ermöglicht, dass in der zur Verfügung stehenden Zeit Mahlzeiten in einer von den Verpflegungsteilnehmern erwarteten Qualität hergestellt und serviert werden können.

Ein **Arbeitsplan** teilt die anfallenden Arbeiten systematisch auf und ordnet sie bestimmten Mitarbeitern zu. Er muss die folgenden Informationen enthalten:
- Datum und zur Verfügung stehende Arbeitszeiten
- anstehende Arbeiten
- personelle Zuständigkeiten für bestimmte Arbeiten

Die **Arbeitsorganisation** in Verpflegungseinrichtungen ist abhängig von der Betriebsgröße und Mitarbeiterzahl, dem Geräteeinsatz sowie von Umfang und Art des Speisenangebotes. Durch den Einsatz von vorgefertigten Produkten – Halbfertig-, Fertig- und Kühlprodukte – wird der Arbeitsumfang bei der Vor- und Zubereitung verringert. Während im Familienhaushalt ein vollständiges Menü von einer Person zubereitet wird, sind in Großküchen oft einzelne Mitarbeiter für Teilbereiche des Menüs zuständig (Arbeitsteilung). Die zur Verfügung stehenden Maschinen und Geräte bestimmen den Arbeitsablauf.

Bei der Arbeitsorganisation in der Küche werden verschiedene Funktionsbereiche unterschieden:

Funktionsbereiche in der Küche

Funktionsbereich	Einzelfunktion
Warenbeschaffung	Wareneinkauf, Warenannahme
Warenlagerung	ungekühlte Lagerung, Kühl-, Tiefkühllagerung
Vorbereitung	Gemüse-, Salatvorbereitung, Fleischvorbereitung, Geflügel-, Fischvorbereitung
Zubereitung	warme Küche, kalte Küche
Fertigung (Regenerieren)	warme Küche, kalte Küche
Speisenausgabe	Speisen- und Getränkeausgabe
Entsorgung	Spülen, Leergut und Abfälle lagern

Nach der Produktion werden verschiedene Küchentypen unterschieden:

Frischkostküchen:
Rohe und vorgefertigte Waren werden
- *eingekauft*
- *gelagert*
- *vorbereitet*
- *für den Verzehr zubereitet*
- *portioniert und angerichtet*
- *ausgegeben*

Produktionsküchen:
Rohe und vorgefertigte Waren werden
- *eingekauft*
- *gelagert*
- *vorbereitet*
- *regenerier- bzw. verzehrfertig zubereitet*
- *in Wärmebehältern der Ausgabeküche zugeleitet oder kühlgelagert*

***Beispiel:** die Zentralküche, sie versorgt separate Ausgabeküchen mit fertigen Speisen*

Fertigungsküchen:
Fertige Speisekomponenten werden
- *fertig gestellt, z. B. regeneriert*
- *portioniert*
- *angerichtet*
- *durch einfachere Speisen, z. B. Salate, ergänzt*
- *ausgegeben*

***Beispiel:** die Ausgabeküche*

Regenerierküchen:
Halbfertig- und Fertigprodukte werden
- *eingekauft*
- *gelagert*
- *aufgewärmt (regeneriert)*
- *portioniert*
- *ausgegeben*

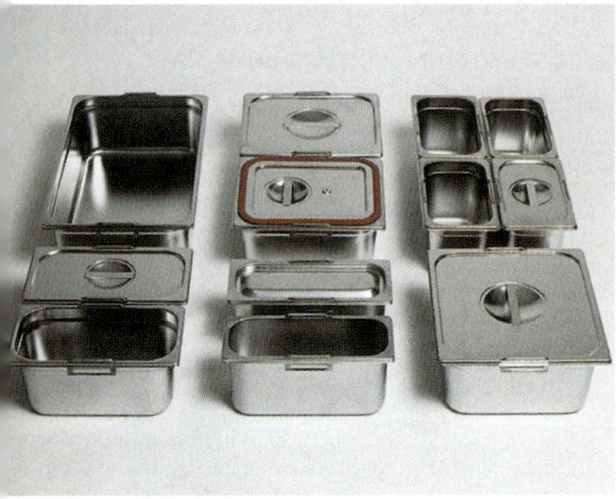

Gastronormbehälter ermöglichen den Transport und gewährleisten die Produktqualität der Speisen

Viele Großküchen bestehen aus einer **Produktionsküche**, der **Zentralküche**, die alle Speisenkomponenten – Suppen, Soßen, Menüs, Desserts – regenerier- bzw. verzehrfertig zubereitet und in Wärmebehältern (Gastronormbehältern) der Ausgabeküche zuleitet. In der **Ausgabeküche** werden die Speisen zu den Mahlzeiten aufbereitet, portioniert und ausgegeben. Einfache Produkte der kalten und warmen Küche, z. B. Salate oder Kurzgebratenes, können in der Ausgabeküche hergestellt werden. Um eine gute Produktqualität zu sichern, sollten die Warmhaltezeiten der Speisen nicht zu lange sein.

Durch eine systematische Gliederung der Arbeitsabläufe können Schwachpunkte in der Organisation der Verpflegung frühzeitig erkannt und kann die Arbeitsorganisation optimiert werden.

Die Vorratsmenge im Lagerbestand sollte dem erwarteten Absatz angemessen sein. Zu geringe Lagerbestände erschweren eine zufriedenstellende Verpflegung der Essensteilnehmer und führen zu Mehrkosten durch Nachkauf. Zu hohe

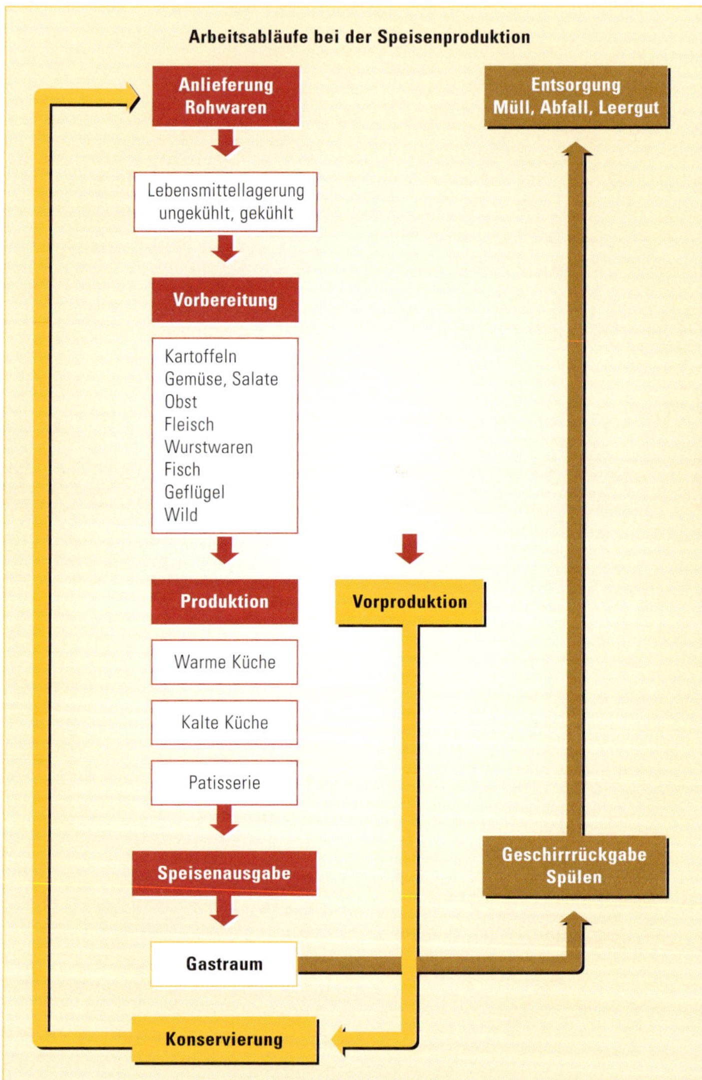

Heißluftdämpfer ermöglichen eine besonders schonende Speisenzubereitung.
GN-Behälter, Bleche und Roste sind als Zubehör unverzichtbar.

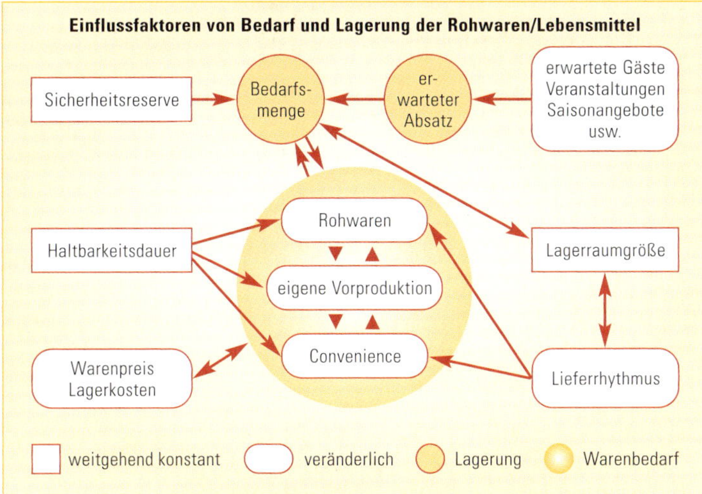

Lagerbestände können zu Qualitätsverlusten und Mehrkosten durch lange Lagerzeiten führen. Lieferrhythmus und Lagerraumgröße bestimmen u. a. die Höhe des Lagerbestandes.

Lernsituation:

Erstellen Sie für Ihren Betrieb eine Kartei für den Einkauf/die Lagerung von
– Fleisch,
– Gemüse,
– Milch und Milchprodukten.

Informieren Sie sich dazu bei den für den Einkauf und die Vorratshaltung zuständigen Mitarbeitern über Bedarfsmenge, Sicherheitsreserve, erwarteten Absatz der verschiedenen Lebensmittel, Lagerraumgröße und Lieferrhythmus. Überlegen Sie, was Sie bei der Lagerung der Lebensmittel im Sinne des HACCP-Konzeptes beachten müssen.

2.6.2 FUNKTIONSBEREICHE IN DER KÜCHE

Der räumlich-zeitliche Arbeitsablauf bei der Herstellung von Speisen kann in verschiedene Funktionsbereiche unterteilt werden.

Der **Einkauf** deckt den unmittelbaren Materialbedarf, der sich aus der Anzahl der ausgegebenen Speisen ergibt. Ebenso muss die Vorratsplanung bedacht werden. Um qualitativ hochwertige Waren zu günstigen Preisen zu erhalten, ist eine Marktübersicht erforderlich. Dies geschieht durch das Einholen von Angeboten und deren Vergleich in Bezug auf Preis, Qualität und Lieferbedingungen.

Die **Warenannahme** und **Lagerung** erfordert Kenntnisse aus dem Lernfeld 3.[1] Die Lagerung der Lebensmittel erfolgt am besten in Warengruppen, z. B. Gemüse, Obst, Fleisch- und Wurstwaren, Trockenlager für Teigwaren, Zucker und Mehl. Lebensmittel, die andere beeinträchtigen, z. B. Fisch, Käse und Zwiebeln durch ihren Geruch, müssen getrennt gelagert werden. Dabei ist außerdem auf eine Trennung von »rein« (Gemüse, Salate, Obst) und »unrein« (Fleisch, Geflügel, Eier) zu achten. Verderbliche Waren sind so zu sortieren, dass die zuerst gelagerten Waren zuerst verbraucht werden. Vorbereitete Waren, die erst am nächsten Tag ausgegeben oder weiterverarbeitet werden sollen, können auf Gastronormwagen in dem Kühlraum oder in Roll-in-Kühlschränken gelagert werden.

Die **Lagerhaltung** und **Größe der Lagerzone** hängen von der Anzahl der täglich ausgegebenen Essen ab:
- bei gekühlten Produkten mindestens der zwei- bis vierfache Tagesbedarf
- bei umfangreicher eigener Vorproduktion der siebenfache Tagesbedarf
- bei ungekühlt gelagerten Lebensmitteln der zehnfache Tagesbedarf

Als Organisationshilfsmittel für die Lagerhaltung dienen
- *Lieferantendateien*
- *Produktkarteien*
- *Artikel-Lager-Karteien*
- *EDV-Datenbanken*

Häufigkeit und Menge des Einkaufs richten sich nach
- *der Haltbarkeit der Lebensmittel*
- *der Lagerraumgröße*
- *dem verwendeten Lagerhaltungssystem*

Bitte beachten Sie bei Einkauf und Lagerung
- *Lagerfähigkeitsdauer der Produkte*
- *vorhandene Lagerkapazität*
- *Kennzeichnung des Verfallsdatums auf allen Produkten*
- *Lagerkosten*

1 s. Band 3 dieser Fachbuchreihe, HT4203

Bitte beachten:

Vorbereitungs- und Rüstarbeiten lassen sich nur schwer durch den Einsatz von Maschinen durchführen und sind daher zeit- und personalaufwändig. Aus diesen Gründen werden in der Küche häufig Convenience-Produkte eingesetzt.

Die **Vorbereitung** der Rohwaren erfolgt nach den Warengruppen Gemüse und Salate sowie Fleisch, Geflügel und Fisch räumlich oder zeitlich getrennt. Aus hygienischen Gründen müssen unter Umständen Zwischenreinigungen durchgeführt werden. Bei den Vorbereitungsarbeiten sind je nach Lebensmittel verschiedene Arbeitsschritte durchzuführen, vgl. S. 40 ff. Die Arbeitsabläufe bei der Vorbereitung von Gemüse zeigt die folgende Abbildung.

Arbeitsablauf bei der Vorbereitung von Gemüse

Rohwaren/Arbeitsgeräte bereitstellen (= Rüsten)

schälen, putzen → **waschen, abtropfen** → **schneiden**

Zubereitung

Die Berechnung des **Materialeinsatzes** anhand der Rezepturen und das genaue Abwiegen der einzelnen Zutatenmengen sind eine wichtige Voraussetzung für die Qualität der Erzeugnisse und gewährleisten die Wirtschaftlichkeit des Betriebes.

Rezepturkarteien dokumentieren den Materialeinsatz, den Arbeitsablauf und das erforderliche Zeitvolumen für die Herstellung bestimmter Speisen. Sie sind ein wichtiges Hilfsmittel für die Produktion.

Die **Zubereitung** umfasst auch die **Produktion** in Küchen, die vorproduzieren. Hier werden z. B. Soßen für den Tages- und Wochenbedarf hergestellt oder Teig-

Das Abwiegen der Zutaten ist für die Herstellung von hochwertigen Speisen und für die Ermittlung des Nährstoff- und Energiegehaltes notwendig.
Der Materialeinsatz bestimmt auch die Kosten der hergestellten Produkte.

Grundeinheit ist das Kilogramm.

Umrechnung von Gewichtseinheiten:

1 kg	=	1000 g
1 g	=	1000 mg
1 kg	=	2 Pfund
1 Pfund	=	500 g

Beispiel einer Rezepturkartei für die Vor- und Zubereitung

Ragouts (Rinder-, Wild-, Schweine-, Lammragout)

Menge (25 Portionen)
2,6 kg gemischtes Fleisch, $\frac{1}{4}$ l Öl, 1 kg Zwiebeln, $1\frac{1}{2}$ mittlere Kellen Tomatenmark, $\frac{1}{2}$ l Rotwein (nicht für Schwein und Lamm), 3 l Bouillon

Vorfertigung
Fleisch in 3-cm-Würfel schneiden, mit Salz und Pfeffer würzen (Wildgewürz bei Wild, Knoblauch bei Lamm).
In Öl anbraten, Zwiebeln hacken (Brunoise) und mit anbraten.
Tomatenmark dazugeben und anrösten, mit Rotwein ablöschen, bis es Farbe annimmt, mit Bouillon auffüllen.
Ca. 40 min gar kochen, jeweils 5 Portionen in Folienbeutel füllen, evakuieren, schnellkühlen.

Vorfertigungszeit gesamt:
Zubereitung: ...

Max. Lagerzeit: 7 Tage
Zubereitungszeit gesamt: ...

waren, Gemüse oder Suppen vorgekocht. Außerdem werden Speisen für die Ausgabe gefertigt, angerichtet und für den direkten Verzehr bereitgestellt (= **Fertigung**), vgl. S. 46 ff.
Die Lebensmittel werden nach Warengruppen, wie z.B. Fleisch, Gemüse oder Salate, verarbeitet. Der Zubereitungsbereich untergliedert sich in eine warme Küche und eine kalte Küche.
Die Zubereitung kann in verschiedene Funktionen unterteilt werden: **Bereitstellen** (Rohwaren, Geschirr, Arbeitsgeräte), **Garen** sowie **Anrichten** und **Ausgeben** der fertigen Speisen. Häufig weist die Küchenorganisation eine Posteneinteilung (= Einteilung nach Produktgruppen, z.B. Soßen, Suppen, Gemüse) auf. Die Aufgaben zwischen den Posten müssen gut aufeinander abgestimmt sein.

Die **Speisenausgabe** stellt die Verbindung zwischen dem Produktions- und dem Gastbereich dar. Nach Aufbau und Anordnung werden verschiedene Ausgabesysteme unterschieden, vgl. S. 175 ff.

Die **Entsorgung der Abfälle** erfolgt nach einem festgelegten Entsorgungskonzept in Abhängigkeit von den anfallenden Abfall-, Müll-, und Leergutmengen.

Die **Reinigung** erfordert Kenntnisse aus dem Lernfeld 7.[1]

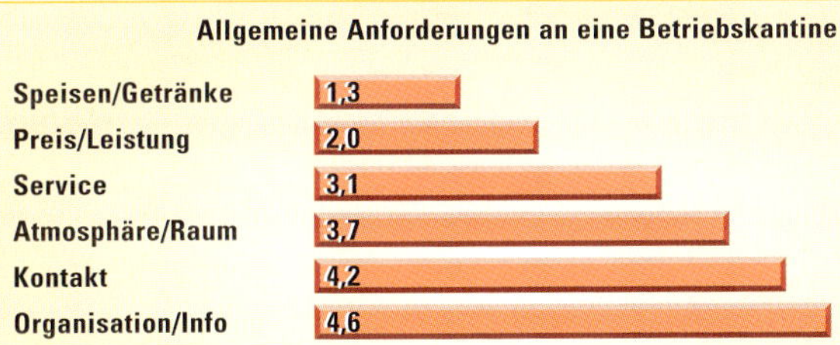

Sechs vorgegebene Kriterien waren mit Noten zu gewichten (1 = sehr wichtig, 6 = nicht wichtig). Als wichtigstes Kriterium erweist sich für die Nutzer der Betriebskantine allgemein das Vorhandensein und die Güte von Speisen und Getränken. Auch das Preis-Leistungs-Verhältnis wird als wichtig eingeschätzt.

*Das **Speisenangebot** ist auf die Produktionsmöglichkeiten der Küche abzustimmen, z.B.:*

- *Anordnung der Küchenbereiche*
- *Geräteausstattung und -aufstellung*
- *zur Verfügung stehende Funktionsflächen*
- *Anzahl der Mitarbeiter*

Vorproduktion erleichtert die Arbeitsorganisation und ermöglicht die

- *Erweiterung des Angebots um arbeitsaufwändige Gerichte*
- *Organisation großer Veranstaltungen*
- *Entlastung von Arbeitsspitzen*
- *Vorfertigung von Gerichten durch Fachpersonal, sodass Hilfskräfte die Fertigstellung übernehmen können*
- *Vorfertigung zur Belieferung von Satelliten- und Ausgabeküchen, in denen die Speisen für den Verzehr fertig gestellt und an die Verpflegungsteilnehmer ausgegeben werden*

Für die Vorproduktion muss ausreichend Kühl- und Lagerraum zur Verfügung stehen.

AUFGABEN

1. *250 Mittagessen – Tomatensuppe, Medaillons mit Rahmchampignons, Kroketten und Mischgemüse, Bayerische Creme – sind herzustellen.*
   a) Machen Sie eine genaue Arbeits- und Zeitplanung für Ihren Betrieb.
   b) Vergleichen Sie Ihren Arbeitsplan mit dem Ihrer Mitschülerinnen und ermitteln Sie Vor- und Nachteile der verschiedenen Vorgehensweisen.
   c) An welchen Stellen wäre eine Vorproduktion möglich?

2. *Erläutern Sie, wie die Arbeitsplanung und -organisation in Ihrem Betrieb durchgeführt werden.*

3. *Welche Überlegungen müssen bei der Ermittlung des Materialbedarfs angestellt werden? Verdeutlichen Sie diese auch anhand eines selbst gewählten Beispiels aus Ihrem Betrieb.*

1 s. Band 1 dieser Fachbuchreihe, HT4201

Lernsituation:

Überlegen Sie sich zu den verschiedenen Qualitätskriterien von Speisen Maßnahmen, die bei der Herstellung und Verteilung der Speisen berücksichtigt werden müssen

a) in der Großküche eines Altenheims,
b) in der Küche einer Kindertagesstätte.

Kriterien für die Qualität bei der Speisenherstellung:

- Nährwert
- Genusswert
- Hygiene
- ansprechendes Aussehen
- Service

Aspekte zur Qualitätsbeurteilung bei der Herstellung von Speisen:

Einkauf, z. B.

- *frische hochwertige Rohware*
- *ökologische Lebensmittelerzeugung*
- *Mindesthaltbarkeitsdatum*
- *geeignete Verpackung*

Lagerung, z. B.

- *Einhaltung der Hygiene*
- *geeignete Lagerbedingungen*

Verarbeitung, z. B.

- *nährwertschonende Verarbeitung*
- *kurze Warmhaltezeiten*

Service, z. B.

- *saubere und angenehme Atmosphäre*
- *freundliche Bedienung*

Ausgabe, z. B.

- *sauberes, ansprechendes Geschirr*
- *zügige, zuvorkommende Bedienung*

Reinigung, z. B.

- *Produkt-, Betriebs- und Personalhygiene*
- *Abfallentsorgung*

2.6.3 QUALITÄTSSICHERUNG BEI DER SPEISENHERSTELLUNG

Die »**Qualität**« kennzeichnet den Wert der verzehrfertigen Speisen. Qualitätssicherung hat zum Ziel, gesunde und bekömmliche Speisen und Erzeugnisse hoher Qualität herzustellen.

Die Qualität der Speisen in der Gemeinschaftsverpflegung wird durch verschiedene Faktoren bestimmt:

- Qualität der verwendeten Lebensmittel
- Speiseplan und Rezeptur
- verwendete Zubereitungs- und Garverfahren
- an die Verpflegungsteilnehmer angepasster Nährwert und Bekömmlichkeit
- appetitliche Anrichtung und harmonische Farbgestaltung
- kostengünstige Kalkulation, angemessener Preis

Allgemeine Anforderungen an ein Kantinenessen

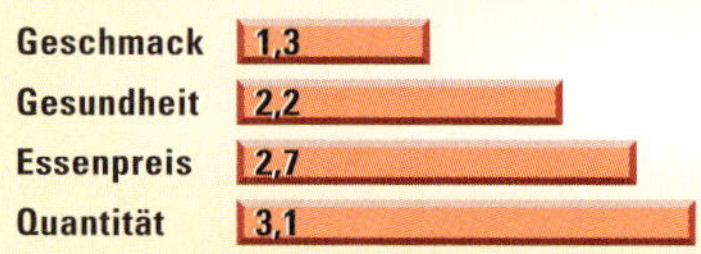

Allgemeine Anforderungen an die Gemeinschaftsverpflegung: Nutzer von Betriebskantinen bewerten sechs vorgegebene Kriterien (1 = sehr wichtig, 5 = nicht wichtig)

Bei der Erstellung von **Qualitätsstandards** werden für die verschiedenen Speisen typische Qualitätsmerkmale festgelegt, die zur Beurteilung und Qualitätskontrolle des fertigen Erzeugnisses herangezogen werden können. Hierbei müssen die Erwartungen und die Ernährungsbedürfnisse der Essensteilnehmer bekannt sein und mit berücksichtigt werden. Alle Bereiche der Lebensmittelproduktion – Einkauf, Lagerung, Verarbeitung und Essenausgabe – sind Teile des Qualitätsmanagements und daher mit einzubeziehen. Außerdem müssen die Mitarbeiter regelmäßig geschult werden.

In der **Qualitätskontrolle** wird überprüft, ob das Produkt den Erwartungen der Essensteilnehmer, den hygienischen Anforderungen sowie den Anforderungen an Nährwert und Sensorik entspricht. Dafür wird in regelmäßigen Abständen durch Interviews oder Fragebögen der Zufriedenheitsgrad der Essensteilnehmer ermittelt und es werden lebensmittelchemische und mikrobiologische Untersuchungen der Produkte durchgeführt.

AUFGABEN

1. *Nennen Sie qualitätssichernde Maßnahmen, die bei der Lebensmittelverarbeitung in Ihrem Betrieb beachtet werden müssen.*
2. *Was müssen Sie beim Einkauf und bei der Lagerung von frischen Lebensmitteln/tiefgefrorenen Lebensmitteln beachten, um die Qualität der daraus hergestellten Speisen sicherzustellen?*
3. *Erarbeiten Sie für die Herstellung von Frikadellen Qualitätskriterien (vom Einkauf bis zur Speisenausgabe).*

2.6.4 SPEISENVERTEILSYSTEME

Die beheizten Wasserbadelemente halten die Speisen warm und erwärmen das Geschirr

In der Gemeinschaftsverpflegung sowie im Privathaushalt ist die Nahrungszubereitung so zu organisieren, dass festgelegte Speisemengen für eine bestimmte Essenszeit zubereitet und für die Essensteilnehmer angerichtet sind. Die vorhandenen Arbeitsmittel, Räume und Mitarbeiter müssen hierbei wirtschaftlich effizient und leistungsfähig eingesetzt werden, um Hektik und Arbeitsspitzen zu vermeiden.
Der Produktionsablauf der Speisenzubereitung richtet sich nach den Erfordernissen des Versorgungsangebotes. Dabei werden verschiedene Speisenverteilsysteme eingesetzt. Sie unterscheiden sich insbesondere durch die nach der eigentlichen Zubereitung erfolgende Bearbeitung und stellen eine Kombination der Arbeitsverfahren – Verpacken, Abkühlen, Kühllagern, Gefrierlagern, Erwärmen und Warmhalten – dar.

Es werden unterschieden:

1. **Das Warmverteilsystem:** Das Essen wird sofort nach der Herstellung verteilt, z. B. an der Theke einer Cafeteria, auf Tabletts angerichtet im Krankenhaus, in Thermophoren (= wärmeisolierte Transportbehälter zum Warmhalten der Speisen) über »Essen auf Rädern«. Bei langen Warmhaltezeiten sind der Geschmack und der Vitamingehalt beeinträchtigt.

Zentrale Bandportionierung in der Großküche

Herstellen und Servieren eines Gerichtes im Warmverteilsystem

Vorbereiten → **Zubereiten** → **Anrichten** → **Verteilen**

z. B. Mischservice, Selbstbedienung, Tablettservice

oder

Zubereiten → **Portionieren** → **Anrichten** → **Verteilen**

Bei Abfüll- und Transportzeiten von maximal einer Stunde treten nur geringe Vitaminverluste auf. Aufgrund der neuen Lebensmittelhygiene-Verordnung muss ein Eigenkontrollsystem in Betrieben der Gemeinschaftsverpflegung existieren. Es setzt eine Gefahrenanalyse und entsprechende Maßnahmen zur Bewältigung der kritischen Punkte im Produktionsablauf und in der Speisenausgabe voraus, vgl. S. 10.

Das Essen wird im Tablettsystem unmittelbar nach der Herstellung warm verteilt.

Cook & Serve (die Essensteilnehmer erhalten frische, unmittelbar zubereitete Speisen)

Prozess	Bedingungen
Zubereitung	bis Garpunkt
Heißportionierung am Band	ca. 5 min bei 80 °C Kerntemperatur
Heißtransport	max. 60 min bei mind. 65 °C Kerntemperatur
Ausgabe	mind. 65 °C Kerntemperatur

Portionieren

Schockkühlen

Regenerieren

Warmhalten mit Thermohaube

2. **Das Kaltverteilsystem:** Hier sind die Arbeitsabläufe der Speisenzubereitung vom Verzehr entkoppelt. Die Speisen werden unmittelbar nach dem Garen heruntergekühlt und meist verpackt gekühlt oder tiefgekühlt bis zum Verzehr gelagert. Unmittelbar vor dem Verzehr der Speisen erfolgt die Regenerierung (Erwärmung). Nach der Art der Behandlungsschritte werden verschiedene Systeme unterschieden, die jeweils eine andere Geräteausstattung und Lagerhaltung benötigen.

Herstellen und Servieren eines Gerichtes im Kaltverteilsystem:

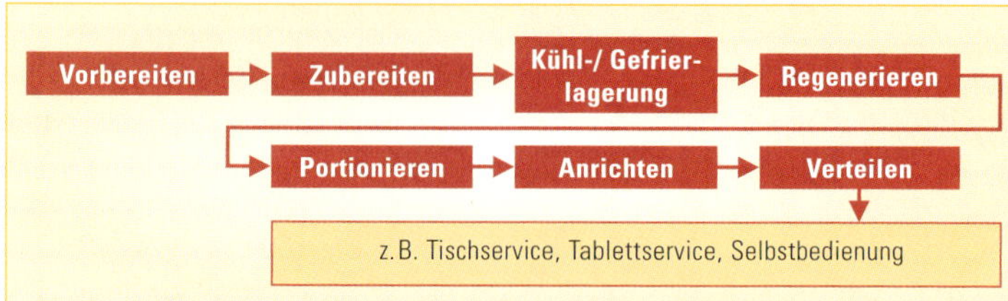

Im Kaltverteilsystem werden folgende Systeme unterschieden:

- Cook & Chill (engl.: kochen und kühlen) hat in der Großküchenverpflegung eine zunehmende Bedeutung (s. a. S. 36).

Der Arbeitsablauf von Cook & Chill ist wie folgt:

1. **Garen der Speisen** (in Chargen oder Portionen) – die Speisenkomponenten werden entweder voll durchgegart oder nur zu 90 %. Für den Garprozess sind alle herkömmlichen Verfahren einsetzbar, frittierte Speisen sind nur begrenzt geeignet
2. **Abfüllen in Gastronormbehälter** – die Heißportionierung sollte innerhalb von 30 Minuten bei > 70 °C Speisenkerntemperatur erfolgen
3. **Schockkühlen** auf 0 bis 3 °C Kerntemperatur innerhalb von 90 Minuten nach dem Garende
4. **Kühllagerung** bei 0 bis 3 °C bis zu 72 Stunden
5. **Eventuell Kaltportionierung** der Speisen auf Teller oder Tabletts
6. **Regenerieren im Heißluftdämpfer** (auf mind. 70 °C Kerntemperatur in 5 bis 7 Minuten)
7. **Portionieren/Anrichten**
8. **Ausgabe der Speisen** mit einer Verzehrtemperatur von mind. 65 °C

Beachten Sie beim »Cook & Chill«!

- Speisen unmittelbar nach dem Garen herunterkühlen.
- Kaltportionierung in kühlen Räumen mit ca. 10 °C durchführen.
- Regenerierprogramm auf Speisen einstellen; Speisen geschickt je nach Wärmeleitfähigkeit zusammenstellen.
- Kerntemperatur von 65 °C beim Regenerieren über 5 bis 7 Minuten halten.
- Würzung je nach Rezept anpassen.
- Bindemittelmenge anpassen oder Bindemittel austauschen (viele Bindemittel sind nicht gefrierstabil!).
- Rezepturen jeweils auf ihre Tauglichkeit für »Cook + Chill« überprüfen. (Schulung des Personals erforderlich.)

- **Cook & Freeze** (engl.: kochen und gefrieren) weist die entsprechenden Arbeitsstufen auf, jedoch werden hier die gegarten Speisen bei –30 °C bis –40 °C schockgefroren und danach bei –18 °C bis –25 °C aufbewahrt. Eine

Lagerung bis zu mehreren Monaten ist möglich. Das Verfahren hat in der Gemeinschaftsverpflegung nur eine geringe Bedeutung.

AUFGABEN

1. *Ermitteln Sie die Vorteile/Nachteile des Cook & Chill-Verfahrens.*
2. *Informieren Sie sich über den Gerätebedarf für die Ausstattung einer Küche mit Cook & Chill.*
3. *Nennen Sie geeignete Speisen, die im Cook & Chill-System angeboten werden können. Welche Speisen sollten eher frisch zubereitet werden?*

Aus wirtschaftlichen Gründen ist in der Gemeinschaftsverpflegung ein reines »Frischkostsystem« meist nicht möglich. Ein Mischkostsystem aus frisch zubereiteten und haltbar gemachten Speisen (Tiefkühlkost, Kühlkost, pasteurisierte Kühlkost, Sterilkost) kann in diesem Fall noch am besten eine vollwertige Verpflegung sicherstellen. Die frisch zubereiteten Komponenten sind in der Regel stärkereiche Beilagen, Kurzbratspeisen und Salate. Bei Verwendung von Kühlkost und Tiefkühlkost muss eine lückenlose Kühlkette gewährleistet sein.
Welches Verteilsystem am geeignetsten ist, hängt von vielen Faktoren ab, z. B.

- räumliche und personelle Möglichkeiten,
- Anzahl der Verpflegungsteilnehmer und deren Ansprüche,
- räumliche Entfernung von Produktionsstätte und Speisenausgabe.

Verschiedene Institutionen (z. B. DGE) bieten hierzu Beratung an.

Bitte beachten:

- *Frischkost hat im Vergleich zu den anderen Speisenverteilsystemen den höchsten Vitamingehalt.*
- *Bei der Verwendung von gekühlten, pasteurisierten oder warm gehaltenen Speisen und Gefrierkost sollten Vitamin-C-haltige Lebensmittel wie Obst, Salate, Säfte zusätzlich angeboten werden.*
- *Empfindliche Speisen, z. B. Kurzgebratenes, Salzkartoffeln oder Kartoffelbrei, sollten insbesondere wegen der sensorischen Qualität frisch hergestellt werden.*

»Gästeorientierung«

Ziel ist die Zufriedenheit des Gastes – geeignete Maßnahmen sind z. B.:

- *Spezialitätenwochen*
- *Aktionswochen*
- *Trends ermitteln/umsetzen*
- *Speisenangebot auf die Nachfrage der Essensteilnehmer einstellen*
- *Zubereitungsformen, z. B. Frontcooking*
- *Ausgabesysteme, z. B. Free-Flow (s. S. 177)*

2.6.5 AUSGABESYSTEME

In der Speisenausgabe werden die fertigen Speisen an die Verpflegungsteilnehmer verteilt. Aufbau und Anordnung der Speisenausgabe werden wesentlich von dem Speisenverteilsystem, dem Speisenangebot und der Bedienungsmethode bestimmt. Die möglichen Geschirrteile, vom Tablett über das Porzellangeschirr bis hin zu Gläsern, Tassen, Besteck und Servietten, sind festzulegen. Ebenso muss das Getränkeangebot bestimmt werden. Kaffee kann z. B. in einem gesonderten Bereich eingenommen werden und entlastet damit die Speisenausgabe.
Für den Tischservice ist die Anordnung der Küchenausgabe in unmittelbarer Nähe des Gastbereichs die günstigste Lösung. Neben der Bedienung am Tisch wird heute die Selbstbedienung bevorzugt, die personal- und zeitsparender ist. So genannte vorgeschobene Ausgaben (z. B. Frühstücks-, Salat-, Kuchenbuffets, Pizzaofen, Fertigungsküche) präsentieren das Speisenangebot in unmittelbarer Gastnähe. Diese Ausgabesysteme brauchen aber auch eine gute Anbindung an die Küche.

Es gibt verschiedene Systeme der Speisenausgabe:

Ausgabetheke
Sie wird mit einer Auswahl an heißen Speisen (Warmhaltung erfolgt in Gastronormbehältern), kalten Gerichten, z. B. Salaten, Desserts, und Getränken beschickt. Die einheitlichen oder individuellen Menüs werden vom Ausgabepersonal für den Gast portioniert, spezielle Wünsche können berücksichtigt werden. Der Gast versorgt sich eigenständig mit Geschirr und Besteck und entsorgt dieses an der Geschirrrückgabe.

Ausgabetheke

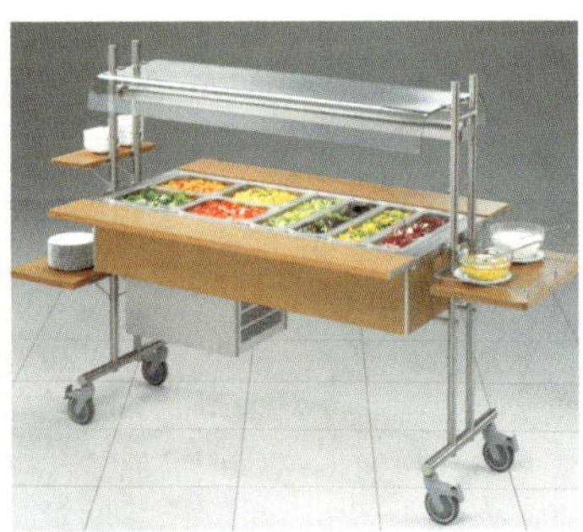

Salatbuffets

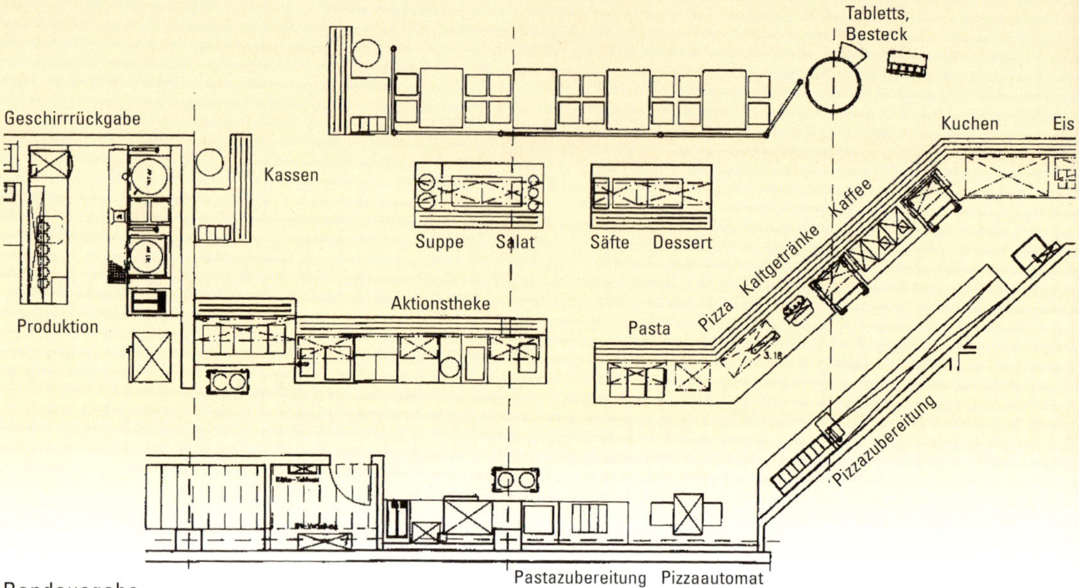

Bandausgabe

*Die **warmen Speisen** werden in Gastronormbecken heiß gehalten.*
*Die **kalten Speisen** werden in Kühlwannen, auf Frosterplatten oder in gekühlten Kaltaufsätzen präsentiert.*
Von der Kundenseite sind die Gerichte durch Aufsatzgestelle mit Hustenschutz geschützt.

Bandausgabe

Sie wird bei großen Essensleistungen in Werksküchen, Mensen oder anderen Einrichtungen der Großverpflegung eingesetzt. Einheitlich zusammengestellte Menüs werden vom Gast an einem Fließband entgegengenommen. Der Gast hat keinen Einfluss auf die Zusammenstellung der Speisen und die Portionsgröße.
Das Ausgabeband reicht von der Küche bis in die Ausgabe. Im Küchenbereich werden die Geschirrteile (Menagen, 3-geteilte Teller usw.) auf das Band gesetzt und die Menübestandteile sofort portioniert. Je Menükomponente ist meist eine Kraft erforderlich. Die angerichteten Teller laufen in die Ausgabe und werden dort in Selbstbedienung abgenommen. Die Bandgeschwindigkeit ist stufenlos regelbar und beträgt im Durchschnitt 0,25 m/s, sodass der Gast drei bis vier Sekunden Zeit hat, um das Essen abzunehmen.
Obwohl die Bandausgabe ein sehr rationelles System mit einer hohen Arbeitsproduktivität und geringem Raumbedarf ist, wird sie aufgrund des steigenden Trends zur Kostdifferenzierung und zur »Erlebnisgastronomie« immer seltener eingesetzt.

Cafeteriaausgabe

Eine Auswahl an Menüs und die Beilagen können meistens frei gewählt werden, Getränke werden in einer Verkaufstheke in Selbstbedienung angeboten. Das System bietet dem Gast Komfort und einen guten Angebotsüberblick.

Cafeteria-Ausgabe

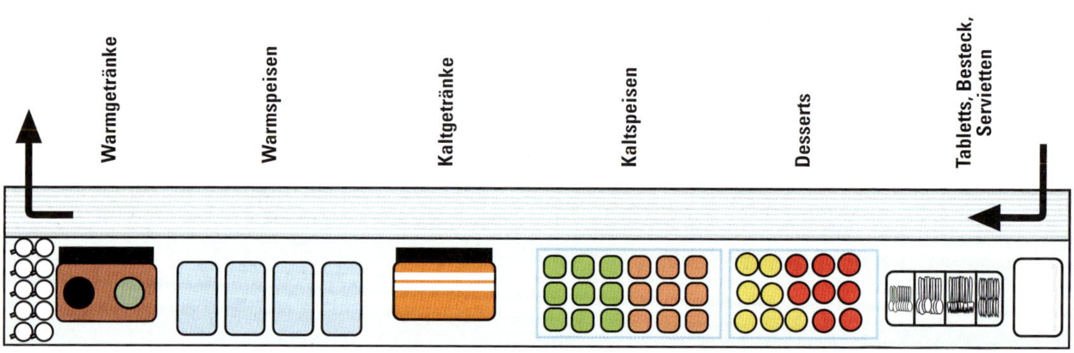

Je nach Anordnung werden z. B. die **Cafeteria-Linie** und die **mobile Cafeteria** unterschieden – beide Systeme sind sehr häufig im Einsatz.

Die **Cafeteria-Linie** ordnet die verschiedenen Ausgabegeräte nebeneinander (in Linie, in Reihe) an. Eine Tablettrutsche auf der Kundenseite dient als Unterlage zum Absetzen und Schieben des **Tabletts**. Am Anfang stehen Tabletts, häufig auch Bestecke und Servietten bereit, die von dem Tischgast selbst entnommen werden. Fahrbare **Geschirrspender** für Teller, Suppentassen oder Dessertschalen sind zwischen den Ausgabegeräten angeordnet. Die **Bezahlung** erfolgt an der Kasse am Ende der Linie.

Die Ausgabe beginnt entweder mit **kalten Speisen**, über warme Gerichte bis hin zu Heißgetränken oder mit **warmen Speisen**, danach Beilagen, Salate, Desserts sowie Kalt- und Heißgetränke.
Die Warmausgaben sind meist durch Bedienungspersonal besetzt.

Die **mobile Cafeteria** besteht aus fahrbaren Ausgabegeräten, die individuell zusammengestellt werden können. Sie wird besonders bei Kongressen und anderen Großveranstaltungen eingesetzt.

Die **Cafeteria mit Grillstand** ermöglicht in kleinen Ausgabesystemen, Kurzbratgerichte unmittelbar nach der Bestellung hinter der Cafeteria-Linie zuzubereiten.

Tablettsystem

In Krankenhäusern und Heimeinrichtungen werden für die Essensteilnehmer individuelle Menüs (z. B. spezielle Diäten) in der Zentralküche auf Tabletts angerichtet und im Tablettwagen auf der Station oder im Speisesaal ausgegeben. Das Ausgabepersonal muss bei der Speiseportionierung über die individuellen Essenswünsche genau informiert sein.

Free-Flow-Cafeteria

Sie löst die lange Ausgabetheke in einzelne frei stehende Ausgabeeinheiten auf, die verschiedene Speisenangebote – Frühstücksbuffet, Salatbuffet, kalte Delikatessen, Suppenstation, warme Gerichte, Show-Küche (Fertigungsküche) sowie kalte und warme Getränke – anbieten. Die Gäste können sich frei bewegen und bedienen.

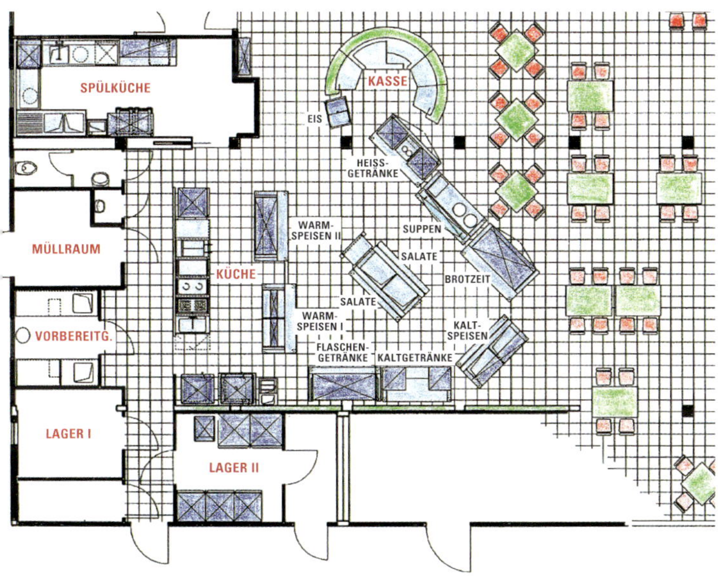

Die Salatbar mit der Dressing-Station ist das Herzstück der Kaltausgabe

Heiße Getränke werden an separaten Ausgabestationen in Selbstbedienung angeboten

Speiserestaurant in einem Altenheim

Free-Flow-Cafeteria: Sie bietet durch die offene Gestaltung von »Funktionsinseln« eine anregende Atmosphäre, in der die Angebote der Küche besser zu Geltung kommen.

Getränkeangebot

Um das Angebot von heißen und kalten Getränken genau zu planen, muss festgelegt werden, welche Getränke über Zapfanlagen bzw. Dispenser und welche in Flaschen oder Verpackungen verkauft werden. Kaffee hat meistens den höchsten Durchsatz, dies ist entsprechend beim Geräteeinsatz zu berücksichtigen.

Die Ausgabetheken sind in der Regel unterteilt nach kalten Speisen – Salate, Desserts und Kuchen – und warmen Speisen einschließlich Suppen. Kalte und heiße Getränke werden meistens an einer separaten Ausgabeanlage angeboten. Salate und Dressing stehen oft in einer Salatbar mitten im Raum. Die Tischgäste können sich so von allen Seiten bedienen.

Wesentliche Vorteile dieses Systems sind z. B.

- freie Bewegung im Ausgabebereich – keine Schlangenbildung
- individuelle Speisenauswahl
- optimaler Speisenumfang und Präsentation
- chargenweises frisches Nachgaren von Menübestandteilen
- Erholungs- und Erlebniswert

Beispiele für Serviceformen in der Gemeinschaftsverpflegung

Serviceformen	Durchführung
Bedienung am Tisch	a) Teller-Service: Die Speisen werden in der Küche auf dem Teller angerichtet und am Tisch serviert. b) tischweise Portionierung: Die Speisen werden in der Küche auf Platten/in Schüsseln angerichtet; die Portionierung erfolgt am Tisch durch die Servicekraft/den Tischgast.
Selbstbedienung	a) Buffet: Auswahl und Zusammenstellung der Speisen und Getränke am Buffet durch den Gast in Selbstbedienung; Hilfe bei der Speisenausgabe durch die Mitarbeiter. b) Free-Flow: Stände mit verschiedenen Angeboten, die z.T. vor dem Gast zubereitet werden; der Gast wählt frei aus und ist an keine Speisenfolge gebunden (Erlebnisgastronomie). c) Ausgabetheke: Nebeneinander angeordnete Ausgabegeräte mit einem definierten Angebot an Speisen und Getränken.

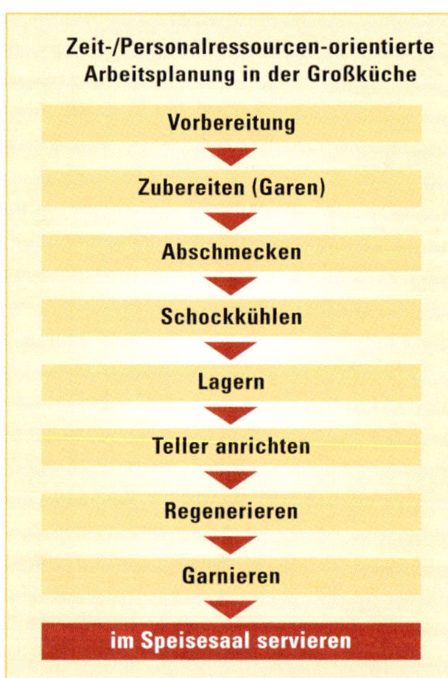

Nebenstehend wird ein Beispiel für ein Arbeitssystem vorgestellt, das es ermöglicht, große Portionen vorher hergestellter Speisen zu regenerieren und tellerfertig anzurichten und zu servieren.

AUFGABEN

1. *Beschreiben Sie den Ablauf der Essensausgabe in Ihrem Betrieb. Stellen Sie die Vorteile und Nachteile heraus (z. B. Komfort, Auswahl, Platz- und Personalbedarf, Kundenfreundlichkeit).*
2. *Wodurch unterscheiden sich Warmverteilsysteme von Kaltverteilsystemen? Leiten Sie daraus mögliche Einsatzfelder ab.*
3. *Erläutern Sie das Cook & Chill-System und stellen Sie seine Vorteile im Produktionsablauf dar.*
4. *Warum müssen die Speisen beim Cook & Chill-System unmittelbar nach dem Garen schockgekühlt werden?*
5. *Vergleichen Sie die folgenden Ausgabesysteme miteinander: Ausgabetheke – Fließbandausgabe – Cafeteriaausgabe.*
6. *In der Gastronomie wird häufig das Free-Flow-System eingesetzt. Überlegen Sie, welche Vorteile dieses System bietet.*

In den Speisenausgabesystemen der Gemeinschaftsverpflegung werden die Gäste gebeten, ihren Tisch selbst abzuräumen.

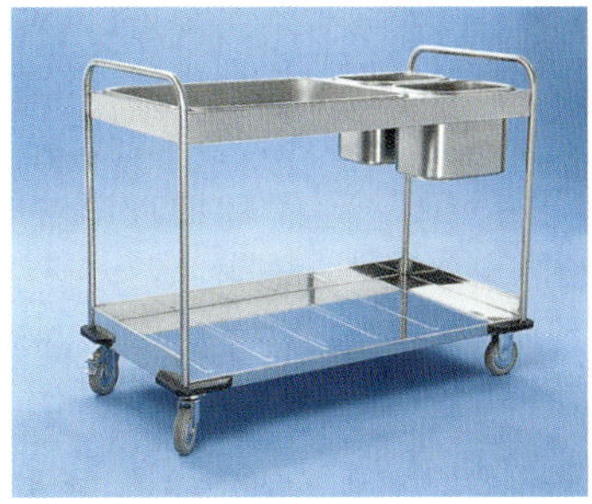

Servierwagen zum Abräumen des Geschirrs

2.6.6 PREISVERGLEICH BEIM EINKAUF, PLANUNG DES MATERIALEINSATZES, BERECHNUNG VON REZEPTUREN, KOSTENKALKULATION

Die Preiskalkulation der angegebenen Speisen muss kostendeckend und konkurrenzfähig berechnet werden. Kostengünstiger Einkauf der Rohwaren, Ermittlung der Verluste durch Vor- und Zubereitung, fachkundige Rezeptberechnung und Ermittlung der Erträge sind die Voraussetzung.

Brutto- oder Nettogewicht?

Beim Einkauf muss unterschieden werden zwischen

- *Bruttogewicht*
- *Nettogewicht*

Bruttogewicht =
Gewicht der Ware
+ Verpackungsgewicht

Nettogewicht =
Gewicht der Ware
(ohne Verpackung)

Preisvergleiche

Durch Preisvergleiche können günstige Angebote ermittelt werden. Dabei sollte aber auch die Qualität der Rohwaren berücksichtigt werden.

Beispiel 1: Preisvergleiche helfen sparen
Von drei Direktvermarktern wird Spargel zu den folgenden Preisen angeboten:
Angebot 1: 10 kg zu 25,00 €
Angebot 2: 25 kg zu 30,00 €
Angebot 3: 5 kg zu 50,00 €
Welches Angebot ist am preisgünstigsten?

Rechnung:

Angebot 1:	Angebot 2:	Angebot 3:
10 kg = 25,00 €	???	???
1 kg = 2,50 €		

Übungsaufgaben:

1. *Sie benötigen für die Zubereitung eines Auflaufs 2,5 kg Champignons. Die 800-g-Dose hat ein Abtropfgewicht von 490 g. Wie viele Dosen benötigen Sie?*
2. *Johannisbeeren werden in 500-g-Körbchen zum Preis von je 1,50 € verkauft. Das Körbchen wiegt 40 g. Ermitteln Sie den Preis von 1 kg Johannisbeeren.*
3. *Frankfurter Würstchen werden in Dosen zu 8,00 € geliefert. Das Nettogewicht (ohne Dose) beträgt 2,5 kg, das Abtropfgewicht 1,8 kg. Berechnen Sie den Preis von 100 g Frankfurter Würstchen.*

Übungsaufgaben:

1. *25 kg Birnen mit Karton kosten 25,00 €. Der Karton wiegt 1,2 kg. Berechnen Sie den Nettopreis für 1 kg Birnen.*
2. *Machen Sie einen Preisvergleich von Portionspackungen (Butter, Marmelade, Käse, Quark, Brot) mit selbst portionierten Lebensmitteln.*
3. *Frische Möhren kosten 1,90 €/ kg. Der Putzverlust beträgt 20 %. Im Tiefkühlsortiment werden 400 g Möhren für 0,99 € angeboten. Ermitteln Sie das günstigste Angebot.*
4. *4,5 kg Schweinebraten (4,50 €/ kg) wiegen nach dem Garen noch 3,8 kg.*
   a) Berechnen Sie den Garverlust.
   b) Berechnen Sie den Warenpreis von 100 g gegartem Schweinebraten.
   c) Für ein Mittagessen werden 46 Portionen Schweinebraten zu je 120 g benötigt. Wie viel kg Schweinebraten müssen eingekauft werden?
5. *Berechnen Sie die erforderlichen Gemüsemengen, die jeweils für 40 Portionen zu je 150 g bereitgestellt werden müssen.*

Verluste	
Blumenkohl	*30 %*
grüne Bohnen	*10 %*
Möhren	*25 %*
grüne Erbsen (mit Schoten)	*65 %*

6. *2,5 kg Rinderbraten (6,50 €/kg) verliert beim Braten 20 % Gewicht. 2,5 kg Suppenfleisch (4,00 €/kg) verliert beim Kochen 15 % Gewicht.*
   a) Wie viele Portionen zu je 120 g können aus dem gebratenen/ aus dem gekochten Rindfleisch hergestellt werden?
   b) Ermitteln Sie den Preis von einer Portion gebratenem/gekochtem Rindfleisch.

Beispiel 2: Verluste verändern den Preis

Beim Schälen des Spargels aus dem Beispiel 1 treten unterschiedliche Putzverluste auf:

Angebot 1: 15 % Angebot 2: 25 % Angebot 3: 35 %

Berechnen Sie für die Spargelangebote im Beispiel 1 den Materialwert von 100 g geschältem Spargel und ermitteln Sie das günstigste Angebot.

Rechnung:

Angebot 1:	Angebot 2:	Angebot 3:
100 % = 10 kg	???	???
85 % = 8,5 kg		
8,5 kg = 25,00 €	???	???
1 kg = 2,94 €		
100 g = 0,29 €	100 g = ???	100 g = ???

Beispiel 3: Beim Einkauf Zubereitungsverluste berücksichtigen

Die Metzgerei Müller liefert 12 kg Rinderbraten zu 4,50 €/kg, die Metzgerei Krause 14 kg zu 6,00 €/kg. Nach dem Garen wiegt der Braten der Firma Müller noch 9,120 kg, der Firma Krause 12,040 kg.

a) Berechnen Sie jeweils die Gewichtsverluste.
b) Berechnen Sie den neuen Warenpreis pro kg und ermitteln Sie das günstigste Angebot.

Antwort: Der Gewichtsverlust beträgt 24 % (Fa. Müller), 14 % (Fa. Krause).

Rechnung:

a)

100 % = 12 kg	100 % = 14 kg
12 kg – 9,120 kg = 2,880 kg	14 kg – 12,040 kg = 1,960 kg
2,880 kg = 24 %	1,960 kg = 14 %

b)

12 kg × 4,50 € = 54,00 €	14 kg × 6,00 € = 84,00 €
9,120 kg = 54,00 €	12,040 kg = 84,00 €
1 kg = 5,92 €	1 kg = 6,98 €

Antwort: Der Rinderbraten der Metzgerei Müller ist am günstigsten.

Bei der Vor- und Zubereitung von Lebensmitteln ergeben sich Verluste, die bei der Kalkulation des Materialeinsatzes berücksichtigt werden müssen.

Beispiel 4: Planung der benötigten Lebensmittelmenge (Materialeinsatz)

Für ein Mittagessen für 85 Personen werden je Portion 180 g geschälte Kartoffeln benötigt. Der Schälverlust beträgt 20 %.
Wie viel kg Kartoffeln müssen bereitgestellt werden?

Rechnung:
180 g (= Gewicht der Rohware – Putzverlust) = 80 %
100 % = 225 g (Rohware pro Portion)
225 g × 85 Portionen = 19 125 g = 19,125 kg

Antwort: 19,125 kg Kartoffeln müssen für 85 Personen bereitgestellt werden.

Beim Putzen von 12 kg Rosenkohl entstehen 1,5 kg Abfall.

a) Ermitteln Sie den Putzverlust in Prozent.
b) Für die Mittagsverpflegung werden 65 Portionen Rosenkohl zu je 150 g benötigt. Wie viel kg Rosenkohl müssen eingekauft werden?

Rechnung:
a)
12 kg = 100 %
1,5 kg = 12,5 %

Antwort: Der Putzverlust beträgt 12,5 Prozent.

b)
65 Portionen × 0,150 kg = 9,750 kg (garfertiger Rosenkohl)
87,5 % = 9,750 kg
100 % = 11,142 kg

Antwort: 11,142 kg Rosenkohl müssen eingekauft werden.

Berechnung von Rezepturen

Rezepturen werden allgemein für 10 oder 100 Personen aufgestellt. Mit einem Umrechnungsfaktor lassen sie sich auf die gewünschte Personenzahl/Anzahl Portionen umrechnen.

Beispiel 5: Weincreme (Originalrezept für 100 Personen)

Rechnen Sie die Rezeptur für Weincreme auf 280 Personen um.

Zutaten
800 g Zucker
40 Eidotter (600 g)
3,5 l Weißwein
10 g Zitronensaft
120 g Gelatine (Blatt-), weiß
40 Eiklar
1,5 l Sahne, 30 %

Rechnung:
Ermittlung des Umrechnungsfaktors:

$$\frac{\text{Portionen}}{\text{Rezepturmenge}} = \frac{280}{100} = 2{,}8$$

Alle Zutaten werden mit dem Faktor 2,8 multipliziert

Kostenkalkulation

Aus den Materialkosten der Rezeptzutaten und den Betriebskosten (Kosten für Personal, Energie, Mieten und Abschreibungen) wird der Selbstkostenpreis errechnet. Rechnet man den Gewinn sowie die Mehrwertsteuer dazu, erhält man den Verkaufspreis.

Kalkulation des Verkaufspreises:

Materialkosten
\+ Betriebskosten
= Selbstkostenpreis

\+ Gewinn
\+ Mehrwertsteuer (= 16 %)
= Verkaufspreis

Übungsaufgaben:

1. *Berechnen Sie die Rezepturen für 80 und für 145 Personen.*

- *Kartoffelpüree (100 Portionen)*
  25 kg Kartoffeln
  50 g Salz
  5 l Wasser
  4 l Trinkmilch, 1,5 %
  10 g Muskatnuss
- *Rindfleischsalat (100 Portionen)*
  6 kg Rindfleisch (mager)
  4 kg Paprika (eingelegt)
  3 kg Mais in Dosen
  1 l saure Sahne
  5 g Pfeffer, weiß
  40 g Salz
  200 ml Weinessig

2. *Als Imbiss für 60 Personen wird eine Kartoffelsuppe mit Frankfurter Würstchen angeboten. Kalkulieren Sie den Selbstkostenpreis für das Essen. An Betriebskosten entstehen 7,50 €.*

- *Kartoffelsuppe: (Rezept für 100 Personen)*

200g Butter	*(0,90 €/250 g)*
2 kg Sellerie	*(1,90 €/kg)*
2 kg Porree	*(3,00 €/kg)*
2 kg Möhren	*(3,00 €/kg)*
5 kg Kartoffeln	*(10,00 €/25 kg)*
22 l klare Brühe	*(0,95 €/l)*
50 g Salz	*(0,54 €/500 g)*
20 g Zucker	*(0,80 €/kg)*
10 g Majoran	*(2,00 €/50 g)*
50 g Petersilie	*(1,45 €/50 g)*

- *Frankfurter Würstchen* *(0,80 €/Stück)*

3. *Erstellen Sie die Rezeptur des Kartoffelgratins für 28 Personen.*

- *Kartoffelgratin (10 Portionen)*
  1,5 kg geschälte Kartoffeln
  0,6 l Schlagsahne
  0,2 kg Reibekäse
  0,07 kg Butter
  0,001 kg Knoblauch
  Kalkulieren Sie den Preis für das Gratin und vergleichen Sie diesen mit den Kosten für die entsprechenden Convenience-Produkte. Verwenden Sie die Lebensmittelpreise aus Ihrem Supermarkt!

Übungsaufgaben:

1. Sie stellen für das Café Ihrer Schule Vanillekipferl her.
Vanillekipferl (Grundrezept)
250 g Mehl
100 g geriebene Mandeln
100 g Zucker
150 g Butter
1 Vanillinzucker
2–3 Esslöffel Puderzucker

a) Sie stellen die 6fache Rezeptmenge her. Kalkulieren Sie die Materialkosten. Verwenden Sie die Lebensmittelpreise aus Ihrem Supermarkt.
b) Wie viel Gramm Plätzchen erhalten Sie, wenn durch das Backen 15 % Backverlust entsteht?
c) Ermitteln Sie den Verkaufspreis für 100 g Vanillekipferl. An Betriebskosten sind 20,00 € zu berücksichtigen.

2. Sie sollen für einem Café-Nachmittag für 35 Senioren ein Kuchenbuffet herstellen: Käsekuchen, gedeckter Apfelkuchen, Streuselkuchen.
a) Wählen Sie die Rezepte aus und kalkulieren Sie die benötigte Kuchenmenge.
b) Kalkulieren Sie die Materialkosten (Preise aus Ihrem Supermarkt) und die Betriebskosten.
c) Kalkulieren Sie den Preis pro Person.

Beispiel 6:
Für den Weihnachtsbasar werden Nussplätzchen hergestellt.

Für den Teig werden verwendet:
600 g Mehl (0,30 €/kg), 600 g Butter (0,90 €/250 g), 600 g Zucker (0,80 €/ kg), 750 g Haselnüsse (0,75 €/250 g), 8 Eier zu je 55 g (0,15 €/Stück).
Für die Glasur werden benötigt:
800 g Puderzucker (0,40 €/250 g), 8 Esslöffel Zitronensaft zu je 15 g (= 4 Zitronen, 0,40 €/Stück).

a) Wie teuer sind die Zutaten für das Gebäck (Materialkosten)?
b) Wie viel Gramm Plätzchen erhält man, wenn durch das Backen 20 % Gewichtsverlust entsteht?
c) Ermitteln Sie den Verkaufspreis für 250 g Nussplätzchen. An Betriebskosten müssen 15,00 € berücksichtigt werden.

Rechnung:

a)

Mehl	0,18 €
Butter	2,16 €
Zucker	0,48 €
Haselnüsse	2,25 €
Eier	1,20 €
Puderzucker	1,28 €
Zitronensaft	+ 1,60 €
Materialkosten =	9,15 €

Antwort: Die Zutaten kosten 9,15 €.

b)

Gewicht der ungebackenen Plätzchen: 100 % = 3910 g
Gewicht nach dem Backen: 80 % = 3128 g

Antwort: Man erhält 3128 g Plätzchen.

c)

Gesamtpreis = 9,15 DM + 15,00 € = 24,15 €
3128 g = 24,15 €
100 g = 0,77 €
250 g = 1,93 €

Antwort: 250 g Nussplätzchen kosten 1,93 €.

Convenience-Produkte sparen Zeit und Geld!??

Durch den Einsatz von Convenience-Produkten können Betriebskosten (z. B. Kosten für Arbeitszeit und Energie) eingespart werden. Der Preis für die hergestellten Speisen kann so günstiger kalkuliert werden.

Beispiel 7: Herstellung eines Mittagessens für 75 Personen eines Seniorenwohnheimes

Für ein Mittagessen wird das folgende Menü hergestellt:
Kartoffelklöße, Gulasch, Rotkraut, Schokoladencreme

a) Sie wollen den Gulasch selbst schneiden. Welche Fleischteile sind für die Herstellung von Gulasch geeignet (beachten Sie die Qualität sowie die Kosten)?
b) Wählen Sie die Rezepturen für das Menü aus.
c) Kalkulieren Sie anhand der Rezepte die Mengen an Lebensmitteln, die Sie für die Herstellung von Gulasch und Rotkraut benötigen. Beachten Sie dabei, dass bei der Bearbeitung des Fleisches ca. 10 % Parierverlust und 15 % Garverlust auftreten. Der Garverlust des Gemüses beträgt 12 %. Für jede Person sollen 100 g servierfähiges Fleisch und 120 g Gemüse zur Verfügung stehen.
d) Für Kartoffelspeisen werden meist Convenience-Produkte verwendet. Vergleichen Sie Preise und Qualität von selbst hergestellten Klößen mit denen der Convenience-Erzeugnisse.

Der Handel hat ein großes Angebot an Convenience-Produkten.

Übungsaufgaben:

1. *Grüne Bohnen werden in verschiedenen Handelsformen angeboten:*
in Dosen:
850 ml, 255 g Aufguss 1,40 €
tiefgefroren:
500 g netto 1,80 €
Frischgemüse:
1 kg 2,50 €
(12 % Vorbereitungsverlust)

Berechnen Sie jeweils den Materialpreis für eine 120-g-Portion.

2. *Im Kinderhort (4- bis 6-jährige Kinder) werden für die Herstellung von Hamburgern 65 Frikadellen zubereitet.*
Rezept für 1 kg Hackfleischmasse (= 10 Frikadellen):
0,4 kg Rinderhackfleisch
0,4 kg Schweinehackfleisch
0,1 kg eingeweichtes Weißbrot
1 Ei
0,05 kg Zwiebeln
Salz, Pfeffer

a) Wie viel kg Hackfleischmasse werden benötigt?
b) 1 kg Rinderhack kostet 4,50 €. 1 kg Schweinehack kostet 3,50 €. Berechnen Sie den Kilopreis des gemischten Hackfleisches.
c) Sammeln Sie die Rezepturen von Fleischgerichten, die aus Hackfleisch hergestellt werden.
d) Welche Fleischteile werden zu Hackfleisch verarbeitet?

3. *Kalkulieren Sie die Preisunterschiede bei der Verwendung von selbst hergestellten Produkten und Convenience-Produkten.*

100 Portionen Möhren
100 Portionen Rotkohl
100 Portionen Kartoffelklöße
100 Portionen Schaschlik

Unter welchen Bedingungen ist die Verwendung von Convenience-Produkten kostengünstiger als die eigene Herstellung aus den Rohwaren?

3 PERSONEN ZU UNTERSCHIEDLICHEN ANLÄSSEN VERSORGEN

Essen und Trinken gehören zu den Grundbedürfnissen des Menschen. Die Auswahl der Lebensmittel und Gerichte wird unter anderem durch das Lebensmittelangebot, die Bedürfnisse der Verpflegungsteilnehmer und die organisatorischen Gegebenheiten bestimmt.
Die Ernährung soll den Menschen leistungsfähig und gesund erhalten – dieser Aspekt wird zunehmend bei der Planung und Zubereitung des Speisenangebots berücksichtigt. Essen soll Nährstoffe und Energie bedarfsgerecht zuführen und Gesundheit sowie Genuss bieten.

Wünsche und Anregungen der Essensteilnehmer sollten bei der Gestaltung der Speisenfolge aufgegriffen werden. Der saisonale Einkauf von frischen Lebensmitteln und regionalen Produkten sowie Abwechslung und Harmonie in der Speisenfolge sind bei der Planung zu berücksichtigen.
Speisen werden nicht nur nach ihrem Gehalt an Nährstoffen beurteilt. Sie sollen auch appetitlich aussehen und gut schmecken. Eine fachgerechte Verarbeitung der Lebensmittel, harmonische Zusammenstellung der Gerichte sowie ein einwandfreier Service bestimmen maßgeblich den Genusswert der angebotenen Mahlzeiten.

Projektideen für dieses Lernfeld:

- In einem Tagungshotel soll ein Frühstücksbuffet eingerichtet werden.
- Planung, Vorbereitung und Durchführung einer Weihnachtsfeier mit weihnachtlichem Menü in einem Altenheim.
- Für hochrangige Ehrengäste in einem Tagungshotel soll ein festliches Abendessen gestaltet werden.
- Anlässlich einer Fachtagung in Ihrer Schule soll ein Kuchenbuffet für 40 Personen hergerichtet werden.
- Kaltes Buffet anlässlich eines Betriebsjubiläums für 50 Personen.
- Durchführung eines Aktionstages/einer Aktionswoche in Ihrem Betrieb.
- Aktionstag »Fit in den Frühling« in Ihrer Schule.
- Überlegen Sie in der Klasse ein Motto, unter dem Sie einen Aktionstag in der Schule/im Betrieb gestalten möchten. Überlegen Sie gemeinsam eine Arbeitsplanung. Führen Sie den Aktionstag durch und machen Sie im Anschluss eine Reflexion des Gesamtablaufs.
- Spezialitäten der Region.
- Osterbrunch im Pfarrzentrum.

Richtiger Service erfordert Kenntnisse der Tisch- und Tafelgeräte, der Speisen und Getränke sowie das Beherrschen von Servicetechniken und Servierregeln. Die hauswirtschaftliche Fachkraft berät die Essensteilnehmer auf Wunsch bei der Speisenauswahl und bietet eine zuvorkommende Versorgung mit Speisen und Getränken.

Besondere Anlässe erfordern ein ausgewähltes Speisenangebot, z.B. in Form eines festlich hergerichteten Buffets. Die Auswahl der Speisen sowie Größe und Ausgestaltung der Tafel werden auf den Anlass und die organisatorischen Gegebenheiten abgestimmt.

Service und Speisenangebot in der Gemeinschaftsverpflegung sollen dem Bedürfnis der Verpflegungsteilnehmer nach Abwechslung entgegenkommen. Aktionstage unter einem bestimmten Motto oder Aktionswochen machen das Essen zu einem besonderen Erlebnis.

Dem Anlass entsprechend Einladungen und Tischdekorationen auswählen bzw. herstellen

3.1 AUSGEWÄHLTE MENÜS HERSTELLEN

Wohlbefinden und Leistungskraft hängen u. a. von der Ernährung ab. Eine richtig zusammengestellte Speisenfolge muss Nährstoffe und Wirkstoffe im richtigen Verhältnis enthalten und besondere Ernährungsanforderungen und Wünsche der Tischgäste berücksichtigen. Energiearme, leicht verdauliche Speisen gewinnen heute in der Verpflegung immer mehr an Bedeutung. Kleinere geschmackvolle Mahlzeiten werden häufig großen üppigen Mahlzeiten vorgezogen. Eine natürliche Küche, die frische Rohstoffe ohne Zusatzstoffe enthält, wird bevorzugt. Viele Küchen verarbeiten Erzeugnisse, wie Obst, Salate und Gemüse, die sie direkt vom Erzeuger beziehen. Gleichzeitig werden mehr Convenience-Erzeugnisse verarbeitet und durch die Kombination mit frischen Zutaten wird ein abwechslungsreiches und schmackhaftes Speisenangebot hergestellt. Regionale und internationale Speisen und Gerichte finden auch in der Gemeinschaftsverpflegung immer mehr Zuspruch.
Beim Erstellen eines Menüs sollten organisatorische Möglichkeiten, Jahreszeit, Erwartung der Gäste und Grundsätze ausgewogener Ernährung beachtet werden. Ein weiteres Kriterium ist der Anlass, der die Auswahl und Ausgestaltung der Speisen wesentlich bestimmt.

Bestimmte Aktionstage machen das Essen zu einem Erlebnis

Grundmenü aus drei Gängen

Kundenorientiertes Handeln bedeutet
- individuelle Wünsche berücksichtigen
- über das Angebot informieren
- Auswahl von Speisenkomponenten bzw. Menüs ermöglichen
- Diäten und Sonderkostformen anbieten
- spezielle Mahlzeiten zu besonderen Anlässen reichen
- wohlschmeckende Speisen anbieten, die nach ernährungsphysiologischen Erfordernissen zusammengestellt und zubereitet sind

3.1.1 MENÜPLANUNG

Ein Menü ist eine Speisenfolge von mindestens drei Speisen, die in einer harmonischen Reihenfolge verzehrt werden.

Entsprechend der Auswahl der Speisen und dem Anlass werden unterschieden:

- Grundmenü (einfaches Menü): mit drei Gängen
- erweitertes Menü: mit vier bis fünf Gängen für besondere Anlässe
- Festmenü mit sechs oder mehr Gängen zu Feierlichkeiten

Grundmenü
- Suppe
- Hauptgericht
- Dessert

Erweitertes Menü
- kalte Vorspeise vor der Suppe
- Suppe, warme Vorspeise oder Fischgericht
- Hauptgericht
- Käsegericht
- Dessert

Bei der Planung eines Menüs wird zuerst der Hauptgang (das Hauptgericht) festgelegt, die anderen Gänge werden dazu passend ergänzt. Die Bestandteile des Hauptgerichtes und seine Geschmacksrichtung bestimmen die Art der Vorspeisen, Zwischengerichte und des Desserts.

Aufbau eines Menüs s. S. 110

Ein **Menügrundplan** (für eine Woche/einen Monat) ist Voraussetzung für einen wirtschaftlichen Einkauf und einen funktionierenden Arbeitsablauf. Der Menügrundplan enthält für jeden Tag das Hauptgericht (Fleisch oder Fisch, Gemüse und Beilage). Vorspeise und Dessert werden passend ergänzt.
In der Gemeinschaftsverpflegung werden in der Regel zwei Menüs zur Auswahl angeboten, z. B. Vollkost und Vollwertkost. In Krankenhäusern/Alteneinrichtun-

Tag	Mittagessen	
	Vollkost 01	**Vollwertkost 03**
Mo 14.3.	Spaghetti mit Fleisch-Tomaten-Soße Kopfsalat	Vollkornspaghetti, Tomatensoße Spiegelei Kopfsalat
Di 15.3.	Berner Rolle mit Rahmsoße Rote Bete Kartoffelbrei	paniertes Käseschnitzel Rote Bete Dampfkartoffeln
Mi 16.3.	Schwarzwurzeln »Hessische Art« mit Fleischklößchen Dampfkartoffeln	Schwarzwurzeln mit Grünkernklößchen Dampfkartoffeln
Do 17.3.	Kräuterquark mit Dampfkartoffeln	Kräuterquark mit Dampfkartoffeln
Fr 18.3.	Fischfrikadelle mit Kartoffelsalat	Rühreier mit Champignons Salatbeilage Röstkartoffeln
Sa 19.3.	Schnittbohneneintopf mit Rindfleischeinlage Frischobst	Schnittbohneneintopf mit Gemüse und Kartoffeln
So. 20.3.	Hühnersuppe mit Fadennudeln Rinderbraten, Rotkraut, Dampfkart. Fruchtcocktail	Hühnersuppe mit Fadennudeln Rinderbraten, Blumenkohl, Dampfkart. Fruchtcocktail

Ein Wochenspeiseplan in der Gemeinschaftsverpflegung; Vollkost und Vollwertkost

gen werden zusätzlich Sonderkostformen, z. B. Diabetikerdiät, salzarme Kost, Magen-Galle-Schonkost etc., angeboten. Eine individuelle Zusammenstellung des Menüs sollte möglich sein. Wünsche und Anregungen der Bewohner oder Gäste zur Verpflegung sollten aufgenommen und der Küchenleitung als Hinweis mitgeteilt werden.
Der Salat kann in vielen Einrichtungen von den Essensteilnehmern selbst am Salatbuffet zusammengestellt werden.

Menüs an Feiertagen

werden aufwändiger zusammengestellt und sind traditionell mit bestimmten Speisen verbunden, z. B.

- ***Weihnachten:*** *Gans, Truthahn, Karpfen mit Gemüse der Saison.*
- ***Ostern:*** *Lammbraten, Blattsalate mit frischen Kräutern.*

Beispiel eines Menügrundplans für eine Woche

Fleisch-/Fischgericht	Sättigungsbeilage, z. B.	Gemüse/Salate, z. B.
Sonntag Rinderbraten	Salzkartoffeln Kartoffelklöße Nudeln Kartoffelkroketten	Gemüse der Saison Rotkohl Blattsalate Rohkostsalate
Montag Hühnerfrikassee	Reis Kartoffelpüree Kartoffelkroketten	Gemüse der Saison Blattsalate
Dienstag Gemüsebratlinge	Salzkartoffeln	Gemischte Salate
Mittwoch Gulasch	Kartoffelklöße Reis Nudeln	Rotkohl Gemüse der Saison Blattsalate
Donnerstag Schweinelende in Pilzrahmsoße	Spätzle Reis Herzoginkartoffeln	Gemüse der Saison Blattsalate
Freitag Goldbarschfilet, gebraten	Kartoffelsalat Salzkartoffeln	Rohkostsalate Blattsalat
Samstag Gemüsesuppe mit Fleischeinlage		

Beispiel für ein Feiertagsmenü

AUFGABEN

1. *Wochenspeiseplan für ein Seniorenheim mit Restaurantbetrieb.*
   a) Planen Sie die Speisenfolge für eine Woche.
   b) Erläutern Sie Ihre Kriterien für die Speisenauswahl.
   c) Wie unterscheidet sich das Menü an Wochentagen von dem Menüangebot an Sonn- und Feiertagen?
2. *Wie ist der Wochenspeiseplan in Ihrem Betrieb aufgebaut? Stellen Sie ein Beispiel vor.*

3.1.2 MENÜREGELN

Bei der Planung eines Menüs wird das Hauptgericht zuerst festgelegt, Vorspeisen, Beilagen und Dessert werden darauf abgestimmt.
Aspekte der **Arbeitsorganisation** müssen stets bei der Menüplanung einbezogen werden, ebenso sind die **Wareneinsatzkosten** generell zu berücksichtigen.

Folgende Regeln gelten für die Menüplanung:

1. **Ernährungsbedürfnisse:** Menüs sollten in ihrem Gehalt an Nährstoffen, Vitaminen und Mineralstoffen sowie in ihrem Energiegehalt an den Bedarf der Essensteilnehmer angepasst sein.

2. **Sättigungswert:** Bei mehr als drei Gängen sollte keine gebundene Suppe angeboten werden. Außerdem werden die Speisen dann in kleineren Portionen angerichtet.

3. **Marktangebot und Jahreszeit:** Regionale Lebensmittel sollten bevorzugt werden. Sie werden sowohl frisch als auch hochwertig in Bezug auf Geschmack, Nähr- und Wirkstoffe und preisgünstig angeboten.
   Je nach Jahreszeit werden von den Tischgästen verschiedene Speisenangebote erwartet:
   - In der kalten Jahreszeit werden kräftige und energiereichere Speisen bevorzugt, z.B. Schweinebraten, Rotkohl, Kartoffelklöße.
   - In der warmen Jahreszeit werden lieber leichte, frische Speisen verzehrt, z.B. Omeletts, Gemüseaufläufe, Spargel, Salate.

4. **Abwechslung und Harmonie:** Unterschiedliche Farben fördern den Appetit und Genuss beim Verzehr. Nach einer hellen Speise sollte eine dunkle oder farblich hervorgehobene Speise folgen, z.B. klare Ochsenschwanzsuppe, Kalbsmedaillons in Rahmsoße, Kroketten, bunte Gemüse, Beerenquarkspeise.

5. **Keine Wiederholungen:** Sie machen ein Menü eintönig und beeinträchtigen den Genuss der Speisen. Dies betrifft die
   - **Auswahl der Rohstoffe,** z.B. Champignoncremesuppe, Lendchen in Pilzrahmsoße (2-mal Pilze)
   - **Gartechnik,** z.B. überbackene Zwiebelsuppe, Lasagne, Apfelpfannkuchen (3-mal gebacken)
   - **Art der Bindung,** z. B. Spargelcremesuppe, Fisch in Weinsoße, Flammeri
   - **Geschmacksrichtung,** z.B. Schinken in Portwein, Weinschaumcreme

6. **Ergänzung der Mahlzeitenbestandteile:** Zu kurz gebratenen Fleischgerichten passen Beilagen wie Kartoffelkroketten, Gratinkartoffeln. Zu soßenhaltigen Fleischgerichten eignen sich Reis, Nudeln und Klöße, die Soße aufnehmen.

7. **Abwechslung von leichten und schweren Speisen:** Sie erhöht den Genuss und die Bekömmlichkeit, z.B. Tomatensuppe – Schweinerückensteak mit Kräuterbutter, Folienkartoffel, gemischter Salat.

Ausgewogenes Menü
Beispiel:

Kraftbrühe mit Gemüsestreifen
*
Gebratene Schweinemedaillons
junge Frühlingsgemüse
Petersilienkartoffeln
*
Vanilleflammeri mit
Rhabarberkompott

Unausgewogenes Menü
Beispiel:

Spargelcremesuppe
*
Pilze in Kräuterrahmsoße
Brokkoli mit Sauce Hollandaise
Kroketten
*
Vanillecreme mit Sahne,
Himbeermus

Menüfehler sind z. B.:
- *farblose Kombination der einzelnen Komponenten*
- *zu fettes/energiereiches Menü*
- *Folge von schweren Speisen*
- *keine Abwechslung in der Zubereitung der Speisenfolge*
- *keine passende Beilage (zu den Rahmpilzen)*

Lernsituation:

Menügestaltung:
Beurteilen und verbessern Sie folgende Menüs.

Menü 1:
Pilzrahmsuppe
Seelachsfilet in Weißwein – junge Möhren – Kartoffelpüree
Mandelcreme

Menü 2: Sommermenü
klare Ochsenschwanzsuppe
Schweinesteak – Kräuterbutter – Krautsalat – Kartoffelkroketten
Birne Hélène – heiße Schokoladensoße

Menüs werden je nach Anlass und Essensteilnehmern unterschiedlich zusammengestellt (s. S. 110 f.):

Für bestimmte Personengruppen, z. B.

- **Senioren** bevorzugen Menüs mit leichten, nicht blähenden Speisen. Die Portionsgrößen werden kleiner gehalten. Eventuelle Kauprobleme sollten bei der Speisenauswahl und Zubereitung beachtet werden.
- **Kinder** mögen kindgerechte Speisen in kleinen Portionen, die fantasievoll angerichtet, nicht zu scharf gewürzt und einfach zu essen sind.
- **Vegetarier** verzehren fleischlose Gerichte. Ein ideenreiches Menü aus vollwertigen, schonend gegarten Speisen sollte zusätzlich zum üblichen Salatteller mit Ei vorhanden sein. Auf einen ausreichenden Sättigungswert der Speisen ist zu achten.
- **Diabetiker, Personen mit Magenschonkost** müssen auf eine bestimmte Zusammensetzung ihrer Kost (z. B. begrenzte Menge an Kohlenhydraten, fett-, cholesterinarm) achten.

Es kommt den Bedürfnissen aller Verpflegungsteilnehmer entgegen, wenn sie sich selbst aus einer Speisenauswahl passende Mahlzeiten zusammenstellen können.

Für spezielle Anlässe, z. B.

- **Für Tagungen und Festessen** sollte ein ausgewogenes Menü mit Speisen angeboten werden, die von der Mehrzahl der Gäste gern gegessen werden. Die Speisenfolge wird nach den Wünschen der Gäste ausgerichtet. Im Verkaufsgespräch erfolgt zuerst die Festlegung des Hauptgerichtes. In einer Checkliste können wichtige Vereinbarungen zur Gestaltung des Menüs/zum Ablauf der Veranstaltung festgehalten werden.
- **Unter einem bestimmten Motto,** z. B. für die »Mediterrane Woche«, »Spargelspezialitäten«, »Vegetarische Woche«, werden die Speisen durch die entsprechende Auswahl der Rohstoffe, die Zubereitung und die Garnitur sowie den Service auf das Motto abgestimmt. Mit Plakaten und ansprechend gestalteten Menükarten wird für die Aktionen geworben.
- Spezielle Menüs, die einen **Rohstoff zum Thema** haben, dürfen entgegen den Menüregeln diesen Rohstoff in unterschiedlicher Zubereitungsart in der Speisenfolge enthalten. Beispiele hierfür sind Spargel-, Fisch-, Wildmenüs.

Menüs für Kinder, z. B.

Spaghetti mit Tomatensoße,
kleiner Salat auf Wunsch,
Schokoladenpudding

Frankfurter Würstchen,
Kartoffelpüree,
Erbsen und Möhren,
Obstsalat

kleines Putenschnitzel mit buntem Gemüsereis und Tomatensoße,
rote Grütze mit Vanillesoße

AUFGABEN

1. *Stellen Sie ein festliches 3-Gänge-Menü für 20 Personen zusammen, das zu einem sechzigsten Geburtstag* (im Juni) gereicht werden soll. Die Gastgeberin wünscht ein leichtes Essen.*
   Begründen Sie die Auswahl der Speisen in Ihrem Menüvorschlag.
2. *Erstellen Sie einen Wochenspeiseplan (26. Kalenderwoche) für das Mittagessen*
   a) einer Betriebskantine,
   b) eines Kindergartens, 45 Kinder, 3 bis 6 Jahre alt.
3. *Welche Gerichte bieten Sie alten Menschen mit Kauproblemen an?*
4. *Ihre Aufgabe ist die Organisation und Verköstigung einer*
   a) Ausbildertagung in Ihrer Schule,
   b) Fachtagung der Heimleitungen.
   Bereiten Sie in Gruppenarbeit das Gespräch mit dem Veranstalter/Kunden vor, in dem Sie die Bestellung annehmen und Ablauf, Wünsche und Organisation der Veranstaltung abklären.

Checkliste für die Planung und Gestaltung von Menüs

1. *Name, Adresse des Kunden*
2. *Datum der Veranstaltung*
3. *Veranstaltung / Teilnehmerzahl*
4. *Tagesablauf*
5. *Tafelform / Tischdekoration*
6. *Speisen- und Getränkeangebot*
7. *Service*
8. *Kosten und Art der Bezahlung*

* die terminliche Planung erfolgt mithilfe eines Fristenplaners (s. Band 1 dieser Fachbuchreihe, S. 182)

Vorspeisen: Lachsmus, Frühlingsrollen, Tomatensuppe

3.1.3 AUSGEWÄHLTE SPEISEN HERSTELLEN

Kalte Vorspeisen, z. B.
Vorspeisencocktail
Früchtevorspeisen
Gemüsevorspeisen
Vorspeisensalate
Canapés
Eiervorspeisen
Fischvorspeisen

Einsatz von kalten Vorspeisen
im Menü vor der Suppe
als Imbiss oder Zwischenmahlzeit
zum Sektfrühstück
bei kleinen Festlichkeiten

Bei der Herstellung von Speisen werden verschiedene Rohstoffe und Zutaten durch jeweils angemessene Vor- und Zubereitungsverfahren zu schmackhaften, appetitlichen und im Nährwert hochwertigen Gerichten verarbeitet. Die Qualität der Speisen hängt wesentlich von der Qualität der Rohwaren und der küchentechnischen Verarbeitung ab.
Die Zusammenstellung aufeinander folgender Speisen ergibt die Speisenfolge – in der Regel Vorspeise, Hauptgericht und Nachspeise. Bei der Planung der **Speisenfolge** muss neben der technischen und personellen Ausstattung auch berücksichtigt werden, dass viele Speisen bei längerem Warmhalten an Geschmacks- und Genusswert verlieren – sie müssen unmittelbar nach der Zubereitung serviert werden.

Vorspeisen

Kalte und warme Vorspeisen werden sowohl als kleine appetitanregende Speise in einem mehrgängigen Menü als auch bei Imbissen und Stehempfängen angeboten. Die Portionsgröße muss angemessen sein. Als »Fingerfood« werden kleine Häppchen bezeichnet, die bequem mit den Fingern gegessen werden können.

Kalte Vorspeisen sind kleine Gerichte, die das Menü eröffnen. Sie werden aus hochwertigen, pikanten und leicht verdaulichen Rohstoffen hergestellt. Sie sollen appetitanregend und nicht zu scharf gewürzt, geschmackvoll angerichtet und ansprechend garniert sein. Kalte Vorspeisen werden gekühlt (3 bis 5 °C) serviert. Meistens werden Butter, Baguette oder Toast dazu gereicht.

Warme Vorspeisen sind kleine, pikante Gerichte, die nach der Suppe als Übergang zum Hauptgericht angeboten werden. Sie bestehen aus Fleisch, Geflügel, Gemüse, Reis und Teigwaren, lassen sich meist gut vorbereiten und können zügig angerichtet und serviert werden.

Warme Vorspeisen, z. B.
Blätterteigpasteten
Teigwarengerichte
Reisgerichte
Feingemüsegerichte
Käsegerichte

Einsatz von warmen Vorspeisen
im Menü nach der Suppe
als Imbiss/Zwischenmahlzeit
bei Stehempfängen
bei kleinen Festlichkeiten

Canapés – kleine mundgerecht zubereitete, dekorativ angerichtete Happen mit unterschiedlichem Belag

In der folgenden Tabelle ist eine Auswahl an Vorspeisen zusammengestellt:

Bezeichnung/ Zutaten	Herstellung	Garnierung
Canapés z. B. Weißbrot, kleine Baguettescheiben, Pumpernickel, Butter, Schinken, Käse, Ei, Forellenfilet, Lachs, vegetarische Cremes	dünne Scheiben Mini-baguette oder Weiß-brot ausstechen, bestreichen, belegen, garnieren, evtl. mit Aspik überziehen	Tomatenscheibe, Kresse, Olive, Cornichonfächer, Petersilie, Friséeblatt, Sahnemeerrettich
Cocktailhappen Weiß-, Vollkornbrot, Pumpernickel, Käse, Äpfel, Gurke, Tomate, Ei, Fisch, Schinken etc.	Brot u. a. Zutaten zu mundgerechten Bissen zuschneiden, belegen, garnieren, mit Spießchen halten	Silberzwiebel, Dill-zweig, Ei, Oliven, blaue Weintrauben, Cocktailkirsche etc.
Baguetteschnitten Baguette, Butter, Ei, Käse, Wurst, Lachs, Schinken, Roastbeef etc.	Baguettescheiben buttern, belegen, garnieren	Radieschen, Tomate, Eischeiben, Dillzweig, Kresse, Oliven, Peter-silie, Gurken etc.

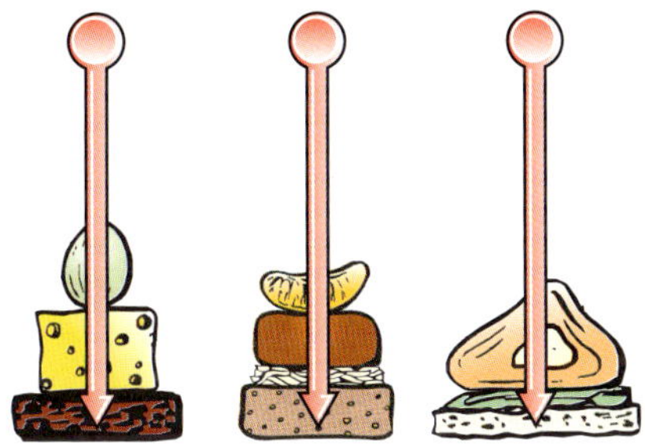

Canapés und Schnitten werden als bunte Platten gefertigt und »sortenrein« auf den Platten angeordnet.

Beispiele für die Zubereitung von Canapés

Unterlage	Aufstrich	Belag	Garnierung
Weißbrot	Butter	roher Schinken	Cornichonfächer, Eischeibe
Mischbrot	Butter	gekochter Schinken	Spargelspitzen, Olivenscheibe
Mischbrot	Butter	Roastbeef	Cornichonfächer, Dillzweig
Toast	Butter	Räucherforelle	Sahnemeerrettich, Tomate
Pumpernickel	Senfbutter	Schnittkäse	Sardellenröllchen, Dillästchen
Schwarzbrot	Kräuterbutter	Frischkäse	Radieschen, Schnittlauch
Vollkornbrot	Butter	Camembert	

Bitte beachten:
Die Grundmenge für Salat ist sehr individuell. Man rechnet für eine Portion meistens 100 bis 200 Gramm.
Hinweis:
Diese Kalkulation gilt nicht für Blattsalate!
Welche Mengen rechnen Sie in Ihrem Betrieb?

Für Vorspeisen sollten die Portionen kleiner gehalten werden!

Waldorf-Salat

1250 g Knollensellerie
1250 g säuerliche Äpfel
4 Zitronen
125 g Walnüsse
300 g Mayonnaise
375 g Joghurt

- Mayonnaise, Joghurt, Zitronensaft verrühren,
- Sellerie und Äpfel fein raspeln,
- Walnusskerne fein hacken,
- Sellerie und Äpfel in die Soße geben, mischen und mit den gehackten Walnüssen garnieren.

Bezeichnung/ Zutaten	Herstellung	Garnierung
Salate a) Blattsalate Chicorée, Frisée-, Feld-, Kopf-, Eisbergsalat, Radicchio	Salat vorbereiten, evtl. klein zupfen, mit Salatsoße anrichten, Kräuter zum Abschluss, mit Lauchzwiebeln, Sprossen, Samen anrichten	Kräuter, Cocktailtomaten halbiert, Gurkenscheiben, geröstete Sonnenblumen-/Pinienkerne, Croûtons
b) Rohkost Möhre/Apfel Sellerie/Apfel/Nüsse	Gemüse vorbereiten, schneiden, raspeln, mit Salatmarinade anrichten	Eischeiben auf Salatblättern anrichten, Petersilie, Schnittlauchröllchen
c) aus gegartem Gemüse Blumenkohl, Sellerie, Weißkraut, Möhren, Rote Bete	Gemüse vorbereiten, schneiden, bissfest garen/blanchieren, mit Essig-Öl-Kräuter-Sahnesoße oder Mayonnaise anrichten	Schnittlauchröllchen, Kresse, gehackte Petersilie
Cocktails Gemüsecocktail Paprika, Gurken, Tomaten, Zucchini Geflügelcocktail Geflügelfleisch, Spargel, Ananas, Cocktailkirschen	Rohwaren exakt schneiden, würzen, marinieren, in gekühlten Schalen mit Soße übergießen, garnieren, gekühlt servieren **Soßen:** bindende Salatsoßen/Marinaden	Kopfsalatherzen, Feld-, Friséesalat, Kirschtomate, Dillzweig, Kresse, Schnittlauchröllchen, Tomatenfilet, Minzeblatt, Erdbeerviertel
Gefüllte Eier mit Tomatencreme mit Kräutercreme	Eigelbcreme mit ■ Tomatenmark ■ fein gehackten Kräutern vermengen, mit Spritzbeutel in Eihälften spritzen	feine Gemüseschnittformen, Kräuter, Gurke, Kaviar, Kapern, Perlzwiebel, Minzeblatt, Garnele

AUFGABEN

1. *Sie sollen ein Salatbuffet für 40 Personen zusammenstellen. Treffen Sie eine Salatauswahl und kalkulieren Sie die Mengen und Kosten.*
2. *Erkundigen Sie sich in Ihrem Betrieb nach den Portionsgrößen für Vorspeisen.*

Bezeichnung/Zutaten	Herstellung
Blätterteigpasteten ■ mit hellem Kalbsragout ■ mit Champignonragout ■ mit feinem Geflügelragout	Portionsstücke aus Blätterteig mit feinem Ragout füllen, backen, anrichten
Törtchen mit feinem Ragout	Teigformen mit pikantem Ragout (vgl. Pasteten) füllen, backen
Pfannkuchen, kleine ■ mit Fleischfüllung ■ mit Gemüsefüllung	Pfannkuchen abbacken, mit pikant gewürzter Füllung bestreichen, übereinander klappen oder zusammenrollen – mit Soße anrichten oder: panieren, frittieren, anrichten
Feine Ragouts Kalb, Wild, Geflügel, Gemüse	Gegarte Rohstoffe mit Soße binden, in Förmchen füllen, mit Butterflöckchen und Käse bestreuen, überbacken
Toasts (mit Fleisch, Fisch, Pilzen, Geflügel etc.)	Weißbrot toasten, belegen, evtl. überbacken, garnieren

Blätterteigpasteten mit Hühnerragout (4 Portionen)

4	Blätterteigpasteten
50 g	Zwiebeln
50 g	Butter
250 g	Champignons
⅛ l	Weißwein
500 g	gekochtes Geflügelfleisch
½ l	Geflügelcremesoße
	Salz, Muskat, Zitronensaft

- ▶ Fein gehackte Zwiebel anschwitzen,
- ▶ gewürfelte Champignons zugeben,
- ▶ mit Weißwein ablöschen, einkochen,
- ▶ Hühnerfleisch zugeben,
- ▶ mit Soße binden und abschmecken,
- ▶ in heiße Pasteten füllen, Deckel aufsetzen.

Spargeltoast

10	Toastbrotscheiben
2	Dosen Spargel
250 g	roher Schinken
80 g	Butter
2	Eigelb
5 EL	Milch
	Petersilie, geriebener Käse, Paniermehl

- ▶ Toast einseitig rösten, ungebräunte Seite mit Spargelstücken belegen, Butter, Eigelb und Milch verrühren, gewürfelten Schinken und Petersilie zugeben, Masse über den Spargel verteilen, mit Käse und Paniermehl bestreuen, Butterflöckchen darauf verteilen, im vorgeheizten Ofen überbacken. (250 °C, 8 bis 10 Minuten)

Quiche Lorraine

200 g	Mehl
100 g	Butter
1	Ei
2 EL	Wasser
	Salz

Belag:

150 g	dünn geschnittene Speckscheiben
150 g	dünn geschnittene Käsescheiben
250 g	Lauchstreifen
40 g	Butter
3	Eier
0,3 l	süße Sahne
0,3 l	Milch
	Salz, Pfeffer, Muskat, Knoblauch

- ▶ Aus den angegebenen Zutaten Mürbeteig herstellen, kalt stellen.
- ▶ Geschnittene Speck- und Käsescheiben mit Eiern, Sahne und Lauch mischen, abschmecken.
- ▶ Gefettete Springform mit Teig auslegen, Masse einfüllen und 30 bis 40 Minuten bei 200 °C backen.

Suppen

Suppen werden entweder als erster Gang des Menüs, nach der kalten Vorspeise oder vor der warmen Vorspeise gereicht. Grundlage bei der Herstellung von Suppen sind **Brühen**. Die verwendeten **Rohstoffe**, z. B. mitgekochtes Gemüse und Fleisch, sowie die **Einlage** und die **Bindung** der Suppe bestimmen ihren Nährwert und Geschmack. Suppeneinlagen verfeinern die Suppe.

Suppen werden meist in kleineren Mengen gereicht, und zwar in Tassen oder Suppentellern.
Bei einfacheren Speisefolgen werden Suppen in Tellern serviert.

1 Tasse = 150 ml
1 l ergibt 7 Tassen

1 Teller = 250 ml
1 l ergibt 4 Teller

Klare Suppen	Gebundene Suppen	Gemüsesuppen	Kalte Suppen
Fleischbrühe Geflügelbrühe Fischbrühe Kraftbrühe Gemüsebrühe doppelte Kraftbrühe	Cremesuppen Püreesuppen legierte Suppen braune Suppen Schleimsuppen	klare/gebundene Gemüsesuppen Püreesuppen	Milchkaltschale Fruchtkaltschale Gemüsesuppen

Klare Suppen

Bei mehrgängigen Menüs werden klare Suppen bevorzugt, da sie weniger sättigen. Sie sind appetitanregend und fördern die Magen-Darm-Sekretion.

- **Helle Brühen** – die Grundstoffe werden mit kaltem Wasser angesetzt und bei geringer Hitze kochend gehalten (Fleischbrühe 1 bis 3 Stunden, Fischbrühe 20 Minuten). Die Brühen werden beim Kochen entfettet.
- **Dunkle Brühen** – die Rohstoffe werden zunächst angebraten, mit Wasser aufgefüllt und gekocht. Gemüse und Gewürze werden zur Geschmacksverfeinerung und Farbbildung zugegeben.
- **Kraftbrühen** sind entfettete und durch Zugabe von Klärfleisch, Gewürzen und Gemüse gekräftigte Brühen. Das Fleischeiweiß gerinnt und bindet die vorhandenen Trübstoffe, die Brühe wird geklärt. Durch die Zugabe von Eiklar wird die Klärwirkung verstärkt.

Rohstoffe für die Herstellung von Brühen

Fleisch- und Knochenbrühe

3,75 l	Wasser
450 g	Gemüse (Möhren, Lauch, Sellerie, 1 Zwiebel, Petersilienwurzel)
1000 g	Rinderknochen
600 g	Rindfleisch
	Knoblauchzehen, Salz

- Knochen und Fleisch kalt aufsetzen,
- während des Kochens abschäumen und entfetten,
- 1 Stunde vor Garende Gemüse und Salz zugeben,
- Fleisch und Gemüse entnehmen,
- Brühe passieren.

Rinderkraftbrühe

2,5 l	Fleischbrühe, entfettet
500 g	Rindfleisch
2	Eiweiß
0,25 l	Wasser
175 g	Möhren und Lauch
20 g	Petersilie, Kerbel

Kraftbrühen werden verfeinert mit:

- Südwein
- Cognac
- Pilz- und Kräuterauszügen
- angebratenem Fleisch
- Wein

In **gebundenen Suppen** wird die Brühe mit einem Bindemittel, z.B. Mehlschwitze (aus 40 g Mehl in 60 g Butter für 1 Liter Brühe) oder Pürees von Gemüse, Tomaten, Kartoffeln, gebunden.
Püreesuppen binden durch das Püree des Rohstoffes, z.B. Kartoffelsuppe, Erbsensuppe. Sie werden mit Schmand, Crème fraîche oder Butter verfeinert.

Braune Suppen, z.B. Ochsenschwanzsuppe, werden mit einer braunen Mehlschwitze gebunden und mit dunkler Brühe aufgefüllt. Diese Suppen haben einen hohen Energiegehalt und werden nur in kleinen Portionen serviert.

Cremesuppen werden mit Sahne und Butter verfeinert.

Gemüsesuppen sind wohlschmeckende, kräftige Suppen, deren Geschmack und Nährwert wesentlich durch ihren Gehalt an klein geschnittenem Gemüse (Möhren, Lauch, Sellerie, Bohnen, Erbsen, Weißkraut) bestimmt wird. Durch die Zugabe von Kartoffeln, Reis oder Nudeln erhalten sie einen höheren Sättigungswert. Wird Fleisch zugesetzt, spricht man von Eintopf.

Kalte Suppen sind kalte Zubereitungen aus Früchten, Milcherzeugnissen oder Gemüse, die bevorzugt im Sommer angeboten werden.
Fruchtkaltschalen werden mit rohen Beerenfrüchten oder gedünstetem Obst hergestellt. Als Bindemittel dienen Sago, Kartoffelmehl oder Fruchtmark.
Milchkaltschalen werden durch Eier oder Eiweiß gebunden. Früchte, Vanillearoma oder Zitronenschale geben den Geschmack.
Kalte gebundene Suppen, z.B. Gazpacho, eine Gemüsesuppe aus Tomaten, Gurke, Paprika, kräftig abgeschmeckter Fleischbrühe, Olivenöl und Knoblauch.

Spezialsuppen werden mit arttypischen Zutaten hergestellt oder auf besondere Weise zubereitet.
Hierzu zählen:

Nationalsuppen – Suppen, die durch typische Zutaten der Küche eines bestimmten Landes gekennzeichnet sind, wie z.B.
- *Borschtsch,* Rote-Rübe-Suppe aus Russland
- *Gazpacho andaluz,* kalte Gemüsesuppe aus Spanien
- *Bouillabaisse,* Fisch-Gemüse-Suppe aus Frankreich

Regionalsuppen – sind typisch für bestimmte Regionen in Deutschland, z.B. *Kartoffelsuppe* (Westfalen), *Leberknödelsuppe* (Bayern), *Sauerkrautsuppe* (Thüringen).

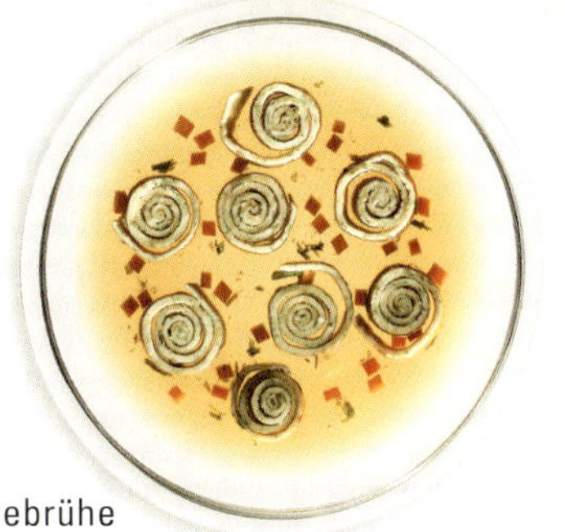

Gemüsebrühe
mit Kräuterpfannkuchen

Einlagen für Suppen:
- *Eierstich*
- *Klößchen*
- *Reis, Nudeln*
- *Croûtons, Backerbsen*
- *Fleisch-, Gemüsestreifen*
- *Pfannkuchenstreifen*
- *Käseklößchen*

z.B. in

Geflügelcremesuppe
Champignon-, Geflügelstreifen

Kartoffelsuppe
Croûtons, Backerbsen

Rinderkraftbrühe
Croûtons

Borschtsch

AUFGABEN

1. *Informieren Sie sich in einem Kochbuch über die Arbeitsschritte bei der Herstellung einer Gemüsecremesuppe.*
2. *Stellen Sie Suppenrezepte für verschiedene Anlässe/Jahreszeiten zusammen, die in Ihrem Betrieb hergestellt werden.*
3. *Stellen Sie ein Suppensortiment für einen Wochenspeiseplan zusammen:*
   a) im Juni, b) im Januar.
4. *Erstellen Sie einen Standardablauf für die Herstellung von*
   a) klaren Suppen, b) gebundenen Suppen, c) Gemüsesuppen.

Fein gehackte frische Küchenkräuter werten Geschmack und Nährwert der Suppen auf, z. B.

- *Petersilie*
- *Kerbel*
- *Estragon*
- *Schnittlauch*

Convenience-Suppen sind nach der vorgegebenen Anleitung zuzubereiten. Sie können verfeinert werden, z. B.:

- ***Rinderkraftbrühe:***
  Petersilie, Grießklößchen
- ***Spargelcremesuppe:***
  Sahne, Spargelstücke
- ***Tomatensuppe:***
  Basilikum, Quarkklößchen
- ***Erbsensuppe:***
  Croûtons, gerösteter Speck

Minestrone

Suppen, die auf Vorrat hergestellt oder vorgefertigt werden, müssen vor dem Verzehr auf mindestens 70 °C erhitzt werden.

Bitte beachten:
Gebundene Suppen werden erst kurz vor dem Servieren in kleinen Mengen legiert.
Bedarf für 1 Liter Suppe:
1 Eigelb und 0,1 l Milch

Portionsgrößen für Suppen:
als Hauptgericht 0,3 bis 0,4 l
als Vorspeise 0,15 bis 0,2 l

Übersicht: Suppen – ausgewählte Beispiele

Bezeichnung	Herstellung/ Zutaten	Zutaten zur Verfeinerung
Klare Suppen, z. B.		
Rinderbrühe	Rindfleisch, -knochen	Eierstich, Croûtons
Gemüsebrühe	Gemüse (kein Kohl)	Klößchen, Eierstich, Kräuter, Gemüse
Geflügelkraftbrühe	Geflügelbrühe, -klärfleisch	Geflügelbruststreifen, Spargelspitzen
Gebundene Suppen		
Cremesuppen	Mehlschwitze, Sahne, Gemüse, Fisch, Pilze, Fleisch-, Gemüsebrühe	Sahne, Gemüse-/Fleischstückchen
Püreesuppen	Kartoffeln, Gemüse, Hülsenfrüchte, Brühe	Butter, Sahne, Kräuter
braune Suppen	Fleisch, Knochen, Röstgemüse, braune Brühe, Küchenkräuter	Butter, Sahne, Dessertwein, Einlagen
Gemüsesuppen		
Gemüsesuppe	Gemüse (der Saison) Fleisch, Speckwürfel, Kartoffeln, Brühe	frisch gehackte Kräuter, Fleischeinlage
Kalte Suppen		
Obstkaltschale	Früchte, Fruchtpüree, Wasser, Zucker, Wein, Sago	Zitronensaft, -schale
Milchkaltschale	Milch, Zucker, Eier, Stärkemehl, Früchte	Zitronenschale, Vanille

Mehlschwitze für gebundene Suppen

▸ Fett im Topf schmelzen, Mehl in diesem Fett unter Rühren goldgelb andünsten

▸ Flüssigkeit unter Rühren nach und nach zugeben, aufkochen, 5 Minuten in der Nachwärme quellen lassen

Fleischgerichte

Fleisch enthält biologisch hochwertiges Eiweiß, wertvolle Mineralstoffe und Vitamine. Durch seine Geschmacksstoffe wirkt Fleisch appetitanregend. Es hat einen hohen Sättigungswert. Mit kohlenhydrathaltigen Beilagen, Salat oder Gemüse bildet Fleisch den Mittelpunkt vieler Menüs.

Fleisch wird im Handel unterschiedlich angeboten:

- ohne Knochen: ausgebeintes Fleisch
- wie gewachsen: Muskelfleisch mit Fett, Bindegewebe und Knochen
- mit Beilage: knochenloses Fleisch mit Knochenbeilage bis 25 % des Gesamtgewichtes

Jedes Fleischteil eines Schlachttieres hat eine andere Muskelzusammensetzung (z. B. Anteil an Bindegewebe und Fett) und muss entsprechend zubereitet werden. Bei der Auswahl des Fleischstückes ist deshalb die Verwendung zu berücksichtigen.

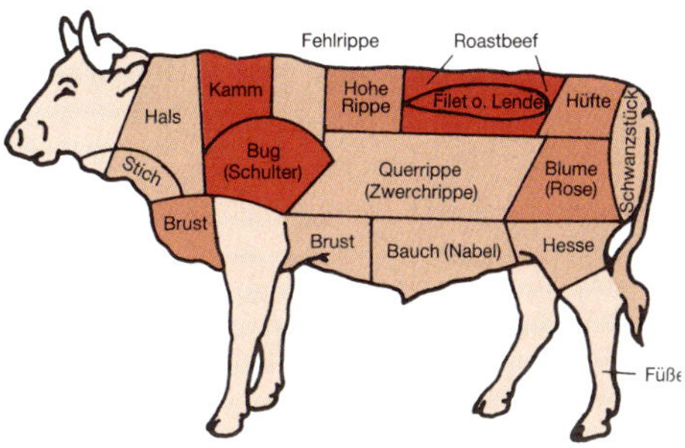

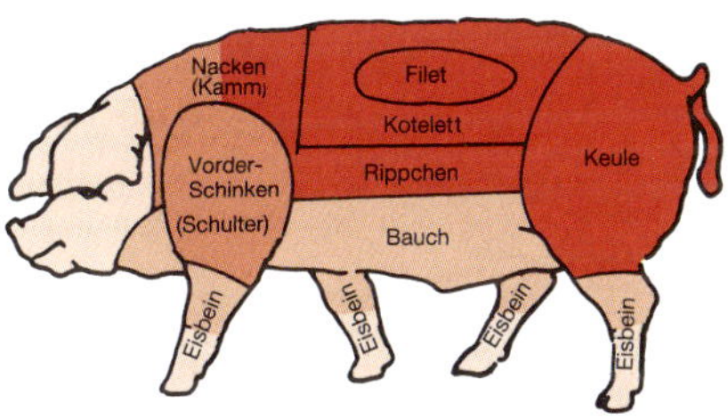

zum Braten, Kurzbraten
saftiges, zartes Fleisch ohne Fett und Bindegewebe

zum Grillen
saftiges, zartes, mit Fett marmoriertes Fleisch

zum Dünsten/Schmoren
zartes Fleisch mit Fett und geringem Bindegewebsanteil

zum Kochen
weniger zartes Fleisch mit mehr Fett und Knochen

für Suppen und Sülzen
Fleisch mit Schwarten und Knochen

Verschiedene Portionsstücke

Schweinekotelett

Oberschale (Schwein)

Beinscheibe (Rind)

Rinderfilet

Kalbsbrust

Nuss (Kalb)

Haxe (Lamm)

Lammrücken mit Koteletts

Fleisch ist richtig zubereitet, wenn es

- *zart*
- *saftig*
- *geschmackvoll ist*

Die Muskelzusammensetzung bestimmt die Zubereitung:

Bindegewebsarmes Fleisch,
z. B. Filet, ist zart,
wird zubereitet mit

- *trockenen Garverfahren*
- *bei hohen Temperaturen*
- *kurzer Garzeit*
- *Braten, Frittieren, Grillen*

Bindegewebsreiches Fleisch,
z. B. Bug, ist fest,
wird zubereitet mit

- *feuchten Garverfahren*
- *bei Temperaturen um 100 °C*
- *längerer Garzeit*
- *Kochen, Garziehen, Schmoren*

Die Garnitur soll das Fleischgericht optisch und geschmacklich ergänzen. Häufige Garnituren:

- *geschnittene, geformte Gemüse*
- *Pilze*
- *Früchte*
- *Kräuter*
- *gebratene Speckstreifen*

Grundmengen für eine Portion:

- *Fleisch mit Knochen* 150 g
- *Fleisch ohne Knochen* 125 g
- *Hackfleisch* 100 g

Zartes Rind- und Lammfleisch haben kurze Garzeiten. Der Kern darf rosa bleiben – das Fleisch ist dann besonders aromatisch und saftig. Schweine- und Kalbfleisch sollten immer durchgegart werden. Bindegewebsreiche Fleischsorten benötigen lange Garzeiten.

Tafelspitz mit Meerrettichsoße und Petersilienkartoffeln

Tafelspitz

0,3 kg Wurzelgemüse*, Suppengrün, Zwiebel schneiden, 2 l Wasser (kalt) zusetzen, 2 kg Rindfleisch und 1 EL Salz in die kochende Brühe geben, garen.
(Garzeit: ca. 2 Stunden)

*Wurzelgemüse = Möhren, Lauch, Sellerie

Informieren Sie sich über die Zubereitung von Tafelspitz!

Bitte beachten:

Fleischgerichte werden meistens mit der dazu passenden Soße angerichtet und serviert. (Herstellung von Soßen s. S. 203 f.)

Rinderrouladen

10	Rouladen
	Salz, Pfeffer, Paprika, Senf
5	Zwiebeln
75 g	Speck
¼ l	Wasser
	Mehl, saure Sahne

- Fleisch würzen, mit Senf bestreichen,
- gewürfelten Speck und Zwiebeln auf dem Fleisch verteilen, aufrollen, mit Holzspießchen zusammenstecken,
- in heißem Fett beidseitig bräunen,
- Wasser angießen, 50 bis 70 Minuten schmoren,
- Soßenfond aufkochen, binden, mit Sahne verfeinern und abschmecken.

Hauptgerichte von Fleisch und Geflügel – einige ausgewählte Beispiele

Garverfahren/Gerichte	Zubereitung
Kochen, Garziehen Rinderkeule (Tafelspitz) Rinderbrust Lammkeule, -schulter Irish Stew Kasseler Rippenspeer	Fleisch in kochendes Wasser legen, mit Petersilie, Lorbeerblatt, Knoblauch und Gewürzen gar ziehen; evtl. kleine Menge an Suppengemüse (Möhren, Sellerie, Zwiebel) hinzugeben und mitgaren
Dünsten Frikassee, z. B. von Geflügel, Kalb, Lamm	Fleisch hell andünsten, mit Mehl bestäuben, mit Brühe auffüllen, mit Kräutern, Gewürzen, Zwiebeln garen, Brühe binden; evtl. mit Eigelb und Sahne legieren
Schmoren Rindergulasch Schmor-, Sauerbraten, Rouladen Schweineragout Lammragout, -keule,	Fleischstücke würzen, in Fett allseitig kräftig anbraten, zerkleinertes Gemüse, Zwiebeln hinzugeben, kurz mitbräunen, etwas Flüssigkeit (Brühe, Wein, Wasser) aufgießen, gar schmoren Soßenzubereitung: Schmorfond gut verkochen (ca. 4 Min.), passieren, mit angerührter Speisestärke binden
Kurzbraten/Braten in der Pfanne Filet, Schnitzel, Steak, Kotelett vom Schwein, Rind, Lamm, Kalb und Geflügel	Pfanne ohne Fett erhitzen, wasserfreies Fett/Öl verwenden, Fleisch salzen, würzen, in heißem Fett rasch anbraten, bei niedrigeren Temperaturen zu Ende garen
im Backofen größere, zarte Fleischstücke (ab 1 kg), z. B. Keule, Schulter, Bug	Fleisch würzen, im Bratgeschirr allseitig anbraten, Röstgemüse, Zwiebeln, Knoblauch mitbräunen, pro Zentimeter Fleischdicke ca. 10 Min. Garzeit **Bratensoße:** fertigen Braten entnehmen, Fett abgießen, Bratensaft ablöschen, Soße fertig stellen

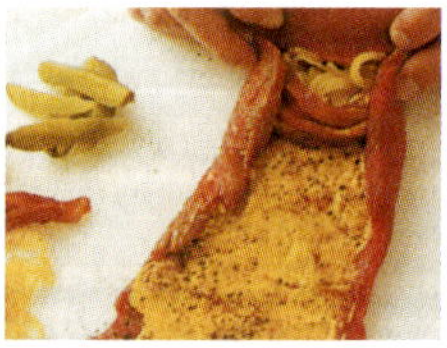

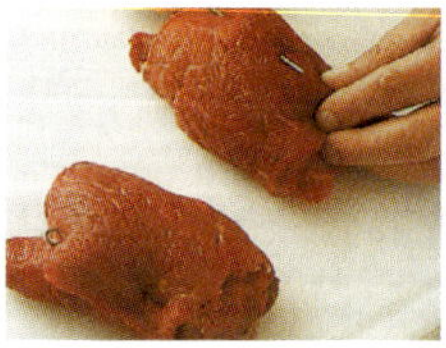

Rouladen

Garverfahren/Gerichte	Zubereitung
Frittieren Schweinesteak, -filet, -schinken Kalbsschnitzel, -brust Lammkotelett, -nüsschen Geflügel	Fleisch würzen und panieren, in heißes Frittierfett geben, goldbraun frittieren, nach dem Frittieren gut abtropfen lassen, mit Zitronenscheibe/Petersilie anrichten, sofort servieren
Grillen Rumpsteak Schweine-/Kalbskotelett, -filet, -steak Lammkotelett, -filet Geflügel Grillspieße Grillwürste	Fett und Bindegewebe der Fleischstücke einschneiden, Grillgut würzen (Würzmarinade aus Öl und Würzzutaten, z. B. Kräuter, Gewürze, Salz, Knoblauch, Südwein), flaches Grillgut nur einmal umdrehen, dicke Stücke mehrmals drehen, öfter mit Öl bestreichen
Rind, Kalb, Schwein	Filetstücke mit Speck, Zwiebeln, Paprikaschoten
Hackfleischgerichte	
Frikadellen	Hackfleischmasse formen, in der Pfanne braten, mit gebratenen Zwiebelringen anrichten
Hackbraten	Hackfleischmasse zu einem Laib formen, im Backofen braten
Königsberger Klopse	Hackfleischmasse zu Kugeln formen, in Brühe garen, in Kapernsoße anrichten

Beilagen zu frittierten/gegrillten Fleischspeisen, z. B.:
- *Salate, z. B. Blattsalate*
- *Gemüse, roh und gedünstet*
- *Sättigungsbeilage, z. B. Nudelsalat, gedämpfte Kartoffeln, Baguette*
- *Soßen, z. B. Remouladensoße*
- *Knoblauchbutter*

Hackfleisch ist sehr vielseitig verwendbar, z. B.:
- *Aufläufe, z. B. Mousaka*
- *Hackfleischtorte*
- *Hackfleischpfanne*
- *gefüllte Blätterteigtaschen, Omeletts*

Bei der Herstellung von Hackfleischgerichten muss die Hackfleisch-Verordnung beachtet werden (s. S. 14).

Soße Bolognese

100 g	durchwachsener Speck
5	Zwiebeln
250 g	Möhren
500 g	Sellerie
750 g	Hackfleisch (gemischt)
100 g	Tomatenmark
625 g	Tomaten
ca. 1 l	Wasser
¼ l	Sahne, 10 %
	Lorbeerblatt, Muskat, Salz, Pfeffer, etwas Zucker

- Speck auslassen,
- zu Würfeln schneiden,
- beides ca. 2 Min. mit dem Speck braten,
- Hackfleisch und Tomatenmark unterrühren,
- Tomaten, Gewürze zugeben,
- Wasser aufgießen, einkochen lassen,
- Sahne unterrühren,
- mit den Gewürzen abschmecken.

Zubereitung Soße Bolognese

Königsberger Klopse

- Hackfleischmasse zu runden Klopsen zu je 50 g formen. (Rezept Hackfleischmasse, s. S. 72)

Soße:

1 l	Fleischbrühe
80 g	Butter
80 g	Mehl
3 EL	Kapern
2	Eigelb
	Salz, Zitronensaft, Zucker

- Klopse in Brühe 20 Min. gar ziehen,
- helle Grundsoße herstellen,
- Soße mit Eigelb legieren,
- Kapern zugeben,
- mit Zitrone, Salz, Zucker abschmecken.

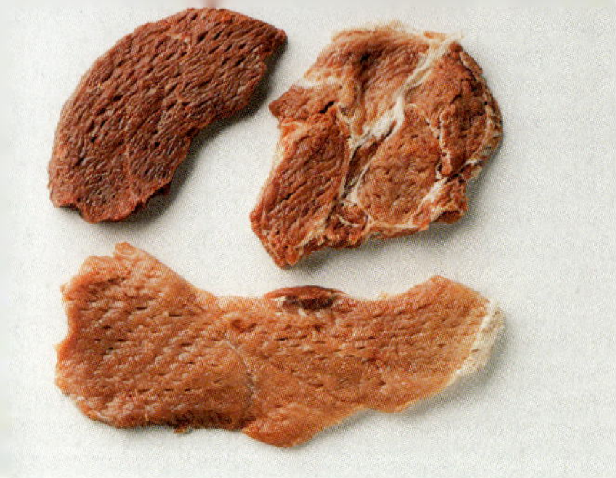

Dickere Fleischscheiben werden vor dem Braten geklopft oder eingeschnitten.

Beachten Sie bei der Zubereitung von Koteletts u. a. Fleischscheiben: Bindegewebe verkürzt sich beim Erhitzen – beim Braten tritt der Fleischsaft aus – die Fleischscheiben wölben sich und trocknen aus.
Koteletts oder Rumpsteaks werden vor dem Braten eingeschnitten!

AUFGABEN

1. *Stellen Sie geeignete Beilagen für ein sommerliches Grillfest mit Schweinesteaks, Fleischspießen und Bratwürstchen zusammen.*
2. *Suchen Sie in Fachbüchern je drei Gerichte aus Schweinefleisch, die gebraten / kurz gebraten / gekocht / geschmort werden.*
3. *Sie sollen für das Mittagessen Frikadellen herstellen. Finden Sie die kritischen Punkte bei der Verarbeitung von Hackfleisch heraus und überlegen Sie Möglichkeiten zu deren Berücksichtigung.*
4. *Stellen Sie für eine Woche/einen Monat die Fleischgerichte zusammen, die in Ihrem Betrieb hergestellt werden. Ordnen Sie den Gerichten die jeweiligen Zubereitungsverfahren zu. Vergleichen Sie in der Klasse.*

Fischgerichte

Fischfleisch hat einen hohen Gehalt an hochwertigem, leicht verdaulichem Eiweiß, Mineralstoffen (hoher Jodgehalt bei Seefischen), fettlöslichen Vitaminen A und D sowie essentiellen Fettsäuren. Fischfleisch besitzt im Unterschied zum Schlachtfleisch wenig Bindegewebe – es hat eine lockere Zellstruktur und zerfällt leicht beim Garen.

Fische verderben leicht und müssen daher kühl gelagert werden. Sie sollten möglichst schnell verarbeitet werden.

Fisch wird im Handel angeboten als
- **ganzer Fisch,** z. B. Hering, Scholle, Lachs, Karpfen, Makrele
- **Fischfilet,** z. B. Seelachs, Rotbarsch, Scholle, Kabeljau
- **Fischkotelett,** z. B. Lachs, Heilbutt, Kabeljau
- **Tiefkühlfisch,** z. B. ganzer Fisch, Fischfilet, panierter Fisch, Fischfrikadellen
- **gesalzener Fisch,** z. B. Matjes, Salzhering, Lachs
- **Räucherfisch,** z. B. Forelle, Makrele, Bückling, Aal

Die Zubereitungsart soll den Eigengeschmack des Fisches hervorheben. Dünsten, Dämpfen und Garziehen unterstreichen den Eigengeschmack. Panierte und frittierte Fische haben eine aromatische Kruste, der Energiegehalt ist durch den Gehalt an Fett deutlich erhöht.

Fische werden eingeteilt nach

- **der Herkunft**
  Süßwasserfische, z. B.
  Forelle, Karpfen, Hecht, Barsch
  Seefische, z. B.
  Kabeljau, Seelachs, Rotbarsch, Hering
- **dem Fettgehalt**
  Magerfische, z. B.
  Kabeljau, Seelachs, Forelle
  Fettfische, z. B.
  Hering, Lachs, Aal, Makrele
- **der Körperform**
  Rundfische, z. B.
  Hering, Kabeljau, Forelle
  Plattfische, z. B.
  Seezunge, Scholle, Heilbutt

Verschiedene Fisch-Handelsformen

1 ganzer Fisch
2 Fischkotelett
3 Fischfilet
4 Tiefkühlfisch

Angerichtetes Fischgericht

Scholle mit Speck und Zitronensegmenten

Portionsgrößen garfertiger Fische je Hauptgericht:

Fischfilet	*150 g*
ganze Fische	*225 g*
Fischkoteletts	*220 bis 240 g*

Hauptgerichte von Fisch – einige ausgewählte Beispiele

Garverfahren/Gerichte	Zubereitung
Garziehen Forelle blau Karpfen blau Zander, Lachs, Hecht Kabeljau, Goldbarsch	Kleine Fische/Portionsstücke in den kochenden Sud legen, bei mäßiger Hitze (nicht > 80 °C) abgedeckt gar ziehen Große Fische in kaltem Sud aufsetzen, am Siedepunkt Hitze reduzieren, s. o.; Garzeit: je kg Fisch 15 bis 20 Min. Blaugaren, Fische vor dem Garen mit Essig beträufeln/dem Sud Essig zugeben
Dämpfen für alle Fische, die zum Garziehen geeignet sind	Fische marinieren und wenig salzen, in speziellen Gargefäßen mit Siebeinsatz/gut schließendem Deckel über dem kochenden Sud gar dämpfen
Dünsten kleine Fische: Forelle Fischfilets Fischscheiben mit Gräte, z. B. Heilbutt, Lachs	Dünstgefäß einfetten, mit fein geschnittenen Zwiebeln/Schalotten bestreuen, marinierten Fisch auflegen, heißen Fischfond übergießen, evtl. etwas Weißwein, Zitrone zugeben (Geschmack!), gar dünsten
Braten Filets aller Art, ganze Fische wie Hering, Scholle, Forelle, Lachs, Scheiben von Heilbutt, Lachs, Kabeljau	Fisch trocknen, mit Zitrone beträufeln, salzen und in Mehl wenden, in heißem Fett goldbraun braten, damit die Kruste nicht zu dunkel wird, bei mäßiger Hitze zwischen 100 und 110 °C gar braten
Frittieren paniertes Fischfilet Fischstäbchen Fischspießchen kleine ganze Fische	Fisch mit Zitrone beträufeln, würzen, je nach Größe 3 bis 10 Min. bei 150 bis 175 °C frittieren, gegarte Fische mit Drahtlöffel entnehmen, Fett auf saugfähigem Papier abtropfen lassen, sofort servieren
Grillen kleine Fische Scheiben von Heilbutt, Lachs, Fischspieße	Fisch marinieren, salzen, dünn mit Öl einstreichen, auf vorgeheiztem Grill garen (vorsichtig mit einer Grillzange wenden!)

AUFGABE

Für das Mittagessen werden 75 Portionen garfertiges Goldbarschfilet zu je 150 g benötigt. Der Zubereitungsverlust wird mit 12 % kalkuliert.

a) Ermitteln Sie die benötigte Einkaufsmenge.

b) Informieren Sie sich über den Materialpreis von 1 kg Goldbarsch und berechnen Sie den Materialpreis für eine Mahlzeit (für die Beilagen werden 1,60 € pro Person kalkuliert).

3-S-Regel für die Zubereitung von Fisch:

- **Säubern:** Ganze Fische innen und außen unter fließendem Wasser waschen; trockentupfen.
- **Säuern:** 10 Min. vor der Zubereitung mit Zitronensaft beträufeln.
- **Salzen*:** Ganze Fische kurz vor der Zubereitung, Filets und Fischstücke erst nach dem Anbraten, Andünsten salzen.

* Fisch »blau« wird nicht gesalzen!

Fischsud

- *für Seefische:* *Salzwasser (20 g Salz pro l Wasser)*
- *für Süßwasserfische:* *zusätzlich Zwiebeln, zerdrückte Pfefferkörner, Lorbeerblätter, Petersilie aufkochen*

In Folie gegarter Fisch

Kleine Fische, Portionsfische, Fischfilets, z. B. Forelle, Seezunge, Scholle, können in Folie gegart werden; sie werden wenig gewürzt, mit Öl bestrichen und mit Gemüse im eigenen Saft gegart (= Dünsten).

Die häufige Verwendung von Alufolie belastet die Umwelt!

Fischpanierungen zum Frittieren:

1. *In gesalzene Milch tauchen und in Mehl wenden.*
2. *In Mehl, Ei und Paniermehl wenden.*

Rührei mit Krabben

Küchentechnische Eigenschaften:

- *gerinnt bei ca. 70 °C, z. B. Massen*
- *lockert Teige und Massen*
- *emulgiert, z. B. bei Mayonnaise*
- *bindet, z. B. bei legierten Suppen*
- *klärt Flüssigkeiten, z. B. Kraftbrühe*

Portionsgrößen:

- *als Vorspeise: 1 bis 1,5 Eier*
- *als Hauptgericht: 2 Eier*

Schutz vor Salmonellen

Hühnereier können mit Salmonellen infiziert sein. Zur Vermeidung von Salmonellenerkrankungen sind folgende Hygienebestimmungen einzuhalten:

- *Eier kühl lagern.*
- *Nur frische Eier verwenden.*
- *Warme Eierspeisen, z. B. Rührei, Omelett, sofort nach der Zubereitung oder spätestens zwei Stunden nach der Herstellung verzehren.*
- *Speisen aus pasteurisierten Eiprodukten dürfen länger warm gehalten werden.*
- *Puddinge und Cremespeisen nicht mit Eischnee auflockern!*

Eierspeisen

Eier haben einen hohen Gehalt an biologisch hochwertigem Eiweiß, sind leicht verdaulich und lassen sich abwechslungsreich zubereiten. Der Verbrauch sollte jedoch wegen ihres hohen Gehaltes an Cholesterin auf drei bis vier Eier pro Woche eingeschränkt werden.
Nur frische Eier haben den vollen Geschmackswert sowie die erforderlichen Eigenschaften für die küchentechnische Verarbeitung. Für die Zubereitung von Eierspeisen sollte deshalb die Güteklasse A verwendet werden.

Eierspeisen – einige ausgewählte Beispiele

Gerichte	Zubereitung
Pochierte Eier ■ auf gebackenen Weißbrotschnitten mit Soße überzogen ■ auf gedünstetem Spinat, überbacken ■ mit Reis/Currysoße	Eier aufschlagen und in einer Schöpfkelle oder Tasse in kaum siedendes Essigwasser geben (Eiklar umschließt Eigelb; Eigelb bleibt weich!), etwa 5 Min. ziehen lassen, mit Schaumkelle herausnehmen, zerrissene Eiweißränder abschneiden, vor dem Anrichten gut abtropfen lassen (vgl. Abb.)
Rühreier ■ mit Schinken ■ mit Krabben ■ mit Spargel	Butter/Margarine in einer Pfanne bei mittlerer Hitze zerlassen, Eier, Salz, Pfeffer mit Schneebesen verrühren, Eimasse in heißer Pfanne unter Rühren stocken lassen
Spiegeleier ■ mit Schinken/Speck ■ mit Spargel/Tomaten ■ mit Käse/Pilzen	Eier in gebutterter heißer Pfanne (s.o.) in ca. 4 Min. stocken, ohne Dotter zu verletzen und wenden, Eiklar salzen
Omeletts ■ Spinatomelett ■ mit Konfitüre ■ mit Ragout ■ mit gedünsteten Pilzen ■ mit Tomaten, Spargel	Eier in einer Schüssel aufschlagen, salzen, Margarine/Butter in einer Pfanne erhitzen, Eiermasse hineingeben, Masse unter Schwenken verrühren, Omelett umschlagen, auf Porzellanteller servieren (Füllung vor dem Umschlagen aufgeben!)
Pfannkuchen ■ mit gebackenem Speck ■ mit eingebackenen Apfelscheiben	Milch, Mehl, Eier, eine Prise Salz zu einer glatten Masse rühren; Eierkuchen in einer Pfanne mit heißer Butter von beiden Seiten goldgelb backen

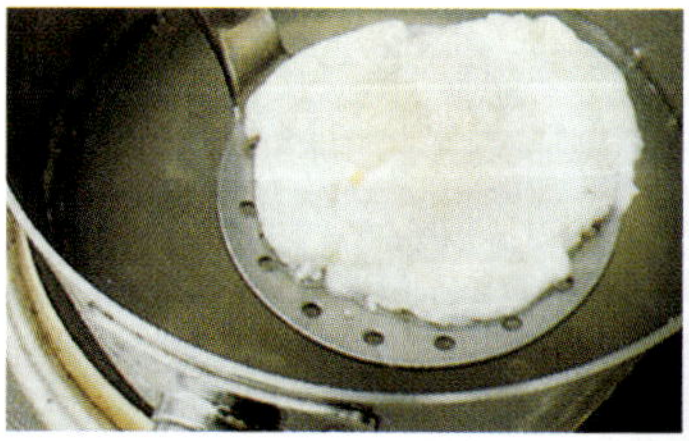

Eier pochieren

Die Güte und Qualität von Eiern wird wesentlich von der Frische bestimmt. Im Handel werden praktisch nur A-Eier angeboten; diese werden nach nebenstehenden Gewichtsklassen sortiert.

Eier werden in unterschiedlichen Gewichts- und Güteklassen angeboten.

Güteklassen	Bezeichnung
A	frisch
B	2. Qualität

Gewichtsklassen	Gewicht
S	< 53 g
M	53 bis 62 g
L	63 bis 72 g
XL	> 73 g

Frischeprobe für Eier

Schwimmprobe:

Ein frisches Ei sinkt zu Boden

Ein sieben Tage altes Ei schwimmt im Wasser

Aufschlagprobe:

Frisches Ei*:
hochgewölbter Dotter
Eiklar steht

Älteres Ei*:
flacher Dotter

* Zur Überprüfung des Frischezustandes der Eier werden diese bei der Verarbeitung einzeln aufgeschlagen!

AUFGABEN

1. *Erstellen Sie einen Standardablauf für die Herstellung von Omeletts.*
3. *Nennen und erläutern Sie küchentechnische Eigenschaften von Eiern.*
3. *Beschreiben Sie vier Abwandlungen für Rühreier.*
4. *Hühnereier können von Salmonellen befallen sein.*
   Wie können die Verpflegungsteilnehmer vor einer Salmonelleninfektion geschützt werden?
   Informieren Sie sich über die für die Gemeinschaftsverpflegung zutreffenden Hygienerichtlinien.

Soßen

Soßen werten Speisen geschmacklich und optisch auf. Die Zubereitung guter Soßen erfolgt aus gehaltvollen Brühen oder dem Saft, der bei dem Garen der Rohstoffe entsteht. Richtig zubereitete Soßen sind sämig, glänzend, ohne sichtbares Fett und haben einen feinen Geschmack.

Soßen, die als Überzug auf den Speisen bleiben sollen, werden über die Speise gegeben (z. B. Holländische Soße). Dünnflüssige Soßen gibt man als so genannten Spiegel auf den Teller und richtet die Speise darauf an.
Soßen werden in warme Soßen (helle/braune) und kalte Soßen unterteilt.

GRUNDSOSSEN

Braune Grundsoße	Weiße Grundsoße	Béchamelsoße	Holländische Soße	Mayonnaise
Ausgangsmaterial				
Brühen: braun	Brühen: hell	Milch	Fette: Butter	Fette: Öl
Bindung				
Mehlschwitze: braun	Mehlschwitze: hell	Mehlschwitze: hell	Emulsionsbildung durch Eigelb	Emulsionsbildung durch Eigelb

Bratensoße

Bratensatz vom angebratenen Fleisch

¼ l	Wasser
¼ l	Sahne 10 %
30 g	Butter

Salz, Pfeffer, Geschmackszutaten

Zubereitung Bratensoße

▶ Bratensatz ablöschen und einkochen lassen, Sahne unter Rühren zugießen, kurz einkochen

▶ Soße mit angerührtem Mehl binden, 5 Minuten unter Rühren kochen lassen

Bitte beachten:
Bildet die Soße Klumpen, wird sie durch ein Haarsieb gestrichen. Bei der Zubereitung cremiger Grundsoßen wird ein Teil der Flüssigkeit durch Sahne ersetzt. Geschmackszutaten – außer Zwiebeln und Curry – zum Schluss hinzugeben.

Feine Holländische Soße (0,25 l)

250 g	Butter
3	Eigelb
3 EL	Weißwein
	Salz, weißer Pfeffer, Zitronensaft

▶ Butter zerlassen, Schaum abschöpfen

▶ Eigelb und Wein im Wasserbad (70 °C) schaumig rühren

▶ Butter tropfenweise unter Rühren zugeben, abschmecken.

Kalte Würzsoßen werden überwiegend als Convenience-Soßen eingesetzt, z. B. Worcestershire-Soße, Cumberland-Soße, Chilisoße, Ketchup

Soßen – einige ausgewählte Beispiele

Soßen	Zubereitung
Warme Soßen	
Helle Soßen: **Weiße Grundsoße,** z. B. Geflügelgrundsoße, Kalbsgrundsoße, Fischgrundsoße, Gemüsegrundsoße	weiße Mehlschwitze: Butter schmelzen, Mehl glatt rühren, hell schwitzen, helle Grundbrühe unter Rühren zugießen und aufkochen, 5 Min. durchkochen, passieren **Abwandlung:** Durch Zugabe von z. B. Senf/Tomatenmark kann der Geschmack variiert werden
Béchamelsoße und z. B. Käsesoße, Zwiebelsoße, Sahnesoße	weiße Mehlschwitze zubereiten (s. o.), heiße Milch und helle Brühe zugießen und glatt rühren, 20 Min. durchkochen, würzen, passieren
Dunkle Soßen: **Wildsoße**, **Jägersoße**, **Esterhazysoße**, **Burgundersoße**	Schweine-, Kalbsknochen, Röstgemüse, Tomatenmark anbraten, mit braunem Fond (Rotwein) ablöschen/auffüllen, würzen, Flüssigkeit einkochen, dunkle Mehlschwitze zugeben, glatt rühren, langsam weiterkochen, mehrmals abschäumen/entfetten, passieren
Bratensoßen	Bratensaft, der beim Schmoren/Braten von Fleisch/Geflügel entsteht, mit Röstgemüse, Gewürzen, (Wein) verkochen, Soße entfetten, evtl. mit angerührter Stärke binden, Soße passieren
Tomatensoße	Butter oder Speck erhitzen/ausbraten, Röstgemüse anbraten, klein geschnittene Tomaten und Tomatenmark zugeben, Flüssigkeit einkochen, mit Mehl bestäuben, anschwitzen, Brühe auffüllen, Kräuter, Gewürze, Knoblauch, Salz, eine Prise Zucker zugeben, ½ Std. bei schwacher Hitze kochen, passieren
Kalte Soßen	
Mayonnaise und z. B. Kräutersoße, Remouladensoße, Grüne Soße	Eigelb und Senf schaumig rühren, Öl tröpfchenweise unter Rühren zugeben, mit Salz und Zitrone abschmecken

Convenience-Soßen werden in der Großküchenverpflegung häufig eingesetzt. Sie werden als Trockenerzeugnisse, Pasten und Fertigsoßen angeboten.

AUFGABEN

1. *Nach welchen Gesichtspunkten werden die warmen Soßen eingeteilt?*
2. *Zu welchen Gerichten werden die in der Tabelle genannten Soßen jeweils gereicht? Informieren Sie sich.*
3. *Informieren Sie sich über die Zubereitung der Soßenabwandlungen in der Tabelle und stellen Sie diese dar.*
4. *Welche Soßen werden in Ihrem Betrieb zu kurz gebratenen oder gegrillten Fleischspeisen gereicht? Berichten Sie in der Klasse.*
5. *Welche Soßen reichen Sie zu Lammkeule/gekochter Rinderbrust/Schaschlik/Kalbsbraten/Rinderschmorbraten/Forelle blau?*
6. *Zu welchen warmen Speisen werden Ableitungen der Mayonnaise gereicht?*
7. *a) Ermitteln Sie den Bestand an Convenience-Soßen in Ihrem Betrieb.*
   b) Informieren Sie sich über die enthaltenen Zutaten.
   c) Für welche Gerichte werden die Soßen jeweils verwendet?

Lernsituation:

Ermitteln Sie mithilfe einer Nährwerttabelle den Energie- und Eiweißgehalt von 200 g Kartoffeln. Wie viel Prozent des Energiebedarfs eines Erwachsenen werden abgedeckt?

Stärkehaltige Beilagen

Stärkehaltige Beilagen komplettieren ein Menü aus Fleisch- oder Fischspeisen, Gemüse oder Salat. Wegen ihres Stärkegehaltes haben sie einen guten Sättigungswert. Sie schmecken neutral und lassen sich passend zu den verschiedensten Gerichten zubereiten. Als Beilage dienen insbesondere **Kartoffeln, Klöße** und **Knödel, Reis** und **Teigwaren**.

Die Kartoffel enthält
75 % Wasser, ca. 17 % Stärke, Eiweiß, Vitamin C, B_1 und Niacin.

200 g Kartoffeln decken
20 bis 30 % des Tagesbedarfs an Vitamin C und B_1.

Kartoffelgerichte

Durch verschiedene Garverfahren und Rezepturen, unterschiedliche Formgebung und Panierung ergibt sich eine große Vielfalt an schmackhaften Kartoffelgerichten – als Sättigungsbeilage, aber auch als selbstständiges Gericht.

Acrylamid in Kartoffelbeilagen

Beim Braten oder Frittieren von Kartoffelgerichten entsteht Acrylamid, vgl. S. 52. Neben der Zubereitung hat die Lagerung einen Einfluss auf die Acrylamidbildung. Daher sollten Kartoffeln, die gebraten oder frittiert werden,

- *möglichst frisch sein,*
- *keine grünen Stellen oder Keimansätze aufweisen,*
- *nicht unter 8 °C gelagert werden.*

Kroketten

2,5 kg	Kartoffeln
8	Eigelb
	Salz, Muskatnuss
zum Panieren:	
je 7 EL	Mehl und Paniermehl
5	Eier
	Plattenfett zum Frittieren

▶ passierte Kartoffeln mit Eigelb verkneten, würzen

▶ zu 2 cm dicken Rollen formen, 4 cm lange Stücke abschneiden, panieren

▶ panierte Kroketten in heißem Fett goldbraun frittieren

Der Stärkegehalt beeinflusst die Kocheigenschaften der Kartoffeln:

- *fest kochend: bis 14 % Stärke* *für Kartoffelsalat, Pellkartoffeln*
- *vorwiegend fest kochend: 14 bis 16 % Stärke* *für Pell-, Salz-, Bratkartoffeln*
- *mehlig kochend: >16 % Stärke* *für Kroketten, Püree, Klöße, Kartoffelpuffer*

Anrichten von Kartoffelspeisen

- *in Beilageschalen*
- *in Schüsseln*
- *auf dem Teller neben dem Hauptgericht*

Röstkartoffeln

Kartoffelgratin

2 kg	Kartoffeln
2	Knoblauchzehen
250 g	geriebener Käse
¼ l	süße Sahne
¼ l	Milch
50 g	Butter
	Salz, Pfeffer, Muskat

- im Backofen bei 200 °C ca. 60 Min. goldbraun backen

Wie könnte die Zubereitung aussehen?

Kartoffelspeisen – einige ausgewählte Beispiele

Garverfahren, Speisen	Zubereitung
Kochen	
Pellkartoffeln	ungeschält in Salzwasser garen
Salzkartoffeln	geschält, in Stücken in wenig Wasser garen (dünsten)
Bouillonkartoffeln	würfelig geschnitten, mit feinen Gemüsewürfeln in Fleischbrühe garen
Kartoffelpüree	frisch gegarte Salzkartoffeln heiß pürieren, mit Butter, heißer Milch glatt rühren, würzen
Rahmkartoffeln	warme Kartoffelscheiben mit Rahm-Béchamelsoße binden
Braten	
Bratkartoffeln	gegarte Kartoffelscheiben in Öl/Speck braten
Elsässer Kartoffeln	würfelförmige, gegarte Kartoffeln mit Speck und Zwiebelwürfeln braten
Berner Rösti	geraspelte Kartoffeln würzen, mit gedünstetem Speck und Zwiebeln in Form eines Pfannkuchens braten
Kartoffelpuffer	geriebene Kartoffeln, Eier, Salz, Mehl zu einer Masse verarbeiten, in heißem Öl kleine goldgelbe Pfannkuchen braten
Frittieren	
Pommes frites	bei 170 °C frittieren, abtropfen, salzen
Kartoffelkroketten	heiße Kartoffeln passieren; mit Eigelb, Gewürzen vermengen, längliche Stücke formen, in Ei/Paniermehl wenden, frittieren
Kartoffelbällchen	Krokettenmasse zu Kugeln formen, s. o.
im Ofen gebacken	
Folienkartoffeln	Kartoffeln mit Würzöl einstreichen, in Folie bei 200 °C ca. 45 Min. backen
Herzoginkartoffeln	Krokettenmasse auf Backblech dressieren, mit Eigelb bestreichen, bei 200 °C 5 bis 10 Min. backen

Kochtypen von Kartoffeln

mehlig kochend

vorwiegend fest kochend

fest kochend

Vorgefertigte Kartoffelspeisen

Das Angebot an Convenience-Produkten erstreckt sich auf alle Herstellungsstufen (s. a. S. 104).

Verarbeitungsstufe	Angebotsformen
vorbereitet (roh/gegart)	geschält, als Scheiben, Schnitzel, Stäbchen
sterilisiert	Scheiben, Würfel, Stücke, Salzkartoffeln
getrocknet	Kartoffelpüree, Krokettenpulver
tiefgefroren	Pommes frites, Kroketten, Rösti etc.

Klöße, Knödel, Nocken

Sie werden aus Kartoffeln, Mehl, Grieß oder Brötchen zubereitet und in runde oder ovale Form gebracht. In der Großküche werden sie teilweise im Voraus hergestellt, abgekühlt und bereitgehalten. Vor der Ausgabe sind sie in siedendem Salzwasser zu erhitzen. Sie können mit flüssiger Butter oder Bröselbutter angerichtet werden.

Bezeichnung	Form, Zubereitung
aus rohen Kartoffeln Thüringer Klöße **aus gekochten Kartoffeln** Kartoffelklöße Kartoffelnocken	Kloßmasse zu Klößen (à 100 g) formen, geröstetes Weißbrot in die Mitte geben, in kochendes Salzwasser legen, nach dem Aufkochen ca. 20 Min. sieden lassen; Nocken haben kleinere, ovale Form
weitere Beilagen	
Semmelklöße	Weißbrotscheiben mit heißer Milch übergießen, quellen, abkühlen lassen, Kloßmasse bereiten, vgl. Rezept
Hefeklöße	aus leichtem Hefeteig (s. S. 58) Klöße formen, kurz aufgehen lassen, dämpfen, flüssige Butter übergießen
Grießnocken Grießklöße	Milch, Salz, Butter aufkochen, Grieß einrühren, aufquellen lassen, Eier unterziehen, Grießklöße 15 Min. sieden

Kartoffelklöße, Semmelklöße

Kartoffelklöße

2,5 kg	Pellkartoffeln
4	Eier
125 g	Weizenmehl
125 g	Speisestärke
2	Semmeln
	Salz, Muskat, Pfeffer
75 g	Fett
5 l	Wasser

Informieren Sie sich über die Zubereitung von Kartoffelklößen.

Teigwaren

Sie werden aus Mehl oder Grieß, Wasser und evtl. Eiern hergestellt und meistens getrocknet. Teigwaren sind eine wichtige Sättigungsbeilage, aber auch Hauptbestandteil vieler beliebter Gerichte. Manche Küchen bieten hausgemachte Teigwaren aus Vollkornmehlen von Dinkel, Roggen und Buchweizen an. Die Qualitätseinteilung der Teigwaren erfolgt nach dem Eigehalt je Kilogramm Mehl oder Grieß:

- Eierteigwaren: mind. 2 ¼ Eier
- Teigwaren mit hohem Eigehalt: mind. 4 Eier
- Teigwaren mit besonders hohem Eigehalt: mind. 6 Eier

Teigwaren, die weniger Eier enthalten, gelten als »eifrei«.

Nudelteig

1000 g	Weizenmehl/Weizengrieß
4 EL	Öl
10	Eier
1 TL	Salz

- ▶ Zutaten zu einem glatten Teig kneten,
- ▶ Teig in feuchtes Handtuch wickeln,
- ▶ 30 Min. ruhen lassen, dritteln,
- ▶ ausrollen, Nudeln schneiden.

Maultaschen

750 g	Weizenmehl
6	Eier
6–9 EL	Wasser
1 TL	Salz

für die Füllung:

750 g	Spinat
500 g	mageres Bratwurstbrät
1	Ei
5	Brötchen
	Salz, Pfeffer, Muskat

- Füllung auf Teigplatte setzen, Abstand 5 cm, Zwischenräume mit Eiklar bestreichen

- Teigplatte darüber legen, um Füllung andrücken, kleine Quadrate ausschneiden,
- in viel Salzwasser 10 Min. garen

Portionsmengen:

Vorspeise	*30 g*
Beilagen	*60 bis 80 g*
Hauptgericht	*100 g*
Suppeneinlage	*15 g*

50 bis 70 g getrocknete Teigwaren ergeben etwa 150 bis 200 g gekochte Teigwaren (= 1 Portion).

Zubereitung – Teigwaren werden kochfertig angeboten und in sprudelnd siedendem Salzwasser (3 – 4 l Wasser, 20 g Salz auf 1 kg Nudeln) je nach Teigwaren 5 bis 14 Min. ohne Deckel gekocht. Etwas Öl im Kochwasser verhindert ein Zusammenkleben. Nudeln werden bissfest *»al dente«* gekocht. Nach dem Abschütten werden sie kurz mit heißem Wasser abgebraust. Die Zugabe von Butter oder gebräunter Bröselbutter ergibt einen vollmundigen Geschmack.
Auf **Vorrat gekochte Teigwaren** werden in kaltem Wasser abgeschwenkt und abgedeckt gekühlt gelagert. Dann werden sie in siedendem Salzwasser wieder erwärmt und angerichtet.
Teigwaren, insbesondere hohle oder gedrehte Formen (z. B. Hörnchen, Makkaroni, Spätzle), sind am besten als Beilage zu soßenreichen Gerichten geeignet.

Mit Nudeln können vielseitige Gerichte zubereitet werden.

Spätzle

1250 g	Weizenmehl
0, 5 l	Wasser oder Milch
12	Eier
2,5 TL	Salz, Muskat

zum Garen:

4 l	Wasser, 2 TL Salz

- Zutaten zu einem dickflüssigen glatten Teig schlagen, bis er Blasen wirft,
- 30 bis 60 Min. ruhen lassen,
- Spätzle formen, vgl. Abb.

Herstellungsformen für Spätzle

Der Spätzleteig wird portionsweise in siedendes Salzwasser

- vom Brett geschabt

- gepresst

Frischeiteigwaren dürfen nur frische Hühnereier enthalten! Das Färben von Teigwaren ist verboten!

AUFGABE

Stellen Sie Gerichte aus diesen Nudelsorten mit den zugehörigen Rezepten zusammen.

Nudelformen

1. Hörnchennudeln
2. Penne
3. Spaghetti
4. Farfalle
5. Spiralnudeln
6. kleine Muscheln
7. Bandnudeln

Reis

wird als Langkorn- und Rundkornreis angeboten. **Langkornreis** bleibt beim Garen körnig und eignet sich als Beilage und Suppeneinlage sowie für Salate und Eintopfgerichte. **Rundkornreis** wird weich und verklebt leicht beim Kochen. Er wird zu Milchreis und süßen Reisspeisen verarbeitet. **Wildreis** ist der Samen des Wassergrases, hat einen nussigen Geschmack und wird als Beilage zu besonderen Menüs angeboten. Der Handel bietet Reis als geschälten, Naturreis und parboiled Reis an. **Parboiled Reis** wird vor dem Schälen (= Entfernen des Silberhäutchens) mit Wasserdampf und Druck behandelt, wodurch die Vitamine und Mineralstoffe aus dem Silberhäutchen in das Korninnere wandern und im Reiskorn erhalten bleiben.

Zubereitung: Reis wird gekocht oder gedünstet. Durch Gemüse, Pilze und Gewürze kann er farblich und geschmacklich verfeinert werden.

Geformter Reis wird in viel Salzwasser gegart (ca. 18 Min.). Der heiße Reis wird umgerührt, zum Formen in ein kalt ausgespültes Gefäß gedrückt und danach auf einen Teller gestürzt und angerichtet. **Ungeformter** Reis wird nach dem Garen auf einem Sieb unter kaltem Wasser abgespült und gekühlt gelagert. **Butterreis** wird in der Pfanne in Butter geschwenkt oder in der Mikrowelle regeneriert.

Kochreis

0,5 kg	Reis
2 l	Wasser
1 TL	Salz

Butterreis

0,5 kg	Reis
2 l	Wasser
1 TL	Salz
80 g	Butter

Gedünsteter Reis – Risotto – der Reis wird mit Zwiebelwürfeln in Öl gedünstet, mit Brühe abgelöscht und bei geringer Hitze gegart.

Risotto

1000 g	Langkornreis
1,25 l	Gemüsebrühe
125 g	Butter/Margarine
2	Knoblauchzehen
5	Zwiebeln
½ TL	Salz, Pfeffer, Paprika
200 g	Parmesankäse, gerieben

Gemüserisotto

- Knoblauch und Zwiebeln in 75 g Butter andünsten, mit Reis 3 Min. glasig dünsten,
- Brühe auffüllen, 2 Min. aufkochen,
- 15 bis 20 Min. quellen lassen,
- würzen, restliche Butter und Käse zugeben.

Variationen von Risotto, z. B.
- Gemüserisotto
- Geflügelrisotto
- Schinkenrisotto

Informieren Sie sich über die Zubereitung dieser Risotto-Varianten.

Reissorten und ihre Eigenschaften:

Langkornreis
für Suppen, Aufläufe, Beilagen, Salate

Naturreis

Parboiled Reis, Natur

Geschälter Reis

Parboiled Reis, geschält

Rundkornreis
für Aufläufe und Desserts

Naturreis

Geschälter Reis

Wilder Reis
für Beilagen

Portionsmengen:

Vorspeise	*30 g*
Beilage	*50 bis 60 g*
Hauptgericht	*80 bis 100 g*
Suppeneinlage	*10 g*

Im Reisrand werden Gerichte mit sämig gebundener Soße wie Ragout, Frikassee und Gulasch serviert. Der Reisrand wird in einer Kranzform hergestellt.

Serbisches Reisfleisch

1250 g	Schweinenacken
7	Zwiebeln
2	Chilischoten
5	Paprikaschoten
425 g	Tomaten
2	Bund Petersilie
125 g	Öl
100 g	Tomatenmark
1,75 l	Brühe
	Salz, Pfeffer, Paprika, Thymian
500 g	Langkornreis, gegart

Informieren Sie sich über die Zubereitung des Reisfleisches.

Beim Einkauf EU-Güteklassen beachten (s. a. S. 98 f.):

Extra	*hervorragende Qualität*
I	*gute Qualität*
II	*mittlere Qualität*
III	*einfache Qualität*

Das für die jeweilige Gemüsesorte geeignete Garverfahren muss

- *die Nährstoffe optimal erhalten,*
- *den Eigengeschmack verstärken,*
- *die Inhaltsstoffe für die Verdauung aufschließen,*
- *die Verwendung in der Speisenfolge berücksichtigen.*

Milchreis bildet die Grundlage verschiedener Süßspeisen.

Milchreis

625 g	Rundkornreis
2,5 l	Milch
4 EL	Zucker, 1 Prise Salz
2	Zimt- oder Vanillestangen

- Milch und Zucker aufkochen,
- Reis, Salz und Zimtstange zufügen,
- 3 Min. unter Rühren köcheln lassen,
- bei niedriger Hitze 30 Min. quellen lassen, ab und zu umrühren

AUFGABEN

1. *a) Erläutern Sie die folgenden Kartoffelzubereitungen: die Herstellung von Kroketten/Pommes frites/Brat-/Folienkartoffeln.*
   b) Vergleichen Sie den Energie- und Fettgehalt in jeweils 200 g.
   c) Zu welchen Gerichten würden Sie diese Beilagen reichen?
2. *Berichten Sie, welche Zubereitungen von Kartoffelklößen in Ihrem Betrieb jeweils gefertigt werden.*
3. *Stellen Sie Menüs mit Kartoffelklößen als Beilage zusammen.*
4. *Wie können Convenience-Kartoffelklöße verfeinert werden?*
5. *Sie benötigen 200 Portionen Butternudeln. Die Bandnudeln sollen schon am Vortag auf Vorrat vorgefertigt werden. Wie gehen Sie vor?*
6. *Stellen Sie Rezepte von leichten Nudelgerichten zusammen.*
7. *Informieren Sie sich anhand von Lebensmittelverpackungen und Fachbüchern über die Unterschiede zwischen Naturreis, geschältem Reis, parboiled Reis und Wildreis.*
8. *Stellen Sie verschiedene Zubereitungsformen von Reis aus Ihrem Betrieb vor.*

Gemüse und Salate

Gemüse und Salate haben wegen ihres Gehaltes an Vitaminen, Mineralstoffen und Ballaststoffen eine hohe Bedeutung in der Ernährung. Sie sättigen, ohne viel Energie zuzuführen, und sind insbesondere für die Reduktionskost unverzichtbar.

Gemüse und Salate können das ganze Jahr in guter Qualität bezogen werden. Es sollten regionale Produkte der Saison bevorzugt werden – sie sind reif geerntet, haben volles Aroma und einen hohen Vitamin- und Mineralstoffgehalt. Auch die Kennzeichnung der Produktionsart, z.B. Freilandgemüse aus ökologischem Anbau oder Treibhausgemüse, ist zu beachten. Um die Geschmacks- und Wirkstoffe zu erhalten, sollten Gemüse und Salate kühl und dunkel gelagert werden.

Vorbereitung von Gemüsespeisen

Viele Gemüsearten werden nach dem Waschen geputzt oder geschält und durch exaktes Schneiden in Form gebracht (s. S. 42 ff.). Manche Gemüsearten werden vor dem Zubereiten blanchiert, z.B. Bohnen, Erbsen, Spinat zur Farberhaltung und Kohlgemüse zur Entfernung störender Geruchs- und Geschmacksstoffe. Beim Blanchieren geht ein hoher Anteil der Mineralstoffe und Vitamine verloren.

Zucchiniröllchen

Zubereitung von Gemüsespeisen

Gemüse werden meist durch feuchte Garverfahren (s. S. 47) zubereitet, weil diese den Eigengeschmack schonen. Nur für spezielle Zubereitungen kommen trockene oder kombinierte Verfahren zum Einsatz.

Kochen in viel Wasser, z. B. Spargel, Blumenkohl, Schwarzwurzeln und Rosenkohl.
Spargel, Blumenkohl und Rote Bete garen bis zur Weiterverwendung in der heißen Garflüssigkeit nach. Andere Gemüsearten werden abgegossen und mit Eiswasser gekühlt. Zarte Gemüse, z. B. Spargel und Brokkoli, werden nicht in großen Mengen gekocht, sondern in mehreren Portionen nacheinander gegart. Die Garflüssigkeit sollte bei der Zubereitung von Suppen oder Soßen verwendet werden.

Dämpfen, z. B. Blumenkohl, Weißkohl und Kohlrabi, führt zu den niedrigsten Auslaugverlusten.

Dünsten im eigenen Saft bei wenig Flüssigkeitszugabe eignet sich für fast alle Gemüsearten, ausgenommen Blumenkohl, Spargel, Rote Bete. Die Auslaugverluste sind gering; durch die Zugabe von Fett wird der Geschmack abgerundet. Der Konvektomat ist zum Dünsten und Dämpfen ideal geeignet (s. S. 27).
Gedünstete Gemüse reicht man z. B.

- naturell: wenig reduzierten Gemüsefond über das Gemüse gießen
- in Sahne: Sahne angießen, mit dem Gemüsefond verkochen
- gebunden: Fond mit Béchamelsoße oder Mehlbutter sämig binden, über das Gemüse geben

Schmoren – leichtes Anbraten und anschließendes Garen in Brühe oder Sahne – wird vielfach für gefüllte Gemüse, wie Paprikaschoten, Kohlrouladen, bei Gemüseragout (Ratatouille) und Zucchini, Gurken, Tomaten, Wirsing sowie Weißkohl angewendet. Das Gemüse wird mit Fett oder Speck zusammen mit Zwiebeln oder Schalotten leicht angebraten, mit Brühe aufgegossen und geschmort, s. a. S. 49.

Frittieren – die Gemüse werden in Scheiben, Stücke oder Ringe geschnitten, gewürzt, mit einer Umhüllung versehen und in heißem Fett (175 °C) schwimmend gebacken. Feste Gemüse werden vorgegart frittiert, z. B. Sellerie, Blumenkohl, Schwarzwurzeln. Weiche Gemüse, z. B. Zucchini, Tomaten und Champignons, werden roh frittiert.

Braten in der Pfanne – in Form geschnittene, evtl. panierte oder in Ausbackteig gehüllte Gemüse oder Gemüsebratlinge werden in Öl oder Butter gebräunt, z. B. Sellerie, Pilze, Tomaten, Zucchini, Paprika.

Je kürzer der Garvorgang, desto geringer sind die Auslaugverluste:

- *vorbereitetes Gemüse in sprudelnd kochendes Wasser geben,*
- *bei hoher Hitzeeinwirkung zum Kochen bringen,*
- *dann sofort Wärmezufuhr drosseln*

Gemüse wird auf »Biss« gegart. Übergartes Gemüse verliert an Genuss- und Gesundheitswert.

Variationen mit Brokkoli

Standardablauf Dünsten von Erbsen-Möhren-Gemüse s. S. 48

Gefüllte Gurken

Umhüllungen von Gemüse:

- *Milch und Mehl*
- *Ausbackteig (Bierteig, s. S. 212)*
- *Panierung: in Mehl wenden, durch Eiweiß ziehen, in Paniermehl wenden*

Zubereitung von frittiertem Gemüse

1200 g	verschiedene Gemüsestückchen bereitstellen (Blumenkohl, Champignons, Möhren, Kohlrabi)
Ausbackteig:	
200 g	Mehl
4	Eigelb
	Salz,Pfeffer
200 ml	Weißwein oder Bier
4	Eiweiß

- Gemüse durch den Ausbackteig ziehen,
- Gemüse in heißem Fett frittieren, abtropfen lassen, sofort servieren!

Frittiertes Gemüse

Gegarte Gemüse können verfeinert werden, z. B.

- *mit brauner oder frischer Butter*
- *mit Sahne*
- *durch Glasieren*
- *durch Gratinieren*
- *durch Frittieren*

Portionsgrößen

- *Beilage* — *200 g*
- *Vorspeise* — *100 bis 150 g*
- *Hauptgericht* — *250 g*

Lernsituation:

Informieren Sie sich, wie in Ihrem Betrieb/Haushalt die verschiedenen Gemüsesorten zubereitet werden.

Blumenkohl, gefüllt, in Scheiben geschnitten

Brokkoliauflauf

Gemüsespeisen – einige ausgewählte Beispiele

Gemüsesorten	Mögliche Zubereitungen
Wurzelgemüse	
Karotten, Möhren	in Scheiben, Würfel, Stäbchen schneiden, dünsten
Schwarzwurzeln	kochen oder dünsten, mit zerlassener Butter oder Holländischer Soße anrichten
Knollensellerie	garen, in Scheiben paniert braten/frittieren
Sprossengemüse	
Spargel	kochen und mit zerlassener Butter oder aufgeschlagener Soße anrichten
Blattgemüse	
Spinat	blanchieren, dünsten als Blattspinat/oder gehackt mit Sahne angerichtet als Rahmspinat
Mangold	Blätter wie Spinat, Stängel wie Spargel zubereiten
Chicorée	blanchieren/dünsten/schmoren oder überbacken
Samen- und Fruchtgemüse	
Erbsen	dünsten, mit Butter verfeinern
Bohnen	dünsten, mit Butter/ausgelassenen Speckwürfeln verfeinern
Zucchini	gefüllt schmoren; in Scheiben paniert frittieren
Paprika	gefüllt schmoren; als Gemüsestreifen dünsten
Zwiebelgemüse	
Lauch	schmoren oder dünsten, mit Béchamelsoße anrichten
Kohlarten	
Weißkraut	als Sauerkraut mit Speck/Wein/Äpfeln schmoren
Blumenkohl	kochen, mit Rahmsoße/aufgeschlagener Soße anrichten oder servieren
Kohlrabi	dünsten, mit Butter/Sahne verfeinern

Gefüllte Paprikaschoten

1000 g	Hackfleisch, gemischt
2 Bd.	Schnittlauch
5	Zwiebeln
2	Eier
75 g	Langkornreis, gegart
10	Paprikaschoten (ca. 2000 g)
	Salz, Pfeffer, Paprika
Für die Soße:	
5	Zwiebeln,
2	Knoblauchzehen
1000 g	Fleischtomaten

- Zwiebeln und Knoblauch fein würfeln und in Öl glasig dünsten, geviertelte Tomaten zugeben und ca. 25 Min. köcheln lassen,
- Hackfleisch-Reis-Masse zubereiten (s. S. 72), Masse in Paprikaschoten füllen, Deckel aufsetzen,
- Paprikaschoten in köchelnde Soße setzen, im geschlossenen Topf 45 Min. garen.

Gemüsespeisen aus Convenience-Erzeugnissen

Viele Gemüsearten stehen ganzjährig als vorgefertigte Erzeugnisse in gleich bleibender Qualität zur Verfügung. Neben der Vorbereitung entfällt das Zerkleinern, viele Erzeugnisse werden schon garfertig geliefert. Tiefgefrorene Gemüse sollten wegen ihres Gehaltes an Wirkstoffen, der dem frisch geernteter Gemüse entspricht, bevorzugt werden. Sie werden oft zur Farberhaltung blanchiert, wodurch sich die Garzeit um ein Drittel verkürzt. Stückiges Tiefgefriergemüse wird in siedendem Salzwasser gegart, Gemüse in Blockform, z. B. Spinat, in ausgelassenem/r Speck/Butter unter Zugabe von etwas Brühe gedünstet. Konserven werden auf Verzehrtemperatur gebracht und mit gehackten frischen Kräutern aufgewertet. Trockengemüse müssen vor dem Garen durch Wasserzugabe aufquellen.

AUFGABEN

1. *Erstellen Sie Arbeitsregeln zur Erhaltung von Vitaminen und Mineralstoffen bei der Vor- und Zubereitung von Gemüsespeisen.*
2. *Informieren Sie sich über die Hauptsaison für grüne Bohnen, Gurken, Zucchini, Lauch, Weißkohl, Kohlrabi, Spargel, Rosenkohl, Chicorée und Schwarzwurzeln.*
3. *Welche Gemüsesorten der Saison werden zurzeit angeboten?*
4. *Sie sollen eine Gemüseplatte mit fünf verschiedenen Gemüsesorten für vier Personen zusammenstellen. Wie gehen Sie vor?*
5. *Stellen Sie die Zubereitung der folgenden Gemüse dar:*
   a) Leipziger Allerlei *b) Ratatouille*
   c) Kohlrouladen *d) Gemüsequiche*
   e) Rotkohl *f) Rahmspinat*
6. *Wie kann die Garflüssigkeit von Gemüse weiterverwendet werden?*

Zum Füllen geeignete Gemüse:

- *Auberginen*
- *Gurken*
- *Tomaten*
- *Zucchini*
- *Gemüsezwiebeln*
- *Paprika*

Zubereitung vorgefertigter Gemüse:

Gemüsekonserven
- *vorsichtig erwärmen*
- *abrunden mit z. B. Butterflocken, Sahne, Speck-, Zwiebelwürfeln, Soßen*
- *frisch gehackte Kräuter zugeben*

Tiefkühlgemüse
- *in Salzwasser garen*
- *in erhitztem Fett/Speck dünsten*
- *mit Butter/fertiger Soße verfeinern*

Getrocknete Gemüse
- *gefriergetrocknete Gemüse ca. 20 Min. einweichen, danach garen*
- *luftgetrocknete Gemüse vor dem Garen über Nacht einweichen*

Das Anrichten von Gemüse

- *Teller-/Plattenrand nicht belegen*
- *Soße gebundener Gemüse darf andere Speisen auf dem Teller nicht beeinträchtigen*
- *Speisen sollen farblich harmonieren*
- *Teller vorwärmen*

Einteilung der Salate:

- **nach der Zubereitung**
  Blattsalate, Gemüsesalate
  Rohkostsalate
  Salate von gekochten Gemüsen
- **nach der Zusammensetzung**
  einfache Salate
  zusammengesetzte Salate (Salatkomposition)
  Mischsalate (gemischte Salate)

Salatbeilagen

Salate, ob als **Vorspeise, Beilage, Zwischenmahlzeit, Hauptgericht** oder bei **Buffets** angeboten, ergänzen eine gesunde Ernährung. Zur Verarbeitung gelangen Blattsalate und Gemüse.

Zu unterscheiden sind **einfache Salate** – Blattsalate und Salate, die nur aus einem Gemüse (roh oder gegart) hergestellt werden –, **zusammengesetzte Salate/Salatkompositionen** – sie bestehen aus verschiedenen einfachen Salaten, die separat zubereitet und auf einem Teller/einer Platte nebeneinander angerichtet werden – und **gemischte Salate** – Blattsalate und Gemüse werden miteinander vermischt.

Einfache Salate	Gemischter Salat	Salatkomposition
z. B. Gurkensalat, Feld-, Tomatensalat	z. B. Griechischer Bauernsalat	z. B. Kopf-, Tomaten-, Gurkensalat auf Platte garniert

Anrichten von verschiedenen Salaten

Blattsalate und Salate aus rohen Gemüsen

Blattsalate	Gemüse
Chicorée, Eisbergsalat, Lollo Rosso, Eichblattsalat, Feldsalat, Endivie, Kopfsalat, Chinakohl, Radicchio **Wildgemüse,** z. B. Gartenkresse, Brunnenkresse, Sauerampfer, Löwenzahn	Möhren, Rotkohl, Weißkohl, Gurken, Tomaten, Radieschen, Paprikaschoten, Bleichsellerie, Knollensellerie, Fenchel, Rettich, Pilze

Blattsalat mit Putenbrust

Feldsalat

Anrichten von Salaten

- *Salatteile mundgerecht zerkleinern*
- *Salate locker/appetitlich anrichten*
- *harmonische Farbgestaltung beachten*
- *frische Kräuter/Kresse aufstreuen*
- *Geschmack durch verschiedene Soßen (s. a. S. 217) variieren und durch Kräuter, Nüsse, Keime, Croûtons verfeinern*

Blattsalate werden verlesen und gründlich in viel Wasser gewaschen. Um Auslaugverluste zu vermeiden, darf der Salat nicht im Wasser liegen bleiben. Nach dem Abtropfen werden die Blätter zerpflückt oder geschnitten. Blattsalate werden erst kurz vor dem Verzehr angerichtet.

Roh verarbeitete Gemüse werden gründlich gewaschen, geputzt oder geschält und danach zerkleinert. Je fester das Gemüse ist, desto feiner muss es geschnitten werden. Gurken und Tomaten werden z. B. in Scheiben geschnitten, Möhren und Rettich grob oder fein geraspelt. Zartes Gemüse wird erst kurz vor dem Verzehr mariniert, mit Salatsoße übergossen und vermischt. Feste Gemüsesorten, wie Weißkohl oder Paprika, werden längere Zeit vor dem Servieren mariniert und in der Soße angerichtet, damit sie durchziehen.

Salate aus gegarten Gemüsen

Die zugeschnittenen rohen Gemüse werden in leicht gesalzenem Wasser gekocht, das Gemüse soll dabei bissfest bleiben. Die Gemüse kühlen in dem Garfond ab, um den Geschmack zu erhalten. Man lässt das Gemüse abtropfen, mariniert es oft noch warm und richtet den Salat längere Zeit vor dem Anrichten mit der Salatsoße an. Frische Kräuter werden erst kurz vor dem Verzehr zugegeben.

Geeignete Gemüse:

Möhren	Weißkohl	Spargel	Erbsen
Knollensellerie	Bohnenkerne	Rote Rüben	Brokkoli
Blumenkohl	Schwarzwurzeln	Grüne Bohnen	

Bohnensalat

- geputzte grüne Bohnen mit Bohnenkraut in Salzwasser bissfest garen, mit Eiswasser abschrecken
- die noch warmen Bohnen mit Essig-Öl-Kräuter-Soße marinieren
- mit gehackten Zwiebeln, Petersilie, Bohnenkraut oder Schnittlauchröllchen vermischen

Selleriesalat

- geschälten Sellerie in Würfel oder Streifen schneiden
- mit Zwiebeln, Zitrone, Salz, Zucker und weißem Pfeffer bissfest kochen
- nach dem Auskühlen mit Essig und Öl anrichten

Kartoffelsalat (für 4 Personen)

1 kg	fest kochende Kartoffeln
100 g	feine Zwiebelwürfel
0,2 l	Fleischbrühe
4–6 EL	Essig, Salz, Pfeffer
60 g	Öl

- Warme Kartoffeln in feine Scheiben schneiden, Fleischbrühe mit Zwiebeln und Essig aufkochen, Salz, Pfeffer und Senf zugeben, rühren, heiße Marinade über Kartoffeln gießen, locker durchschwenken, durchziehen lassen. Das Öl wird zuletzt zugegeben.
- Nach Belieben mit Salatgurken oder Radieschen verfeinern.

Kartoffelsalat mit Radieschenscheiben

Salat mit Sahnesoße

Salatsoßen – Marinaden und Dressings

Hauptbestandteile aller Salatsoßen sind Säure, z.B. Essig, Zitronensaft, Joghurt, und Öl/Fett, z.B. Pflanzenöle, Sahne, saure Sahne oder Mayonnaise. Die Salatsoße kann flüssig oder gebunden sein. Würzige Zutaten wie z.B. Zwiebeln, Schalotten, Knoblauch, Kräuter, Kapern, Senf oder Meerrettich variieren den Geschmack, geringe Beigaben von Spirituosen, Soja oder Tabasco runden den Geschmack ab.

Salatsoßen

Unterschieden werden drei Arten von Salatsoßen:
- **Essig-Öl-Soßen:** z.B. Vinaigrette-Soße
- **Soßen auf Milchproduktbasis:** z.B. mit Joghurt, Schmand, saurer Sahne oder Dickmilch
- **Soßen auf Mayonnaisebasis:** Mayonnaise als Soßengrundlage

Roquefort-Dressing

1 Teil Roquefort
1 Teil Essig
2 Teile Öl
Salz, Pfeffer, Salatkräuter
- für Blattsalate, z.B. Lollo-Rosso-, Frisée-, Radicchio-, Chicoréesalat und Rohkostsalate geeignet

Beziehen Sie sich bei der Mengenkalkulation der Salatsoßen auf betriebliche Erfahrungswerte!

Vinaigrette-Soße:

1 Teil Essig
1–2 Teile Öl
Salz, Pfeffer, Zwiebeln, Salatkräuter, Zucker nach Belieben
- für alle Salate geeignet

Sahne-Kräuter-Soße

4 Teile Sahne
1 Teil Essig/Zitronensaft
Salz, Pfeffer, Zwiebeln, Dill, Schnittlauch, Petersilie, Zucker nach Belieben
- für Blatt- und Gemüsesalate geeignet

Joghurt-Frucht-Soße

250 g Joghurt
2 EL Orangensaft
1 TL Zitronensaft
1 Spritzer Worcestersoße
2 EL Öl
Salz, Pfeffer, (Zucker)
- für alle Salate geeignet

Thousand-Island-Soße

2 Tassen Mayonnaise
je 1 Tasse Sahne und Chilisoße
Zitronensaft, Salz, Pfeffer, (Zucker)
Paprikaschotenwürfel
- für Blattsalate, gegarte Möhren, Sellerie, Bohnenkerne, Blumenkohl, Spargel geeignet

Bitte beachten:
- *Blattsalate und Gemüsesalate dienen als Beilagen zu dem Hauptgericht oder als Extragang innerhalb eines Menüs.*
- *Rohkostsalate werden anstelle von Suppe als Vorspeise angeboten.*
- *Salate aus tierischen Zutaten, wie Geflügel, Fisch, Eier, Käse, kombiniert mit pflanzlichen Produkten, werden nicht als Beilage serviert, sondern sind eigenständige Speisen.*

AUFGABE

Informieren Sie sich in Ihrem Betrieb, wie die benötigte Menge an Salatsoße jeweils kalkuliert wird. Berichten Sie in der Klasse.

Rohkostsalate

Rohkostsalate werden aus rohen Gemüsen und Früchten zubereitet und tragen wegen ihres hohen Vitamin- und Mineralstoffgehaltes zu einer gesunden und vollwertigen Ernährung bei. Die Rohwaren werden gründlich gewaschen und geputzt und danach fein zerkleinert. Um eine Braunfärbung zu verhindern, werden die Salatbestandteile unmittelbar nach dem Zerkleinern gesäuert. Die natürliche Farbe bleibt dadurch besser erhalten. Das Marinieren und Anrichten der Salate erfolgt erst kurz vor dem Verzehr (bei langem Stehen ziehen sie Saft!).

Die Salate werden mit Ölen und geschmacksverfeinernden Zutaten angerichtet:
- **hochwertige Pflanzenöle,** z.B. Sonnenblumen-, Distel-, Weizenkeimöl
- **Milchprodukte,** z.B. Sahne, Joghurt, Crème fraîche

Rohkostzusammenstellungen, z.B.:
- Rotkraut, Sellerie, Apfel
- Rote Rüben, Sellerie, Apfel, Nüsse
- Ananas, Apfel, Sauerkraut
- Radicchio, Fenchel, Melone
- Apfel, Möhren, Rosinen, Nüsse

Orangen-Fenchel-Salat

Spitzkohl mit Melone

- **Säure,** z.B. Zitronen- oder Orangensaft, Essig
- **Würzstoffe,** z.B. Zwiebeln, Knoblauch, Küchenkräuter, Meerrettich
- **Schalenobst,** z.B. Nüsse, Mandeln, Pistazien
- **Trockenfrüchte,** z.B. Rosinen, Feigen, Pflaumen

AUFGABEN

1. *In welcher Form bezieht Ihr Betrieb vorgefertigte Salatbeilagen?*
2. *Welche Gemüse sind für die Zubereitung von Rohkostsalat geeignet? Stellen Sie weitere Rezepte für Rohkostsalate zusammen und berichten Sie in Ihrer Klasse.*
3. *Welche Gemüse müssen vor der Zubereitung zu Salat gegart werden?*
4. *Überlegen Sie, wie bei der Herstellung von Rohkostsalaten der Arbeitsablauf und Materialfluss zur Trennung von »rein« und »unrein« gestaltet werden sollte.*
5. *Sie sollen zum Mittagessen für 40 Personen ein Salatbuffet herstellen. Stellen Sie Ihre Planungsschritte dar. Beziehen Sie dabei betriebliche Erfahrungen mit ein.*

Süßspeisen – Desserts

Als Desserts werden **Cremes, Gelees, Obstdesserts** und **Eisspeisen** angeboten.
Desserts bilden bei den meisten Speisefolgen den Abschluss – daher wird besonderer Wert auf die Qualität und weniger auf die Portionsgröße gelegt. Meist werden leichte kalorienarme Desserts bevorzugt. Dies wird erreicht durch die Verarbeitung von Früchten, Quark oder Joghurt anstatt Schlagsahne. Außerdem können gehaltvolle Desserts mit energiearmen Speiseteilen zu einer bekömmlichen Speisenfolge kombiniert werden.
Bei der Herstellung von Desserts muss die Lebensmittelhygiene unbedingt beachtet werden, denn die verwendeten Rohstoffe, z.B. Eier, Sahne, Milch, sowie die fertigen Speisen wie Eis und Cremes sind ein idealer Nährboden für Mikroorganismen.

Obst und Früchte

Frisches Tafelobst zeichnet sich durch seinen hohen Gehalt an Vitaminen und Mineralstoffen aus. Es werden reife, erstklassige Früchte der Saison verwendet, die als Obstschale arrangiert und zusammen mit einem Obstmesser bzw. Obstteller angeboten werden.

Zubereitung eines Rohkostsalates am Beispiel:

Apfel-Möhren-Rosinen-Salat

- *Möhren und Äpfel raspeln und mit Orangensaft vermischen, Rosinen und gehackte Nüsse zugeben, durchziehen lassen.*
- *In halben Orangenschalen, Gläsern oder Glasschalen anrichten. Etwas mit Meerrettich abgeschmeckte Schlagsahne aufsetzen, mit geraspelten Walnüssen bestreuen.*

Servieren und Anrichten von Salaten

- *in Schüsseln*
- *als Salatbuffet*
- *auf Salatschälchen/Tellern*
- *in Früchten, z.B. Melone, Orangenschale (bei Buffets)*

Gemischter Obstsalat

Regeln für die Verarbeitung von Obst:

- *nur einwandfreie Früchte verwenden*
- *Früchte gründlich waschen*
- *Früchte, die an den Schnittstellen leicht braun werden, blanchieren oder Zitronensaft zugeben*
- *gefrorenes Obst in gefrorenem Zustand verarbeiten*
- *Spirituosen zum Verfeinern erst vor dem Anrichten zugeben*

- ***Obst/Früchte***
  Obstsalat, Kompott, Früchtegelee, als Quarkspeise/Joghurtspeise
- ***Cremes (Bindemittel)***
  Stärke, Gelatine, Ei
- ***Gelees***
  Fruchtgelee, Weingelee
- ***Eisspeisen***
  Cremeeis, Fruchteis, Sahneeis

Qualitätsmerkmale für Gelees:
- *klar und durchsichtig*
- *leichter Schmelz*
- *fruchtiger Geschmack*
- *klare Farbabgrenzung passend zu den Früchten*

Weingelee mit Früchten

0,65 l Weißwein
0,35 l Wasser
130 g Zucker
8–10 Blatt Gelatine
0,35 kg Früchte
0,2 l Schlagsahne (Garnierung)
Saft von 2 Zitronen
Schale unbehandelter Zitrone

Listen Sie die Zubereitungsschritte auf.

Obstsalate werden aus reifen Früchten bester Qualität, z. B. Äpfeln, Pfirsichen, Ananas, Orangen, Bananen, hergestellt. Konservierte Früchte werden nur dann verarbeitet, wenn kein frisches Obst der Saison im Angebot ist. Die Früchte werden geschält, enthäutet und entkernt. Bananen, Äpfel und Birnen werden in rohem, geschältem Zustand leicht braun, deshalb sind sie zum Schluss zu verarbeiten. Zugabe von Säure – Zitronensaft – verhindert die enzymatische Bräunung. Die Früchte werden in Form – filetartig, keilförmig, blättrig oder in Scheiben – geschnitten und mit Puderzucker und Spirituosen verfeinert. Gehackte Nüsse oder Rosinen runden den Salat ab. Obstsalate werden in Glasschalen oder ausgehöhlten Früchten (Ananas, Melone) angerichtet. Eine passende Ergänzung sind Eis, Schlagsahne oder Fruchtsoßen.

Fruchtgelee wird mit Fruchtsaft oder Most, der durch Gelatine gebunden wird, hergestellt. Ein Drittel der Flüssigkeit wird mit dem Zucker zum Kochen gebracht und die eingeweichte Gelatine zugegeben. Nach dem Abkühlen wird die übrige Flüssigkeit unter Rühren hinzugegeben. Das Gelee wird zum Gelieren in Gläser gegossen und mit Sahnerosetten und Früchten garniert. **Weingelees** enthalten statt des Fruchtsaftes Weiß- oder Rotwein.

Gelee mit Früchten – frische Früchte oder Kompotte werden schichtweise in Dessertgläser eingelegt, mit Gelee aufgefüllt und stocken gelassen, oder die Früchte werden in den Gläsern angeordnet, zu einem Drittel mit Gelee bedeckt und nach dem Stocken mit Gelee bedeckt. Geeignet sind frische Himbeeren, Erdbeeren, Kirschen und Pfirsiche, ebenso gedünstete Äpfel, Ananas und Birnen.

Standardablauf: Blattgelatine verarbeiten

In heißen Flüssigkeiten
- Gelatine in reichlich kaltem Wasser einweichen
- Blätter leicht ausdrücken, in die heiße Flüssigkeit geben, auflösen, gut verrühren
- kalt stellen und gelieren lassen

In kalten Massen
- Gelatine in reichlich kaltem Wasser einweichen
- Blätter in etwas Flüssigkeit auf der Kochstelle, im Wasserbad oder im Mikrowellengerät auflösen, nicht aufkochen lassen
- Temperaturausgleich durchführen:
  etwas von der kalten Masse mit der aufgelösten Gelatine verrühren, diese Mischung unter die restliche kalte Masse rühren
- kalt stellen und gelieren lassen

Verarbeitung von Blattgelatine

▶ Gelatineblätter in kaltem Wasser ca. 10 Min. einweichen, ausdrücken und im Wasserbad auflösen

▶ etwas von der Flüssigkeit langsam der Gelatine zufügen

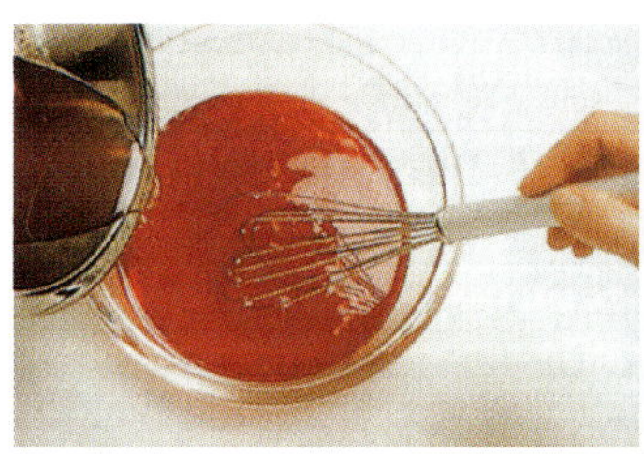

▶ nach Temperaturausgleich Gelatineflüssigkeit in die zu gelierende Flüssigkeit geben, kalt stellen

Cremespeisen

Die verschiedenen Cremes werden nach der **Art der Bindung** unterschieden.

Art der Bindung	Herstellung	Beispiele
Bindung durch Stärke (gekochte Cremes)	Bindung durch Stärkeverkleisterung nach dem Aufkochen	Füllcreme, zur Herstellung von Buttercreme
Bindung durch Gelatine (geschlagene Cremes)	Grundcreme aus Eigelb, Zucker, Milch/Fruchtsaft, mit geschlagener Sahne gelockert, durch Gelatine gefestigt	Fruchtcremes, Bayerische Creme, Weinschaumcreme, Mousse
Bindung durch Ei (pochierte Cremes)	Mischung aus Milch und Eiern im Wasserbad gestockt	Karamellcreme, Schokoladen-, Wiener Creme

Ableitungen Bayerische Creme:

- *Mokkacreme*
- *Schokoladencreme*
- *Früchtecreme*
- *Nusscreme*

Informieren Sie sich, wie diese Ableitungen der Bayerischen Creme hergestellt werden!

Geschlagene Cremes

Die Bayerische Creme ist eine warm-kalt-geschlagene Creme. Durch Zugabe verschiedener Geschmackszutaten wird sie vielseitig variiert.

Bayerische Creme

0,3 l	Milch
3	Eigelb
80 g	Zucker
0,3 l	Schlagsahne
6–8 Blatt	Gelatine
½	Vanilleschote

- Gelatine einweichen
- Milch mit Vanillemark aufkochen
- Eigelb, Zucker schaumig rühren
- heiße Milch unter Rühren langsam zugeben
- im Wasserbad schlagen, bis die Masse eine cremige Konsistenz hat
- Gelatine ausdrücken, in heißer Masse auflösen
- kurz vor dem Gelieren (die Masse ist eingesteift) Schlagsahne unterziehen

Bayerische Creme kann in Schüsseln, portionsweise gestürzt oder als Charlotte angerichtet werden.

Stürzcreme
Creme in nasse Förmchen gefüllt, nach dem Erstarren gestürzt, ausgarniert

Charlotte
Biskuitrand umgibt die Creme; mit Schlagsahne ausgarniert

Zitronenschaumcreme

10		Eier
5	EL	Zucker
5	EL	Stärkemehl
8		Zitronen
1	TL	ger. Zitronenschale

- Zitronen auspressen, mit Wasser auf 600 ml auffüllen.
- Alle Zutaten mit Handrührgerät verrühren, im Wasserbad erwärmen, dabei schaumig schlagen.

Schaumcremes (Mousses)

Cremig-schaumige Dessertspeisen in verschiedenen Geschmacksrichtungen: Schokolade, Vanille, Erdbeere. Ihre Herstellung ist ähnlich den geschlagenen Cremes.

Schokoladenmousse

250 g	Vollmilchschokolade
250 g	Zartbitterschokolade
250 ml	Milch
750 g	Schlagsahne
3 EL	Schokoraspel
8 Bl.	Gelatine

- Gelatine einweichen, Schokolade in Milch auflösen, von der Kochstelle nehmen und Gelatine ohne Wasser darin lösen, im Wasserbad abkühlen.
- Wenn die Schokoladenmasse halbfest ist, steif geschlagene Sahne unterrühren, garnieren.

Um das Hygienerisiko zu verringern, dürfen Cremes
- *nicht auf Vorrat hergestellt werden*
- *nicht längere Zeit gelagert werden*
- *nicht über 5 °C aufbewahrt werden*
- *nicht unter 85 °C erhitzt werden*

Gekochte Cremes

Sie werden aus Milch, Stärke, Zucker und Aromastoffen hergestellt. Durch das Aufkochen verkleistert die Stärke. Die Zugabe von Eigelb, Eischnee oder geschlagener Sahne lockert und verfeinert gekochte Cremes. Gekochte Cremes werden zur Herstellung von Buttercreme oder zum Füllen von Gebäcken, z.B. Cremerollen, Cremeschnitten, verwendet.

Bitte beachten:

Werden gekochte Cremes zu kurz gekocht, verlieren sie bald an Bindung und setzen Flüssigkeit ab.

Vanillecreme

1 l	Milch
150 g	Zucker
6	Eigelb
70 g	Stärke
2	Vanilleschoten

- ¾ l Milch aufkochen, restliche Milch, Zucker, Stärke anrühren
- angerührte Zutaten in kochende Milch einrühren, weiterkochen, bis Blasen aufsteigen

Rote Grütze

Flammeris

Dies sind mit Reis, Grieß oder Stärke gebundene gesüßte Milchspeisen, die mit verschiedenen Geschmackszusätzen (z.B. Vanille, Schokolade, Karamell) verändert werden können (s. S. 59).
Als Beilage werden z.B. Beeren, Kompott oder süße Soßen wie Himbeersoße, Heidelbeersoße serviert.

Grütze

Gesüßter Fruchtsaft/Früchte werden aufgekocht, mit angerührter Stärke gebunden und nach dem Erkalten serviert, z.B. rote Grütze.
Als Beilagen werden Vanillesoße oder flüssige/geschlagene Sahne angeboten.

Eisspeisen

Nach den verwendeten Rohstoffen werden unterschieden:

- **Cremeeis** mit 50 % Milchanteil
- **Eiercremeeis** mit 270 g Vollei oder 90 g Eigelb auf 1 Liter Milch, kein zusätzliches Wasser
- **Rahmeis** mit mind. 18 % Milchfett aus der Sahne
- **Parfait** mit Eigelb oder Vollei aufgewertetes Rahmeis
- **Milcheis** mit mind. 60 % Milch
- **Fruchteis** mit mind. 20 % Fruchtanteil, bei Zitrusfrüchten mind. 10 %
- **Eiscreme** mit 10 % Milchfett
- **Sorbet** mit mind. 25 % Fruchtanteil, bei Zitrusfrüchten mind. 15 %

In der Gemeinschaftsverpflegung wird normalerweise industriell hergestelltes Speiseeis verwendet. Das Speiseeis wird meist als Eisbecher serviert. Hierbei werden verschiedene Speiseeissorten mit Früchten, Spirituosen, Nüssen, Fruchtmark und Schlagsahne in Glasbechern oder Glasschalen angerichtet und mit Waffeln, Baisergebäck, Krokant oder Schokoladenstreuseln garniert.

Beliebte Eiszubereitungen – einige Beispiele

- **Pfirsich Melba:** halber Kompottpfirsich auf Vanilleeis, mit Himbeerpüree überzogen
- **Bananensplit:** Banane neben 2 bis 3 Kugeln Vanilleeis angerichtet, mit Schokoladensoße übergossen und mit Schlagsahne garniert
- **Schwarzwaldbecher:** mit Stärke angedickte und mit Kirschwasser aromatisierte gedünstete Kirschen mit 2 bis 3 Kugeln Vanille- und Schokoladeneis anrichten, mit Schlagsahne/Raspelschokolade garnieren
- **Birne Helene:** halbe gedünstete Birne auf 2 bis 3 Kugeln Vanilleeis, mit Schokoladensoße übergießen
- **Eiskaffee:** Vanilleeis in hohem Glas mit kaltem, etwas gezuckertem Kaffee auffüllen, mit Schlagsahne und Schokoladenspänen garnieren

AUFGABEN

1. *Nennen Sie die Möglichkeiten zur Bindung von Cremes und ordnen Sie jeweils drei zugehörige Cremespeisen zu.*
2. *Zu welchen Süßspeisen kann konserviertes Beerenobst verwendet werden? Informieren Sie sich über mögliche Rezepte.*
3. *Erläutern Sie die Verarbeitung von Gelatine am Beispiel einer Zitronencreme. Vergleichen Sie die Gelatinezugabe bei einer Stürzcreme/ Schüsselcreme. Begründen Sie die unterschiedlich benötigten Mengen.*
4. *Beschreiben Sie die Herstellung eines Obstsalates. Warum beginnt man mit der Verarbeitung der Zitrusfrüchte?*
5. *Vergleichen Sie eine selbst hergestellte Bayerische Creme mit einem vergleichbaren Convenience-Produkt in Bezug auf Geschmack, Konsistenz und Aussehen. Führen Sie auch einen Kosten- und Arbeitszeitvergleich durch.*
6. *Welche Desserts bieten Sie passend zu folgenden Speisenfolgen an?*
   - *Brokkolicremesuppe, Schweinebraten – Kartoffelklöße – Rotkohl*
   - *Spargelbouillon, Spargel mit Sauce Hollandaise – Salzkartoffeln – roher Schinken*
   - *Lasagne – gemischter Salat*

Hygienevorschriften für Herstellung und Verkauf von Speiseeis

- *Nur Personen mit einem Gesundheitszeugnis dürfen Speiseeis herstellen.*
- *Alle zur Eisherstellung verwendeten Geräte müssen sauber sein und sofort nach der Herstellung gereinigt werden.*
- *Die zur Herstellung verwendete Milch, Eier, Sahne müssen pasteurisiert sein.*
- *Erhitzte Eimasse muss rasch abgekühlt werden.*
- *Geschmolzenes Eis darf nicht noch einmal eingefroren werden.*

Früchtebecher

Cremeeis

½ l	Milch
125 g	Zucker
5	Eigelb (pasteurisiert)
½	Vanilleschote
⅛ l	Schlagsahne

- Milch mit Vanillemark aufkochen und in die Eigelbmasse (Zucker + Eigelb) rühren, im Wasserbad unter Rühren abziehen, bis die Masse bindet; durch ein Haarsieb passieren, schnell abkühlen, während des Gefrierens in der Eismaschine geschlagene Sahne zugeben.

In Einrichtungen sollte die Tischanordnung den Verpflegungsteilnehmern bei der Einnahme der Mahlzeit bieten:

- *Geborgenheit,*
- *einen sicheren Platz,*
- *die Möglichkeit des Kontaktes in der Tischgemeinschaft.*

Bitte beachten:
Bestuhlung, Tisch- und Tafelformen sollten bei Auftragsannahme mit den Gästen abgesprochen werden.

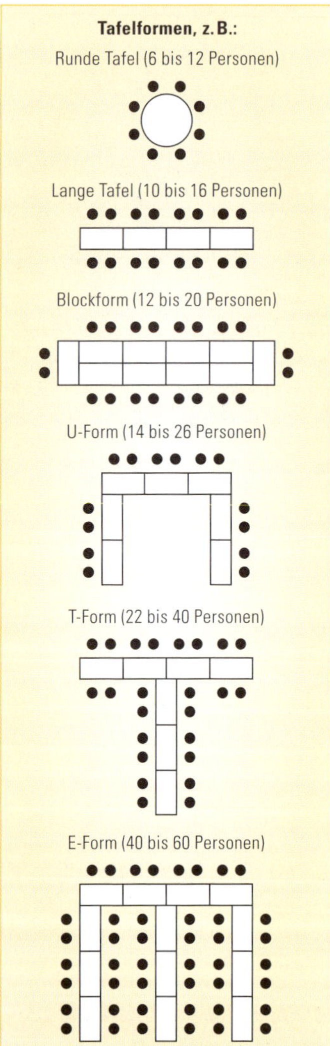

3.2 SERVIEREN AUSGEWÄHLTER MENÜS

Der Service trägt entscheidend dazu bei, dass sich die Essensteilnehmer wohl fühlen. Er umfasst vielfältige Aufgaben – Eindecken und Dekorieren der Tische, Empfang, Beratung und Bedienung, Servieren von Speisen und Getränken sowie Abdecken der Tische. Dies kann nur mit einer sinnvoll abgestimmten Arbeitsorganisation geleistet werden.

3.2.1 TAFELFORMEN

Die Gestaltung der Tafelform richtet sich nach den Räumlichkeiten, der Anzahl der Verpflegungsteilnehmer, dem Anlass und der Art der Bewirtung. Jede Person sollte eine Tischbreite von 70 bis 80 cm zur Verfügung haben. **Runde** Tische sind für kleine Gruppen bis zu zehn Personen geeignet. Mit Einlegplatten können sie zu ovalen Tischen erweitert werden. **Quadratische** oder **rechteckige** Tische sind für kleinere Räume und größere Personenzahlen besser geeignet. Für größere Gesellschaften können sie als lange Tafel, Block oder in U-, T- oder E-Form zusammengestellt werden. In der Gemeinschaftsverpflegung werden meistens 4-, 6-, und 8-Personen-Tische eingesetzt.

Beim Stellen der Tische muss ausreichend Platz für den Durchgang gelassen werden.

Die Tischanordnung trägt wesentlich zur Gestaltung des Raumes bei.

Tische in einer Kantine/einem Speisesaal

Gestaltung einer festlichen Tafel

3.2.2 DAS EINDECKEN DES TISCHES

Ein ansprechend gedeckter Tisch bietet den Rahmen, der zu einem genussvollen Verzehr der angebotenen Speisen und Getränke sowie zu entspannter Unterhaltung einlädt.

Tischwäsche

Tischtücher werden in unterschiedlichen Faserarten, Bindungen und Farben angeboten. Ein festlicher Tisch wird mit einem weißen Damasttuch aus Leinen, Halbleinen oder Baumwolle gedeckt. Bei anderen Anlässen können auch farbige Tücher verwendet werden. Die Auswahl der Farbe des Tischtuches ist dabei auf das Geschirr und die Dekorationsmittel abzustimmen. Beim fertig gedeckten Tisch sollen die Brüche des Tischtuches parallel mit den Tischkanten verlaufen und die Überhänge gleichmäßig sein, vgl. Band 1 dieser Fachbuchreihe HT 4201.

Tischwäsche für besondere Anlässe

Mitteldecken oder Deckservietten

- werden **diagonal** in der Tischmitte aufgelegt, die Ecken dürfen nicht länger als der Überhang der Tischdecke sein
- können bei langen Tafeln **parallel** mit der Tischkante abschließend oder leicht überhängend aufgedeckt werden

Sie sind meistens 80 × 80 cm oder 90 × 90 cm groß. Sie können die gleiche Farbe haben wie das Tischtuch; bei unterschiedlicher Farbauswahl bieten sie sich als Tischdekoration an. Deckservietten schonen die Tischtücher; diese müssen bei geringfügiger Verschmutzung nicht sofort abgenommen werden.

Mundservietten dienen bei der Tischgestaltung als Dekorationsmittel und dem Gast als Mundtuch. Kenntnisse über einfache Serviettenformen befinden sich in Band 1 der Buchreihe, HT 4201 Seite 156.

Das Legen des Tischtuches

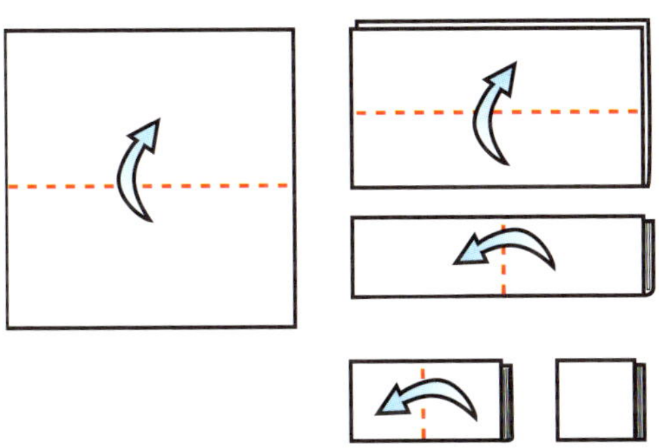

- Das Tischtuch wird zuerst zweimal längs und dann zweimal quer gelegt. Faltet man das Tischtuch auseinander, hat es drei Längs- und drei Querfalten.

Die hauswirtschaftliche Fachkraft unterscheidet beim Eindecken:

den Tisch im Alltag:

- *einladend und vollständig gedeckt*
- *sauber und ordentlich*

in Heimeinrichtungen, z. B.:

- *abwaschbare Tischdecken*
- *Tischsets an jedem Platz*
- *Serviettentasche für jeden Bewohner oder Serviettenständer*
- *Menagen*

den festlich gedeckten Tisch:

- *ausgewählte Tischwäsche*
- *ausgewähltes Geschirr/Besteck*
- *auf Anlass abgestimmte Dekoration*
- *gleichmäßiger Überhang eines Tischtuches*

Das Eindecken für besondere Anlässe

- *Tischwäsche aufdecken*
- *Platz durch Platzteller/Mundserviette fixieren*
- *Geschirr, Besteck, Gläser eindecken*
- *Menagen einsetzen*
- *Menükarten auflegen*
- *Tischkärtchen an den Platz stellen*
- *Stühle am Tisch ausrichten*

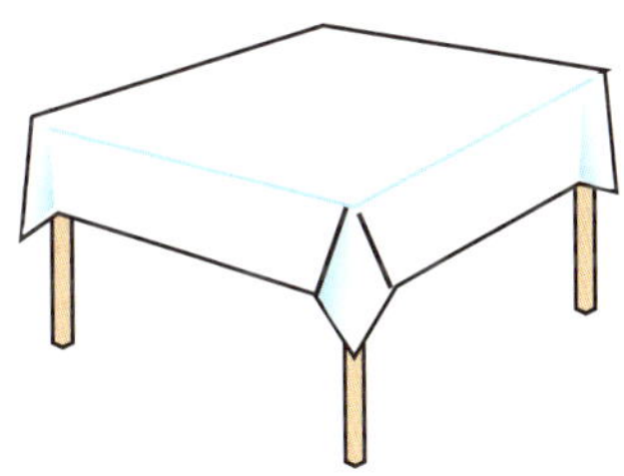

Gleichmäßiger Überhang eines Tischtuches

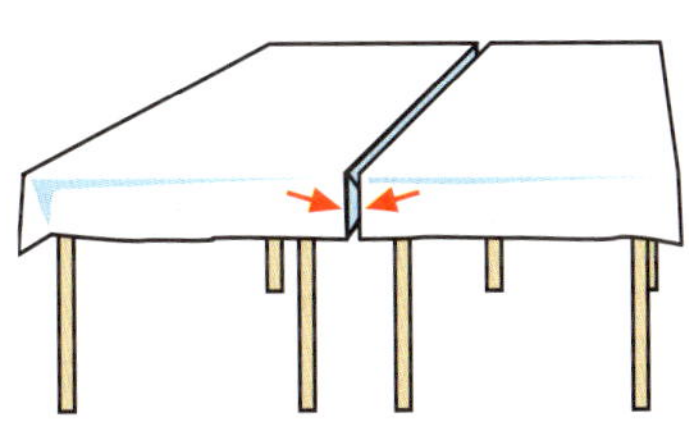

Eingeschlagene Tischtuchenden bei Anschlusstafeln

Das Auflegen des Tischtuches

Mittelbruch und Webkanten zeigen zu der Person, die herabhängenden Tischtuchteile sind gleich lang

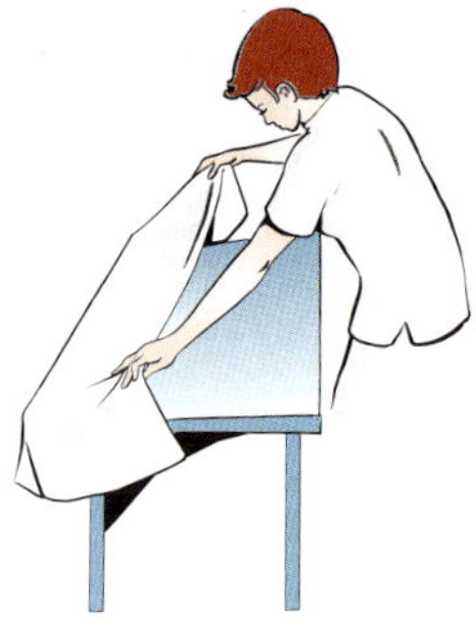

Der untere Tischtuchteil wird zur hinteren Tischkante geschwungen und das Tischtuch über den Tisch gelegt

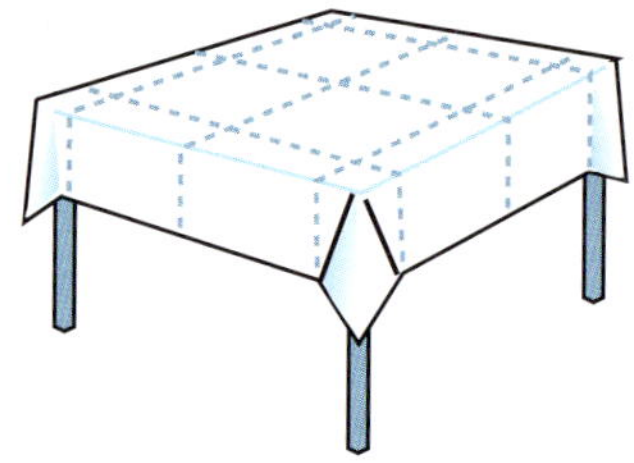

Beim fertig aufgelegten Tischtuch liegen die Brüche parallel zu den Tischkanten; der Mittelbruch liegt genau in der Tischmitte

Bei großen Tischen müssen zwei Mitarbeiter gemeinsam das Tischtuch auflegen und dabei in Serienarbeit vorgehen.

Beim Auflegen des Tischtuches sollten der Mittelbruch und die beiden Webkanten zu der Servierkraft zeigen. Das Tischtuch wird so ausgerichtet, dass die seitlich herabhängenden Teile gleich lang sind.

Tischausstattung und Tischgeräte

Die Anordnung muss auf allen Tischen gleich sein:
- *Blumenschmuck*
- *Menagen*
- *Aschenbecher*

Bitte beachten:
Tischtücher müssen beim Abnehmen exakt in ihre alten Bügelfalten zurückgelegt werden, wenn sie wieder verwendet werden sollen (s. S. 223).

Zur normalen **Ausstattung** bei Frühstücks- und Kaffeegedecken gehören **Blumenschmuck** und **Zuckerdose**, beim Mittag- und Abendessen werden zusätzlich **Menagen** und gegebenenfalls ein Aschenbecher ergänzt. Geschirr, Bestecke und andere Tischgeräte werden in den Einrichtungen jeweils
- am Tisch eingedeckt
- von den Gästen an der Ausgabetheke/am Buffet selbst beschafft
- von dem Personal beim Servieren der Speisen an den Tisch gebracht

Menagen sind Würzbehälter, die der Gast zur Selbstbedienung am Tisch erhält. Hierzu zählen:
- Salz- und Pfefferstreuer
- Würzstreuer, Würzflaschen
- Essig, Öl, Senf, Worcestersoße

Salz-, Pfeffer- und Zuckerstreuer sollen nur zu Dreiviertel gefüllt werden und ihre Streuwirkung muss öfter kontrolliert werden. Menagen sollten regelmäßig gereinigt werden.

AUFGABEN

1. *Nach welchen Kriterien werden Tischformen ausgewählt?*
2. *Welche Zwecke erfüllen Tischservietten?*
3. *Worauf muss geachtet werden, wenn ein Tischtuch ein zweites Mal aufgedeckt werden soll?*
4. *Informieren Sie sich über das richtige Abnehmen des Tischtuches und üben Sie es. Führen Sie es in der Klasse durch.*
5. *Decken Sie einen Tisch (6 Personen) für das*
   a) Frühstück (mit Frühstücksbuffet),
   b) Mittagessen (die Speisen werden in Schüsseln am Tisch serviert),
   c) Abendessen (kaltes Buffet).

Stapelbares Geschirr für den normalen Gebrauch

Feuerfestes Geschirr

Anforderungen an das Geschirr
- *stapelbar*
- *spülmaschinenfest*
- *pflegeleicht*
- *haltbar*
- *handlich im Gebrauch*
- *bis zu 10 Jahren nachkaufbar*
- *dekorative Form*

Tafelgeschirr und Besteck

Die Tischkultur wird wesentlich von dem verwendeten Tafelgeschirr und Besteck mitbestimmt. Die Auswahl des Gedecks richtet sich nach der Mahlzeit und dem Anlass.

Tafelgeschirr in der Gemeinschaftsverpflegung (Systemgeschirr) besteht meistens aus Porzellan, hat dezente zeitlose Formen mit schlichten Dekors und ist stapelbar. Die Oberfläche des Porzellans ist glatt, dicht und chemisch widerstandsfähig. Kratzfeste Glasuren verhindern, dass sich Schmutz absetzt. Gerbsäurerückstände bei Kaffee- und Teegeschirr können im normalen Waschgang entfernt werden. Platten und Tafelgeräte sind aus Porzellan, Glas, Silber oder Edelstahl.
Haushaltsgeschirr besteht aus Porzellan, Keramik oder Steingut. Haushaltsgeschirr sollte spülmaschinenfest sein und eine zweckmäßige Form haben.

Die Formen des Geschirrs sind nach Funktionalität und Aussehen auf die besonderen Anforderungen abgestimmt:
- Geschirr für den täglichen Gebrauch
- Geschirr für den besonderen Anlass (besondere Formen und Dekors)

Bei der Anschaffung des Geschirrs sollte darauf geachtet werden, dass
- Einzelteile nachkaufbar sind
- das Geschirr spülmaschinenfest ist

Besteck wird in vielen Formen und Materialien (Silber, Edelstahl) angeboten, vgl. Band 1 dieser Fachbuchreihe, HT 4201.
Bei Bestecken unterscheidet man Grundbestecke, Zusatzbestecke sowie Hilfs-, Vorlege- und Tranchierbestecke.

Die Wahl des Bestecks richtet sich nach der servierten Speise:
- **Messer** und **Gabel** für Speisen, die zerkleinert werden müssen
- **Löffel** für Speisen, die geschöpft werden
- **Gabel** und **Löffel** für Speisen, die mit Löffel und Gabel verzehrt werden (Spaghetti) sowie als Vorlegebesteck

Feuerfestes Porzellangeschirr
ist Spezialgeschirr, das zum Kochen, z. B. Überbacken von Zwiebelsuppe, Anrichten und Servieren verwendet wird. Darin servierte Speisen bleiben lange Zeit heiß.

Anforderungen an das Besteck:
- *pflegeleicht*
- *glatte und porenfreie Oberfläche*
- *spülmaschinenfest*
- *oxidiert nicht*
- *handlich im Gebrauch*
- *bis zu 10 Jahren nachkaufbar*
- *dekorative Form*

Bei Buffets werden meist zusätzlich eingesetzt:
Warmhalteplatten (Rechauds):
- *zum Warmhalten von Speisen, die nachgereicht werden sollen*

Sekt- und Weinkühler:
- *Tischkühler, in dem Sekt oder Wein mit Eis kühl gehalten werden*

Warmhalteplatte (Rechaud)

Grundbesteckauswahl

Löffel

Gabel

Messer

Teelöffel

Systembesteckauswahl

Buttermesser

Fischmesser

Stechmesser

Mokkalöffel

Gourmetlöffel

Kuchengabel

Bitte beachten:

- *Beim Service dürfen Bestecke niemals in der bloßen Hand getragen werden!*
- *Vor dem Gebrauch sind die Bestecke zu überprüfen und nachzupolieren!*

Übersicht: Bestecke

Besteckarten	Verwendung im Service
Grundbestecke:	
Großes Besteck	**großer Löffel, große Gabel, großes Messer;** für Menüs inkl. Suppe und Hauptgericht (außer Fisch) große/r Löffel/Gabel für Spaghetti
Kleines Besteck (Dessertbesteck)	**kleine Gabel** und **kleiner Löffel** für Desserts, Eis, Windbeutel, Torten und Kuchen **kleiner Löffel** für Kaffee, Tee, Schokolade **Mokkalöffel** für Mokka
Mittelbesteck	**Mittelmesser** und **Mittelgabel** für Frühstück, Käse, Vorspeisen etc. **Mittellöffel** für klare Suppen **Mittelgabel** und **Mittellöffel** für Desserts auf flachen Tellern oder Schalen
Zusatzbestecke:	
Fischbesteck	Messer zum Entgräten und Gabel zum Verzehr
Servierhilfsgeräte:	
Tortenmesser	zum Schneiden und Servieren von Tortenstücken
Käsemesser	Sägeschliff und gebogene Messerspitze; zum Abschneiden und Aufspießen von Käsestücken
Salatbesteck	gewölbte Gabel und Löffel zum Mischen und Portionieren von Salat
Tranchierbesteck	langes Messer und zweizinkige lange Gabel zum Zerlegen von Fleisch und Geflügel

In der Gemeinschaftsverpflegung setzt man meistens Systembesteck ein – die Besteckteile können vielseitig verwendet werden, da es keine Unterschiede zwischen großem und mittlerem Besteck gibt. Die Anzahl der notwendigen Bestecke wird hierdurch reduziert.

Beispiel:
Die Tafelgabel wird verwendet für

- Hauptgerichte
- Fischgerichte
- Vorspeisen und Desserts

Gläser

Gläser unterscheiden sich nach **Form**, **Größe** und **Materialqualität**. Für unterschiedliche Getränke werden besondere Gläser verwendet, z. B. Wein-, Bier-, Sektgläser, die jeweiligen besonderen Eigenschaften der Getränke kommen dadurch richtig zur Geltung.

Gläser sind nach jedem Gebrauch sorgfältig zu spülen. Sie werden von Hand mit einer Glasspülbürste in warmem Spülmittelwasser, mit einem Glasspülgerät oder in der Spülmaschine gereinigt. Danach sollten sie in warmem, klarem Wasser nachgespült und zum Abtropfen mit der Öffnung nach unten aufgestellt und im Gläserschrank aufbewahrt werden.

Schaumweingläser

Weingläser

Biergläser

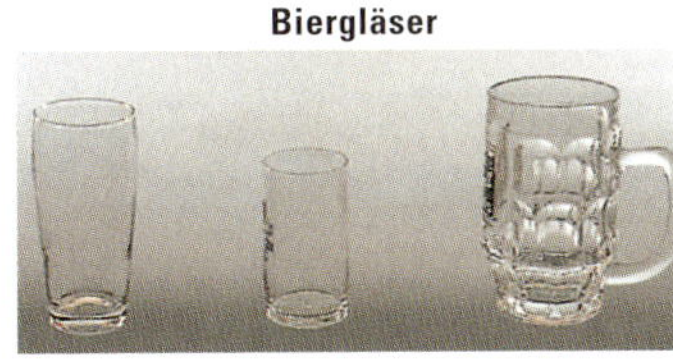

sonstige Gläser

Übersicht: Gläser

Gläserarten	Verwendung im Service
Weingläser	0,1 bis 0,2 l
Weißweinglas	für **Weißwein:** Kelchglas
Rotweinglas	für **Rotwein:** großbauchige Gläser (Entfaltung des Buketts); die Gläser sollen höchstens zu zwei Drittel gefüllt werden
Dessertweinglas	für **Dessertweine:** kleine Gläser (kleine Mengen)
Sektgläser	0,1 l; 0,15 l **hohe Gläser:** die Kohlensäure bleibt länger erhalten **Sektschale:** für Sekt-Mischgetränke, z. B. Sekt-Orangensaft, Sekt-Campari; die Kohlensäure kann schneller entweichen
Biergläser	0,25 bis 0,3 l
Henkelglas	für verschiedene Bierarten
Biertulpe	auf Pils abgestimmt, fördert die Bildung der »Krone«
Weißbierglas	für Weißbier
Berliner Weiße	für Berliner Weiße; in der Halbkugelform sammelt sich der Himbeersaft am Boden
Spezialgläser	
Punschglas	für alle Punscharten
Eiskaffeeglas	für Eiskaffee und Eisschokolade
Irish-Coffee-Glas	für Irish Coffee (Kaffee mit Whisky und Schlagsahne)
Teeglas	für Tee und Grog

Bitte beachten:

- *Gläser nach dem Spülen mit klarem Wasser nachspülen*
- *vor dem Gebrauch die Gläser überprüfen und nachpolieren*
- *Gläser nicht im Trinkbereich anfassen*

Je nach Mahlzeit und Anlass werden verschiedene Gedecke vorbereitet, z.B.:
- *Frühstücksgedeck*
- *Mittagsgedeck*
- *Kaffeegedeck*
- *Abendgedeck*
- *Festgedeck*

Arten der Gedecke

Für die Einnahme der Mahlzeiten werden die Tische im Speiseraum vieler Gemeinschaftsverpflegungseinrichtungen, z.B. in Altenhilfeeinrichtungen und Tagungshäusern, mit Geschirr, Besteck und Gläsern eingedeckt. Das **Gedeck** bestimmt den Platz, an dem der Gast die Mahlzeit einnimmt. Nach der Art der Mahlzeit und dem Anlass werden verschiedene Gedecke eingesetzt.

Die Bestecke werden in der Reihenfolge eingedeckt, in der sie benötigt werden. Besteckteile für den ersten Gang liegen ganz außen. Bestecke für Speisen, die nach dem Hauptgang serviert werden, z.B. Dessertlöffel und Käsemesser, werden oberhalb des Tellers eingedeckt.

Frühstücksgedeck in einer Tagungsstätte

Frühstücksgedeck

Das **Grundgedeck** besteht aus:
- Mittelteller
- Untertasse und Kaffeetasse
- Messer
- Kaffeelöffel
- (Serviette/Serviettentasche oder Serviettenständer am Tisch)

Beim **erweiterten Frühstücksgedeck** werden ergänzt:
- Salzstreuer – für ein gekochtes Ei
- Mittellöffel – für Getreidespeisen wie Müsli und Cornflakes
- Mittelgabel – für Wurst und Käse

Gedeck für den Mittagstisch (Suppe, Hauptgang, Dessert)

Gedeck für den Mittags- und Abendtisch

Das **Grundgedeck** besteht aus:
- großer Teller
- Messer
- Gabel
- (Serviette/Serviettentasche oder Serviettenständer am Tisch)

Bei einem Menü aus Suppe, Hauptgang und Dessert werden zusätzlich ein Suppenlöffel und ein kleiner Löffel eingedeckt. Je nach betrieblichen Gegebenheiten werden dann beim Eindecken der große Teller und der Suppenteller entsprechend der Menüfolge aufeinander gestellt.

In Wohngruppen von Einrichtungen erfolgen Eindecken, Speisenverteilung und Service häufig durch das Pflegepersonal (die Schnittstelle zwischen Hauswirtschaft und Pflege muss abgeklärt sein!).

Das Eindecken des Tisches kann auch von den Bewohnern übernommen werden, z.B. in Jugendgästeeinrichtungen, Behindertenwohnheimen etc.

Kaffeegedeck

Kaffeegedeck

Das Kaffeegedeck besteht aus:
- Mittelteller
- Tasse mit Untertasse
- Kaffeelöffel, Kuchengabel
- Serviette

Tafelgedeck für ein festliches Essen

Das Eindecken erfolgt im Uhrzeigersinn um den Tisch. Zuerst wird der **Platzteller**, ein dekorativer Teller aus Porzellan oder Metall, eingedeckt. Er wird mit einer gefalteten Serviette belegt.

Dann wird das Besteck für den Hauptgang aufgelegt. Im Anschluss werden auf der rechten Seite des Platztellers außen beginnend in der Reihenfolge der Gänge **Messer, Fischmesser** und **Löffel** eingedeckt und im Anschluss auf der linken Seite die Gabeln. Das Dessertbesteck liegt über dem Teller, die **Dessertgabel** mit dem Griffende nach links und der **Dessertlöffel** mit dem Griffende nach rechts. Der Dessertlöffel liegt über der Dessertgabel.

Es sollten nicht mehr als drei Gläser (Weißwein, Rotwein, Dessertwein) eingedeckt werden.

In vielen Einrichtungen werden Nachmittagskaffee und kalte Getränke inkl. Geschirr und Gläser, evtl. Obst und Gebäck auf einem Servierwagen/Tisch im Speiseraum zur Selbstbedienung bereitgestellt. Das Eindecken der Tische kann entfallen.

Das Gedeck zum festlichen Menü

Klare Brühe mit Gemüsestreifen
*
Lammrückenfilet
Grüne Bohnen
Kroketten
*
Weinschaumcreme mit Früchten
***
Weißwein, Rotwein

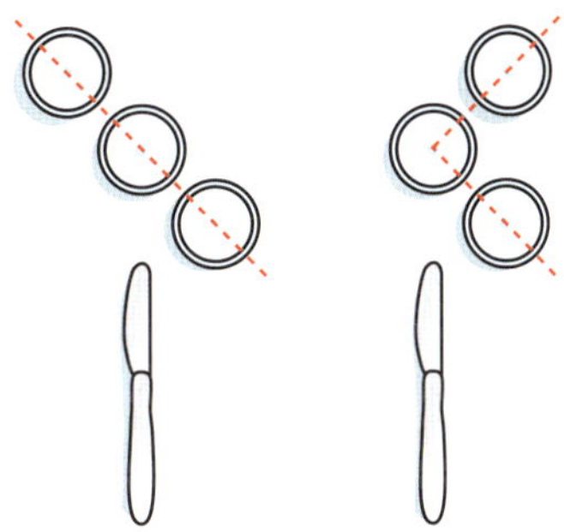

Mehrere Gläser können als Reihe oder Block gestellt werden

Gedeck zu kalten und warmen Buffets

Buffets bieten sich vor allem bei größeren Einladungen an. Die Gäste bedienen sich hierbei selbst. Meist besteht keine feste Sitzordnung. Die Gäste finden sich selbst in Gruppen zusammen. Buffettafel und die Esstische werden mit weißer Tischwäsche eingedeckt und in der Dekoration auf den Anlass abgestimmt.

Bier-, Saft- und Wassergläser sowie Gläser für Spirituosen werden auf einem Beistelltisch bereitgehalten. Richtlinien zum Buffetaufbau befinden sich auf S. 243.

Buffetgedeck

- *Bestecke, Gläser und Geschirrteile immer vor dem Eindecken kontrollieren und polieren!*
- *Den Tisch mit Handschuhen oder Geschirrhandtüchern eindecken!*

Zum Eindecken des Tisches werden benötigt:

- großes Besteck
- Dessertbesteck
- Servietten (für den freien Raum zwischen dem Besteck)
- Brotteller und Brotmesser links von der Gabel
- Glas (das Rotweinglas steht über der Messerspitze, das Weißweinglas um 45° abgeschrägt darüber)
- Menage (Salz, Pfeffer)

Auf der Buffettafel stehen:

- große Teller und Mittelteller am Buffetanfang
- kleine Teller für Desserts und Kaffeelöffel
- Kaffeetassen und Untertassen am Buffetende

AUFGABEN

1. *Berichten Sie aus Ihrem Betrieb, wie der Tisch für das Frühstück/für das Mittagessen eingedeckt wird. Erörtern Sie das Vorgehen.*
2. *Erstellen Sie einen Arbeitsplan zum Eindecken des Tisches für ein erweitertes Frühstück (Angebot an Käse, Wurst, Frühstücksei, Müsli). Decken Sie danach den Frühstückstisch ein. Reflektieren Sie Ihr Vorgehen in der Klasse.*
3. *Sie weisen eine Bewohnerin in das Eindecken des Mittagstisches (Suppe, Hauptgang, Dessert) ein. Wie gehen Sie vor? Halten Sie Ihre Überlegungen schriftlich fest. Stellen Sie Ihr Vorgehen evtl. in einem Rollenspiel dar und erörtern Sie es danach in der Gruppe.*
4. *Decken Sie für das nachstehende Menü für sechs Personen ein:*

   Rinderkraftbrühe mit Markklößchen
   Gedünsteter Rotbarsch auf Gemüse
   Salzkartoffeln
   Weingelee mit Früchten

5. *Decken Sie eine Tafel für vier Personen für nachstehendes Menü ein:*

   Geräucherte Forelle mit Sahnemeerrettich und Toast
   Salatteller
   Schweinemedaillons mit Rahmchampignons
   Herzoginkartoffeln
   feine Gemüse
   Bayerische Creme mit Früchten
   Weißwein

3.2.3 TISCHDEKORATION

Richtige Blumenpflege:

Vor dem Einstellen in die Vase

- *Stielenden schräg anschneiden*
- *in der Vase befindliche Blätter entfernen*
- *bei Rosen die in die Vase ragenden Dornen entfernen*
- *Frischhaltemittel in das Wasser geben*

- *Blumen abends kühl stellen*
- *Wasser nach 2 bis 3 Tagen erneuern*
- *Blumenstiele bei Bedarf erneut nachschneiden*

Die Tischdekoration unterstreicht die einladende Stimmung sowie den feierlichen Charakter einer Tafel. In der Auswahl von Blumen, Servietten, Kerzen und Kerzenständern, Bändern und anderen gestaltenden Materialien wird sie jeweils dem Anlass angepasst.

Blumen schmücken einen einladend gedeckten Tisch. Die Wahl der Blumen richtet sich nach dem **Anlass** und ist auf **Tischwäsche, Kerzen** und **Geschirr** abgestimmt (s. Band 1 dieser Fachbuchreihe, HT 4201). Auch die **Jahreszeit** sollte bei der Auswahl berücksichtigt werden.
Meistens wird mit kleinen Sträußen oder niedrigen Gestecken dekoriert; große Sträuße in hohen Vasen beanspruchen viel Platz, verhindern den Blick zum Gegenüber und stören die Harmonie der Tischdekoration.
Giftige und stark duftende Blumen sollten nicht verwendet werden.

Blumenschmuck

Kenntnisse über die dekorative Anordnung von Blumen zu Gestecken und Sträußen wurden in Band 1 der Fachbuchreihe HT 4201, Seite 150 f., vermittelt. Neben Blumen dienen Ranken von wildem Wein, Efeu, Asparagus, Immergrün, Tannenzweige und Früchte als Tischdekoration.

Kerzen geben der Tafel eine feierliche Stimmung. Die Auswahl der Kerzen nach Form und Farbe sollte auf Geschirr und Tischwäsche abgestimmt werden.

Für eine festliche Tafel verwendet man **Kerzenhalter** aus Porzellan, Glas oder Silber, bei anderen Anlässen können auch Holz-, Keramik- oder Metallhalter benutzt werden. Die Kerzenhalter sollten so geformt sein, dass kein Wachs auf die Tischwäsche tropft.

Die Tafel kann mit in Schleifen gelegten **Bändern** geschmückt werden. Die Bänder können von dem Blumenschmuck zu den Tischecken drapiert und mit Stecknadeln am Tischtuch festgeheftet werden.

Tischkarten geben bei besonderen Anlässen wie z. B. Hochzeit, aber auch bei Tagungen oder Konferenzen, die Sitzordnung vor. Sie sollen die Möglichkeit schaffen, dass jeder einen ihm sympathischen Tischnachbarn erhält, sodass eine harmonische Unterhaltung ermöglicht wird, s. Band 1 dieser Fachbuchreihe, HT 4201.

Menükarten zeigen dem Gast die Speisenfolge und die Getränkeauswahl auf. Bei Menükarten, die in der Mitte gefaltet sind, werden rechts die Speisenfolge und links die Getränke aufgelistet.

Eingedeckt für Kindergeburtstag

AUFGABEN

1. *Wie würden Sie die Tischdekoration jeweils gestalten für*
   a) ein weihnachtliches Menü in einem Altenheim,
   b) das Frühstück in einem Tagungshotel mit Frühstücksbuffet,
   c) eine Kaffeetafel für hochrangige Vertreter in einem Tagungshotel für 15 Personen?

2. *Decken Sie den Tisch für einen Kindergeburtstag (Katja, 7 Jahre) mit 6 Kindern im Alter von 6 bis 7 Jahren ein.*

3. *Sie sollen eine Kaffeetafel für einen Kindergeburtstag/für eine Hochzeit arrangieren.*
   a) Welche Gestaltungselemente wählen Sie jeweils aus?
   b) Betrachten Sie die Abbildungen und bringen Sie eigene Ideen zur Ausgestaltung der Tischdekorationen ein.
   c) Welches Geschirr/Besteck wählen Sie zum Eindecken des Tisches aus?

4. *In einem Tagungshotel soll ein festliches Abendessen für 25 Personen arrangiert werden.*
   a) Machen Sie Vorschläge zur Menügestaltung.
   b) Stellen Sie Überlegungen zur Tischdekoration an und erstellen Sie eine Skizze Ihrer Dekorationsvorschläge.
   c) Erstellen Sie eine Materialliste, in der Sie alle Materialien inkl. Geschirr, Bestecke, Gläser zur Gestaltung der Festtafel aufführen.
   d) Fertigen Sie eine Skizze zum Eindecken der Festtafel.
   e) Erstellen Sie einen Arbeitsplan zum Eindecken der Tische.

5. *Betrachten Sie die nebenstehenden Fotos.*
   a) Vergleichen Sie die dargestellten eingedeckten Tische im Hinblick auf den Service und die Tischatmosphäre.
   b) Wie würden Sie sich als Gast bei der Mahlzeiteneinnahme an diesen Tischen jeweils fühlen?

Einladend gedeckter Tisch mit Möglichkeit des Kontaktes

Lieblos gedeckter Tisch

von rechts ausgeführte Servierarbeiten:

- *Einsetzen von Tellern*
- *Einsetzen von Speisen auf Tellern/in Tassen*
- *Einsetzen von Gemüseschalen und Saucieren*
- *Einsetzen und Füllen von Tassen und Kannen*
- *Einschenken von Getränken*

von links ausgeführte Servierarbeiten:

- *Präsentieren von Platten mit angerichteten Speisen*
- *Vorlegen der Speisen von Platten*
- *Einsetzen der Hauptplatte*
- *Einsetzen von Salat- und Kompottbeilagen*
- *Nachlegen von Messer/Gabel*

3.2.4 SERVIEREN VON SPEISEN UND GETRÄNKEN

Zum fachgerechten Servieren der in der Küche angerichteten Speisen gehören die **richtige Serviertemperatur, passende Geschirr-** und **Besteckauswahl** sowie ein **zügiges Eindecken** bei Gedeckwechsel. Das Präsentieren und Vorlegen der Speisen erfolgt immer von links, damit sich der Gast mit der rechten Hand leicht bedienen kann. Das Einschenken der Getränke sowie das Einstellen der angerichteten Teller findet von rechts statt. Die Gäste sollen möglichst wenig gestört werden.

Übersicht: Speisen- und Getränkeservice

Speisen	Servierhinweise
Suppen: klare Suppen, Zwiebelsuppe	Suppentasse auf Untertasse und mittelgroßem Teller, Mittellöffel
gebundene Suppe, Eintopf	tiefer Teller, großer Löffel; Terrine mit Kelle und evtl. Ablageteller
kalte Vorspeisen: Salate, Pasteten, Aspikspeisen, Räucherfisch	großer oder mittelgroßer Teller, Mittelmesser, Mittelgabel, (Fischmesser)
warme Vorspeisen: Fischgerichte, Teigwaren, Aufläufe	vorgewärmter großer Teller, Mittelmesser, Mittelgabel, (Fischgabel oder Fischbesteck)
Canapés	Platten, mittelgroßer Teller, kein Besteck
Hauptspeise:	großer Teller, bei Bedarf Ablageteller, Menage, großes Messer, große Gabel, (Fischbesteck)
Desserts: Creme, Sorbet, Kompott, Eis	Schale oder Glas, mittelgroßer Teller als Trageteller, kleiner Löffel
Obstsalat, Eis mit Früchten	mittelgroßer Teller, Glasteller, kleiner Löffel, kleine Gabel
Omeletts, warme Süßspeisen	vorgewärmter großer Teller, Mittellöffel, Mittelgabel
Obst	Schale, mittelgroßer Teller, Ablageteller, Obstmesser, Mittelgabel
Käse	Holzbrett, Edelstahlplatte, großer Teller, mittelgroßer Teller, Mittelmesser, -gabel, Käsemesser

Die **Tragetechniken** beim Servieren unterscheiden sich je nach Geschirr und Stückzahl. Dabei wird auf rationelle Arbeitsgestaltung und Einhaltung der Hygiene geachtet. Die Tragetechnik wird jeweils auf die betrieblichen Gewohnheiten abgestimmt.

Tragetechniken

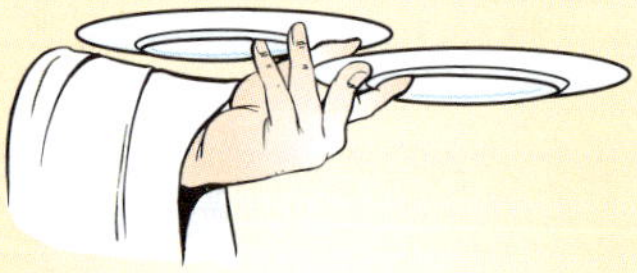

Servieren von Tellergerichten (Zweier-Obergriff)

Abräumen von stapelbarem Geschirr

Teller werden frei in der Hand getragen. Sie dürfen aus hygienischen Gründen nicht mit der Kleidung in Berührung kommen. Größere Tellerstapel werden in die Handserviette eingeschlagen und mit beiden Händen getragen.
Suppentassen werden mit Untertasse auf einem Mittelteller getragen und mit der Suppe beim Gast eingesetzt.

Beim Darbieten und Vorlegen der Speisen sind die Platten dem Gast so zu präsentieren, dass er sie gut überblicken kann (die Teller sollen nicht überladen werden!).

Gläser werden immer auf einem Tablett getragen. Beim Servieren sind sie im unteren Drittel, nie im Trinkbereich anzufassen.

Kaffee und Tee werden meistens auf einem Tablett mit Sahne und Zucker (Tee mit Sahne oder Zitrone) serviert und von der rechten Seite eingesetzt. Wird der Kaffee aus der Kanne am Tisch eingegossen, werden die Kaffeetassen von rechts aufgenommen, hinter dem Gast eingeschenkt und danach wieder eingesetzt. Sahne und Zucker werden dann auf den Tisch gestellt.

Bier und **alkoholfreie Getränke** werden entweder eingegossen in Gläsern serviert oder in Flaschen auf dem Tisch zur Selbstbedienung eingesetzt. **Offene Weine** werden in Gläsern oder in Karaffen serviert bzw. am Tisch eingeschenkt.

Eingießen von Kaffee am Tisch

Beim Service ist auf die Sauberkeit von Geschirr, Bestecken, Gläsern und Flaschen zu achten!

AUFGABEN

1. *Erstellen Sie eine Checkliste zum Servieren eines Menüs aus Suppe, Hauptgang und Dessert für drei Personen.*
2. *Wie servieren Sie am Tisch ein Glas Rotwein/ein Glas Weißwein?*
3. *Sie sollen für eine Tagung fünf Tische für je acht Personen mit Kaffee, Tee und Kaffeegeschirr sowie kalten Getränken und Gläsern eindecken. Wie gehen Sie vor?*
4. *Richten Sie ein Tablett mit Kaffee, Sahne und Zucker her*
   a) für einen erkrankten Tagungsgast (am Bett servieren!),
   b) für das Kaffeebuffet einer Tagungsgruppe mit 25 Personen.
5. *Decken Sie einen Tisch für ein 3-Gänge-Menü (Suppe, Hauptgang, Dessert) für fünf Personen ein.*

Tragetechniken

Tragen von Flaschen

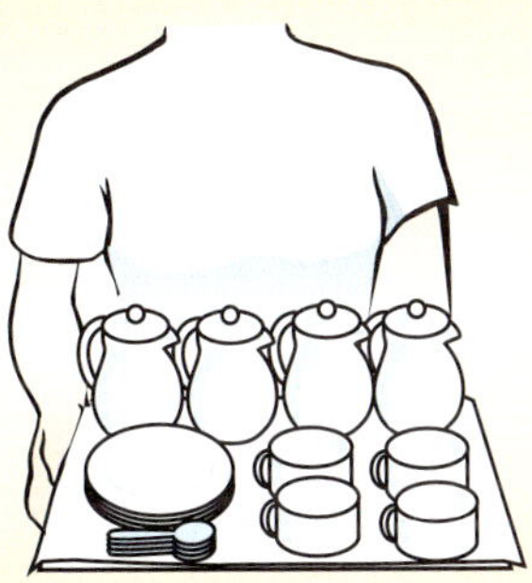

Service bei Kaffee und Tee

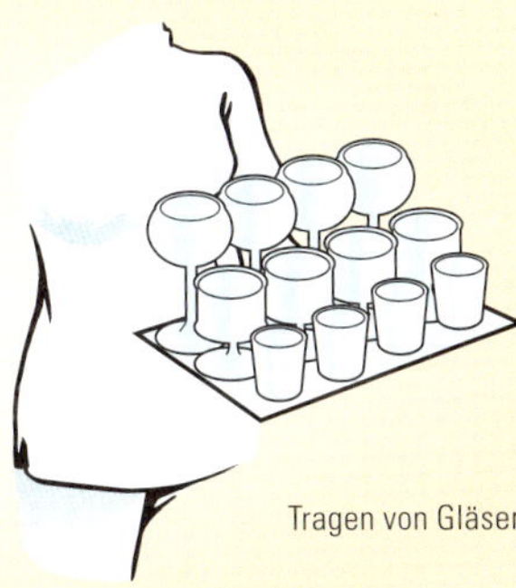

Tragen von Gläsern

Die Gäste stellen Geschirr und Besteck nach dem Essen in den Servierwagen ein

Abdecken des Tischtuches

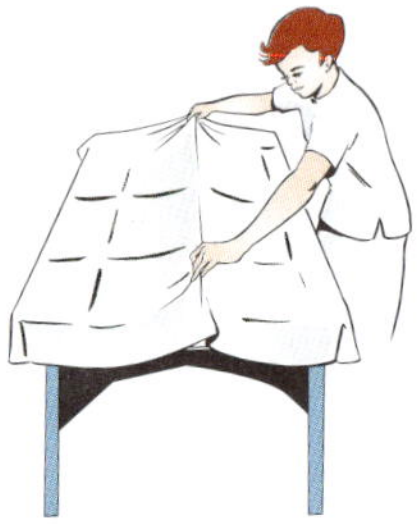

▶ Das Tischtuch wird am Mittelbruch nach oben gehoben und zur Tischkante gezogen.

▶ Die Längsbrüche müssen übereinander liegen.

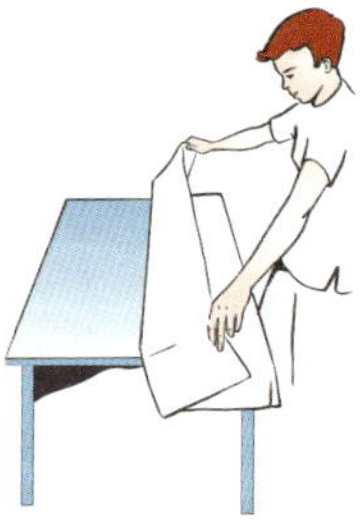

▶ Die Längsbrüche werden gefasst, das Tuch wird hochgehoben, korrekt in die Brüche gelegt und quer zusammengelegt.

3.2.5 ABDECKEN DES TISCHES

a) für den festlichen Anlass

Erst wenn alle Gäste das Essen beendet haben, wird der Tisch abgedeckt. Zuerst sind **Platten** und **Schüsseln** abzuräumen, danach Suppenteller, Essteller und Tassen von der rechten Seite abzudecken. Es folgen die Beiteller. Im Anschluss werden alle links liegenden Tafelgeräte von der linken Seite des Gastes abgedeckt.

Beim Abräumen der **Teller** nimmt man den ersten Teller in die linke Hand. Der zweite Teller wird unterhalb gegriffen – er wird für Speisereste und Servietten verwendet. Auf dem dritten Teller – er wird auf den linken Unterarm und Handballen aufgesetzt – können bis zu fünf leere Teller getragen werden.

Suppentassen werden so abgedeckt, wie sie vorgelegt wurden. Das erste Gedeck wird mit der linken Hand aufgenommen, das zweite im Untergriff, das dritte auf dem linken Unterarm aufgesetzt, das vierte Gedeck in der rechten Hand getragen oder gestapelt, vgl. Abb.

Kaffeegeschirr, Teegeschirr und **Gläser** werden auf dem Tablett abgeräumt; dabei sollte nicht in die Gläser gefasst werden.

Flaschen werden ebenfalls mit einem Tablett abgeräumt.

b) für den Alltag

In Einrichtungen der Gemeinschaftsverpflegung erfolgt das Abdecken meistens durch die Gäste selbst – das Geschirr wird auf den Tablettwagen gestellt oder Geschirr und Besteck werden separat in den Servierwagen eingeräumt.

Abräumen der Suppentassen

Abräumen des Teegeschirrs

AUFGABEN

1. *Sie sollen den Gästen das Abräumsystem in Ihrer Einrichtung erklären. Wie gehen Sie vor? (Rollenspiel)*
2. *Üben Sie das Abdecken von Tellern und Suppentassen.*

3.3 GETRÄNKE UND GETRÄNKESERVICE

Getränke unterscheiden sich in ihrer Zusammensetzung und Wirkung, z.B.: Mineral- und Trinkwasser sind erfrischend und kalorienfrei, Fruchtsäfte sind als Durstlöscher nicht so gut geeignet, Milchmischgetränke haben einen hohen Eiweiß- und Calciumgehalt, Kaffee und Tee besitzen eine anregende Wirkung.

Mineralwasser stammt aus unterirdischen Quellen. Pro Liter enthält es mindestens 1000 mg gelöste Mineralien, z.B. Kalium, Magnesium, Calcium. Es muss frei von Krankheitserregern sein.
Quellwasser stammt ebenso aus unterirdischen Quellen, muss aber weder Mineralstoffe noch Spurenelemente enthalten.
Tafelwasser wird aus einer Mischung von Mineralwasser, Quell- und Trinkwasser hergestellt und darf mit Mineralsalzen und Kohlensäure versetzt sein.

Fruchtsaft wird aus frischen oder durch Kälte konservierten Früchten, aus Fruchtsaftkonzentrat oder Fruchtmark hergestellt. Er wird durch Pasteurisieren schonend haltbar gemacht und enthält keine Konservierungs- oder Farbstoffe. Pro Liter dürfen höchstens 15 g Zucker zugesetzt werden, sonst ist die Kennzeichnung »gezuckert« auf der Packung erforderlich.
Fruchtnektar wird aus Fruchtsaft und/oder Fruchtmark (25 bis 50 % Anteil) mit Zusatz von Wasser und Zucker hergestellt. Süßmost wird aus Früchten wie Johannisbeeren hergestellt, deren Saft ohne Verdünnung nicht schmecken würde.
Fruchtsaftgetränke werden aus Fruchtsäften, Fruchtsaftgemischen oder -konzentraten unter Zusatz von Wasser und Zucker hergestellt. Der Fruchtsaftanteil beträgt 10 bis 30 %.
Gemüsesäfte sind unverdünnte aus Gemüse hergestellte Erzeugnisse. Zur Geschmacksabrundung können Speisesalz, Kräuter, Zucker und Gewürze zugesetzt werden – sie sind zu kennzeichnen.

Limonade wird aus Wasser, Zucker, Fruchtsäuren und einem Fruchtsaftanteil von 3 bis 15 % als Fruchtsaft oder Fruchtextrakt hergestellt. Sie darf mit natürlichen Farbstoffen gefärbt sein (Kennzeichnungspflicht!).
Brause enthält keinen Fruchtsaftanteil, sondern künstliche Farb- und Aromastoffe; auch Süßstoffe dürfen verwendet werden.
Isotonische Getränke werden aus Wasser, Geschmacksstoffen, Zucker oder Süßstoffen unter Zusatz von Mineralstoffen (auch von Vitaminen) hergestellt.

Tagungstisch mit diversen kalten Getränken

Alkoholfreie Getränke, z.B.
- *Mineral-, Quell-, Tafelwasser*
- *Fruchtsäfte, Fruchtsaftgetränke, Nektare*
- *Limonaden, Brausen*
- *Gemüsesäfte*
- *Milchmischgetränke*
- *Kaffee, Tee, Kakao*
- *Malzkaffee*
- *Kräutertee*

Alkoholische Getränke, z.B.
- *Bier*
- *Wein, Sekt*
- *Spirituosen*
- *alkoholische Heißgetränke*

Insbesondere Menschen mit Bluthochdruck müssen bei der Auswahl des Mineralwassers auf den Natriumgehalt achten! Er sollte 20 mg pro Liter Mineralwasser nicht überschreiten. Entsprechend gekennzeichnete Mineralwässer gelten dann als natriumarm.

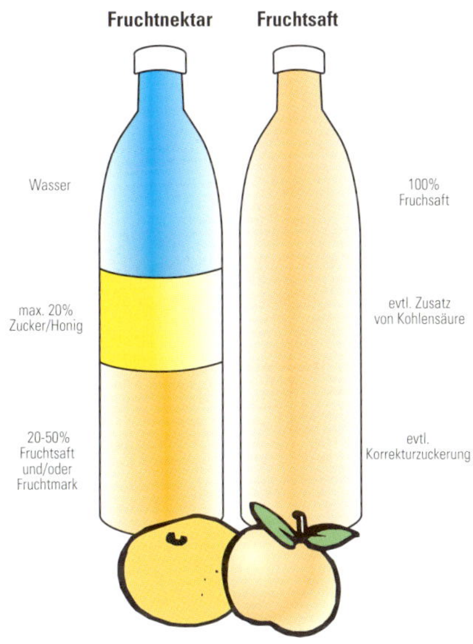

Frucht- und Zuckergehalt in Fruchtsaft, Nektar, Fruchtsaftgetränk und Limonade (s. a. S. 98)

Ungerösteter Kaffee

Gerösteter Kaffee

Je kräftiger die Röstung des Kaffees, umso ausgeprägter der Geschmack

Anbauländer – Kaffeequalität:
Kaffee wird in Süd- und Zentralamerika, Afrika und Asien angebaut.
Hochlandkaffee: *(z.B. Sorte Arabica) Anbau in 600 bis 1800 m Höhe, reift langsam, aromatisch und würzig mit vollem Aroma, hoher Preis*
Tieflandkaffee: *(z.B. Sorte Robusta) Anbau in Höhen bis 600 m, reift schnell, harter, erdiger Geschmack, niedrigerer Preis*

Kaffee und Tee werden auch als Transfairprodukte angeboten.

Kaffeezubereitung
Kaffeemehlmenge für Filterkaffee:

Tasse Kaffee (1/8 l)	*6 bis 8 g*
Tasse Mokka (1/16 l)	*12 bis 16 g*
Tasse Espresso	*12 bis 15 g*
2 l (16 Tassen)	*80 bis 100 g*

- *Kaffeemehlmenge*
- *Körnung des Kaffeemehles*
- *Brühmethode*
- *Wasserqualität (hart, weich)*

bestimmen die Güte des Kaffees

Aufgussgetränke

Kaffee

Die Kaffeebohne wird aus den kirschähnlichen Früchten des Kaffeebaumes gewonnen. Die geernteten Früchte werden getrocknet und vom Fruchtfleisch befreit. Dieser **Rohkaffee** ist noch ungenießbar, erst durch die Röstung bei 200 bis 250 °C erhält er sein besonderes Aroma. Die Güte eines Kaffees wird durch mehrere Faktoren wie Kaffeesorte, Anbaugebiet, Kafferöstung und Kaffeemischung bestimmt.

Der Hauptwirkstoff des Kaffees ist das **Coffein**. Coffein hat eine anregende Wirkung auf das zentrale Nervensystem. Es steigert die Herztätigkeit und damit den Blutdruck. Kaffee enthält normalerweise 1 bis 2 % Coffein. Die im Kaffee enthaltenen **Röststoffe** regen die Magen- und Darmtätigkeit an. Die **organischen Säuren** erhöhen die Magensäurebildung und können bei starkem Kaffeegenuss zu Sodbrennen führen.

Im Handel angebotene Kaffeesorten

Die Kaffeesorten unterscheiden sich in ihrem Coffein- und Röststoffgehalt:
Röstkaffee enthält etwa 1 bis 2 g Coffein pro 100 g (1 bis 2 %). Er wird als ganze Bohne, frisch gemahlen oder gemahlen und vakuumverpackt angeboten.
Entcoffeinierter Kaffee enthält höchstens 0,1 g Coffein pro 100 g (0,1 %). Er besitzt kaum anregende Wirkung und ist für kreislaufempfindliche Menschen besonders bekömmlich.
Reizstoffarmer Kaffee wird durch Entfernen der Gerbstoffe hergestellt. Er ist vor allem für magen-, galle-, und leberempfindliche Kaffeetrinker gut verträglich. Im Handel werden coffeinhaltige und entcoffeinierte Kaffees angeboten.
Instantkaffee wird durch Hitze- oder Gefriertrocknung aus einem konzentrierten Kaffeeaufguss hergestellt. Er löst sich in heißem Wasser sofort ohne Rückstände auf.
Kaffeeersatzprodukte werden durch Rösten aus stärke- und zuckerhaltigen Pflanzen gewonnen (z.B. Getreidemalz, Zichorie). Sie sind coffeinfrei.

AUFGABE

Informieren Sie sich über Transfairkaffee und Transfairtee.

Zubereitung

Kaffee wird in Kaffeemaschinen gebrüht. Man unterscheidet
- das drucklose Überbrühverfahren
- das Dampfdruckverfahren (Espressoverfahren)

Je nach Ausstattung wird der Kaffee in größeren Portionen oder mit Einzeltassen-Frischbrühung zubereitet.
Die Gebrauchsanweisung des Herstellers muss beachtet werden!

Kaffee sollte möglichst frisch gebrüht serviert werden. Abgestandener Kaffee verliert an Duft- und Aromastoffen, wird bitter und trübe. Die Qualitätsverluste laufen besonders schnell ab, wenn Kaffee auf der Heizplatte heiß gehalten wird.
Kännchen und Tassen sollten möglichst vorgewärmt sein, da Kaffee in kaltem Geschirr an Aroma verliert.

Kaffeeservice

Angebotsformen für Kaffee

- Kaffee mit Sahne und Zucker/Süßstoff

Der Kaffee wird in der Tasse oder im Kännchen serviert.

- Kaffee mit Milch

Anstelle von Sahne wird ein Kännchen heiße Milch gereicht.

- Cappuccino

Frisch aufgebrühter Kaffee wird mit aufgeschäumter Milch oder Schlagsahne serviert. Die Schaumkrone/die Schlagsahne wird mit Kakao bestäubt.

- Espresso

Er wird unter Druck gebrüht und sofort serviert. Das Kaffeemehl für Espresso ist feiner gemahlen und kräftiger geröstet.
Der aromastarke Kaffee wird in kleinen Spezialtassen angerichtet. Er wird mit Zucker, auf Wunsch mit Sahne serviert.

- Mokka

Dies ist ein kräftiger Kaffeeaufguss, der mit 12 bis 15 g Kaffeemehl pro Tasse hergestellt wird. Er wird in Mokkatassen serviert.

Energiegehalt von 1 Tasse Kaffee

	1 Tasse Kaffee	*31 kcal*
+	*1 TL Zucker*	*(130 kJ)*
	1 Tasse Kaffee	
+	*1 TL Zucker*	*40 kcal*
+	*1 TL Kondensmilch*	*(167 kJ)*

Service von Kaffee im Restaurant

- *Tablett mit Papiermanschette*
- *Untertasse mit Deckchen, Kaffeelöffel und vorgewärmter Tasse*
- *Kaffeesahne*
- *Zucker, Süßstoff*
- *Kännchen Kaffee*

Kaffee mit Spirituosen

- Pharisäer

In einer vorgewärmten Tasse wird Rum mit etwas Zucker verrührt, mit starkem Kaffee aufgefüllt und mit angeschlagener Sahne garniert.

- Irish Coffee

Erwärmter Whisky wird in einem Originalglas mit braunem Zucker flambiert, mit Kaffee abgelöscht und mit Schlagsahne serviert.

Eingießen von Kaffee am Tisch, z.B.

- *Kaffeegedeck aus Untertasse, Tasse, Kaffeelöffel eindecken*
- *Kaffeesahne, Zucker, Süßstoff am Tisch*
- *Kaffeegedeck herausnehmen, Kaffee eingießen, Gedeck am Tisch einsetzen* *(s. Abb. S. 233)*

Rüdesheimer Kaffee

- 4 cl Weinbrand über Würfelzucker gießen, den Weinbrand entzünden und flambieren (Zucker leicht karamellisieren lassen), mit heißem Kaffee auffüllen, mit Sahnehaube und Schokoladenraspeln servieren

Cappuccino

Espresso

Trinkschokolade

Service von Kakao/Schokolade

- *zu Kakao Streuzucker reichen*
- *Kakao/Schokolade in Tassen mit geschlagener Sahne garnieren*
- *zu Kännchen Schlagsahne in einem Schälchen reichen*

Kakao- und Schokoladenanteil in Aufgussgetränken

1 Tasse Schokolade	*15 g Schokolade*
1 Liter Schokolade	*110 g Schokolade*
1 Tasse Kakao	*10 g Kakaopulver*
1 Liter Kakao	*70 g Kakaopulver*

Tee-Anbaugebiete, z. B.

Darjeeling: *feiner aromatischer Tee*
Assam: *gehaltvoller, kräftiger Tee*
Ceylon: *herbes Aroma*
China: *milder, rauchiger Tee*

Qualitätsstufen der Teeblätter

Flowery Orange Pekoe: *Blattknospen, beste Qualität, feines Aroma*
Orange Pekoe: *1. jüngeres Blatt, feines Aroma*
Pekoe: *2. gröberes Blatt, kräftiger Aufguss*
Pekoe Souchong: *3. Blatt, weniger ergiebig*
Souchong: *grobe Blätter, dünner Aufguss*

Qualitätsstufen der Teeblätter

Kakaogetränke und Trinkschokolade

Grundlage für die Zubereitung kakaohaltiger Getränke sind Kakaopulver und Schokolade. Kakao und Schokolade werden aus den Samenkernen der Kakaofrucht hergestellt. Diese werden getrocknet, geröstet und zu Kakaomasse vermahlen. Nach Abpressen des Fettes (Kakaobutter) entsteht das Kakaopulver (schwach/stark entölter Kakao). Als Getränke unterscheidet man:

Trinkschokolade wird hergestellt aus

- geriebener Blockschokolade oder Kuvertüre und Milch
- Schokoladenpulver und Milch
- Schokoladen-Instantpulver und Wasser

Im Haushalt wird Trinkschokolade meist aus Instantpulver und Heißwasser zubereitet und mit Schlagsahne und Schokospänen serviert. Das Instantpulver ist zuckerhaltig.

Kakaogetränk wird aus Kakaopulver, Zucker und heißer Milch zubereitet. Zucker und Kakaopulver werden gemischt, mit etwas Wasser glatt gerührt und in die kochende Milch eingerührt.

Tee

Als Tee wird der Aufguss aus den Blattknospen und Blättern der Teepflanze bezeichnet. Man pflückt die Blattknospen mit zwei bis drei Blättern. Je jünger der Trieb ist, umso feiner und aromatischer schmeckt der Tee.

Teesorten

Schwarzer Tee wird sofort nach der Ernte fermentiert. Dabei lässt man die Blätter welken, anschließend werden sie gerollt, sodass die Blattzellen aufbrechen und der Zellsaft mit dem Luftsauerstoff reagiert (= fermentiert). Bei der Fermentation verfärben sich die Teeblätter kupferrot. Die Geschmacksstoffe entwickeln sich, das Coffein der Teeblätter wird freigesetzt und die enthaltenen Bitterstoffe (Gerbsäure Tannin) werden abgebaut. Der Tee ist mild und aromatisch.

Grüner Tee besteht aus nicht fermentierten Teeblättern, die ihre grüne Farbe behalten. Der Tee besitzt noch alle Gerbsäure und schmeckt deshalb sehr herb. Der Tee ist koffeinärmer und heller im Aufguss als schwarzer Tee.

Teesorten

Grüner Tee Schwarzer Tee Blatt-Tee Broken Tee Fannings

Aromatisierte Tees werden aus schwarzem Tee mit Geschmackszusätzen, wie z. B. Vanille oder Orangenschale sowie Blüten, Frucht- und Schalenstücken, hergestellt. **Earl-Grey-Tee** ist mit dem Öl der Bergamotte (Zitrusfrucht) aromatisiert.

Teemischungen werden aus Tees verschiedener Anbaugebiete, die eine gewünschte Geschmacksrichtung geben, hergestellt, z. B.

- **Englische Mischung** aus Darjeeling-, Assam- und Ceylontee – herb, kräftig, wird oft mit Milch getrunken
- **Ostfriesische Mischung** aus Assam- und Javatee – sehr kräftiges Aroma, wird gerne mit Sahne und Kandis getrunken
- **Ceylon-Mischung** fein-würziges Aroma, goldene Farbe

Ein **Wirkstoff** im Tee ist das **Coffein**, das anregt und beim Brühen in den ersten 2 Minuten in das Wasser übergeht. Es ist an die Gerbsäure (Tannin) gebunden, wird daher verzögert in das Blut aufgenommen und ist somit verträglicher als das Coffein im Kaffee. Die Gerbsäure beruhigt Magen und Darm und wirkt leicht stopfend. Sie geht langsam – erst nach 3 Minuten – in das Teewasser über.

Sortierung des Tees:

Blatt-Tee: ganze Blätter
Broken Tea: gebrochene Blätter; ergiebiger Aufguss
Fanning-Tee: feinste Teeteilchen, die beim Sieben anfallen; besonders ergiebiger, kräftiger Aufguss

Die Wirkung von Tee

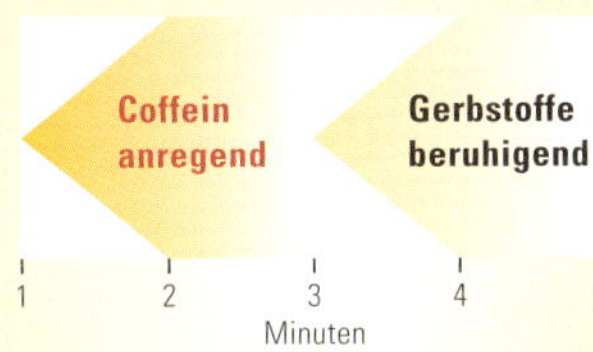

bis zu 3 Minuten ziehen lassen:
anregend auf den Kreislauf

länger als 3 Minuten ziehen lassen:
beruhigend, leicht stopfend

Die Zubereitung von Tee

- 1 Teelöffel Tee (1,5 g) oder 1 Teebeutel pro Tasse/Glas
- sprudelnd kochendes Wasser aufgießen
- nach dem Ziehen Teeblätter entfernen
- Broken-Tee nicht in Tee-Eiern zubereiten
- gebrühte Teeblätter/Teebeutel kein zweites Mal aufgießen

Tee serviert man

- *mit Zucker*
- *mit einem Schälchen zur Ablage des Teebeutels*

auf speziellen Wunsch

- *mit Sahne oder Milch*
- *mit Zitrone in der Presse*

Teeähnliche Erzeugnisse

enthalten kein Coffein und keine Gerbstoffe.
Kräuter- und Früchtetees haben verschiedene Heilwirkungen, z. B.

- *krampflösend:* *Pfefferminz-, Lindenblütentee*
- *schlaffördernd und beruhigend:* *Baldriantee*
- *entzündungshemmend:* *Kamillentee*

Milch und Milchgetränke

Milch besitzt eine ideale Nährstoffzusammensetzung und ist leicht verdaulich – sie gehört zu einer gesunden Ernährung. Ein Liter Milch deckt den halben Tagesbedarf an Eiweiß und Fett sowie den Tagesbedarf an Calcium.
Milch kann pur, als Mixgetränk, kalt oder heiß getrunken werden.

Milchshakes

- Milch wird mit Zucker und Früchten (evtl. Speiseeis) gemixt (immer die Früchte in die Milch geben, sonst gerinnt die Milch!)

Milch-Flips

- Milch wird mit Eigelb, Fruchtsirup, Fruchtsaft und Eiswürfeln kräftig geschüttelt

Weinbaugebiete in Deutschland

AUFGABEN

1. *Erstellen Sie eine Übersicht über die bei Ihnen angebotenen Kaffeegetränke. Ordnen Sie diese nach der Zubereitungsart.*
2. *Erklären Sie einem Gast den Unterschied zwischen Fruchtsaft, Fruchtnektar und Fruchtsaftgetränk.*
3. *Im Café des Tagungshotels sollen am Nachmittag Kaffeespezialitäten angeboten werden. Sammeln Sie Rezepte von geeigneten Kaffeezubereitungen. Stellen Sie eine Auswahl dieser Getränke selbst servierfertig her.*
4. *In der Cafeteria Ihrer Schule soll eine Milchbar eingerichtet werden. Welche Getränke (mit Rezept, Garnitur) würden Sie anbieten?*
5. *Stellen Sie eine Auswahl an kalten/warmen Getränken zusammen, die in einem Kinderheim (8 bis 13 Jahre alte Kinder) über den Tag angeboten werden können.*

Wein

Wein wird durch die alkoholische Vergärung von Traubenmost oder frischen eingemaischten Trauben gewonnen.

Weinarten

Weißwein – die Trauben werden zur Maische zerquetscht. Aus dieser presst man beim Keltern den Most ab. Bei der Gärung entstehen aus den enthaltenen Zuckerstoffen Alkohol und Kohlendioxid. Der Wein reift in der so genannten Nachgärung.

Rotwein wird aus roten und blauen Beeren hergestellt. Die Farbstoffe in den Schalen verleihen dem Wein die Rotfärbung. Der bei der Maischegärung entstehende Alkohol löst die Farb-, Aroma- und Gerbstoffe aus den Schalen heraus, wodurch die typische rote Farbe, der kräftige Geschmack und die gute Lagerfähigkeit entstehen. Nach der Gärung wird der Saft gekeltert. Er reift in Holzfässern und Edelstahltanks zum trinkfertigen Wein.

Rosé wird durch Vergären des Mostes von roten oder blauen Trauben gewonnen. Wenn die Maische eine zarte Rotfärbung hat, wird sie zu Most gekeltert. Der Most wird wie Weißwein vergoren.
Weißherbst ist ein hochwertiger Rosé.

Güteklassen des Weines

Deutscher Wein hat zwei Güteklassen

1. Tafelwein:

Er unterliegt keiner Qualitätsprüfung. Die Trauben müssen aus den vier Anbaugebieten Rhein-Mosel, Main, Neckar oder Pfalz stammen. Tafelweine werden oft mit Zucker angereichert. Verschnitte mehrerer Weine sind erlaubt.
Er hat mindestens 8,5 % Alkohol.

***Landwein** ist ein gehobener Tafelwein. Die Trauben stammen aus bestimmten Regionen.*

2. Qualitätswein:

unterschieden werden:

Qualitätswein bestimmter Anbaugebiete (Q. b. A.)
Weine mittlerer Qualität

Qualitätsweine mit Prädikat
Weine hoher Qualität, z. B.

- *Kabinett*
- *Spätlese*
- *Auslese*
- *Beerenauslese*
- *Trockenbeerenauslese*
- *Eiswein*

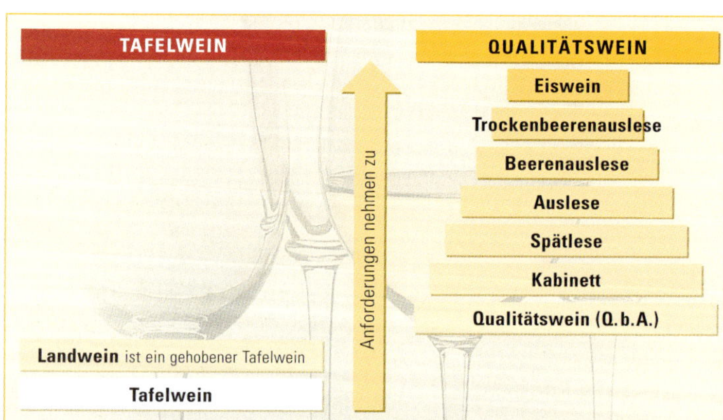

Das Weinetikett ist der Pass des Weines

Bei der Auswahl von Weinen sind zu berücksichtigen

- die Qualität des Weines
- die Eignung für den Anlass
- die richtige Kombination mit den Speisen

Eine Orientierung liefert die folgende Übersicht, in der Weine nach Geschmack und Aussehen geordnet und Empfehlungen für Speisekombinationen vorgeschlagen werden.

Übersicht: Weinempfehlungen

Weinsorte	Rebsorte	passende Speisen
milde Weißweine (feine Säure)	Silvaner, Ruländer, Müller-Thurgau, Gutedel	Geflügel, Kalb, Schweinebraten, leichte Speisen
kräftige Weißweine (kräftige Säure)	Riesling, Weißburgunder, Grauburgunder	Fisch, Gerichte mit Sahnesoßen, Käse und Käsespeisen
bukettreiche Weißweine (intensiver Duft)	Scheurebe, Gewürztraminer, Muskateller	würzige Ragouts und Braten, kräftige Speisen
leichte fruchtige Rotweine (wenig Gerbstoffe)	Spätburgunder, Trollinger, Portugieser	Wild, Wildgeflügel, würzige Braten, Geflügel, Käse
kräftige Rotweine (viele Gerbstoffe)	Dornfelder, Lemberger	würzige Wild- und Geflügelgerichte, dunkle Fleischgerichte

Um die Qualität des Weines zu erhalten, muss Wein folgendermaßen gelagert werden:

- in kühlen, dunklen Räumen
- Flaschen mit Korken liegend
- Weißwein bei 10 bis 12 °C
- Rotwein bei 14 bis 15 °C

Service von Wein

- *Flasche in der Hand, Gläser auf einem Tablett an den Tisch bringen und am Tisch einschenken*
- *im Weinglas*
- *in Karaffen (0,25 l) mit Weinglas auf einem Tablett*

Die Flasche wird dem Gast mit dem Etikett präsentiert. Nach dem Öffnen wird der Flaschenhals mit einer Manschette versehen und der Wein eingeschenkt

Tragen von Gläsern

Da viele Personen Alkohol nicht vertragen, sollte beim Essen alternativ zum Wein mindestens ein alkoholfreies Getränk angeboten werden.

Service von Schaumwein

Er entspricht dem des Weißweines, aber beachten Sie:

- *Schaumwein muss vor dem Servieren auf 6 bis 8 °C gekühlt werden.*
- *Schaumwein schäumt beim Eingießen auf – zuerst nur wenig in die Gläser gießen und danach auffüllen!*

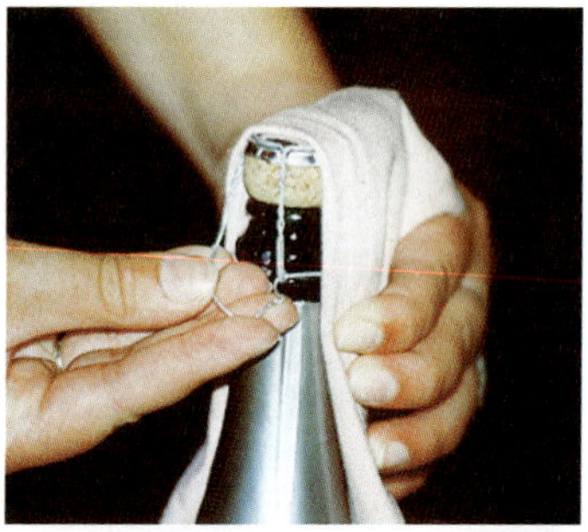

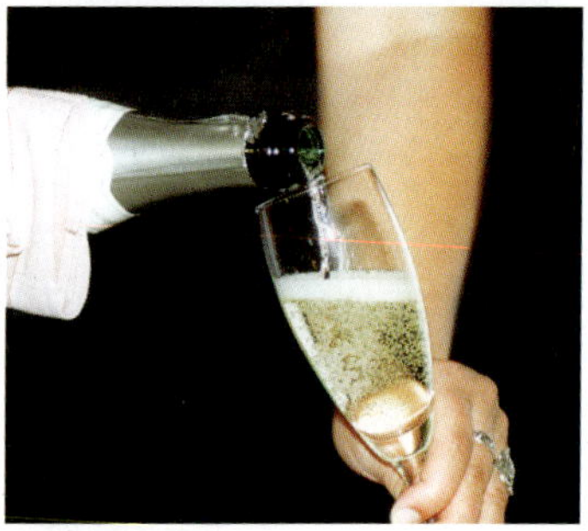

Öffnen und Servieren von Schaumwein

Likörweine, Süd- oder Dessertweine

Unterschieden werden:

Dessertwein wie z. B. Sherry, Portwein und Madeira wird nach kurzer Gärung Weingeist zugesetzt. Es sind alkoholreiche trockene Weine mit einem Alkoholgehalt bis 22 %. Sie werden als appetitanregende Aperitifs vor dem Essen angeboten.

Süße Dessertweine, z. B. Malaga, Tokajer, Samos oder Most, werden mit Rosinen oder eingedicktem Traubensaft angereichert. Man erhält süße Weine mit üblichem Alkoholgehalt. Sie werden als verdauungsfördernder Digestif nach dem Essen gereicht.

Schaumweine

Der Wein wird nach der Hauptgärung in geschlossenen Behältnissen noch einmal zur Gärung gebracht. Die hierbei entstehende Kohlensäure kann nicht entweichen und verleiht dem Wein seinen prickelnden Charakter.

Nach der Qualität werden unterschieden:

- **Schaumwein** – einfache Qualität
- **Sekt** – ein Schaumwein von gehobener Qualität
- **Champagner** – Schaumwein der höchsten Qualität aus einem genau festgelegten Gebiet der Champagne (Frankreich)

Schaumwein wird insbesondere zu festlichen Anlässen sowie als Aperitif angeboten. Ebenso wird er für Kaltschalen und Bowlen verwendet.

Schaumwein ist Bestandteil vieler erfrischender und belebender Getränke, z. B.

- Sekt mit Orangensaft
- Sekt mit schwarzem Johannisbeerlikör (Kir Royal)
- Fruchtbowlen

AUFGABEN

1. *Erläutern Sie die Unterschiede bei der Herstellung von Rotwein und Weißwein.*
2. *Unterscheiden Sie die verschiedenen Qualitätsweine mit Prädikat und informieren Sie sich über die jeweiligen Qualitätsanforderungen.*
3. *Welche Informationen erhalten Sie durch das Weinetikett?*
4. *Informieren Sie sich über die Trinktemperatur von Weißwein/Rotwein/Rosé/Sekt.*
5. *Zum 25-jährigen Jubiläum einer Tagungseinrichtung wird ein Empfang für erlesene Gäste geplant. Welche Getränke würden Sie hierzu anbieten?*
6. *In welchen Getränken wird Schaumwein für die Zubereitung verwendet? Stellen Sie geeignete Rezepte zusammen.*

3.4 KALTE UND WARME BUFFETS

Buffets sind Angebotformen von überwiegend vorportionierten kalten und warmen Speisen, die dem Gast als Sortiment zur Selbstbedienung präsentiert werden. Sie bieten dem Gast die Möglichkeit, sich selbst nach persönlichem Geschmack und Appetit zu bedienen.

Nach dem Anlass werden verschiedene Buffets unterschieden, z. B.:

- Frühstücksbuffet
- Brunchbuffet
- Salatbuffet
- kaltes Buffet
- Festbuffet
- Kuchenbuffet

Aufgaben des Buffet-Service, z. B.

- Buffet zwischendurch ordnen und mit neuen Speisen ergänzen
- Buffet in einem appetitlichen Zustand erhalten
- Platten neu arrangieren
- gebrauchtes Geschirr/Besteck abräumen, sauberes bereitstellen
- Abfälle entfernen
- Gäste bei der Auswahl von Speisen und Getränken beraten
- Speisen portionieren und vorlegen
- Getränke anbieten und ausgeben

3.4.1 AUFBAU DES BUFFETS

Das Buffet soll im Blickfeld der Gäste liegen, gut zugänglich sein und in einem kühlen Bereich des Raumes stehen. Alle Speisenangebote sollten für die Gäste bequem erreichbar sein. Daher sollte das Buffet bei einer großen Gästezahl doppelschenklig (symmetrisch) angelegt werden. Kleinere Buffets werden asymmetrisch aufgebaut.

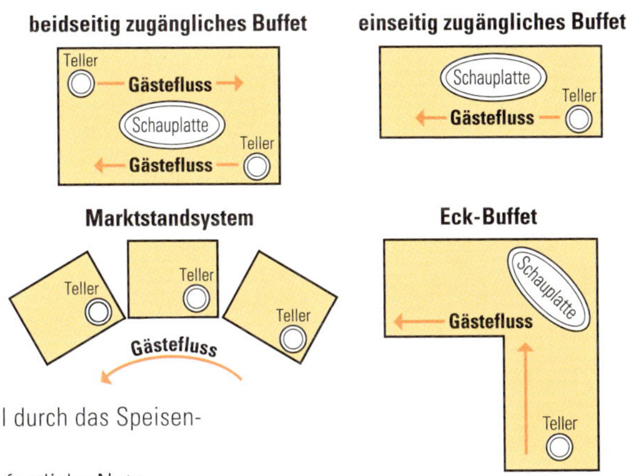

Regeln für den Buffetaufbau

- Das Buffet kann terrassenförmig aufgebaut werden. So bietet es eine größere Stellfläche und betont besonders schöne Platten.
- Die Tische werden mit Tafeltüchern oder Skirtings eingedeckt, die bis zum Boden reichen. Als Tischdeckenersatz können Papiertischdecken oder gestärkte weiße Bettlaken verwendet werden.
- Dekorationsmaterial, wie z. B. farblich abgestimmte bunte Tücher und Servietten, sollen dezent und anlassbezogen eingesetzt werden – der Buffetaufbau soll durch das Speisenangebot an sich wirken.
- Blumengestecke und Kerzen verleihen dem Buffet eine festliche Note.
- Geschirr wird jeweils am Anfang und Bestecke und Servietten werden am Ende des Buffets oder gesondert auf einem Beistelltisch aufgestellt. Dessertteller werden neben den entsprechenden Speisen platziert.
- Die Anordnung der Speisen auf dem Buffet entspricht der Menüfolge. Griffe von Saucieren und Vorlegebestecke müssen den Gästen zugewandt sein.
- Die Platten können mit umgedrehten Tellern, Holzstückchen oder flachen Kartons unterbaut werden und kommen dadurch besser zur Wirkung.
- Die angebotenen Speisen werden durch Kärtchen gekennzeichnet.
- Für gebrauchtes Geschirr muss ein Servierwagen oder Beistelltisch als Ablage bereitstehen, ebenso ein Bestecktablett sowie ein Behältnis für Abfälle.

Einen Blickfang gestalten, z. B. durch

- ein Blumengebinde
- eine Schauplatte
- Platten, die mit Untersetzern unterlegt werden
- eine Schautorte
- einen repräsentativen Obstkorb

Checkliste Ausstattungsmaterialien für Buffets:

Anrichtematerialien, z. B.
- Edelstahlplatten
- Baumscheiben mit lebensmittelfestem Lack überzogen
- Kuchenplatten aus Keramik, Glas oder Porzellan
- Backbretter
- Backbleche mit Alufolie überzogen
- Steinplatten, Marmorplatten – große Kacheln

Serviergeräte, z. B.
- Rechauds
- Kasserollen
- Pfannen
- Platten
- transportable Kühl- und Wärmgeräte
- Schüsseln u. a. Behältnisse
- Vorlegebestecke

Schüsseln, z. B.
- Schüsseln aus Steingut, Glas, Porzellan, Holz
- Pfannen aus Kupfer/Messing
- Dessertschalen
- Schmalztöpfe
- Plastikschüsseln mit Alufolie überzogen

Vorlegebestecke, z. B.
- Salatbestecke
- Fleischgabeln
- Fleisch- und Gebäckzangen
- große Löffel
- Tortenheber
- Saucenlöffel
- große Messer

Behältnisse für Brot/Gebäck, z. B.
- Körbe
- Tabletts

Bitte beachten:

Bei mehr als 30 Personen sollte das Buffet von der Mitte symmetrisch nach beiden Seiten eingerichtet werden. Der Brottisch wird in der Mitte platziert. Die Gäste kommen beidseitig von außen zum Buffet, bedienen sich und gehen zur Mitte hin ab.

Aufbau der Speisen

Alle garnierten und angerichteten Speisen müssen bis kurz vor Beginn des Essens abgedeckt in einem kühlen (und dunklen) Raum kalt gestellt werden. Die Frischhaltefolie wird erst unmittelbar vor Eröffnung des Buffets entfernt. Da die Speisen bei längerem Stehen unansehnlich werden, empfiehlt es sich, frische Ware in kleineren Mengen anzubieten und öfter aufzufüllen.

Die Reihenfolge der Speisen entspricht der Menüfolge:
- Vorspeisen am Anfang des Buffets
- Hauptgang und sonstige Fisch- oder Fleischplatten und die dazu passenden Soßen im Zentrum
- es folgen Beilagen und Gemüseplatten
- Soßen und Salate werden bei den zugehörigen Speisen platziert
- Süßspeisen, Käse und Obst stehen an den Seiten
- Brot und Kleingebäck am Buffetende
- Teller stehen am Anfang, Servietten und Besteck am Buffetende

Je nach betrieblichen Gegebenheiten ist auch ein Abweichen von diesen Angaben möglich.

Suppen werden häufig in der Praxis auch getrennt von den Vorspeisen mit separatem Zugang angeboten.

Buffetaufbau

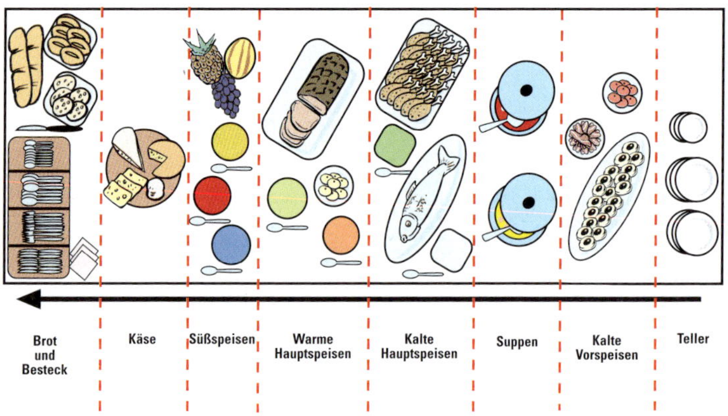

AUFGABEN

1. *Berichten Sie aus Ihrem Betrieb, wie Sie beim Aufbau eines Buffets vorgehen.*
   Vergleichen und erörtern Sie Ihre Vorgehensweise in der Klasse.
2. *Sie führen mit einem Kunden ein Gespräch über die Gestaltung eines Buffets. Halten Sie die Ergebnisse schriftlich fest. (Rollenspiel)*
3. *Erstellen Sie, ausgehend von der Aufgabe 2, eine Checkliste: Gestaltung eines Buffets für ein Kundengespräch.*

3.4.2 BUFFETARTEN

Frühstücksbuffet

Das Frühstücksbuffet wird meistens in der Zeit von 7.00 bis 9.00 Uhr angeboten. Es bietet dem Gast ein sehr reichhaltiges Angebot an Speisen zur Auswahl an und kommt damit den unterschiedlichen Verzehrsgewohnheiten der Gäste entgegen, da sie selbst die Auswahl und Menge bestimmen können. Weitere Zwischenmahlzeiten am Vormittag können entfallen. Der Service wird entlastet – er hat nur noch für die Bereitstellung warmer Getränke und für das Auffüllen des Buffets zu sorgen.

Speisenangebot/Speisenaufbau eines Frühstücksbuffets, z. B.

- Fruchtsäfte
- Milch und Milcherzeugnisse (Joghurt, Quark)
- Obst, Obstsalat
- Müsli und Cornflakes
- Butter, Margarine
- Marmeladen, Honig
- Frischobst, Gemüse (Tomaten, Gurken, Paprika)
- Eierspeisen (gekochte Eier, Rührei, Spiegelei/mit Schinken)
- Schinken, Wurstwaren, Käse
- verschiedene Sorten Brot und Kleingebäck
- Kaffee, Tee, Kräutertee, Schokolade, Frucht- und Gemüsesäfte

Vorschriften des Lebensmittel- und Bedarfsgegenständegesetzes und der Lebensmittel-Hygieneverordnung für Selbstbedienungsbüfetts:

- *Die Angebotsmenge muss dem Bedarf angepasst werden. Die Speisen werden im Kühlschrank aufbewahrt und nachgelegt.*
- *Übrig gebliebene Speisen dürfen am nächsten Tag nicht mehr angeboten werden.*
- *Platten und Gerätschaften aus Holz sind ungeeignet, da sie sich nicht einwandfrei reinigen lassen.*

Brunchbuffet

Der Brunch ist eine Kombination von Frühstück (Breakfast) und Mittagessen (Lunch). Das Speisenangebot des Frühstücks wird hierfür mit Suppen, kleinen warmen Gerichten, Gemüse, Fisch, Braten, Salaten und Süßspeisen ergänzt. Brunch wird vor allem an Wochenenden in der Zeit von 11 bis 14 Uhr angeboten. Ein bestimmter Anlass kann die Gestaltung vorgeben, z. B. Osterbrunch, Frühlingsbrunch usw. Die Speisen werden auf einem Buffet aufgebaut, der Gast bedient sich selbst.

Brunchbuffet

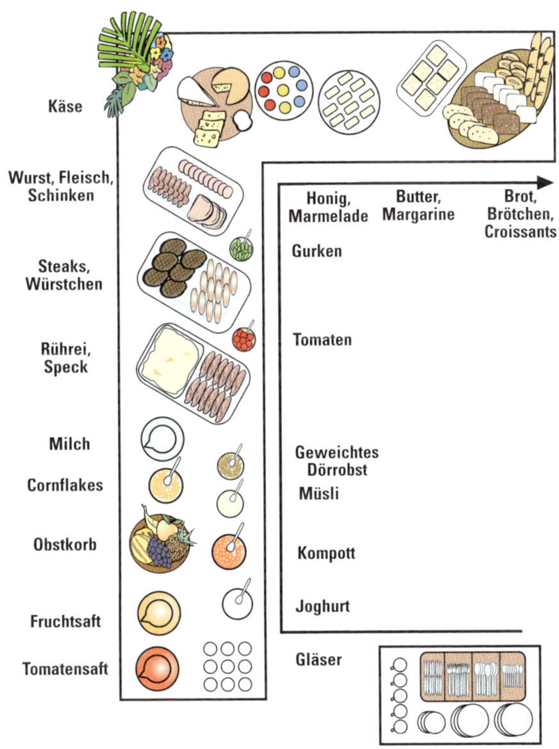

Speisensortiment und Aufbau eines Frühstücksbuffets

Bei regelmäßig aufgebauten Buffets (z. B. Frühstücksbuffet, Salatbuffet) ist die Hygiene besonders zu beachten, z. B.

- *Kühlung*
- *Spuckschutz*
- *Speisen nach Bedarf bereithalten (ca. 2 Stunden im Gastbereich)*

Stilformen des kalten Buffets, z. B.

- **rustikales Buffet, z. B. für Jubiläen, Betriebsfeste, Geburtstage**
- **gutbürgerliches Buffet, z. B. für festliche Familienfeiern**
- **festliches Buffet, z. B. für besondere Jubiläen, Ehrungen**

Portionsgrößen kaltes Buffet:

Gesamtspeisemenge pro Person 300 bis 400 g, aufgeteilt in:

- Fleisch, Wurst, Schinken ca. 150 bis 170 g
- verschiedene Salate ca. 80 bis 100 g
- Fischspeisen ca. 50 g
- Brot, Gebäck ca. 50 bis 70 g
- Dessert ca. 100 g

Bitte beachten:

Bei kalten und kalt-warmen Buffets müssen genug Abstellmöglichkeiten für benutztes Geschirr und Besteck bereitgestellt werden.

Salatbuffet

Viele Verpflegungseinrichtungen bieten Salat an einem Salatbuffet in Selbstbedienung an. Hierbei wird eine Auswahl an verschiedenen Salaten und Dressings im Speiseraum für die Gäste gut erreichbar aufgebaut. Eine schriftliche Kennzeichnung der verschiedenen Salate und Salatsoßen erleichtert den Gästen die Auswahl am Buffet.

AUFGABEN

1. *In einer Jugendherberge/Tagungsstätte soll ein Salatbuffet eingerichtet werden.*
   Wie gehen Sie vor? Erarbeiten Sie in Gruppen eine Checkliste zur Planung und Durchführung. Vergleichen Sie Ihre Ergebnisse.
2. *Welche Salatauswahl würden Sie jeweils anbieten*
   a) im Juli bis September,
   b) im Dezember bis Februar?
3. *Welche Hygieneregeln und Maßnahmen zur Nährwerterhaltung müssen bei der Herstellung von Salaten beachtet werden?*

Kaltes Buffet

Hierbei werden verschiedene überwiegend kalte Speisen über einen längeren Zeitraum angeboten – die Gäste können zeitunabhängig essen. Durch Platten, die ausgetauscht werden können, oder durch warme Kurzgerichte, z. B. eine Gulaschsuppe oder einen Salzkuchen, wird das Angebot variiert. Das kalte Buffet besteht aus drei Gestaltungselementen:

- Schauplatten – sie dienen als Blickfang und werden mit ausgewählten Speisen und Feinkostartikeln aufwändig gefertigt, z. B. Fisch-, Lachs-, Gemüseplatten
- einfache Platten – z. B. Käse-, Wurst-, Schinkenplatten
- Schüsseln mit Salaten und Süßspeisen

Auch ein kaltes Buffet wird nach den Regeln von Seite 243 aufgebaut und orientiert sich somit an den Vorgaben des klassischen Menüaufbaus.
Die Gäste werden meist mit einem Cocktail oder einem Aperitif auf das Essen eingestimmt. Jeder Gast hat selbst Einfluss auf Auswahl und Speisenfolge und erhält aus der Kombination der Speisen Nährstoffe in ausreichender Menge.

Salatbuffet

In der folgenden Aufstellung werden Möglichkeiten des Speisenangebotes aufgezeigt.

Speisenangebote für ein kaltes Buffet, z.B.

Vorspeisen	Hauptgerichte	Nachspeisen
kalte Vorspeisen Canapés Forellenfilets (geräuchert) gefüllte Eier Krabbencocktail Schinkenröllchen Geflügelcocktail Tatar gefüllte Gemüse	**Fleischgerichte** kalte Braten verschiedene Steaks Hähnchenkeulen Aufschnittplatten Schinkenplatte Fischplatte	**Süßspeisen** rote Grütze Obstsalat Cremes Quarkspeisen Obstscheiben
warme Vorspeisen Gulaschsuppe Zwiebelsuppe kleine Toasts Pastetchen Gemüserolle gefüllte Teigtaschen	**Salate** Kartoffelsalat Geflügelsalat Nudelsalat Rohkostsalate Blattsalate Gemüsesalate verschiedene Marinaden	**salzige Nachspeisen** Käsekräcker Käseplatte
	Aufläufe Zucchinikuchen Kartoffelgratin	**Kaffee**
		Soßen Sahne-Mayonnaise Sahne-Meerrettich Cumberlandsoße
Butter **Auswahl an Brot und Kleingebäck**		

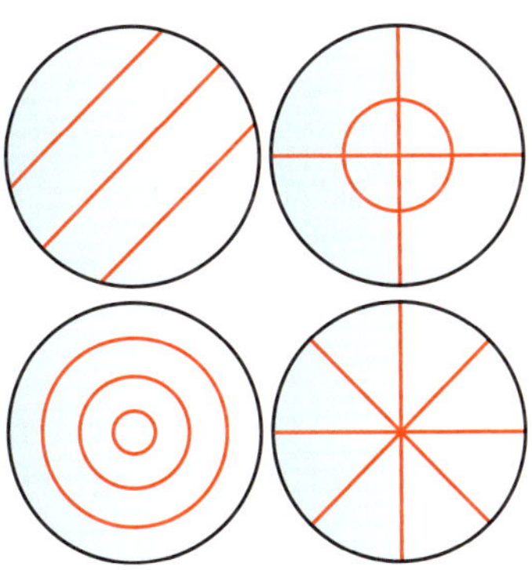

Raster für die Einteilung von Platten

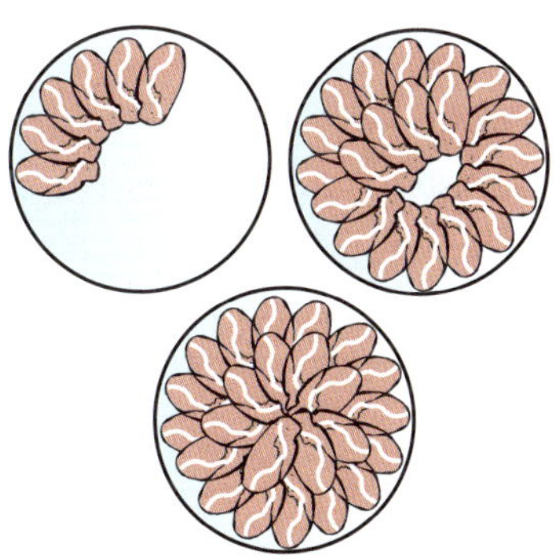

Techniken beim Legen von Platten

Durch warme Vorspeisen und / oder heiße Hauptgerichte kann das kalte Buffet zu einem **kalt-warmen Buffet** erweitert werden. Dabei ist besonders darauf zu achten, dass der vegetarische Anteil am Buffet ausreichend und ausgewogen ist.

Anrichten von Platten

Eine Platte sollte schon auf den ersten Blick beeindrucken, daher gilt:

- *nur ganz frische und hochwertige Ware verwenden*
- *alle Zutaten exakt legen und sauber verarbeitet anrichten*
- *nur artverwandtes und zusammenpassendes Material gemeinsam anrichten (nicht Hausmacherwurst und Roastbeef)*
- *Platte vor dem Belegen einteilen*
- *Scheiben exakt portionieren und in exakten Linien gleichmäßig anrichten*
- *gleichmäßiger Abstand von Scheibe zu Scheibe und von Reihe zu Reihe*
- *Fleisch-, Wurst- und Käsescheiben so legen, dass das Gesamtbild der Platte beim Wegnehmen noch wirkt*
- *Kontraste durch wechselnde Farben*
- *Ränder der Platte nicht belegen*

Garnituren von Platten

- *essbare, einfache Garnituren, die in Farbe und Geschmack zu den Speisen passen*
- *Garniermaterial gezielt an wenigen Stellen einsetzen*
- *große Platten wirken besser als kleine überladene*

Als Platten sind geeignet, z.B.

- *versilberte Platten*
- *Chromstahlplatten*
- *Glasplatten*
- *Porzellanplatten*
- *mit Alufolie belegte Bleche*

Belegen von kalten Platten

- *Ware gut kühlen*
- *Messer schärfen*
- *Platten, Garniermaterial bereitstellen*
- *Käse/Wurst aufschneiden*
  - *weiche Wurstsorten > 5 mm*
  - *feste Wurstsorten 1 bis 2 mm*
  - *Salami < 1 mm*
  - *roher Schinken < 1 mm*
  - *Fleischscheiben verschiedene Stärken*
  - *Käse 2 mm*
- *Zu kaltem, gebratenem Fleisch reicht man kalte Soßen wie Remouladensoße oder Cumberlandsoße*

Generell wird dem Gast durch das Eindecken von Besteck am Platz sowie eine Brotauswahl mit Butter auf den Tischen die Bestückung erleichtert. Ein besonderer Service für die Gäste ist das Vorlegen mancher Speisen direkt am Buffet durch eine Fachkraft.

Käseplatte

Bratenplatte

Vorspeisenplatte
Fingerfood

AUFGABEN

1. *Informieren Sie sich über wichtige Vorschriften aus dem Lebensmittel- und Bedarfsgegenständegesetz und der Lebensmittelhygieneverordnung für das Speisenangebot in Selbstbedienungsbuffets. Stellen Sie diese dar.*
2. *Erstellen Sie eine Checkliste für die Bestückung und Kontrolle eines Salatbuffets.*
3. *Welche Vorteile bietet das Salatbuffet*
   a) dem Betrieb? *b) dem Gast?*
4. *Erarbeiten Sie einen Vorschlag für den Aufbau eines Salatbuffets*
   a) im Januar, *b) im Juli.*
5. *Rustikales Buffet für 25 Personen in einem Tagungshaus.*
   a) Machen Sie einen Vorschlag für ein Speisenangebot.
   b) Überlegen Sie eine Ablaufplanung (z. B. Einkauf, lang-, und kurzfristige Vor- und Zubereitungsarbeiten, Zeitplan, Buffetaufbau).
   c) Wie gestalten Sie die Dekoration des Buffets?

Kuchenbuffet

Kuchenbuffets werden insbesondere bei Familienfeiern und festlichen Veranstaltungen angeboten. Ausgewählte Sorten an Kuchen und Torten werden meistens zur Selbstbedienung auf einer Tafel als Buffet aufgebaut. Die angebotenen Gebäcke werden auf Platten angerichtet und durch Kärtchen gekennzeichnet. Bei Torten und Kuchen sind die Portionen meistens markiert, z. B. 12er, 16er oder 18er Portionen. Die Kuchen müssen exakt portioniert und geschnitten werden – nur glatte, saubere Schnittflächen sehen appetitlich aus.

In der Cafeteria und Kantine wird dem Gast oft in einer Kühlvitrine eine Auswahl an verschiedenen Kuchen und Torten präsentiert. Der Kuchen wird portioniert und auf Tellern angerichtet den Essensteilnehmern zur Selbstbedienung angeboten.

Die Zusammenstellung des Kuchenbuffets sollte eine Kombination aus Sahnestücken, Cremetorten, Obstkuchen (aus Mürbe- oder Hefeteig), Käsekuchen, aber auch trockene Kuchen (aus Rührmasse) und Kleingebäcke enthalten.
Das Angebot wird von den betrieblichen Gegebenheiten bestimmt.

AUFGABEN

1. *Sie sollen ein Kuchenbuffet für 60 Personen herstellen*
   a) für eine festliche weihnachtliche Kaffeetafel in einem Altenheim,
   b) für eine Kaffeetafel für geladene Gäste in einem Tagungshotel.
2. *Sie sollen kurzfristig eine Kaffeetafel für 30 Personen herstellen. Es ist zu entscheiden, ob/wie Convenience-Produkte sinnvoll eingesetzt werden können.*
3. *Informieren Sie sich über die Herstellung obiger Gebäcke.*
4. *Sie sollen gemeinsam mit einer neuen Auszubildenden eine Sahnetorte herstellen. Planen Sie das gemeinsame Arbeiten und stellen Sie Ihr Vorgehen in der Klasse vor.*
5. *Informieren Sie sich in Ihrem Betrieb, welche Mengen zur Berechnung eines Kuchenbuffets kalkuliert werden.*
6. *Überlegen Sie in Partnerarbeit Kriterien für die Zusammenstellung und den Aufbau eines Kuchenbuffets (vgl. dazu Menüregeln, S. 111, 188). Stellen Sie Ihre Ergebnisse in der Klasse vor.*

Bitte beachten:

- *Tortenmesser in einen Behälter mit Wasser stellen, das regelmäßig gewechselt wird*
- *Tortenheber müssen sauber aussehen*
- *fast leere Kuchen- oder Tortenplatten entfernen und einzelne Kuchenstücke auf einer Platte arrangieren*
- *Sahne kühlen (ideale Temperatur beim Aufschlagen ca. 4 °C)*

Schneiden von Creme- und Sahnetorten

- *Tortenmesser in heißes Wasser tauchen und abstreifen*
- *Messerspitze in der Tortenmitte senkrecht ansetzen und vorsichtig (nicht quetschen) Tortenstücke durchschneiden*
- *Tortenstücke mit einem Tortenheber »stehend« auf dem Teller anrichten*

Tortenformen – Beispiele

Anschnitttorte

Kuppeltorte

Ring- oder Kranztorte

Checkliste für das Gespräch bei der Auftragsannahme:

- Name, Anschrift, Telefonnummern und E-Mail-Anschrift des Auftraggebers
- Termin der Veranstaltung
- Anzahl der Personen
- davon Vegetarier und Kinder
- Tafelform
- Ausstattung, Dekoration
- Angebot an Speisen
- Angebot an Getränken: vor dem Essen/zum Essen/nach dem Essen
- Service
- zeitlicher/organisatorischer Ablauf der Veranstaltung

Bei mehrgängigen Menüs ist der Materialverbrauch für den einzelnen Gang niedriger zu kalkulieren. Beispiel:
Wird vor dem Fleischgang ein Fischgang gereicht, kann die Fleischportion um 50 g reduziert werden. Ebenso können die Mengen an Beilagen und Salaten/Gemüsen kleiner gewählt werden.

Checkliste für die Ausstattung von Besprechungen, Tagungen etc.:

vor der Besprechung sind einzudecken

- *kleine Flaschen mit Getränken, z. B. Mineralwasser, Orangensaft, Apfelsaft*
- *Thermoskannen mit Kaffee/heißem Wasser*
- *Teebeutel, Kaffeesahne, Zucker*
- *Teller zur Ablage der Teebeutel*
- *Kaffeetassen, Unterteller, kleine Löffel*

in der Pause sind anzubieten, z. B.:

- *belegte Brötchen, Gebäck, Obst, Joghurts, Müsliriegel etc.*

Tagungstechnik, z. B.

- *Projektor, Projektionswand, Pinnwand*

3.4.3 GESPRÄCHSFÜHRUNG BEI DER BESTELLUNG VON BUFFETS UND ANDEREN SONDERVERANSTALTUNGEN

Frau Weide möchte anlässlich ihres 75-jährigen Geburtstages ca. 15 Gäste zu einer Kaffeetafel einladen. Sie bittet die Küche des Seniorenwohnheimes die Feier in dem Festsaal des Hauses auszurichten.

Herr Müller will zu seinem 25-jährigen Firmenjubiläum von der Betriebskantine für seine Kollegen ein herzhaftes Buffet mit Hausmacherwurst-Spezialitäten ausrichten lassen.

Familie Wilhelm möchte ihre silberne Hochzeit mit 50 geladenen Gästen in einem feierlichen Rahmen begehen.

In Ihrer Schule soll von 9.00 bis 17.00 Uhr eine hauswirtschaftliche Fachtagung mit 25 geladenen Gästen stattfinden. Die Auszubildenden in der Hauswirtschaft sollen die Räumlichkeiten für die Tagung vorbereiten und Verpflegung und Getränke organisieren.

Die Planung, Organisation und Durchführung von Sonderveranstaltungen, wie Familienfeiern, Empfänge, Tagungen etc., verlangen von den verantwortlichen hauswirtschaftlichen Kräften besondere persönliche Eigenschaften und Kompetenzen:

soziale Kompetenz: z. B. Einfühlungsvermögen, Fähigkeit, die Wünsche der Gäste richtig zu erkennen, Geduld beim Zuhören, Höflichkeit, freundliches Auftreten, sprachliches Geschick, Überzeugungskraft

fachliche Kompetenz: z. B. Wissen über die Zusammenstellung von Menüs, über die Herstellung und Zusammensetzung von Speisen sowie über individuelle Ernährungsbedürfnisse (z. B. Kinder, Vegetarier, ältere Menschen), über aktuelle Angebote des Betriebes; Organisationstalent und eine der Situation angepasste Fachsprache

persönliche Ausstrahlung: z. B. gepflegtes Äußeres, saubere und geschmackvolle Kleidung, offenes und freundliches Wesen, Zugehen auf die Gäste, sprachlich gewandt

Im Gespräch werden die Wünsche des Gastes erfragt und dem Gast danach Empfehlungen und Vorschläge unterbreitet. Die Argumente sind situations- und gastbezogen gewählt. Bei der Herstellung von Buffets sollten alternativ immer fleischlose Gerichte angeboten werden. Dies kommt dem Gesundheitsbewusstsein sowie dem derzeitigen Ernährungstrend entgegen.
Gemeinsam mit dem Gast wird der Ablauf festgelegt – die Wünsche und die Preisvorstellungen des Gastes werden in den Mittelpunkt gestellt. Äußert der Gast Wünsche, die nicht erfüllt werden können, muss ein ähnliches oder gleichwertiges Angebot gemacht werden.

3.5 AKTIONEN PLANEN UND ORGANISIEREN

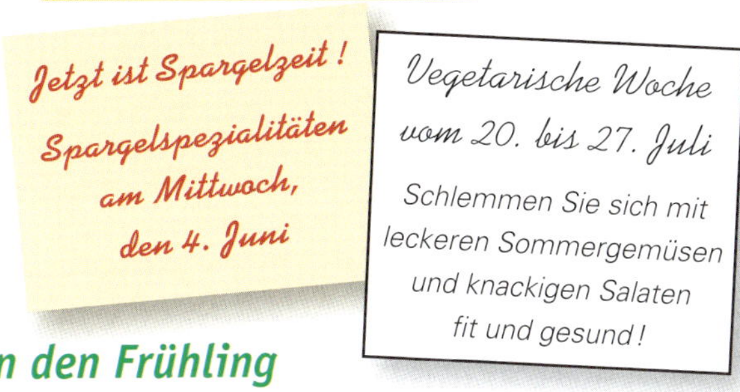

Fit in den Frühling
Vitaminreiche Gerichte und Getränke

Aktionstage oder Aktionswochen werden immer unter einem bestimmten Motto veranstaltet und bieten dem Gast besonders attraktive Verpflegungsangebote. Die Aktionen demonstrieren die Leistungsfähigkeit der Küche, regen den Gast zum Verzehr an und vervielfachen meistens den Absatz der entsprechenden Produkte.

Neben der Gastorientierung und der Wirtschaftlichkeit haben Sonderaktionen folgende Zielsetzungen:

- die Beliebtheit der Küche zu fördern
- Stammgästen etwas Außergewöhnliches anzubieten
- besondere Wünsche zu erfüllen
- Abwechslung zu bieten

Beispiele für Aktionen:
Saisonbedingte Aktionen, z. B.
Spargel, Wild, Salate, Pilze, Sommergemüse
Produktbezogene Angebote, z. B.
Spargel, Wild, Nudeln, vegetarische Gerichte, Lamm, Pilze
Internationale Spezialitäten, z. B.
italienische Woche, österreichische Spezialitäten
Regionale Spezialitäten, z. B.
Gerichte von der Waterkant, Elsässer Spezialitäten
Fest- und Feiertage, z. B.
Osterbrunch, Martinsgansessen, Silvesterbuffet

Für eine langfristige und wirtschaftliche Planung und Durchführung von Sonderaktionen sollte ein Jahresplan erstellt werden, vgl. Abb.

Jahresterminplan – Kulinarische Aktionen

Aktion	Verkaufsförderndes Motto	J	F	M	A	M	J	J	A	S	O	N	D
Sonntagsbrunch	Sonntagmorgen ohne Sorgen!			▶	▶	▶				▶	▶		▶
Spargel	Spargel ist einfach Spitze					▶	▶						
Fischgerichte	Vom Netz und von der Angel frisch auf den Tisch		▶								▶		
Salatbuffet	Da haben Sie den Salat!					▶		▶	▶				
Italienische Woche	Viva Italia!			▶						▶			
Bretonische Woche	Crêpes, Hummer, Calvados … und Meer!	▶										▶	

Checkliste für die Durchführung von Sonderaktionen

1. Vorbereitung

- *Rezepturen von Gerichten/Getränken für die Aktion auswählen/erproben*
- *Speisen- und Getränkeauswahl festlegen*
- *Arbeitsabläufe und Arbeitsfolgen festlegen*
- *Dekoration planen und festlegen*
- *Servicearbeiten planen und festlegen*
- *Mengen und Kosten kalkulieren*
- *Werbung planen und durchführen*
- *Erstellung von Speisekarten*
- *Wareneinkauf planen, Angebote einholen und prüfen, Einkauf durchführen – Personal für die Aktion schulen*

2. Durchführung

Wer *ist verantwortlich?*
Was *muss der einzelne Mitarbeiter tun?*
Wann *müssen die Arbeiten jeweils durchgeführt/beendet sein?*
Wie *sollen die Arbeiten durchgeführt werden (Qualitätsstandards)?*
Wo *sind die Arbeiten im Küchenbereich verteilt?*

3. Kontrolle und Auswertung

- *Waren die Gäste zufrieden?*
- *Wurde das Angebot angenommen?*
- *Welche Speisen und Getränke wurden gerne bzw. nicht angenommen?*
- *Waren Zeitpunkt und Dauer günstig?*
- *Wurde der geplante Umsatz erreicht?*
- *Wurden die geplanten Kosten eingehalten?*
- *War die Arbeitsbelastung für das Personal angemessen?*
- *Welche Werbemittel waren besonders erfolgreich?*
- *Ist eine Wiederholung der Aktion zu empfehlen?*
- *Welche zusätzlichen Maßnahmen sollten bei einer Wiederholung noch berücksichtigt werden?*

Fit in den Frühling
Guten Appetit wünscht die Klasse HW-10

Lauchcremesuppe
mit Lachs
*
Frühlingssalat mit
Joghurtdressing
*
Putengeschnetzeltes
im Gemüsebett mit Reis
*
Naturjoghurt mit
Aprikosencreme

Spezialitäten
von der Waterkant

Mittagsmenü am 6. Mai

Hamburger Fischsuppe
*
in Speck gebratene Scholle
Petersilienkartoffeln
Sommersalate
*
Rote Grütze mit frischer Sahne

AUFGABEN

1. *Berichten Sie, welche Sonderaktionen in Ihrem Betrieb durchgeführt werden.*
2. *Aktionstage in Ihrem Betrieb.*
   a) *Welche Anlässe bieten sich in Ihrem Betrieb für die Durchführung von Sonderaktionen an?*
   b) *Wählen Sie in Arbeitsgruppen jeweils ein Aktionsbeispiel aus, das in Ihrem Betrieb durchgeführt werden könnte.*
   c) *Erstellen Sie eine Checkliste zur Planung der Aktion.*
   d) *Wählen Sie Rezepturen, Getränke und Dekorationen für die Durchführung der Aktion aus.*
   e) *Erarbeiten Sie Arbeitspläne zur Vorbereitung und Durchführung.*
3. *Die Kantine bietet im Monat Mai unter dem Thema »Mit frischen Gerichten fit in den Frühling« das Mittagessen an (ca. 200 Personen). Arbeiten Sie in Gruppen Rezepturen, Warenanforderungslisten und Arbeitspläne aus.*
4. *Überlegen Sie sich in der Gruppe aktuelle Angebote für Spezialitätenwochen. Begründen Sie Ihre Vorschläge.*
5. *Planen Sie eine Sonderaktion, die Ihre Klasse in der Schule durchführen kann.*

Tipp: *Arbeiten Sie bei der Planung, Vorbereitung und Durchführung mit der Zielscheibe, vgl. Abb.*

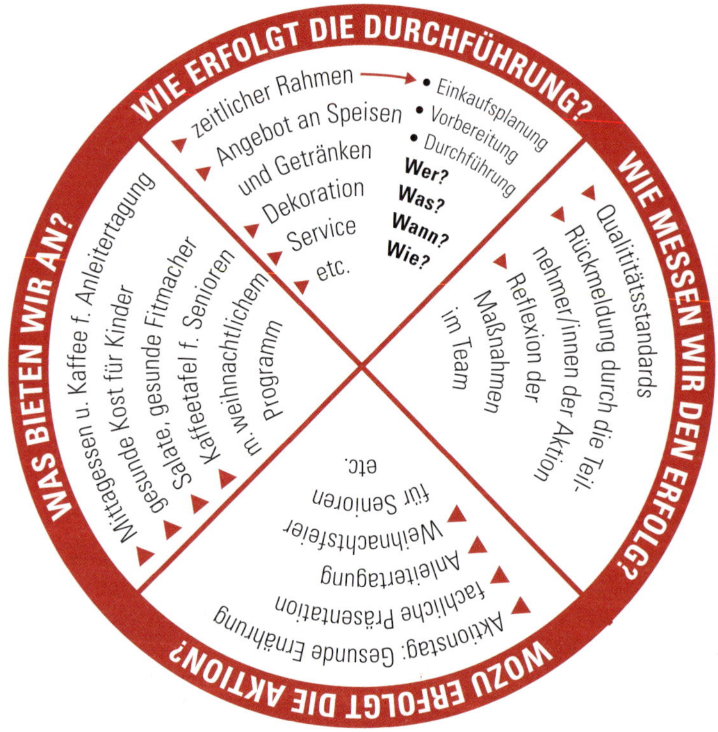

Die Zielscheibe unterstützt Gruppen bei der Planung und Durchführung von Projekten.

3.6 REGIONALE GERICHTE

Regionale Speisen und Gerichte entstammen oft der bäuerlichen Küche und sind typisch für ein bestimmtes Gebiet. Sie haben sich unter den besonderen Bedingungen von Landwirtschaft, Klima und kultureller Lebensweise der Bevölkerung entwickelt. Regionalspeisen werden auch in der Großküchenverpflegung (leicht verändert) gerne angeboten.

Übersicht: Regionale Gerichte, einige ausgewählte Beispiele

Regionen	Rohstoffe	Regionale Gerichte
Schleswig-Holstein	Meeresfisch, Lamm, Schwein, Rind, Gemüse, Getreide, Steckrüben, Kernobst, Beerenobst, Milch	Hamburger Aalsuppe: Suppe aus Gemüse, Fleischbrühe, Backpflaumen, Kochbirnen, frischem Aal, Schwemmklößchen Friesische Buttermilchsuppe: Speckbrühe, Buttermilch, getrocknete Birnen und Rosinen rote Grütze
Baden-Württemberg	Süßwasserfisch, Schwein, Rind, Geflügel, Wild, Gemüse, Obst, Milch, Wein	Maultaschen: große Nudelteigtaschen mit Hackfleischfüllung Zwiebelkuchen: Hefeteig mit Zwiebel-, Speckstreifen, Ei-Sahne-Masse Zwiebelrostbraten mit Spätzle Flädlesuppe: Pfannkuchenstreifen in Fleischbrühe Schwarzwälder Kirschtorte
Hessen	Süßwasserfisch, Schwein, Rind, Geflügel, Gemüse, Getreide, Obst	Frankfurter Grüne Soße Frankfurter Würstchen Sauerkraut und Schweinehaxe Rindskopf und Meerrettich Sahnehering Frankfurter Kranz
Mecklenburg-Vorpommern	Meeresfisch, Schwein, Rind, Geflügel, Gemüse, Kartoffeln, Obst, Schwarzbrot, Milch	Bohnensuppe: weiße Bohnen und Gänseleber Rindfleisch mit Backpflaumen: gekochtes Rindfleisch mit Zwiebelsoße und Backpflaumen Räucheraal auf Schwarzbrot Matjes mit Pellkartoffeln Grießpudding, rote Grütze

Grüne Soße

Labskaus

Flädlesuppe

Rote Grütze

AUFGABEN

1. *Informieren Sie sich zu Hause/in Ihrem Betrieb über typische Gerichte aus Ihrer Region. Stellen Sie Rezepte von regionalen Spezialitäten zusammen.*
2. *Sammeln Sie Rezepte anderer Regionalgerichte und erweitern Sie die Tabelle.*

ANHANG

ENTSORGUNGSPLAN / KÜCHE

Übersicht:			Verantwortlich:	
Abfallart	**Frequenz/ Leerung**	**Sammelbehälter**	**Sammelstelle/ Haus**	**Sammelstelle/ Gemeinde**
gekochte Speisereste	täglich	Drangtonne (verschließbar)	Ausgabe/Betriebsküchen	Entsorger
rohe Obst- und Gemüseabfälle/ Teeblätter, Kaffeefilter	täglich	Bioabfallbehälter (verschließbar)	Ausgabe- und Betriebsküchen, Gruppenküche = Biotonne	Biotonne, Biobox, Müllabfuhr lt. Jahresplan
Papier/Pappe	nach Bedarf	Kiste, Box	Papierkörbe, zentraler Ort/Keller	Papiercontainer
Verpackungsmaterial (grüner Punkt) Metall und Verbundstoffe	täglich und/oder nach Bedarf	gelber Behälter, Abfallsammler mit gelbem Sack	Ausgabe/Betriebsküchen, Gruppenküche = gelbe Tonne oder Container	gelbe Säcke oder Container, Müllabfuhr lt. Jahresplan
Glas	nach Bedarf	Kiste, Box	zentraler Ort/ Keller	Glascontainer
Restmüll (Eierschalen, Knochen, Zigarettenkippen, Staubsaugerbeutel, Windeln o.Ä.)	täglich	Restmülleimer	Ausgabe/Betriebsküchen, Gruppenküche = schwarze oder graue Restmülltonne	Tonne/Container, Müllabfuhr lt. Jahresplan
Schadstoffe (Batterien, Fette, Spraydosen mit Resten, Medikamente, Leuchtstoffröhren o.Ä.)	nach Bedarf	getrennte Sammelboxen	zentraler Ort/ Keller	Schadstoffsammelstelle lt. Jahresplan

Folgende Abkürzungen werden verwendet:

1 Liter	1 l	1 Prise	1 Pr.
1 Milliliter	1 ml	1 Esslöffel	1 EL
1 Gramm	1 g	1 Teelöffel	1 TL
1 Kilogramm	1 kg	3 Teelöffel = 1 Esslöffel	
		8 Esslöffel = ⅛ l	

MENGENANGABEN FÜR DIE ERSTELLUNG UND BERECHNUNG VON KOSTPLÄNEN

Durchschnittsmengen pro Person

Gemüse	
Rohware	250 g
Salate	50 bis 200 g
Salatdressing	40 bis 80 ml
Suppen als Vorspeise	250 ml
Eintopf	500 ml
Fleisch	
Braten	120 bis 150 g
Schnitzel	150 g
Kotelett	150 g
Gulasch	120 g
Frikadellen	80 bis 100 g
Bratwurst	120 g
Wiener Würstchen	90 g
Hähnchenkeule	200 bis 220 g
½ Hähnchen	300 bis 400 g
Suppenhuhn für Frikassee	150 bis 180 g

Lebensmittel, löffelweise gewogen	1 TL (gestrichen) in g	1 EL (gestrichen) in g	1 EL (gehäuft) in g
Wasser, Sahne, Milch	5	15	
Öl	4	10	
Crème fraîche, Quark, Mayonnaise	10	20	30
Butter, Margarine	5	15	25
Senf, Ketchup	5	15	25
Mehl, Speisestärke	3	10	15
Backpulver, Kakao	3	5	8
Zucker	5	15	25
Puderzucker	4	8	15
Salz	4	10	20
Grieß	5	10	20
Semmelbrösel, Haferflocken	3	6	10
Nudeln, Reis	4	10	15
Käse (gerieben)	4	7	10
Nüsse, Mandeln (gerieben)	3	8	16
Konfitüre	17	30	50
Honig	7	15	20

Fisch	
Fischfilet	150 bis 180 g
ganzer Fisch	250 bis 300 g

Beilagen	
Kartoffeln (mit Schale)	200 bis 220 g
Reis (Rohware)	60 g
Nudeln (Rohware)	60 g
Reis, gegart	180 g
Nudeln, gegart	180 g

Soßen	
Bratensoße	100 ml
Soße für Fischgerichte	150 ml
süße Soßen	200 ml

Desserts	
Dessert	150 bis 200 g
Süßspeisen als Hauptgericht	300 g

Lebensmittel, stückweise/geschnitten	
Apfel, Birne, mittel	150 g
Apfelsine, mittel	170 g
Banane	200 g
Brötchen	40 g
Butter, Hotelportion	10 bis 20 g
Ei, Gewichtsklasse M	62 g
Eigelb	20 g
Eiklar	35 g
Grapefruit	180 g
Kartoffel, klein	60 g
Käse	30 g
Knäckebrot	10 g
Mandarine	60 g
Mischbrot	40 g
Schinken, gekocht	50 g
Salami	25 g
Toastbrot	20 g
Tomate	70 g
Vollkornbrot	40 bis 50 g
Zwieback	10 g

BILDQUELLENVERZEICHNIS

aid Auswertungs- und Informationsdienst für Ernährung, Landwirtschaft und Forsten e.V., Bonn: S. 76/1; 89; 98/2,3; 107; 114/1; 118, 119/1; 129; 130; 133; 135/3; 159/1,3
Alberto Lebensmittel GmbH & Co., Berlin: S. 105/1
Alexanderwerk Aktiengesellschaft, Remscheid: S. 43/1; 44/3
Alten- und Pflegeheim »Haus Simeon«, Caritas-Verband, Lübeck (Jutta Frahm): S. 231
apetito, Rheine: S. 119/3,4; 135/1,2; 136; 155/2,3; 165
Apollinaris & Schweppes GmbH & Co., Hamburg: S. 83
Asbach GmbH, Rüdesheim am Rhein: S. 237/2
BÄKO, Bundeszentrale Deutscher Bäcker- und Konditoren-Genossenschaften eG, Bad Honnef: S. 102
Bartscher GmbH, Salzkotten: S 1/1, 21/2; 26; 27/3; 29/2; 31/2
Bassermann Verlag in der Verlagsgruppe FALKEN/Mosaik, einem Unternehmen der Verlagsgruppe Random House GmbH, Niedernhausen/Ts.: S. 204/1–3 (Das neue große Grundkochbuch)
Beer Grill AG, Zürich: S. 185/2
Berufsgenossenschaft Nahrungsmittel und Gaststätten, Mannheim: S. 16/1; 19/1
bofrost Dienstleistungs GmbH & Co. KG, Straelen: S. 185/4; 190/2; 200/3
Bosch, Robert, Hausgeräte GmbH, München: S. 21/1, 22/1, 45/5,6
boso Bosch & Sohn, Jungingen: S. 152
CMA Centrale Marketing-Gesellschaft der deutschen Agrarwirtschaft mbH, Bonn: S. 1/2; 20; 150; 197/3; 206/3–5; 230; 239/3
Constructa-Neff Vertriebs-GmbH, München: S. 24/2
Convotherm Elektrogeräte GmbH, Eglfing: S. 174
Darboven, J.J., GmbH & Co. KG, Hamburg: S. 237/3,4
Dettmer, Prof. Dr. H., u.a.: HT 4963 Gastgewerbliche Berufe in Theorie und Praxis, Hamburg: S. 193/1; 227; 237/1; 241/1
Deutscher Teeverband, Hamburg: S. 238/2
DE-VAU-GE Gesundkostwerk GmbH, Lüneburg: S. 103
DGE Deutsche Gesellschaft für Ernährung e.V., Bonn: S. 139/1
Döhler Natural Foods Ingredients GmbH, Darmstadt: S. 221
dpa Deutsche Presse-Agentur, Hamburg: S. 157/3
Eismann Tiefkühl-Heimservice, Mettmann: S. 24/1; 77/3; 190/3; 199/1; 206/2; 207/2,3
Electrolux Professional GmbH, Hamburg: S. 177/1
Elger-Miehe, A.: HT 4391 Nahrungszubereitung, Hamburg: S. 48; 49; 51; 58; 59; 60; 66/3–5; 71; 72; 170; 202, 203; 205; 208/1–6; 218/2–4
elmex Fotoarchiv: S. 131
Elsdorfer Feinkost AG: S. 213
Eureka Wärmerückgewinnung und Kühltechnik GmbH & Co. KG, Emsdetten: S. 33/2
Faber Management, Gießen: S. 190/5–7; 191/7–10; 248
Falken Verlag in der Verlagsgruppe FALKEN/Mosaik, einem Unternehmen der Verlagsgruppe Random House GmbH, Niedernhausen: S. 141/1; 142 (Vollwertküche); 196/2,3; 198/2–4; 201; 212/3 (Lafers Kochschule); 231/1; 242/3 (Der schön gedeckte Tisch)
Fladung, Uli, St.-Barbara-Klinik, Hamm/Westf.: S. 173/2; 222/1
Food-Foto Köln: S. 195/2 (B. Krauth/J. Holz)
Foster Refrigerator GmbH, Ennepetal: S. 36/5
Franke GmbH, Bad Säckling: S. 15/1
Frimex GmbH & Co. KG, Mainz: S. 36/1–4
Galbani Deutschland GmbH, München: S. 110
Gerresheim, Hamburg: S. 243/5
Gesundheitsamt Norderstedt: S. 12
Gohl GmbH, Recom Verlag, Baunatal: S. 157/2
Gräfe und Unzer Verlag GmbH, München: S. 56/2; 212/1,2 (Was Kinder gerne essen); 190/1; 199/2–4; 216; 219/1 (Kochen köstlich wie noch nie)
Grand Hotel La Strada, Kassel: S. 235/1
Hammermühle Diät GmbH, Maikammer: S. 153/1
HEA (Hrsg:): Das elektrische Kochen, 51. Auflage 2001, VWEW Energieverlag GmbH, Frankfurt/M.: S. 25; 66/1,2; 218/1
Heimbs & Sohn GmbH & Co. KG, Braunschweig: S. 238/1
Henkel Hygiene GmbH, Düsseldorf: S. 10; 11
HOBART GmbH, Offenburg: S. 168/2
Hupfer Metallwerke, Coesfeld: S. 234/1
Imperial-Werke GmbH & Co., Bünde: S. 23; 27/2; 28; 29/1
Institut Prof. Dr. Pieldner, Stuttgart : S. 14
Ireks GmbH, Kulmbach: S. 75
Jahreszeiten Verlag, Hamburg: S. 198 (D. Seiffe); 206/1 (J.P. Westermann)
Kastner, A./Höll-Stüber, Dr. E.: HT 4431 Gesund durch richtige Ernährung: S. 197/1,2
Knorr GmbH, Heilbronn: S. 77/5; 105/2,3; 185/3
Kölln KgaA, Peter, Emshorn: S. 139/2
Kraft Foods, Bremen: S. 204/4
Krefft Großküchentechnik GmbH, Gevelsberg: S. 29/3
Krings GmbH, Filderstadt: S. 175/1
Krüper, Werner, Steinhagen: S. 5/1,2; 8/2; 9/4
Krups GmbH, Solingen: S. 17/1; 39/1,2
Kühne KG, Carl, Hamburg: S. 220/3; 253/4
Latz, N. u.a.: HT 1400 Fleischerei heute: S. 200/1 (Rudi Schmid, Hamburg)
Liebenstein, Schlosshotel und Restaurant, Neckarwestheim: S. 222/2
Liebherr-Hausgeräte GmbH, Ochsenhausen: S. 34; 35
Lifestyle Healthcare, Bonn (Kurt Braunisch): S. 184/1; 190/4
Loderbauer; J.: HT 40201 Das Bäckerbuch: S. 45/1–3; 249/7–9 (Konrad Hahn, München)
Maggi Kochstudio, Frankfurt: S. 194/1; 195/3
MeisterMarken, Bremen: S. 249/1–5
Miele & Cie. GmbH & Co., Gütersloh: S. 33/1
Milupa GmbH & Co. KG, Friedrichsdorf: S. 126
Moulinex GmbH, Solingen: S. 31/3
Müller, Heinz, Untensee b. Interlaken, Schweiz: S. 230/1
Müller's Mühle GmbH, Gelsenkirchen: S. 209/1–7; 210
Multivac Verpackungsmaschinen, Isernhagen: S. 38/1
Nestlè Österreich GmbH, Wien: S. 183/4
Okapia KG, Frankfurt: S. 5/3 (Biophoto Ass./Science Cou); 101 (Wolfgang Lummer); 158 (A.u. H.-F. Michler)
OTG Ostfriesische Tee Gesellschaft Laurens Spethmann GmbH & Co., Seevetal: S. 88; 238/3; 239/2
Otto Versand, Hamburg: S. 31/1; 77/2
Picture Press, Hamburg: S. 108/2 (Matthias Haupt); 139/3 (H. Banderob); 156; 217/2 (Th. Diercks); 217/1 (Stradtmann)
Plößner, B./Fichtner, E.: Zusammenleben – Zusammenarbeiten: HT 7453 S. 195/1; 211/1; 214 (G3 Werbefotos Roman Graggo, Regensburg)
Porzellanfabriken Christian Seltmann GmbH, Weiden/Opf.: S. 225/1; 228/3
Quelle Schickedanz GmbH & Co., Fürth: S. 39/3
ReformhausINFORMATION, Oberursel: S. 77/1
Rieber GmbH & Co. KG, Reutlingen: S. 112/2; 168/1; 173/1; 175/2; 179
Rosengarten, Norderstedter Alten- und Pflegeheim: S. 112/1; 177/4
Rubbermaid Europe: S. 173/3
Sara Lee Deutschland, Köln: S. 94
Schmid, Rudi, Hamburg: S. 53; 56/1; 67/1; 68/5; 76/2,3; 85; 98/1; 104; 108/1; 114/2,3; 119/1,2; 123; 140; 148; 151/1; 154; 200/2; 231/3; 233/1; 241/2; 245/1; 246
Schnitzer oHG, St. Georgen: S. 153/2; 164
Schürr Schuhvertrieb, Schwarzenbach a. d. Saale: S. 16/1
Schweizerische Vereinigung für Ernährung, Bern: S. 121
Sopexa, Düsseldorf: S. 9/5
Sorat Hotels, Berlin: S. 184/2
Stock Food, München: S. 196/1
Tchibo-Frisch-Röst-Kaffee, Hamburg: S. 236/3
Techniker Krankenkasse, Hamburg: S. 16/2
Teekanne GmbH, Düsseldorf: S. 239/1
Teubner, Christian, Füssen: S.141/2
Unilever Bestfoods Deutschland, Hamburg: S. 183/2,3; 185/5; 193/2; 207/1
Unternehmensgruppe Dienste für Menschen, Stuttgart: S. 231/2
Verbraucher-Zentrale NRW, Düsseldorf: S. 124/1 (aus »Gewicht im Griff«)
Verein zur Förderung des Fairen Handels, Transfair, Köln: S. 236/4
Verlags- und Wirtschaftsgesellschaft der Elektrizitätswerke mbH, Frankfurt/M.: S. 30
Villeroy & Boch, Mettlach: S. 215/1; 225/2; 229/1
Vogeley GmbH, Hameln: S. 183/1; 219/2; 220/1,2
Wagner, U./Plößner, B./Fichtner, E.: Zusammenleben – Zusammenarbeiten: HT 7451 S. 208/7; 209/8 (G3 Werbefotos Roman Graggo, Regensburg)
Wilhelm-Busch-Museum, Hannover: S. 178/1
WMF AG, Geislingen: S. 225/3; 226
www.GermanWine.de: S. 242
zefa visual media gmbH, Hamburg: S. 117/1
Zwilling, J.A. Henckels AG, Solingen: S. 43/2

LITERATURVERZEICHNIS

Brombach, C.: Altenpflege Ernährung, Hamburg 2002

Busse, B.: Leben im Haushalt, Hamburg

Caritas/Offermann, Sauerborn, Schlenker: Dienstleistungsstandards für die stationäre Altenhilfe

Cremer u.a.: Ernährungslehre und Diätetik, Stuttgart

D.A.C.H. (u.a.Deutsche Gesellschaft für Ernährung): Referenzwerte für die Nährstoffzufuhr, Frankfurt/Main 2000

Danner, H.: Frühstück, vitalstoffreiche Vollwertkost, Wergl

Elmadfa, I., Leitzmann, C.: Ernährung des Menschen Stuttgart 1999

Elmadfa, I., Leitzmann, C.: GU-Kompass – E-Nummern Lebensmittel Zusatzstoffe 2001

Ernährungsbericht 1996/2000

Ernährungsberatung der Nestle-Gruppe Deutschland: Kalorien mundgerecht, Frankfurt/Main

Fürst, W., Schuler, K.: Restaurantfachmann – Restaurantfachfrau, Troischorf, 2002

Hauptberatungsstelle für Elektrizitätsanwendung: Das elektrische Kochen, Frankfurt/Main 2000

Hesecker B., Hesecker, H.: Die aktuelle Umschau Nährwert- und Kalorientabelle

Höll-Stüber, E., Klug, S.: Ernährung und Diätetik – in Frage und Antwort, Stuttgart 1999

Höll-Stüber, E., Dachroth, S.: Gesundheit – Krankheit ein Balanceakt, Hamburg 2002

Holtmeier, H. J.: Diät bei Übergewicht und gesunde Ernährung, Stuttgart 2000

Huth, Kluthe: Lehrbuch der Ernährungstherapie, Stuttgart

Juno Kücheneinrichtung: Planungsordner für Gastronomie und Gemeinschaftsverpflegung

v. Kaathoven, Gundlach, Schote: Die Ernährung Gesunder und Kranker, Bocholt

Karlson: Biochemie, Stuttgart

Kasper, H.: Ernährungsmedizin und Diätetik, München 2000

Kastner, A., Höll-Stüber, E.: Gesund durch richtige Ernährung, Hamburg 1999

Katalyse: Kinderernährung, Köln 2002

v. Koerber, Männle, Leitzmann: Vollwerternährung, Heidelberg 2002

Kattmann, U.: Essen, hungern, fressen, Berlin 1999

Lang, K.: Biochemie der Ernährung, Darmstadt

Löffler Petrides: Physiologische Chemie, Berlin, Heidelberg

Lörcher-Bigga, Wöhrle-Wolff: Kalte Platten – Kaltes Büfett,

Mehnert, H.: Stoffwechselkrankheiten, New York

Moosburner, F.: Service, Hamburg 2001

Paritätischer Wohlfahrtsverband: Qualitätshandbuch Stationäre Altenhilfe – Leistungsstandards und Qualitätsmanagement

Rober, L.: Ernährung im Alter, Hannover

Schlieper, C.: Ernährung heute, Hamburg 2002

Schlieper, C.: Grundfragen der Ernährung, Hamburg 2002

Schneider, Vesper, Witzel: Grundstufe ernährungswirtschaftliche Berufe, Hannover

Schünemann, Treu: Technologie der Backwarenherstellung, Alfeld 2002

Seib, U.: Ernährung und Diätetik, München 2003

Sell, H.: Einführung in die Hygiene, Hamburg

Silbernagel, S., Despopoulus, A.: Taschenatlas der Physiologie, Stuttgart – New York 2003
Simpfendörfer, D., Klug, S.: Haushaltsführung und Haushaltspflege, Hamburg 2003
Simpfendörfer, D.: Familienpflege – Leistungsbeschreibungen, Hamburg 2001
Sinell, H.: Einführung in die Lebensmittelhygiene, Hamburg
Wirths, Lebensmittel in ernährungsphysiologischer Bedeutung, Paderborn

Informationsdienste und Zeitschriften:

AOK-Gesundheitskasse, Frankfurt/Main
Arbeitsgemeinschaft der Verbraucherverbände e.V., Bonn
Auswertungs- und Informationsdienst für Ernährung, Landwirtschaft und Forsten, Bonn
Bund Deutscher Hebammen e.V., Bonn
Bundeszentrale für gesundheitliche Aufklärung, Köln
Ernährungstipp – Bundeszentrale für gesundheitliche Aufklärung
Deutsche Gesellschaft für Ernährung, Bonn
Deutsche Gesellschaft für Hauswirtschaft e.V., Aachen
Deutsche Krankenversicherungs-AG, Abteilung Bildungswesen, Köln
Deutscher Hausfrauen-Bund e.V. Bundesgeschäftsstelle, Bonn
Ernährungsumschau, Frankfurt
Fundus, Bundesverband der Meisterinnen der Hauswirtschaft e.V., Neumünster
GV-Praxis, Wirtschaftsfachzeitschrift für Großverpflegung, Frankfurt
GV-Manager, Fachmagazin für Führungskräfte in der Großgastronomie und Gemeinschaftsverpflegung, München
Haushalt und Bildung, Fachzeitschrift für die Hauswirtschaft, Baltmannsweiler
Hessisches Ministerium für Umwelt, Energie, Jugend, Familie und Gesundheit, Wiesbaden
Hoechst, Diabetes-Dienst, Frankfurt/Main
Landeszentrale für Gesundheitsbildung in Bayern e.V., München
Rationelle Hauswirtschaft, Fachmagazin für Führungskräfte in der Hauswirtschaft
Techniker Krankenkasse, Gesundheitsdienst
Verband für unabhängige Gesundheitsberatung e.V., Gießen
Verbraucherzentrale Hessen e.V., Frankfurt/Main

NÄHRWERTTABELLE

Lebensmittel	Brennwert		übliche Portion	Eiweiß	Fett	Kohlenhydrate	Ballaststoffe	Wasser	Vitamine				Mineralstoffe					
Der essbare Anteil von 100g Lebensmittel enthält:									A	B1	B2	C	Natrium	Kalium	Calcium	Magnesium	Phosphor	Eisen
	kcal	kJ	g	g	g	g	g	g	µg	mg	mg	mg	mg	mg	mg	mg	mg	mg
Fleisch, Fleischwaren																		
Hähnchen, gegrillt	228	952	250	25,5	14,0	0	0	58,0	26	0,08	0,22	0	120	370	20	40	200	1,0
Putenfleisch mit Haut	151	632	125	22,4	6,8	0	0	69,7	10	0,08	0,14	0	66	315	26	28	238	1,5
Kalbfleisch, mager	92	392	125	21,3	0,8	0	0	76,4	Spuren	0,14	0,27	0	94	360	13	16	200	2,1
Lamm, Brust	381	1573	125	12,0	37,0	0	0	48,0	Spuren	0,14	0,19	0	93	294	9	20	155	2,3
Schweinefleisch, mager	109	459	125	21,8	2,4	0	0	74,7	6	0,80	0,19	0	72	292	9	21	172	1,5
Schweinefleisch, fett	261	1083	125	17,8	21,1	0	0	60,5	4	0,70	0,18	0	59	157	1	19	55	0,9
Rindfleisch, mager	107	454	125	22,0	1,9	0	0	75,1	20	0,23	0,26	0	65	355	5	23	195	2,1
Rind/Schwein-Hackfleisch	170	710	125	20,0	10,0	0	0	69,0	20	0,10	0,15	0	60	200	20	30	190	2,4
Bratwurst, fein	296	1237	150	12,8	26,7	0,5	0,1	57,5	3	0,19	0,24	20	950	300	24	22	483	2,7
Wurst																		
Corned Beef, deutsch	141	591	30	21,7	6,0	0	0	69,3	10	0,03	0,10	20	830	140	30	15	130	2,5
Bierschinken	174	726	25	16,5	12,0	0	0	67,5	5	0,18	0,20	20	750	260	15	18	150	1,5
Fleischwurst	283	1182	30	12,2	26,0	0,1	0,1	59,0	3	0,20	0,21	20	830	200	14	13	130	1,7
Fleischkäse	268	1123	150	13,9	23,2	0,3	0,1	59,5	3	0,11	0,16	35	600	300	10	15	125	1,3
Frankfurter Würstchen	270	1119	100	12,4	24,4	0,3	0,1	58,0	5	0,18	0,19	20	780	180	10	26	110	1,8
Geflügelwurst	246	1030	25	20,4	18,3	0,4	0,1	55,4	24	0,18	0,23	20	1575	328	26	30	458	1,9
Leberwurst, fein	358	1479	30	13,0	34,0	0	0,1	49,8	5300	0,30	1,02	21	1180	230	21	21	220	10,4
Salami	328	1372	25	20,6	27,3	0,0	0	47,3	6	0,18	0,20	20	2080	224	35	43	170	2,7
Kochschinken	125	528	30	22,5	3,7	0	0	70,5	27	0,61	0,21	0	965	270	15	24	136	2,3
Schinkenwurst	263	1100	25	12,7	23,6	0	0	61,0	7	0,20	0,22	20	1625	518	22	38	448	2,7
Schweinespeck, geräuchert	621	2560	30	9,1	65,0	0	0	20,0	Spuren	0,43	0,14	0	1770	225	10	15	120	0,8
Fische, Fischwaren																		
Forelle	102	431	150	19,5	2,7	0	0	76,3	32	0,08	0,08	1	62	413	12	26	245	0,4
Hering	233	968	100	18,2	17,8	0	0	62,5	38	0,04	0,22	1	117	360	34	31	250	1,1
Kabeljau	76	324	150	17,7	0,6	0	0	80,8	7	0,06	0,05	2	72	350	24	25	185	0,4
Rotbarsch	105	443	150	18,2	3,6	0	0	76,9	14	0,11	0,08	1	80	310	22	30	200	0,7
Scholle	86	361	150	17,1	1,9	0	0	80,7	3	0,21	0,22	2	104	310	60	22	200	0,9
Seelachs	81	344	150	18,3	0,9	0	0	80,2	6	0,09	0,35	1	80	375	14	50	300	1,0
Brathering	216	899	125	16,8	15,2	3,0	0	62,0	20	0,01	0,13	0	585	185	36	40	240	1,1
Bismarckhering	210	872	100	16,5	16,0	0	0	62,0	33	0,05	0,21	1	1090	75	38	12	150	1,5
Makrele, geräuchert	222	925	50	20,7	15,5	0	0	62,3	30	0,14	0,35	1	261	275	5	28	240	1,2
Thunfisch in Öl	283	1178	50	23,8	20,9	0	0	52,5	150	0,05	0,06	1	290	250	7	20	295	1,2
Milch, Milcherzeugnisse																		
Vollmilch (3,5 % Fett)	64	269	200	3,3	3,5	4,5	0	87,7	28	0,04	0,18	2	45	141	120	12	92	0,1
Milch (1,5 % Fett)	47	197	200	3,4	1,6	4,6	0	89,6	13	0,04	0,18	2	47	155	118	12	91	0,1
Milch (0,3 % Fett)	35	147	200	3,5	0,1	4,8	0	90,9	2	0,04	0,17	1	53	150	123	14	97	0,1
Buttermilch	37	157	200	3,5	0,5	4,0	0	91,2	7	0,03	0,16	1	57	147	110	15	90	0,1
Dickmilch, vollfett	60	250	150	3,5	3,3	4,0	0	87,5	40	0,04	0,17	1	50	150	120	12	100	0,1
Kaffeesahne, 15 % Fett	162	671	20 (1 EL)	3,0	15	3,8	0	76,9	140	0,04	0,18	1	40	130	100	11	80	0,1
Süße Sahne, 30 % Fett	308	1270	15 (1 EL)	2,4	31,7	3,3	0	62,0	315	0,03	0,15	1	34	110	80	10	63	0,1
Saure Sahne, 10 % Fett	115	477	15 (1 EL)	3,0	10,0	3,3	0	82,5	110	0,04	0,16	1	40	140	110	12	90	0,1
Schmand, 24 % Fett	240	1029	15 (1 EL)	2,7	24,0	3,4	0	67,3	280	0,03	0,16	1	30	120	100	11	80	0,1
Crème fraîche, 40 % Fett	376	1550	15 (1 EL)	2,1	40,0	2,0	0	54,5	440	0,03	0,13	1	20	80	70	8	50	0,1
Joghurt, vollfett	71	299	150	3,9	3,8	5,4	0	86,2	30	0,04	0,18	1	50	160	120	12	90	0,1
Joghurt (1,5 % Fett)	36	155	150	4,3	0,1	3,6	0	89,5	1	0,04	0,18	2	57	187	143	14	109	0,1
Kakaogetränk	78	327	200	3,5	3,5	8,1	0	81,8	28	0,04	0,17	1	50	160	120	12	110	0,3
Quark, Käse																		
Butterkäse, 50 % Fett i.Tr.	344	1424	30	21,1	28,8	0	0	50,0	280	0,04	0,25	0	865	80	700	53	417	0,5

Lebensmittel	Brennwert		übliche Portion	Eiweiß	Fett	Kohlenhydrate	Ballaststoffe	Wasser	Vitamine				Mineralstoffe					
Der essbare Anteil von 100g Lebensmittel enthält:									A	B1	B2	C	Natrium	Kalium	Calcium	Magnesium	Phosphor	Eisen
	kcal	kJ	g	g	g	g	g	g	µg	mg	mg	mg	mg	mg	mg	mg	mg	mg
Camembert, 30 % Fett i.Tr.	216	899	30	23,5	13,5	0	0	58,2	200	0,05	0,67	0	900	120	600	19	540	0,2
Camembert, 60 % Fett i. Tr.	377	1562	30	17,9	34,0	0	0	46,0	630	0,04	0,37	0	700	120	280	16	250	0,3
Emmentaler, 45 % Fett i.Tr.	382	1587	30	28,7	29,7	0	0	35,7	270	0,05	0,34	Sp	450	105	1020	35	635	0,3
Gouda, 45 % Fett i.Tr.	326	1352	30	24,0	25,5	0	0	46,0	260	0,03	0,20	1	869	76	820	28	443	0,5
Tilsiter, 45 % Fett i.Tr.	354	1472	30	26,3	27,7	0	0	46,0	120	0,06	0,36	Sp	773	60	850	37	520	0,2
Hüttenkäse, 10 % Fett i.Tr.	88	372	30 (1 EL)	13,6	2,9	2,4	0	79,5	18	0,02	0,20	0	375	85	95	10	150	0,3
Schafskäse (Feta)	232	964	30	17,0	18,0	0,5	0	59,0	210	0,04	0,30	0	1300	150	430	20	340	0,6
Schmelzkäse, 30 % Fett i.Tr.	219	915	30	14,8	13,6	8,9	0	57,5	150	0,03	0,38	0	1200	65	550	30	950	0,9
Speisequark, mager	68	288	30 (1 EL)	13,0	0,2	3,5	0	81,8	2	0,04	0,30	1	40	100	120	9	180	0,4
Speisequark, 20 % Fett i.Tr.	104	434	30 (1 EL)	12,0	4,7	3,3	0	78,6	40	0,04	0,28	1	35	90	120	11	165	0,4
Speisequark, 40 % Fett i.Tr.	155	647	30 (1 EL)	11,0	11,0	3,1	0	73,5	90	0,04	0,24	1	35	80	120	10	180	0,4
Eier																		
Hühnerei, ganz	137	570	65	11,4	9,9	0,6	0	65,4	238	0,09	0,28	0	128	130	50	11	190	1,9
Hühnereigelb	353	1459	20	16,1	31,9	0,3	0	50,0	881	0,29	0,40	0	50	140	140	16	590	7,2
Rührei	173	716	125	11,5	13,8	0,6	0	72,5	200	0,09	0,28	0	165	152	68	12	200	1,8
Spiegelei	220	914	65	13,3	18,4	0,4	0	66,9	240	0,08	0,28	0	200	140	50	12	200	1,7
Fette und Öle																		
Butter	752	3090	20	0,7	83,2	0,3	0	15,3	590	0,01	0,02	0	5	16	13	3	21	0,2
Margarine	722	2970	20	0,2	80,0	0,4	0	19,0	530	0,0	0,0	0	100	7	10	1	10	0,1
Halbfettmargarine	368	1514	20	1,6	40,0	0,4	0	57,9	500	0,0	0,0	0	390	7	12	1	8	0,0
Sonnenblumenöl	900	3700	12 (1 EL)	0,0	100,0	0,0	0	0,0	0	0,0	0,0	0	0	0	0	0	0	0,0
Mayonnaise 80% Fett	748	3078	12 (1 EL)	1,5	82,5	0,0	0,0	13,0	60	0,04	0,04	0	480	18	18	20	60	1,0
Schweineschmalz	900	3700	10 (1 EL)	0,0	100,0	0,0	0,0	0,0	0	0,0	0,00	0	1	1	1	1	3	0,0
Getreideerzeugnisse																		
Haferflocken, kernig	366	1548	10 (1 EL)	12,5	7,0	63,3	5,4	10,0	0	0,59	0,15	0	7	348	54	140	390	4,6
Hirse, geschält	350	1480	20 (1 EL)	9,8	3,9	68,8	3,8	12,0	0	0,43	0,11	0	3	150	25	170	310	9,0
Maisstärke	346	1471	20 (1 EL)	0,4	0,1	85,9	1,0	12,3	0	0,0	0,01	0	3	7	2	2	30	0,5
Weizenmehl, Type 1700	302	1283	20 (1 EL)	11,2	2,1	59,7	9,8	12,6	0	0,47	0,17	0	2	290	41	70	372	3,3
Weizenmehl, Type 405	332	1409	20 (1 EL)	9,8	1,0	70,9	4,0	13,9	0	0,06	0,03	0	2	108	15	20	74	1,5
Weizenkleie	172	723	5 (1 EL)	14,9	4,7	17,4	45,4	11,5	0	0,65	0,51	0	2	1400	43	590	1280	3,6
Weizengrieß	321	1364	20 (1 EL)	9,6	0,8	68,9	7,1	13,0	0	0,12	0,04	0	1	110	17	30	90	1,0
Reis, poliert, gek. mit Salz	104	443	150	2,1	0,2	23,5	0,2	73,4	0	0,01	0,01	0	163	9	9	8	34	0,1
Naturreis, gek. mit Salz	127	540	150	2,7	0,8	27,3	1,3	66,9	0	0,07	0,02	0	163	25	33	26	112	0,7
Reis, parboiled, gek. mit Salz	123	521	150	2,4	0,3	27,6	0,2	68,9	0	0,08	0,01	0	138	30	33	8	75	0,7
Cornflakes	353	1500	30	7,2	0,6	79,7	4,0	5,5	0	0,06	0,06	0	938	120	13	14	59	2,0
Weizenflocken	306	1299	10 (1 EL)	11,5	1,8	61,0	10,0	14,0	0	0,45	0,11	0	2	380	36	150	340	3,2
Brot, Backwaren																		
Baguette	248	1053	125	7,8	1,4	51,0	3,0	34,6	3	0,09	0,09	0	540	130	19	24	95	1,6
Brötchen (Weizen)	272	1155	45	8,3	1,9	55,5	3,0	29,4	0	0,10	0,03	0	540	130	27	30	102	1,2
Croissant	393	1636	45	5,7	25,8	34,4	1,2	31,7	120	0,06	0,05	0	300	100	80	20	80	1,0
Knäckebrot	313	1330	12	9,4	1,4	65,8	14,0	7,0	0	0,20	0,18	0	460	436	85	68	300	4,7
Weißbrot	236	1003	45	7,6	1,2	48,8	3,2	37,3	0	0,08	0,06	0	540	130	58	24	87	1,0
Weizentoastbrot	258	1091	25	6,9	4,4	47,7	3,7	35,3	16	0,12	0,19	0	550	160	47	28	92	1,4
Weizenvollkornbrot	202	858	45	7,1	0,9	41,4	7,5	41,7	0	0,25	0,15	0	380	270	60	90	196	2,0
Weizenmischbrot	226	957	40	6,2	1,1	47,7	4,6	38,8	0	0,14	0,07	0	550	175	20	26	128	1,5
Roggenbrot	217	919	45	6,2	1,0	45,7	6,5	38,9	0	0,18	0,11	0	523	170	30	35	120	2,5
Roggenvollkornbrot	193	820	50	6,8	1,2	38,8	8,1	43,6	0	0,18	0,15	0	525	290	40	64	200	3,3
Butterkeks	428	1806	5	7,6	11,0	74,7	3,0	2,0	150	0,13	0,18	0	380	140	47	23	122	1,8

Lebensmittel	Brennwert		übliche Portion	Eiweiß	Fett	Kohlenhydrate	Ballaststoffe	Wasser	Vitamine				Mineralstoffe					
Der essbare Anteil von 100g Lebensmittel enthält:									A	B1	B2	C	Natrium	Kalium	Calcium	Magnesium	Phosphor	Eisen
	kcal	kJ	g	g	g	g	g	g	µg	mg	mg	mg	mg	mg	mg	mg	mg	mg
Vollkornkeks	411	1722	10	10,8	21,4	43,9	8,1	14,3	0	0,72	0,82	0	292	281	76	77	294	3,2
Zwieback	368	1558	10	9,2	4,3	73,1	3,5	8,5	0	0,13	0,07	0	250	250	20	15	100	1,0
Apfelkuchen (Hefeteig)	132	557	100	2,8	3,3	22,8	2,2	68,3	27	0,04	0,07	2	10	121	21	10	42	0,6
Apfelkuchen (Mürbeteig)	203	854	100	2,7	7,5	31,2	1,9	55,7	58	0,03	0,04	2	84	98	55	9	66	0,6
Apfelstrudel	203	852	150	2,5	9,0	28,0	2,1	57,0	30	0,03	0,05	2	75	90	60	9	70	0,6
Käsekuchen	277	1156	100	6,4	16,5	25,7	0,4	49,5	140	0,03	0,16	2	120	85	140	10	160	0,6
Nusskuchen	432	1795	60	5,4	33,4	27,5	0,8	30,8	180	0,07	0,10	0	373	122	258	25	259	1,1
Plunderstückchen	395	1650	90	5,8	23,0	41,2	1,6	28,0	135	0,07	0,14	0	25	106	77	30	120	1,2
Obstboden (Biskuit)	322	1361	30	9,6	7,1	55,0	0,6	27,3	150	0,08	0,20	0	89	110	37	10	145	1,5
Streuselkuchen	372	1563	70	6,3	14,5	54,1	1,2	23,6	100	0,04	0,06	0	10	88	30	14	70	0,9
Schwarzwälderkirschtorte	251	1049	140	3,1	13,7	28,8	0,6	53,1	175	0,02	0,08	1	35	94	48	11	69	0,5
Schokoladensahnetorte	303	1264	120	4,5	20,0	26,3	0,7	48,0	218	0,03	0,14	0	68	137	98	19	109	0,
Teigwaren																		
Eierteigwaren, ungekocht	354	1501	50	12,3	2,8	69,9	3,4	10,7	63	0,17	0,07	0	17	164	27	67	190	2,2
Vollkornteigwaren, ungekocht	322	1366	50	12,6	3,6	59,9	8,8	13,0	40	0,45	0,12	0	60	350	50	130	350	3,6
Teigwaren ohne Ei, ungekocht	352	1495	50	12,0	1,8	72,0	3,4	10,0	0	0,18	0,05	0	16	160	25	56	190	2,1
Kartoffeln, Kartoffelerzeugnisse																		
Kartoffeln, roh	70	298	200	2,0	0,1	14,8	2,1	77,8	0	0,11	0,05	17	3	411	6	20	50	0,4
Pellkartoffeln	70	298	200	2,0	0,1	14,8	1,7	77,8	0	0,10	0,05	14	210	443	10	23	50	0,8
Bratkartoffeln	159	665	200	2,5	8,0	19,2	2,2	66,3	0	0,09	0,09	12	250	420	12	20	66	1,1
Pommes frites	273	1215	150	4,2	14,5	32,5	3,5	43,0	0	0,14	0,09	28	300	926	20	30	105	1,7
Kartoffelchips	539	2241	25	5,5	39,4	40,6	7,0	2,3	0	0,22	0,10	8	450	1000	52	64	147	2,3
Nüsse																		
Erdnüsse, geröstet/gesalzen	585	2424	50	25,6	49,4	9,4	11,4	1,5	0	0,25	0,14	0	400	800	37	180	410	2,0
Walnüsse	662	2738	50	14,4	62,5	10,6	6,1	4,3	0	0,34	0,12	3	2	540	87	129	409	2,5
Haselnüsse	644	2662	125	12,0	61,6	10,5	8,2	5,2	0	0,39	0,21	3	2	636	226	156	333	3,8
Mandeln	577	2383	50	18,7	54,1	3,7	15,2	5,6	0	0,22	0,62	1	15	835	250	170	450	4,1
Gemüse, Salate																		
Bohnen, grün	33	138	200	2,4	0,2	5,1	1,9	90,3	0	0,08	0,12	20	2	248	57	25	38	0,8
Brokkoli	26	111	200	3,3	0,2	2,5	3,0	89,7	0	0,10	0,18	115	19	373	105	24	82	1,3
Endiviensalat	10	43	50	1,8	0,2	0,3	1,5	94,3	0	0,05	0,12	9	53	346	54	10	54	1,4
Erbsen	81	342	200	6,6	0,5	12,3	4,3	75,2	0	0,30	0,16	25	2	304	24	33	108	1,8
Gurke	12	50	200	0,6	0,1	1,8	0,5	96,8	0	0,02	0,03	8	9	141	15	8	23	0,5
Grünkohl	37	157	200	4,3	0,9	3,0	4,2	86,3	0	0,10	0,25	105	42	490	210	31	87	1,9
Kopfsalat	11	48	50	1,3	0,2	1,1	1,5	95,0	0	0,06	0,08	13	8	172	20	8	22	0,3
Möhren	25	108	200	1,0	0,2	4,8	3,6	88,2	0	0,07	0,05	7	60	290	41	18	35	2,1
Paprika, grün	20	86	200	1,2	0,3	2,9	3,6	91,0	0	0,05	0,04	138	2	177	11	12	29	0,8
Sauerkraut	18	77	150	1,5	0,3	2,4	2,1	90,7	0	0,03	0,05	20	355	288	48	14	43	0,6
Spargel	18	77	200	1,9	0,2	2,2	1,5	93,6	0	0,11	0,10	20	4	203	25	18	46	0,6
Spinat	15	64	200	2,5	0,3	0,6	1,8	91,6	0	0,11	0,23	52	65	633	126	58	55	4,1
Tomaten	17	73	50	1,0	0,2	2,6	1,0	92,9	0	0,06	0,04	25	3	242	8	14	18	0,5
Petersilie	50	214	2	4,4	0,4	7,4	4,3	81,9	0	0,14	0,30	166	33	1000	245	41	128	5,5
Obst																		
Apfel	54	228	125	0,3	0,6	11,4	2,0	85,3	0	0,04	0,03	12	3	144	7	6	12	0,5
Birne	55	233	125	0,5	0,3	12,4	3,3	82,9	0	0,03	0,04	5	2	125	10	8	15	0,3

Lebensmittel	Brennwert		übliche Portion	Eiweiß	Fett	Kohlenhydrate	Ballaststoffe	Wasser	Vitamine				Mineralstoffe					
Der essbare Anteil von 100g Lebensmittel enthält:									A	B1	B2	C	Natrium	Kalium	Calcium	Magnesium	Phosphor	Eisen
	kcal	kJ	g	g	g	g	g	g	µg	mg	mg	mg	mg	mg	mg	mg	mg	mg
Banane	88	374	125	1,2	0,2	20,0	1,8	73,9	0	0,04	0,06	12	1	390	9	36	28	0,5
Erdbeere	32	136	125	0,8	0,4	5,5	1,6	89,5	0	0,03	0,05	64	3	150	26	15	29	1,0
Himbeere	34	143	125	1,3	0,3	4,8	4,7	84,5	0	0,02	0,05	25	1	170	40	30	44	1,0
Kiwi	51	215	80	1,0	0,6	9,1	2,1	83,8	0	0,02	0,05	71	4	295	38	24	31	0,8
Obstcocktail, Konserve	62	262	125	0,4	0,1	14,8	1,0	81,0	0	0,01	0,01	5	3	95	5	5	9	0,3
Mandarine	46	195	50	0,7	0,3	10,1	1,7	86,7	0	0,06	0,03	30	1	210	33	11	20	0,3
Pfirsich, frisch	41	176	125	0,8	0,1	8,9	1,9	87,5	0	0,03	0,05	10	1	205	8	9	23	0,5
Pfirsich, Konserve	68	288	125	0,4	0,1	16,5	1,1	81,7	0	0,01	0,02	4	2	130	4	5	13	0,3
Weintrauben, weiß	67	286	125	0,7	0,3	16,1	1,6	81,1	0	0,05	0,03	4	2	190	18	9	20	0,5
Rosinen	277	1178	25	2,5	0,6	63,9	5,2	20,0	0	0,12	0,06	1	21	780	30	15	110	0,3
Süßwaren																		
Vollmilchschokolade	536	2240	5 (St.)	9,2	31,5	54,0	0,0	1,4	50	0,11	0,37	0	58	470	214	86	242	2,3
Milchschnitte	409	1707	30 (St.)	8,8	26,0	35,0	1,0	28,0	80	0,08	0,40	2	120	350	300	35	220	0,6
Müsli-Riegel	396	1659	25	7,7	19,1	48,3	5,3	17,9	0	0,27	0,14	3	6	453	84	90	205	2,7
Einfacheiscreme	133	561	50	4,4	3,3	21,4	0,0	69,7	40	0,04	0,27	1	60	200	160	15	120	0,1
Zucker	399	1697	5 (1 TL)	0,0	0,0	99,8	0,0	0,1	0	0,00	0,00	0	0	2	1	0	0	0,3
Brotaufstriche																		
Honig	302	1283	20	0,4	0,0	75,1	0,0	19,0	0	0,00	0,05	2	7	47	5	6	18	1,3
Konfitüre	242	1027	20	0,4	0,0	60,0	0,6	38,4	0	0,01	0,01	9	4	104	21	8	14	0,5
Pflaumenmus	202	860	20	0,9	0,2	48,0	2,4	46,0	5	0,01	0,03	1	13	137	30	3	5	0,2
Nuss-Nougat-Creme	532	2223	20	4,3	31,3	58,3	0,5	0,5	30	0,23	0,12	1	50	400	13	75	200	3,5
Getränke																		
Apfelsaft	48	202	200	0,1	0,0	11,1	0,1	87,8	0	0,02	0,02	1	2	116	7	4	7	0,3
Orangensaft	44	188	200	0,7	0,2	9,0	0,2	87,7	0	0,08	0,02	44	1	170	15	12	16	0,3
Traubensaft	69	292	200	0,2	0,0	17,0	0,4	82,1	0	0,03	0,02	2	3	150	13	9	12	0,4
Tomatensaft	17	71	200	0,8	0,1	2,9	0,6	94,1	0	0,06	0,03	15	5	236	15	10	16	0,6
Mineralwasser	0	0	200	0,0	0,0	0,0	0,0	99,8	0	0,00	0,00	0	50	4	10	12	57	0,2
Multivitamin-Nektar	47	199	200	0,5	0,1	11,0	0,2	87,6	0	0,50	0,80	40	5	170	20	5	6	0,3
Cola-Getränke	44	187	200	0,0	0,0	11,0	0,0	88,5	0	0,00	0,00	0	8	1	4	1	15	0,0
Limonade	48	206	200	0,1	0,0	12,0	0,0	87,5	0	0,00	0,00	0	5	1	5	2	15	0,1
Nachspeisen																		
Götterspeise	124	522	125	4,0	2,4	21,5	0,3	71,0	3	0,04	0,06	36	8	389	66	33	62	1,6
Grießpudding, Vanille	72	302	125	2,0	3,9	7,3	0,2	86,2	16	0,01	0,05	0	19	45	26	6	35	0,2
Schokoladenmousse	332	1396	125	7,3	10,4	52,2	1,5	27,0	87	0,06	0,21	1	50	215	89	37	160	1,5
Rote Grütze	122	520	125	0,4	0,1	30,0	1,5	67,0	0	0,01	0,01	13	3	72	14	6	39	0,4
Vanillepudding	111	467	125	2,9	3,3	17,4	0,4	75,4	40	0,01	0,17	1	60	141	97	11	106	0,4

Lebensmittel	Brennwert		übliche Portion	Eiweiß	Fett	Kohlenhydrate	Ballaststoffe	Wasser	Alkohol	Vitamine				Mineralstoffe					
										A	B1	B2	C	Natrium	Kalium	Calcium	Magnesium	Phosphor	Eisen
	kcal	kJ	g	g	g	g	g	g	g	µg	mg	mg	mg	mg	mg	mg	mg	mg	mg
Alkoholische Getränke																			
Bier, Pils, hell	42	177	200	0,5	0,0	3,1	0,0	91,9	4,0	0	Spuren	0,03	0	4	55	4	9	32	0,0
Weißwein, trocken	69	286	125	0,1	0,0	0,5	0,0	88,5	9,5	0	0,00	0,01	0	3	80	9	9	15	0,6
Rotwein, leicht	65	272	125	0,2	0,0	2,4	0,0	89,2	7,9	0	0,00	0,00	2	3	100	7	8	10	0,9
Weinbrand/Cognac	240	994	20	0,0	0,0	2,0	0,0	64,9	[illegible]	0	0,00	0,00	0	1	[illegible]	[illegible]	1	[illegible]	[illegible]

Quelle: Heseker, Helmut; Heseker, Beate: Die aktuelle Umschau Nährwert- und Kalorientabelle; Frankfurt am Main

SACHWORTVERZEICHNIS

Abdecken
... des Tisches 234
... des Tischtuches 234
Abendessen 110, 139, 155
Abfallentsorgung 15, 171, 254
Abwasser 15
ADI-Wert 90, 94
Aerobier 5
Aflatoxin 9
Aktivität, körperliche 121
Albumine 69
Alkohol 158, 165
Altersdiabetes 135
Aminosäuren 68
Anaerobier 5
Antioxidantien 77, 92, 93, 102
Arbeitsgeräte 11, 20
Arbeitsorganisation 166 f.
Arbeitsplan 167
Arbeitsplanung, Großküche 178
Arbeitssicherheit 16 f.
Arbeitsunfälle 18
Aromastoffe 90 ff.
Aspartam 151
Aufgussgetränke 236 ff.
... Kaffee 236 f.
... Tee 238 f.
Auflegen des Tischtuches 223
Aufschlagprobe 203
Ausgabeküche 168
Ausgabesysteme 175 ff.
Ausgabetheke 175
Auslaugverluste 211
Avitaminose 78
aw-Wert 4, 87 f.

Backöfen 23
... Gasbackofen 26
... mit Ober- und Unterhitze 23
Backpulver 95 f.
Bakterien 6 f.
Ballaststoffe 54, 61, 102, 155, 161 f.
... Arten und Eigenschaften 74
... Vorkommen 74
Ballaststoffbedarf 75, 123
Ballaststoffgehalt 74
Bandausgabe 176
Bedarfsgegenstände 14
Beikost 128
Beilagen, stärkehaltige 205 ff.
Benzoesäure 92
Berufsgenossenschaften 19
Besteck 225 f.
Betriebshygiene 10
Bindemittel 57, 59, 60
Blumen 230
Blumenpflege 230
Blutcholesterinwert 154
Bluthochdruck 152
Blutzucker 61
Blutzuckerspiegel 149
... Regulation 149
BMI (Body-Mass-Index) 145
Botulinus-Bazillen 7
Brandschutzeinrichtung 19
Broca-Gewicht 122
Brot und Backwaren 110
... Ballaststoffe 74 f.
... Brot und Getreideprodukte im Ernährungskreis 119
... Dextrine 55
... Mineralstoffe 84
... Vitamine 79
... Zusatzstoffe 91
Broteinheit 150
Brühen 194
Buffet 243 ff.
... Brunchbuffet 245
... Frühstücksbuffet 108, 245
... Mengenkalkulation 246
... Salatbuffet 214 f., 246
Buffetaufbau 243, 244
Buffetgedeck 229

Cafeteriaausgabe 176
Calcium 84 ff., 115, 130 f., 134, 141
Calciumbedarf 86
Calciummangel 145
Canapés 191
Carotin 63
Carotinoide 76
Casein 69
Cellulose 54 ff., 74
Chlorid 84
Chlorophyll 69
Cholesterin 63, 154 f.
... in Lebensmitteln, Übersicht 155
Cholesterinspiegel 154
Cocktails 192
Convenience-Erzeugnisse 213
Convenience-Produkte 103 ff., 183, 207
Convenience-Soßen 204
Convenience-Suppen 196
Cook and Chill 36, 174
Cook and Freeze 174
Cook and Serve 173
Cremespeisen 217, 219
Cyclamat 151

Dampfdrucktopf 27
Dampfgarer 28
Darmbeschwerden 159
Desinfektion 11
Desserts 217 ff.
Dextrine 54 f.
DGE (Deutsche Gesellschaft für Ernährung) 77, 120, 124, 138
... Regeln 138
Diabetes mellitus 145, 149 f.
Diabetiker 150 f.
Diabetikerlebensmittel 94
Diarrhö 163
Diäten und Sonderkostformen 145 ff.
... Atkins-Diät 147
... Übergewicht 145 ff.
... Diabetes mellitus 149 ff.
... Bluthochdruck 152 f.
... Fettstoffwechselstörungen 154 ff.
... Fit for Life 144
... Gicht 157 f.
... Hay'sche Trennkost 144
... kochsalzreduzierte Diät 152 f.
... Magen- und Darmbeschwerden 159 ff.
... Makrobiotik 144
... Verstopfung 161 f.
... Durchfallerkrankungen 163 f.
... Leber- und Galleerkrankungen 165
Diätsalz 152
Diätwaage 151
Dickdarm 117
Doppelzucker 54 f.
Dünndarm 116
Durchfall 163
Durchfallerkrankungen 163

Eier 192, 202f
... Cholesterin 155
... Eiweiße 69
... Frischeprobe 203
... küchentechnische Eigenschaften 202
... Portionsgrößen 202
... Stellung im Ernährungskreis 119
... Vitamine und Mineralstoffe 79, 82, 84
Eierspeisen 202
Eignungswert 98, 100
Eindecken des Tisches 223
Einfachzucker 54 f.
Einkauf 169, 179
Eischnee 45
Eisen 84 f., 115, 130 f., 133 f.
Eisenbedarf 86
Eisenmangel 145
Eiweiß 68 ff., 70, 100, 126, 132, 157
... biologische Wertigkeit 73
... Eigenschaften 69 f.
... einfaches 68f
... Vorkommen und chemischer Aufbau 68 f.
... zusammengesetztes 68 f.

Eiweißbedarf 73, 122, 125, 128, 132, 137
Eiweißgerinnung 70
Elektroherde 21, 24
Emulgator 64, 93
Emulsion 64, 93
Energiebedarf 106, 120 f., 125, 128, 131 f., 134,
Energiebilanz 146
Energiegehalt von Lebensmitteln 123
Energieleiter 144
Energiezufuhr 106, 124
Energy Drinks 102
Entsorgung s. Abfallentsorgung
Entsorgungsplan 254
Enzyme 116
Ernährung von
... älteren Menschen 134 f.
... Kindern und Jugendlichen 131 f.
... mediterrane 138
... Säuglingen 125 ff.
... Schwangeren und Stillenden 128 f.
... vegane 140 f.
... vegetarische 141
Ernährungsgewohnheiten 118
Ernährungskreis 119, 138
Ernährungsverhalten 118
Erste Hilfe 18
Ersthelfer 18
Erzeugung, Lebensmittel 99 ff.
Essen auf Rädern 136
EU-Güteklassen 98, 210

Farbstoffe 90 f.
Fast Food 133
Fertigmilchnahrung 126
Fertigprodukte 103 ff.
Fertigungsküche 167
Fettabscheider 15
Fettbedarf 67, 122, 125, 128, 131, 135
Fette 62 ff., 137, 154
... Eigenschaften 63 ff.
... einfache 62
... pflanzliche 63
... Rauchpunkt 65
... Schmelzbereiche 64
... Siedepunkt 65
... tierische 63
... Vorkommen und chemischer Aufbau 62 f.
Fettfilter 29
Fettsäure 62, 64
... essentielle 62
... gesättigte 62
... ungesättigte 62
... Zusammensetzung 64
Fettstoffwechselstörungen 154 ff.
Fettzersetzung 29, 65
Finger Food 248
Fingerprobe beim Kurzbraten 48
Fisch 200 f.
... Eiweiße 69
... Garverfahren 50, 201
... Jod 84
... Portionsgrößen 200
... Stellung im Ernährungskreis 119
... Vitamine und Mineralstoffe 79, 82, 84
Fischgerichte 200 f.
Flammeris 59, 220
Flavonoide 77
Fleisch 197 ff.
... Cholesterin 155
... Garverfahren 50 ff., 198 f.
... Maschinen zur Ver- und Bearbeitung 36, 38, 42 f.
... Portionsgrößen 200
... Stellung im Ernährungskreis 119
... Vitamine und Mineralstoffe 79, 82, 84
Fleischgerichte 197 ff.
Fleischteile 197
Fluorid 84
Flüssigkeitsbedarf 89, 119, 133, 136
Folsäure 130 f.
Formuladiät 147
Free-Flow-Cafeteria 177
Frischeprobe für Eier 203
Frischkostküche 167
Fritteuse 28
Früchte 217
Fruchtzucker 151
Frühstück 53, 74, 107, 124, 138 f., 155
... in der Gemeinschaftsverpflegung 108
... Pausenfrühstück 107
Fruktose 55, 56, 94, 151
Functional Food 101 f.
Funktionsbereiche in der Küche 167, 169
Funktionsräume 11

Galaktose 55
Galleerkrankungen 165
Gallensteine 165
Gargeräte 21 ff.
Gärung, alkoholische 57
Garverfahren 46 ff., 85, 198 f., 201, 206, 212
... feuchte 47 ff.
... trockene 50 ff.
Gasherde 25
Gastritis 159
Gastronormbehälter 168, 175
Gedecke 228 ff.
... festliches Essen 229
... Frühstück 228
... Kaffee 228
... Mittag und Abendtisch 228
... zu kalten und warmen Büfetts 229
Gefahrstoffsymbole 17
Geflügel 198
Gefriergeräte 35 f.
... Gefrierschränke 35
... Gefriertruhen 35
... No-frost-Geräte 35
Gefrierpunkt 88
Gelatine 69, 70, 95, 218
... Verarbeitung 218
Gelees 217 f.
Gemüse 135, 210 ff.
... Anbau 99
... Anrichten von Gemüse 213
... Ballaststoffe 74
... EU-Güteklassen 98, 210
... Garverfahren 47 f.
... Portionsgrößen 213
... sekundäre Pflanzenstoffe 76 f.
... Spezialgeräte zur Verarbeitung in Großküchen 38
... Stellung im Ernährungskreis 119
... Vitamine und Mineralstoffe 79, 82, 84
... Vor- und Zubereitungstechniken 41, 44, 170
Gemüsespeisen 210 ff.
... aus Convenience-Erzeugnissen 213
Gentechnik 99, 101
Gentechnologie 101
Genusswert 98, 100
Gerichte
... Definition 110
... regionale 253
Gerinnung, Eiweiß 69
Gesamtenergiebedarf 121 f.
Geschirr 31
Geschmacksverstärker 96
Gesprächsführung 250
Gesundheit 113 ff.
Gesundheitswert 98, 100
Getränke 89, 120, 235
... ACE-Getränke 101
... alkoholfreie 235
... alkoholische 120, 235
... Energy Drinks 102
... Flüssigkeitsbedarf verschiedener Altersgruppen 119, 132
... isotonische 235
... Milchgetränke 239
... Stellung im Ernährungskreis 119
Getränkeservice 232 f., 235 ff.
Getreideerzeugnisse 107 f., 110 (s. a. Brot und Backwaren)
... Ballaststoffe 74
... Eiweiße 69
... Kohlenhydrate 55
... Stellung im Ernährungskreis 119
... Vitamine und Mineralstoffe 79, 82, 84
Getreidekorn 74
Gewichtseinheiten 170
Gewichtsklassen, Eier 203

Gicht 157 f.
Gläser 227
Glaskeramikkochfeld 25
Gliadin 69
Globuline 69
Glukagon 149
Glukose 55, 56, 61
Glutamat 97
Gluten 69, 163
Glutenunverträglichkeit 163 f.
Glykogen 54, 55, 61
Grillgeräte 31 f.
Großküche 38
... Großküchengeräte 20, 27 ff., 38, 44
... Großküchenherde 23
Grundbesteck 226
Grundgedeck 228
Grundumsatz 120 f., 132, 134
Grütze 220
Güteklassen 98, 203, 210
Gütezeichen 98

HACCP-Konzept 10
Hackfleisch 72
Hackfleischerzeugnisse 13
Hackfleischgerichte 199
Hackfleischverordnung 13
Halogenkochfeld 23
Hämoglobin 69
Harnsäure 157 f.
Harnsäuregehalt von Lebensmitteln 158
Harnsäurespiegel 157
Hefen 8
Heißluftdämpfer 168
Hemicellulose 74
Herde
... Gasherde 25
... Elektroherde 21, 24
Hirschhornsalz 95, 96
Hockerkocher 23
Hülsenfrüchte
... Eiweiße 69
... in der Schwangerschaft 129
... Stellung im Ernährungskreis 119
... Vitamine 82, 84
Hunger 117
Hygiene 2, 10 f.
... Betriebshygiene 10 f.
... persönliche 11
... Produkthygiene 12 f.
Hygienegrundsätze 12
Hygieneplan 10
Hyperlipoproteinämien 154 f.
Hypertonie 152 f.
Hyperurikämie 157 f.
Hypervitaminose 78
Hypovitaminose 78

Induktionskochfeld 22
Infektionsschutzgesetz 10, 12
Insulin 61, 149

Jod 83 f., 130, 131, 133
Jodmangel 133, 145
Jodzufuhr 84, 115

Kaffee 236 f.
Kaffeegedeck 228
Kaffeesorten 236
Kaffeespezialitäten 237
Kakaogetränke 238
Kalium 84, 152
Kältemittel 33
Kaltverteilsystem 174
Karies 115, 131
Kartoffel 205 ff.
... Garverfahren 47, 206
... Kocheigenschaften 206
... Kartoffelspeisen, vorgefertigt 207
... Vitaminverlust 81, 85
... Zubereitungsarten 206 f.
Kartoffel-/Gemüseschälmaschine 38
Kartoffelgerichte 205
Käse s. Milch und Milchprodukte
Keimübertragung 11
Kippbratpfannen 28
Kippkochkessel 28
Kleber 69, 70
Klebereiweiß 69, 163
Kleingeräte, elektrische 39
Klöße 207
Knödel 207
Kochbrenner 25
Kochcomputer 25
Kochen 47, 49, 198, 206, 211
Kochkessel 28
Kochsalz 83, 152 f.
... kochsalzreduzierte Diät 152 f.
Kochstellen 21 ff., 25
Kohlenhydrataustauschtabelle 150 f.
Kohlenhydratbedarf 60 f., 125, 129, 135, 137
Kohlenhydrate 100, 122, 131, 137, 150
... Vorkommen und chemischer Aufbau 54 ff.
... küchentechnische Eigenschaften 57 ff.
Kollagene 69
Kombinationsgeräte 31
Konservierungsstoffe 92
Kontaktgrillgeräte 32
Konvektomat 27
Körperzusammensetzung 134
Kost
... cholesterinarme 155
... purinarme 158
Kostenkalkulation 179, 181
Kostformen 137 ff.
... alternative 144
... anthroposophische Ernährung 144
... vegane 140 f.
... vegetarische Kost 140 f.
... Vollkost 137 ff.
... ... leichte 160, 165
... Vollwerternährung 142 f.
Kostpläne, Mengenangaben für die Erstellung 255
Krankheiten, ernährungsabhängige 113 f., 145 ff.
Küchenmaschine 39
Kühl-Gefrier-Kombinationen 33
Kühlräume 34
... Kühlschränke 33
... Kühl- und Gefrierräume 37

Lacto-Vegetarier 140
Lagerdauer von Tiefkühlkost 36
Lagerung 99, 169
Laktose 55 f.
Laktosegehalt in Lebensmitteln 164
Laktoseintoleranz 55, 164
Lebensbedingungen der Mikroorganismen 3
Lebensmittel
... Definition 14
... gentechnisch erzeugte 101
... harnsäurearme 157
... Hygieneverordnung 10
... probiotische 101
... salzarme 153
... salzreiche 152 f.
... sensorische Beurteilung 98
Lebensmittelauswahl 106, 160
Lebensmittelerzeugung 99
Lebensmittelherstellung 20
Lebensmittelhygiene 2, 10
Lebensmittelinfektionen 7, 13
Lebensmittelinhaltsstoffe 53
Lebensmittelqualität 98 ff.
... Beurteilung 98
... Einflussfaktoren 99 f.
Lebensmittelrecht 14
Lebensmitteltransport 99
Lebensmittelüberwachung 13
Lebensmittelverarbeitung 99, 104
Lebensmittelverderb 3, 6, 8
Lebensmittelvergiftungen 3, 13
Lebererkrankungen 165
Lecithin 63
Leistungskurve 16
Leistungsumsatz 120
Lipide 62
Lipoide 62
LMBG (Lebensmittel- und Bedarfsgegenständegesetz) 10, 14, 99, 102, 245
LMHV 10
Lockerungsmittel, chemische 95 f., 98

Magen 115
Magenbeschwerden 159 f.
Magen-Darm-Erkrankungen 159 ff.
Magnesium 84, 86, 130 f.
Mahlzeitendienste, mobile 136
Mahlzeitengestaltung 106
Maltose 55 f.
Mangelkrankheiten 145
Materialeinsatz 180
Meldepflicht 6
Menagen 224
Mengenangaben zur Kostplanerstellung 255
Mengenelemente 84
Menüfehler 109, 188
Menükarten 231
Menüplanung 109 ff., 186 ff.
Menüregeln 110 f., 188
Menüs 109 f., 185 ff., 189
Messer 43
Messerarten 43
Messerpflege 43
Messerschnitt 42
Mikroorganismen 3 ff., 6
Mikrowellengeräte 29 ff., 50
... Geschirr 31
Milch und Milchprodukte
... Allergieauslöser 114
... biologische Wertigkeit 73
... Eiweiße 69
... Käse 9
... Lacto-Vegetarismus 140
... Laktose und Laktoseintoleranz 55, 164
... Milch und Milchprodukte im Ernährungskreis 119
... Muttermilch 125 ff.
... Vitamine und Mineralstoffe 79, 84
... Zusatzstoffe 91
Milchnahrung, selbst zubereitet 127
Milchsäurebakterien, probiotische 102
Milchzuckerunverträglichkeit 55, 164
Mineralstoffbedarf 86, 129, 133, 135 f.
... Mineralstoffe 132 ff., 138
... Eigenschaften und Vorkommen 83, 85
... Übersicht 84
Mineralstofflieferanten 82
Mineralstoffmangel 83
Mineralstoffverluste 85
Mineralwasser 235
Mischen von Lebensmitteln 44
Mischkost, energiereduzierte 147
Mittagessen 109, 139, 155, 186
Müll s. Abfallentsorgung
Muttermilch 125 ff.
Myoglobin 69

Nährstoffbedarf 119, 122 ff.
Nährstoffdichte 138
Nährstoffgehalt 123
Nährstofflieferanten 82
Nahrungsmittel, ökologisch produzierte 99
Nahrungsmittelallergie 91 f., 114
Nährwert 98
Natrium 84, 85
... natriumarme Kost 152 f.
Natriumglutamat 96, 97
Natriumnitrit 92
Natron 96
Neutralfette 62 ff., 154
Nitrat 87, 99
Nitrit 92
No-frost-Geräte 35
Nocken 207
Novel Food 100
Novel-Food-Verordnung 100
Nudeln 208
Nulldiät 147

Obst 107 f., 217 f.
... Ballaststoffe 74
... Kohlenhydratarten 55
... sekundäre Pflanzenstoffe 76 f.
... Stellung im Ernährungskreis 119
... Vitamine und Mineralstoffe 79, 82, 84
Obstipation 161
Öl
... Einordnung bei den Fetten 63
... Stellung im Ernährungskreis 119
... Vitamine und Mineralstoffe 82, 84
Omega-3-Fettsäuren 102
Osteoporose 145
Ovo-lacto-Vegetarier 140

PAL-Wert 121
Pausenfrühstück 107 f.
Pektine 55, 74
Pflanzenstoffe, sekundäre
... Bedarf 78
... Definition 76
... Gehalt verschiedener Lebensmittel 76 f.
... Gruppen 76 f.
pH-Wert 3 f.
Phosphor 84, 130 f.
Photosterine 77
Platten 247 f.
Polyphenole 77
Pottasche 95 f.
Preiskalkulation 179
Produkthygiene 12
Produktionsküche 167 f.
Proteide 68 f.
Proteine 68 f.
Prozessorganisation 166
Purine 157

Qualität 172
Qualitätsbeurteilung 172
Qualitätskontrolle 172
Qualitätssicherung 172
Qualitätsstandards 172

Ranzigwerden 65
Rauchpunkt 65
Rechtsvorschriften 13
Reduktionsdiäten 147 f.
Reduktionskost 148
Referenzwerte 124
Regeln der Deutschen Gesellschaft für Ernährung 138
Regenerierküche 167
Reinigung 11
Reis 209 f.
... Ballaststoffe 74 f.
... Sorten 209
... Zubereitungen 209 f.
Resorption 116
Rezeptberechnung 181, 182
Rezepturkarteien 170
Rohkost 192, 214 ff. (s. a. Salate und Gemüse)

Saccharin 151
Saccharose 55, 56, 94
Salate 192, 210, 214 f., 217
... Portionsgrößen 192
Salatsoßen 216
Salmonellen 2, 6 f., 202
Sättigung 117
Säugling 126
Säuglingsernährung 125 ff.
Scherschnitt 42
Schimmelpilze 9
Schmelzbereiche 64
Schneid-Mahl-Zerkleinerung 42
Schockfroster 36
Schockkühler 36
Schwangerschaft 128 ff.
... Nährstoffbedarf 128 ff.
Schwimmprobe 203
Selbstreinigungssysteme 24
Sensorik 97 f.
Serviceformen in der Verpflegung 178
Servieren 232 ff.
... Getränke 233, 237 ff., 241 f.
... Speisen 232, 244 ff.
Servierhilfsgeräte 226
Sicherheitsprüfzeichen 16
Siedepunkt 65, 88
Sonderveranstaltung 250 ff.
Sorbinsäure 92
Sorbit 94, 151
Soßen 203 f.
Speise
... Definition 110
... Herstellung 190 ff.
Speiseeis 221

... Eissorten 221
... Zubereitungen 221
Speisenausgabe 171, 175 ff.
Speisenproduktion, Arbeitsablauf 168
Speisenverteilsysteme 173 f.
Speiseplanung 166
Spezialgeräte 38
... für die Großküche 20, 27 ff., 38, 44
Sprue 163 f.
Spurenelemente 84
Staphylokokken 7
Stärke 54 ff.
Stillzeit 129, 131
Stoffwechsel 61, 115
Stoffwechselkrankheiten 145
Sulfide 77
Sulfit 92
Suppen 194
... Arten 195
... Portionsgrößen 196
Suppeneinlagen 195
Süßkraft 56, 94
Süßspeisen 217
Süßstoffe 93 f., 100 f., 151
Systembesteck 226

Tablettsystem 177
Tafelformen 222
Tafelgeschirr 225
Tageskostplan 86, 124
... bei Diabetes 151
... bei erhöhtem Cholesterinspiegel 155
... bei Reduktionskost 148
... für eine Diät bei Hyperurikämie und Gicht 158
Tee 238 f.
... Wirkung 239
... Service 239
... Sorten 238
... Zubereitung 239
Teigwaren 207 f. (s. a. Nudeln)
... Portionsgrößen 208
Temperatur 4
Thermogenese 121
Tiefkühlkost 36, 104
... Lagerdauer 36
Tiefkühlprodukte 104
Tischausstattung 224
Tischdekoration 230
Tischgeräte 224
Tischkarten 231
Tischwäsche 223, 234
Torten 249
Transport, Lebensmittel 99
Triglyceride 62 ff., 154
Trinkwasserverordnung 87
Trockenprodukte 104
Typ-I-Diabetes 149
Typ-II-Diabetes 149

Übergewicht 114, 145 f., 152, 155
Umluftgrillen 23
Umweltschutz 15
Unfallmeldung 19
Unfallverhütung 17
Unfallversicherung, gesetzliche 19

Vakuumverpackungsmaschine 38
Vanille 97
Veganer 140
Vegetarier 140
Verarbeitungsgeräte
... Gemüseschneider 38
... Getreidemühle 39
Verdauung 115 f.
Verdauungsenzyme 115 f.
Verdauungstrakt 116
Verdickungsmittel 95
Verstopfung 61, 75, 113, 161 f.
Vielfachzucker 54 f.
Vitaminbedarf 126, 132 f.
Vitamin C 48, 79 ff., 135
Vitamin-C-Bedarf 79
Vitamine 78 ff., 101, 130 ff., 138
... fettlösliche 78 f., 82
... Eigenschaften 80
... Übersicht 79, 82
... wasserlösliche 78 f., 82
Vitaminlieferanten 82
Vitaminmangel 78
Vitaminpräparate 82
Vitaminverluste 48, 80 f., 85
Vollkost, leichte 137, 160, 165
Vollwerternährung 142 f.
Vollwertkost 143
Vorbereitungstechniken 40, 170
Vorspeisen 190

Warenannahme 169
Warenzeichen 98
Wärmeleitung 46
Wärmestrahlung 46
Wärmeströmung 46
Wärmeübertragung 46
Warmhalteplatte 225
Warmverteilsystem 173
Wasser 87 ff., 126
... aktives 4
... freies 4, 88
... Vorkommen und chemischer Aufbau 87
Wasser-in-Fett-Emulsion 64, 93
Wasserbedarf 89
Wasserbilanz 89
Wassergehalt 88
... von Lebensmitteln 87
Wasserhärte 88
Wasserkocher 39
Wein 240 ff.
... Güteklassen 240
... Service 241
Weinarten 240
Weinempfehlungen 241
Weinetikett 241
Wellness-Produkte 102
Wertigkeit, biologische 73
Wertstufen 143
Wochenspeiseplan 186
... für die Mittagsverpflegung eines Krankenhauses 161

Zentralküche 168
Zerkleinerung, mechanische 42
Zink 84
Zivilisationskrankheiten 145
Zöliakie 127, 163 f.
Zubereitungstechniken 40 f., 171
Zuckeraustauschstoffe 93 f., 151
Zuckergehalt 56
... in Lebensmitteln 56
Zuckerkonsum 54
Zuckerkrankheit s. Diabetes mellitus
Zusatzstoff-Zulassungsverordnung 14, 90
Zusatzstoffe 90 f., 100
... Antioxidantien 92 f.
... Aromastoffe 96
... Definition 14, 90
... Gruppen 90 ff.
... Konservierungsstoffe 92
... Lockerungsmittel, chemische 95 f., 98
... Verdickungsmittel 95
Zutaten 90
Zutatenliste 53, 90, 91
Zwischenmahlzeiten 108, 122, 134
Zwölffingerdarm 115 f.

ÜBERSICHT ÜBER STANDARDABLÄUFE

Biskuitmasse herstellen ... 71
Blattgelatine verarbeiten ... 218
Brandmasse herstellen ... 71
Braten im Backofen (Brathähnchen) ... 51
Braten in der Pfanne (Schnitzel Wiener Art) ... 51
Dünsten (Erbsen-Möhren-Gemüse) ... 48
Garziehen oder Kochen (pochierter Fisch) ... 49
Hackfleischmasse herstellen ... 72
Hefeteig herstellen ... 58
Helle Grundsoße ... 60
Mayonnaise herstellen ... 66
Mürbeteig herstellen ... 66
Rührmasse herstellen ... 58
Schmoren (Ungarischer Gulasch) ... 49
Stärkehaltige Bindemittel zu Süßspeisen ... 59

REZEPTVERZEICHNIS (weitere Rezepte: HT 4345 Das Koch- und Backbuch, S. Gerchow, K. Steffens)

Apfel-Möhren-Rosinen-Salat ... 217
Ausbackteig ... 212
Babybreie ... 127
Baiser ... 45
Bayerische Creme ... 219
Biskuitmasse ... 71 f.
Blätterteigpasteten mit Hühnerragout ... 193
Brandmasse ... 71
Bratensoße ... 203 f.
Brathähnchen ... 51
Butterreis ... 209
Cremeeis ... 221
Erbsen-Möhren-Gemüse ... 48
Fischsud ... 201
Fleisch- oder Knochenbrühe ... 194
Früchtebecher ... 221
Gemüse, frittiertes ... 212
Grießflammeri ... 59 f.
Grundsoße, helle ... 60
Gulasch ... 49, 52
Hackfleischmasse ... 72
Halbmilch ... 126
Hefeteig ... 58 f.
Joghurt-Frucht-Soße ... 216
Kabeljau, pochierter ... 49
Kartoffelgratin ... 206
Kartoffelklöße ... 207
Kartoffelsalat ... 215
Knusper-Kekse Power-Knusper ... 132
Kochreis ... 209
Königsberger Klopse ... 199
Kroketten ... 205
Marmorkuchen ... 52
Maultaschen ... 208
Mayonnaise ... 66, 204
Milchreis ... 210
Mürbeteig ... 66
Nudelteig ... 207
Paprikaschoten, gefüllte ... 213
Quiche Lorraine ... 193
Rahmeis ... 221
Reisfleisch, serbisches ... 210
Remouladensoße ... 204
Rinderkraftbrühe ... 194
Rinderrouladen ... 198
Risotto ... 209
Roquefortdressing ... 216
Rührmasse ... 58, 96
Sahne-Kräuter-Soße ... 216
Schnitzel Wiener Art ... 51
Schokoladenmousse ... 220
Soße Bolognese ... 199
Soße, holländische ... 204
Spargel ... 20
Spargeltoast ... 193
Spätzle ... 208
Tafelspitz ... 198
Tropenmüsli ... 139
Thousand-Island-Soße ... 216
Vanillecreme ... 220
Vanilleflammeri ... 59
Vinaigrette-Soße ... 216
Waldorf-Salat ... 192
Weingelee mit Früchten ... 218
Zitronensahnecreme ... 219
Zweidrittelmilch ... 126